城市轨道交通关键技术丛书

城市轨道交通综合监控及系统集成

李国宁　刘伯鸿　编著

西南交通大学出版社
·成都·

内容简介

全书由"技术基础篇""系统集成篇"和"应用案例篇"三部分组成。"技术基础篇"重点介绍综合监控系统的基本技术基础;"系统集成篇"重点介绍城市轨道交通综合监控及系统集成的基本原理、基本方法和实现技术;"应用案例篇"主要介绍基于大型 SCADA 平台的综合监控系统、地铁主控系统的应用案例。

本书可作为高等学校城市轨道交通相关专业的教材,也可作为城市轨道交通专业技术人员的参考用书。

图书在版编目(CIP)数据

城市轨道交通综合监控及系统集成/李国宁,刘伯鸿编著. —成都:西南交通大学出版社,2022.1
(城市轨道交通关键技术丛书)
ISBN 978-7-5643-8542-2

Ⅰ.①城… Ⅱ.①李… ②刘… Ⅲ.①城市铁路-交通监控系统-高等学校-教材 Ⅳ.①U239.5

中国版本图书馆 CIP 数据核字(2021)第 275874 号

城市轨道交通关键技术丛书
Chengshi Guidao Jiaotong Zonghe Jiankong ji Xitong Jicheng
城市轨道交通综合监控及系统集成
李国宁 刘伯鸿 编著

*

责任编辑 黄淑文
封面设计 原谋书装
西南交通大学出版社出版发行
成都二环路北一段 111 号 邮政编码:610031 发行部电话:028-87600564
http://press.swjtu.edu.cn
成都蓉军广告印务有限责任公司印刷

*

成品尺寸:185 mm×260 mm 印张:21
字数:523 千字
2022 年 1 月第 1 版 2022 年 1 月第 1 次印刷
ISBN 978-7-5643-8542-2
定价:49.80 元

课件咨询电话:028-81435775
图书如有印装质量问题 本社负责退换
版权所有 盗版必究 举报电话:028-87600562

第二版前言

城市轨道交通系统是一种高密度、大运量的交通系统，必须保证其高度的安全性和可靠性。城轨交通综合监控系统的建立，一方面可以实现各系统信息资源共享，提高决策水平，确保相关系统间自动进行业务关联和事件联动功能，快速应对突发事件；另一方面，通过综合监控信息平台，提供设备档案管理、系统维护管理的基础信息，保证设备的使用和维护，提高设备完好率，降低运营成本，为智能运维、智慧城轨保驾护航。无论从现实还是长远来讲，城市轨道交通综合监控系统的实施都具有重要的意义。

为了适应新工科和城市轨道交通综合监控及系统集成的教学新要求，作者对第一版进行了全面修订：一方面，对全书内容进行了优化；另一方面，重新编写了大部分章节。

第二版修订的一个重要思想是：把握学科发展方向，努力把教材打造成精品。力求反映学科本质特征，体现学科发展方向、行业发展方向；站在全局的高度，从综合监控系统集成的视角组织教材的内容；揭示综合监控系统的复杂性和技术内在的系统性关系。

本书由三部分组成。

第一部分为技术基础篇，分6章介绍与城市轨道交通综合监控系统有关的基础技术。内容包括绪论、可编程控制器、SCADA系统、I/O接口与采集技术、计算机通信网络与现场总线、计算机监控技术等。

第二部分为系统集成篇，分9章介绍城市轨道交通综合监控及系统集成，是本书的重点。内容包括系统集成技术基础、系统集成接口技术、综合监控系统综述、电力监控子系统、机电设备监控子系统、火灾报警子系统、自动售检票系统、其他相关系统、信号系统等，它们是综合监控系统集成及互联的核心。

第三部分为应用案例篇，分2章介绍城轨交通综合监控的应用案例。内容包括基于大型SCADA平台的综合监控系统、地铁主控系统，它们属于城市轨道交通综合监控系统的典型案例。

本书具有如下特点：

1. 延续了第一版的总体框架，本书共分3篇17章。这样的系统框架既反映了城轨综合监控系统的内在关系，也符合教与学的逻辑思维规律。

2. 调整内容和篇幅的同时，在这次修订中，也积极吸收了新技术、新观点。

3. 为了便于读者学习，各章都相应增加了复习思考题。

本次修订工作由兰州交通大学刘伯鸿负责并统稿，李国宁审阅了本书。

此次修订过程中，兰州交通大学陈光武、汤旻安、陈永刚、林俊亭、张雁鹏、左静、林海香、许丽、杨扬等同志给予了大力支持和帮助并提出了宝贵的意见，兰州交通大学信号系同仁也给予了关心和支持，作者在此一并致谢。

在本书的编写过程中，参考、引用了许多行业内同仁的文章与著作，在此一并表示感谢。

由于作者的水平和能力有限，加之时间仓促，书中疏漏和错误之处在所难免，恳请广大读者批评、指正。

作 者

2021 年 7 月

第一版前言

城市轨道交通系统是一种高密度、大运量的交通系统，必须保证其高度的安全性和可靠性。城轨交通综合监控系统的建立，一方面可以实现各系统信息资源共享，确保相关系统间自动进行业务关联和事件联动功能，快速应对突发事件；另一方面，通过综合监控信息平台，提供设备档案管理、系统维护管理的基础信息，保证设备的使用和维护，提高设备完好率，降低运营成本。

在城市轨道交通中，综合监控系统具有包含的系统多、监控的对象多、处理的数据量大、涉及的专业面广等特点。在实际运营中，由电力监控子系统、环境与机电设备监控子系统、火灾报警子系统等构成的综合监控系统是整个轨道交通系统安全可靠运行的基本保障。在技术发展水平方面，综合监控系统不但是实现国内轨道交通调度自动化管理更上一层楼的重要工具，也是我国城市轨道交通系统的主要发展方向之一。

随着城市轨道交通的蓬勃发展，对轨道交通相关人才的要求急剧增加。为了适应新时期城市轨道交通建设的需求，我们在从事轨道交通相关课程教学及科学研究的基础上，参考了有关城市轨道交通自动化系统与技术的一些丛书及研究、设计院所的技术资料，编写了这本教材。

本书由三部分组成。

第一部分，技术基础篇：分为 6 章介绍与城市轨道交通综合监控系统有关的基础技术。城市轨道交通综合监控系统是一个工业自动化系统，它奠基在工业控制系统、监控与数据采集、计算机通信网络与现场总线等技术基础上。

第二部分，系统篇：分为 6 章介绍了城市轨道交通综合监控系统及集成，是本书的重点。内容包括系统集成技术基础、系统集成接口技术、综合监控系统及集成、信号系统、自动售检票系统、信息通信系统及其他系统，它们是综合监控系统集成及互联的核心。

第三部分，应用篇：分为 2 章介绍城市轨道交通综合监控的实际应用。包括基于大型 SCADA 平台的综合监控系统、地铁主控系统，它们都是城市轨道交通综合监控系统的典型案例。

本书由李国宁和刘伯鸿共同完成，李国宁统稿并编写第 1 章、第 6 章、第 7 章、第 8 章、第 9 章、第 11 章、第 12 章，刘伯鸿编写第 2 章、第 3 章、第 4 章、第 5 章、第 10 章、第 13 章、第 14 章。

由于作者的水平和能力有限，且时间仓促，书中疏漏和错误之处在所难免，恳请广大读者批评、指正。

作　者
2011 年 10 月 1 日

目 录

第 1 篇 技术基础篇

第 1 章 绪 论 ··· 1
1.1 城市轨道交通发展综合监控系统的起源 ··· 1
1.2 城市轨道交通监控系统的发展历程 ··· 1
1.3 城市轨道交通综合监控系统的对象和任务 ······································· 6
1.4 城市轨道交通综合监控系统的架构理念 ··· 9
1.5 城市轨道交通综合监控系统的技术 ··· 12
1.6 城市轨道交通综合监控系统的应用特点 ··· 16
1.7 系统集成概述 ··· 20
复习思考题 ··· 23

第 2 章 可编程控制器 ·· 24
2.1 PLC 与 PLC 系统概述 ··· 24
2.2 PLC 应用举例 ·· 29
复习思考题 ··· 31

第 3 章 SCADA 系统 ·· 32
3.1 概 述 ·· 32
3.2 SCADA 系统组成 ··· 33
3.3 SCADA 系统的结构 ··· 38
3.4 大型 SCADA 系统 ··· 40
3.5 大型 SCADA 系统的软件平台 ·· 43
复习思考题 ··· 49

第 4 章 I/O 接口与数据采集技术 ··· 50
4.1 I/O 接口概述 ·· 50
4.2 过程 I/O 接口 ·· 50
4.3 基于 PC 的数据采集技术 ·· 54
4.4 基于 PC 的数据采集系统编程 ·· 58
4.5 基于 PLC 的数据采集系统编程 ··· 59
4.6 基于虚拟仪器的数据采集技术 ··· 60
4.7 基于 Web 的远程数据采集与监控 ··· 62

4.8 I/O接口划分 ……………………………………………………………… 64
复习思考题 …………………………………………………………………… 65

第5章 计算机通信网络与现场总线 …………………………………………… 67
5.1 数据通信基础 …………………………………………………………… 67
5.2 计算机通信网络 ………………………………………………………… 87
5.3 以太网 …………………………………………………………………… 92
5.4 现场总线技术 …………………………………………………………… 96
复习思考题 ………………………………………………………………… 113

第6章 计算机监控技术 ………………………………………………………… 114
6.1 概　述 …………………………………………………………………… 114
6.2 综合监控系统软件目标和策略 ………………………………………… 115
6.3 综合监控系统软件需求分析 …………………………………………… 117
6.4 综合监控软件平台 ……………………………………………………… 122
复习思考题 ………………………………………………………………… 127

第2篇　系统集成篇

第7章 系统集成技术基础 ……………………………………………………… 128
7.1 系统集成商与系统集成 ………………………………………………… 128
7.2 系统集成的基本问题 …………………………………………………… 130
7.3 开放系统应用集成框架 ………………………………………………… 134
7.4 系统集成相关技术介绍 ………………………………………………… 140
复习思考题 ………………………………………………………………… 149

第8章 系统集成接口技术 ……………………………………………………… 150
8.1 概　述 …………………………………………………………………… 150
8.2 集成系统接口框架 ……………………………………………………… 151
8.3 接口通信技术 …………………………………………………………… 155
8.4 接口描述规范 …………………………………………………………… 165
复习思考题 ………………………………………………………………… 174

第9章 综合监控系统综述 ……………………………………………………… 175
9.1 综合监控系统的功能 …………………………………………………… 175
9.2 综合监控系统的组成 …………………………………………………… 176
9.3 综合监控系统的技术要求 ……………………………………………… 176
9.4 综合监控系统的网络结构 ……………………………………………… 181
9.5 综合监控系统调度管理 ………………………………………………… 186
9.6 综合监控系统的构建方式 ……………………………………………… 188

9.7　综合后备盘 ··· 195
9.8　综合监控系统的设计原则 ··· 196
复习思考题 ··· 200

第10章　电力监控子系统 ·· 202
10.1　概　述 ··· 202
10.2　电力监控系统控制流程及管理系统体系结构 ······························ 203
10.3　电力监控系统的基本组成 ··· 205
10.4　电力监控系统的设备配置 ··· 207
10.5　电力监控系统的功能 ··· 211
10.6　电力监控系统接口 ·· 216
复习思考题 ··· 217

第11章　环境与设备监控子系统 ·· 219
11.1　概　述 ··· 219
11.2　环控系统控制流程及管理系统体系结构 ······································ 223
11.3　BAS系统构成 ·· 226
11.4　BAS系统功能 ·· 231
11.5　BAS系统接口处理 ·· 243
复习思考题 ··· 244

第12章　火灾报警子系统 ·· 245
12.1　概　述 ··· 245
12.2　FAS控制流程及管理系统体系结构 ·· 246
12.3　地铁FAS的组成 ··· 249
12.4　地铁FAS系统功能 ·· 250
12.5　FAS的接口 ··· 253
复习思考题 ··· 254

第13章　自动售检票系统 ·· 255
13.1　概　述 ··· 255
13.2　AFC系统的结构 ··· 255
13.3　AFC系统的功能 ··· 258
13.4　软件系统 ·· 261
13.5　AFC系统接口 ·· 263
13.6　售检票系统支付数字化 ·· 264
复习思考题 ··· 265

第14章　信息通信系统及其他系统 ·· 266
14.1　信息通信系统 ·· 266

3

14.2 屏蔽门系统 …… 269
  14.3 门禁系统 …… 271
  14.4 数字视频监控系统 …… 272
  14.5 乘客信息系统 …… 273
  14.6 广播系统 …… 276
  14.7 时钟系统 …… 277
  14.8 电源系统 …… 277
  复习思考题 …… 277

第15章 信号系统 …… 278
  15.1 概 述 …… 278
  15.2 城轨列控系统分类 …… 280
  15.3 CBTC 系统 …… 283
  15.4 新一代列控系统的相关技术 …… 287
  复习思考题 …… 289

第3篇 应用案例篇

第16章 基于大型 SCADA 平台的综合监控系统 …… 290
  16.1 案例1 …… 290
  16.2 案例2 …… 297
  复习思考题 …… 311

第17章 地铁主控系统 …… 312
  17.1 案例1 …… 312
  17.2 案例2 …… 320
  复习思考题 …… 324

参 考 文 献 …… 325

第1篇 技术基础篇

第1章 绪 论

1.1 城市轨道交通发展综合监控系统的起源

城市轨道交通是一个庞大的系统工程，它涉及面广、技术复杂、专业繁多，需要各系统、各部门的协调配合，才能完成整个项目的建设、运营和管理，才能确保行车安全，为乘客提供安全、快捷、舒适的乘车环境。

早期的城市轨道交通监控系统多是按控制功能、对象、范围的不同划分为若干个子系统，各子系统之间是独立建设和运营维护，彼此是孤立的，从而形成了一系列孤岛系统。这些孤岛系统各自封闭，相互间联络困难，而且成本高、层次低，不利于实现轨道交通运营管理的信息互通、资源共享，降低了系统的可靠性、响应性和运营效率。尤其在突发事件时，各子系统之间的协调性差，费时率高，重复性工作多。

基于这种现状，为了提高城市轨道交通运营管理水平，20世纪末提出了城市轨道交通综合监控的思想，将车站和调度指挥中心具有相关功能的系统设备进行集成与互联，达到多专业系统之间互联互通、信息共享、数据融合、提高运营管理效率的目的。

综合监控系统的概念是从国外引进的，简称ISCS，英文表述为Integrated Supervision and Control System。顾名思义，是将彼此孤立的各类控制系统设备通过网络和集成软件有机地连接在一起，建成一个共享信息平台。该系统集成或互联了各相关子系统，监控和协同这些子系统的功能，充分提高各系统的运行效率、降低城轨运营成本、提高计算机辅助决策水平，为乘客提供一个便利快捷舒适的乘车环境；并在灾害发生的情况下最大限度地保护人员和财产安全，实现"高安全、高效率、高品质服务"的智能型城市轨道交通。

1.2 城市轨道交通监控系统的发展历程

高起点、高水平的监控系统是城市轨道交通安全、高效运行的重要保证。随着城市轨道交通的不断发展，与之相应的监控系统大致经历了4个发展阶段：人工监控系统、分立监控系统、综合监控系统、智慧城轨+综合监控。

1.2.1 人工监控系统

最早期的地铁运营管理，是以人工为主的监控系统。由于特定时代的技术局限性，供电、通信、信号等专业的监控管理主要依靠人工进行，操作者与管理者之间的通信联系，多以电话方式进行。早期地铁的运营管理起点水平较低，效率较差，运营、站务和设备运转还没有实现自动化。

1.2.2 分立监控系统

19世纪末20世纪初，电气工业发展较快，地铁的供电、信号和通信专业建立了自动控制系统，但那时的自动化技术多以半导体电路、分立组件为主的设备来实现，一般是继电器控制。所有设备的继电器集中安装在继电器控制盘上，构成继电器控制系统。那时，还没有计算机控制系统，地铁的自动化监控管理水平较低。

20世纪中期，城市轨道交通自动化系统的发展局限于个别设备或装置的技术进步，系统的发展变化不大。20世纪末，随着计算机技术和自动控制技术的进步，地铁的各专业按照自身的技术特点，不同程度地应用计算机技术、网络技术，建立了各专业计算机自动化系统。城市轨道交通自动化系统有了较大的发展。

供电计算机自动化系统也称为电力SCADA系统，在车站的设备间隔层，采用RTU（远程端子单元）采集处理数据。在车站的变电所，通过低速数据传输通道，将车站交流、直流及其保护装置的信息汇集并经骨干网传到OCC的电力监控系统前置通信机。前置通信机汇集各车站电力所的信息到电力SCADA的中央服务器，中央服务器支持OCC的电力监控工作站，实现对各车站电力所设备的远动控制，实现遥测、遥控和遥信三遥功能。

环控系统在这一时期称为楼宇自动化系统，即BAS。因此，有的环控系统采用简单的DDC控制器，实现较简单的功能；有的系统则采用PLC系统和PLC网络，通过骨干网将各车站PLC控制系统的信息传至控制中心。一般机电设备的监控与环控系统往往成为一个系统，采用同一个网络。防灾报警系统因为消防行业的特殊性，独立地组建网络，发展了一套独立的自动化报警和具有较高响应性的控制系统；AFC也有自己独立的网；而信号系统更是发展了自己强大的ATC（列车自动控制）系统，包括顶层的ATS（列车自动监管）系统和底层的ATO（列车自动驾驶）系统及ATP（列车自动保护）系统。这一阶段，地铁自动化监控系统发展成为一种分立监控系统。这些分立监控系统在中央监控中心（OCC）都有本专业的服务器、操作站及外用设备，都有自己不同结构的通信网络，采用的是各不相同的监控软件；在车站也有本专业的监控网络及监控站。例如，上海地铁1号线，广州地铁1号线、2号线采用的就是这种分立的监控系统方式。这种分立的监控系统方式在计算机控制系统理论上称为"多岛控制系统"或"分岛控制系统"，一个网络称为一个自动化孤岛（Automation-island）。分立系统的技术发展主要由这一时期的通信技术水平和计算机技术水平决定。

这一时期的自动化监控系统，一般都按照系统的控制功能、控制对象、控制范围、控制特点或根据操作管理上的分界，将全线系统划分为若干子系统，每个子系统使用一套计算机实现控制，各个计算机控制系统之间是互相独立的。显然，在多岛控制方式下，各个控制系统独立运行，互不干扰。但同时也不能共享资源，包括宝贵的信息资源。在多岛控制系统中，要对不同子系统之间的数据进行比较,并得出它们之间的相互关系是很困难的,尤其是需要实时得到结果时更是困难。地铁自动化工程的多岛系统设计如图 1.1 所示。

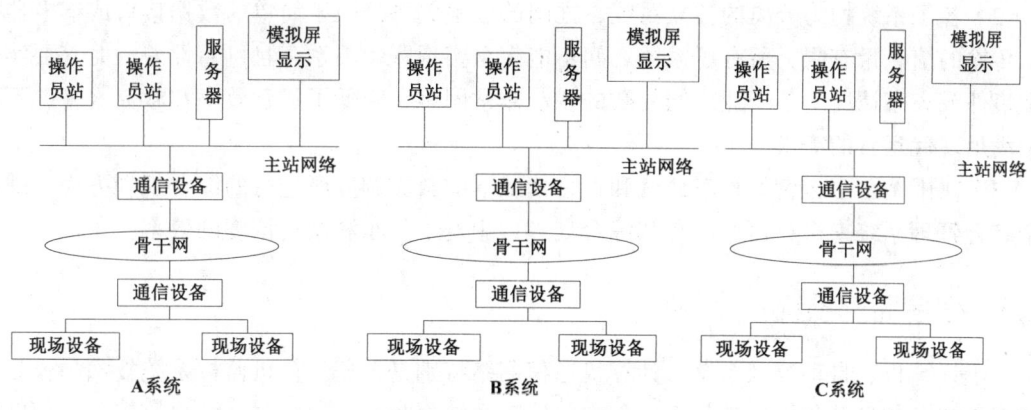

图 1.1　地铁自动化工程的多岛系统设计

　　在多岛系统设计中,各个系统均配备自己的现场数据采集/控制设备、远程通信设备、实时数据库和历史数据库服务器、操作员/调度员工作站和大屏幕显示设备。由于各个系统都要通过骨干网传送信息,因此需要各自配备骨干网的接入设备。这种接入方式将造成网络带宽被分割,不能集中使用。为了满足多个系统分享骨干网带宽。例如,电力专业,一般给系统分配若干条 64 Kb/s 低速数据通道,而电力的各个子系统的主站端和变电站端之间则采用 64 Kb/s MODEM 实现远程数据通信。

　　同时,多岛系统的每一个子系统,可能采用了不同厂家的设备,不同设备厂家又采用各自专用的远程通信规约;即使同时采用音频 MODEM 的远程通信,不同厂家也有上百种远程通信规约。这些规约之间没有互通性,要实现互相通信,就必须开发专门的规约转换软件,有时甚至需要开发专门的硬件。为了方便系统间的通信和信息交换,国际标准化组织制定了各种规约标准,如电力 SCADA 的 IEC60870-5/101 标准,但是它仅适于电力,其他系统又会有其自己的规约,因此这种多岛系统之间的通信是极为困难的。

　　当然,地铁分立监控系统的各个子系统在实际运营中也不完全是自动化孤岛,一些重要的信息还是有联系的。例如:防灾报警信号会传到各系统,触发各系统的灾害模式;列车位置阻塞信息,也会触发各系统的阻塞模式。但是分立系统的硬件平台与软件平台是分立的,它们之间的联络既困难成本又高,有些系统之间甚至难以沟通。这种分立的系统难以实现信息互通、资源共享。往往要实现地铁运营的协调统一管理,不得不加入人工干预,不得不用电话沟通,不得不手工进行某些工作。这样就降低了可靠性、响应性和运营效率。我国大多数地铁还处于这种分立监控的技术水平上,如广州地铁 1 号线和 2 号线,上海地铁 1 号线和 2 号线。

　　分立监控系统遵循中央和车站两级调度,中央、车站和就地三级控制的原则。在实际运营中,发现分立监控系统存在以下缺陷:

　　(1) 分立系统模式按专业分为行调、环调和电调等各个子系统。每个子系统分开建设,运行操作平台都不一样,造成各个自动化系统操作平台与管理软件彼此独立而且数量多,全面掌握难度较大；不仅在运营中要投入大量的系统维护、管理人员，增加了运行与维护成本，而且使得各子系统之间缺乏联系，资源不能共享。

（2）各子系统均为分离的独立系统，之间的联锁关系仅限于简单的数据接口或继电器接口，传输的信息量有限；所有子系统之间不能完全实现联锁关系，且可靠性差，尤其要实现突发事件或灾害情况下各专业之间复杂的联动非常困难，降低了运营效率和救灾水平，不能完全满足现代运营的需求。

（3）在围绕正常运营的行车调度和灾害情况下的救灾调度所进行的综合规划方面，缺少一个综合管理系统来进行信息收集和综合处理，影响了行车和救灾调度的效率。

1.2.3 综合监控系统

由于计算机、自动控制系统、计算机通信网络特别是大型计算机监控系统技术的长足进步，多岛控制的自动化孤岛被打破，分立的监控系统逐步地走向综合自动化监控。通信网络的带宽增强、高速交换以太网技术的成熟、数据库技术特别是实时分布式数据库的广泛应用，为开发地铁综合自动化监控平台打下了基础。所谓地铁综合自动化监控系统，就是地铁各专业自动化系统采用统一的计算机硬件和软件平台。无论是电力监控还是设备监控，无论是行车调度监控还是通信监控，它们都建立在一个统一的计算机网络平台上，由一个统一的软件体系支持。

因此，多岛的结构变为综合的结构。在OCC，全线监控系统由高可靠性工业监控网支持，采用一套冗余配置的全局服务器（高端、增强型），几个相关专业共享统一的监控平台，外围设备全系统共享，共享一个统一的软件平台。在车站，监控系统由高可靠的工业监控网支持，车站建立综合监控室，配有冗余操作站集成管理车站各个专业的信息。这样就可以实现地铁全线各专业资源共享，信息互通，全线系统在一个平台上运行。

图1.2给出了综合监控系统的基本框图。虽然在实际工程应用中，综合监控系统又有各种类型，但从发展历程看，它是最新的轨道交通自动化系统，称为集成系统或综合监控系统。

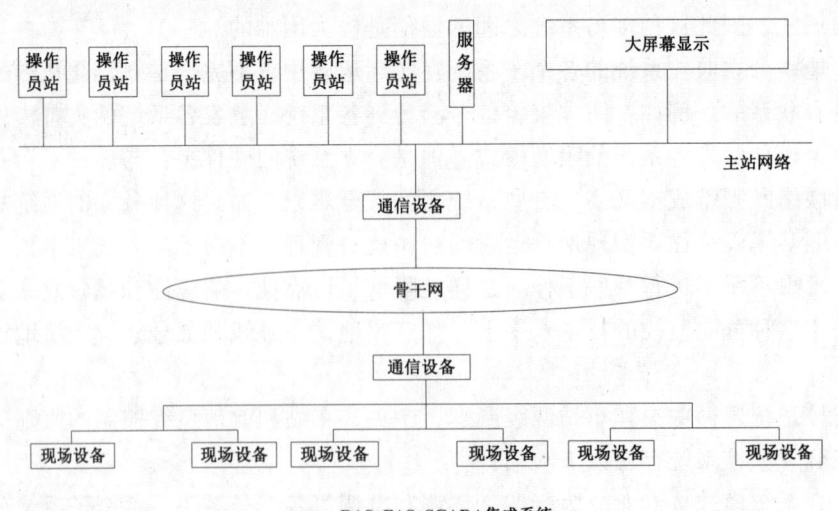

图1.2 综合监控系统的基本框图

从图中可以看出，集成系统仍然保留了各自的现场数据采集/控制设备和各自的操作员/调度员工作站，而将远程通信、实时数据/历史数据服务器和大屏幕显示设备合并成为统一的系统。这样使得各个子系统可以共享骨干网的带宽，所有的实时数据/历史数据也实现了共享。

由于分立系统的模拟屏在集成系统中被合并为一个超大屏幕，因此每个专业的操作员/调度员的观察视野更加开阔了，他们不仅可以通过超大屏幕了解到本专业所关心的系统状态，还可以同时了解其他专业的相关系统状态，这为操作/调度人员全面了解情况、及时做出正确判断提供了有力的支持。另外，大屏幕合并后就要求各个专业的操作员/调度员集中在同一间调度室内，这也有利于各个专业之间及时沟通情况，在紧急工况下共同商讨对策，以做出快速反应。

共享骨干网的带宽所带来的直接优越性，是使系统彻底摆脱了采用低速数据通信手段所造成的限制。在集成系统中，由于整个系统采用统一的通信途径，因此只要为每个车站配备一条（或两条主备冗余）带宽足够的通信端口，即可满足各个子系统的远程通信要求，其带宽和利用效率远高于分立系统的通道。更重要的是采用网络连接后，车站和控制中心之间的通信已走上了标准网络规约 TCP/IP 的开放道路，无论是互操作性还是可扩充性都是分立系统无法比拟的。

虽然，IEC 已发布了电力远动规约新标准 IEC60870-5/104，该标准采用了 IP 链路（而不是音频话路）传送 IEC60870-5/101 远动规约。新标准在数据链路上有了很大的改进（业内称之为"101 远动规约 over IP"），但在数据内容方面仍然局限在传统远动规约之内，因此并不能以此规约为基础形成集成系统。

集成系统和传统的多岛系统（包括常规 SCADA 系统和 PLC 系统）的比较见表 1.1。

表 1.1 传统的多岛系统与集成系统的比较

项目	系统		
	常规 SCADA	PLC	集成系统
现场设备	RTU	PLC	现场控制站
现场控制	无现场控制功能	逻辑控制为主	逻辑控制及回路控制
编程方式	不可编程	IEC61131-3	IEC61131-3
事件顺序记录	SOE 1ms	无 SEO 功能	SOE 1ms
直接交流采样	有	无	有
远程通信	音频话路	Data Hiway，网络	网络
带电拔插	不可	部分产品有此功能	可以
现场通信	无	部分产品支持	支持多种现场总线通信
信息传输内容	仅实时数据	实时数据和编程下载	实时数据和编程下装，支持各类网络数据交换
GPS 对时	支持	需要专门开放	支持
开放性	主站端具有开放性	主站端具有开放性	主站端和子站端均具有良好开放性

综合监控系统具有以下特点：

（1）采用统一的软硬件平台，维护人员只要维护一套系统，大大降低了运营维护工作量；各类调度员使用同一套系统，人机界面和操作方式等相同，运行人员的培训也变得容易。

（2）调度操作与地理位置无关。综合监控系统采用分布式结构，任何一个位置在授权下都可完成所集成专业的调度操作。

（3）可以进行跨专业的联合调度。发生紧急情况时，各个专业的子系统要相互联动；综合监控系统使整个系统的信息得到最大程度的共享和综合，实现不同专业的联动功能。综合监控系统仍按两级调度构成系统，中央和车站可定义不同的联动逻辑。

（4）是一个开放式系统，扩展性好。

（5）子系统众多，接口复杂，数据量大，技术要求高，需要一套先进而成熟的面向轨道交通特定行业的软件平台，以满足轨道交通运营可靠性、安全性和实时性的要求。

在实际的轨道交通工程应用中，综合监控有网络化的集成系统和信息化的集成系统。这两种结构的系统集成是目前解决轨道交通控制系统一体化问题的有效方案。网络化的集成系统是具有完善的网络结构和强大处理数据能力的服务器系统，适用于控制监测对象多、投资规模大、分多期建设的地铁工程。而信息化的集成系统是结构简单、使用冗余方式的主PLC（可编程逻辑控制器）RTU（远程传输单元）系统，适用于控制和监视对象少、要求设备智能化程度高、投资规模不特别巨大的轻轨工程。

综合监控系统代表了当今国内外地铁监控的最高水平，是轨道交通监控系统的技术发展方向。目前，香港的机场快线、将军澳支线、西部铁路均建设了综合监控系统，并已投入运营；广州地铁3、4号线也建设有综合监控系统。

1.2.4 智慧城轨 + 综合监控

智慧城轨内涵：应用云计算、大数据、物联网、人工智能、5G（第五代移动通信技术）、卫星通信、区块链等新兴信息技术，全面感知、深度互联和智能融合乘客、设施、设备、环境等实体信息，经自主进化，创新服务、运营、建设管理模式，构建安全、便捷、高效、绿色、经济的新一代中国式智慧型城市轨道交通。

智慧城轨的显著标志为：实现"智慧乘客服务便捷化""智能运输效率效益最大化""智能资源环境绿色化""智能列车运行全自动化""智能技术装备自主化""智能基础设施数字化""智能运维安全感知化""智慧网络管理高效化""城轨云与大数据平台集约化"和"智慧城轨技术标准系列化"。

现阶段，以数字化为基础，以新兴信息技术与城轨交通深度融合为主线，推进城轨信息化，发展智能系统，建设智慧城轨，实现城轨交通由高速度发展向高质量发展的跨越，助推交通强国的崛起。采用大数据、人工智能、物联网、5G、云计算等技术，提升综合监控系统技术水平。

智慧城轨 + 综合监控是今后城轨综合监控系统发展的方向。

1.3 城市轨道交通综合监控系统的对象和任务

1.3.1 城市轨道交通综合监控系统的对象

从轨道交通运行管理角度来讲，城市轨道交通监控的对象包括移动设备监控管理和固定设备监控管理两大类。

1. 移动设备监控管理

对移动设备监控管理,就是对城市轨道交通的移动体——列车的监控管理。实现的技术手段是城市轨道交通信号系统。

在城市轨道交通信号中,目前几乎都采用列车自动控制(Automatic Train Control,ATC)系统控制列车运行。

列车自动控制系统包括三个子系统:列车自动监控(Automatic Train Supervision,ATS)子系统、列车自动防护(Automatic Train Protection,ATP)子系统、列车自动运行(Automatic Train Operation,ATO)子系统。ATS子系统主要实现对列车运行的监督和控制,包括时刻表编辑、列车运行监视、列车自动调整、自动排列进路等功能,辅助调度人员对全线列车进行管理。ATP子系统是城市轨道交通列车运行时必不可少的安全保障,对列车运行进行超速防护。ATO子系统则是提高城市轨道交通列车运行水平的技术措施,优化列车运行曲线,实现列车自动折返和车站程序精确停车等功能。

2. 固定设备监控管理

对固定设备监控管理,就是一般所指的自动化综合监控系统。

由于城市轨道交通使用的固定设备种类繁多、专业性强,为了保证这些设备的安全和高效运行,必须为这些设备设置监控系统,包括 BAS(环境与设备监控系统)、PSCADA(变电所综合自动化系统)、FAS(火灾自动报警系统)、PSD(屏蔽门监控系统)、AFC(自动售检票系统)、ATS(自动监控系统)、ACS(门禁系统)、PIS(旅客信息显示系统)、TIS(车载信息系统)、SIS(车站信息系统)、通信系统(包括公务通信、调度通信、无线通信、广播系统、闭路电视系统、数字传输、时钟系统)等;如果有防淹门的话,还必须设置防淹门监控系统(FG)。

1.3.2 城市轨道交通综合监控系统的类型

自动化监控系统按照信息的实时响应性要求来分,可分为实时监控系统和事务数据管理系统两大类。

1. 实时监控系统

在地铁自动化系统中,较多、较重要的一类系统是实时监控系统。这类系统要求全系统具有实时响应能力,在车站一级,底层基础自动化层设备的状态信息到车站监控室操作工作站上显示出来的响应时间在 1 s 之内。从底层到中央监控中心(OCC)操作员工作站上的响应时间在 2 s 之内。控制指令从顶层(OCC)到底层设备的输出端子的传输时间也在 2 s 之内。

这类系统必须建立相应的功能强大的实时数据库,底层和车站监控层的重要数据都要求带有实时时标。地铁实时监控系统实时数据库的容量较大,实时数据在网络的传输量也较大,数据库结构必须特殊设计。

实时监控系统车站一级的子系统是实时控制系统,它们一般采用 DCS 分散型控制结构,最紧急的控制响应时间为几十毫秒,PLC 每千条指令周期为亚毫秒,SOE 的分辨时间为数毫秒。

地铁实时监控系统的特殊点还在于它是跨越广域网的实时监控系统,车站的实时数据还需经过骨干网传输到全线中央实时数据库中,这样一来,对车站监控网的实时性的要求更高，对骨干网的传输特性的要求也更高，实时数据经骨干网传输对骨干网也有了综合接入的新要求。地铁实时监控系统与传统的实时监控系统相比有了许多的特殊点，要加以考虑。

地铁实时监控系统无论是结构、性能、设计和组建都有其自身的特点，特别是软件结构有特殊的要求，在为地铁设计自动化系统时应该首先判定它的这种类型。

地铁的电力监控系统、信号系统、机电设备监控系统和防灾报警系统都属于实时监控系统。

2. 事务数据管理系统

事务数据管理系统以事务性数据的处理传输为主，系统对数据的实时性无苛刻要求，数据的响应时间在数十秒到分钟级水平。事务性数据处理主要解决数据的准确采集处理、大数据量的可靠传输、数据的统计处理和管理。

事务数据管理系统涉及地铁的 MIS 系统、办公自动化、设备 ERP 等，它的技术基础是管理软件。管理软件在实际工作中的适应性成功应用是事务数据管理系统的关键。事务数据管理系统往往由于包括财务数据而变得异常重要，要求系统带有安全保护功能，系统会设计有严格的保密措施，数据处理也将采取更为可靠和准确的手段。

地铁的自动售检票系统（AFC）属于事务处理系统，地铁的运营管理系统也属这一类。

地铁自动化系统中还有将上述两类系统集成在一起的系统。但可以看出，上述两类系统集成在一起，实时信息和事务信息必须严格分开，这已成为系统集成的重要原则。

1.3.3 城市轨道交通综合监控系统的任务

综合监控系统的系统设计和工程实施主要应满足地铁运营"调度管理"和"维护管理"两个层面的需求。这两个层面所面对的服务对象不同，"调度管理"面向的是地铁控制中心调度人员及车站值班员；"维护管理"所面对的服务对象是综合监控系统各专业维护工程师和维护人员，包括供电维护人员、机电设备（环控、屏蔽门、电扶梯、事故电源等）维护人员、火灾报警维护人员等。由于所承担的工作职责不同，因此对系统功能的目标要求也不同，"调度管理"侧重于对系统设备的状态监视、操作控制、工况模式选择、事故工况处理等工作；"维护管理"侧重于系统设备是否正常工作，是否出现报警，是否需要派员到现场维护等信息。在综合监控系统设计时，应针对上述两类服务对象有区别地设计人机界面、报警分类、报表服务等功能，有效避免不同类型报警信息对操作人员的干扰，最大限度地发挥综合监控系统对运营的支持作用。

从运营管理角度来讲，综合监控系统应实现的功能主要是：运营所需的机电设备监控功能和系统联动功能；保证建立全线路的综合维修中心、实现综合维修的全部功能；同时，要保证综合监控系统的强大的可扩展功能，既要保证实现当前功能需求的变化，又要保证随着运营实践的推进实现新要求的功能。

在系统中央级，地铁规范要求以行车指挥为中心设立行调、电调、环调、维调和总调，要求这些调度站信息沟通。综合监控系统必须保证实现这些要求。

综合监控系统必须具有支持车站统一站务监管的功能，支持车控室对车站站务的协同监管。综合监控车站级软件的服务对象是车站值班员和值班站长及相关维护人员。

在目前的经济环境下，综合监控系统必须进行能源管理，为运营制定节能降耗措施，提供数据参考，有力支持地铁各专业大型设备和耗能系统的节能措施。

综合监控系统通过发挥信息共享平台的功用，在系统整个生命周期内不断地扩展功能，为地铁运营管理的进步服务。

1.4 城市轨道交通综合监控系统的架构理念

1.4.1 系统总体目标

城市轨道交通作为大运量、高密度的快速交通方式，对城市交通的重要作用日益显现。近年来，我国城市轨道交通建设飞速发展，其技术装备水平已经迈入国际先进水平，但是，随着运营的巨大压力和需求的不断增长，对于轨道交通的运营自动化水平有了更高要求。因此，如何提高城市轨道交通的综合自动化水平，已成为新的课题。

目前，城市轨道交通中装备了复杂多样的机电设备和相应的监控设备，包括通信、信号、供电及电力监控、自动售检票、通风空调、低压配电及照明、给排水及消防设备、环境与设备监控、火灾自动报警、屏蔽门、导向和电扶梯等。在相当长的时间，轨道交通中对各类机电设备的管理和监控是相对独立的，属于分立系统，信息之间基本不能互通互享，是信息孤岛，无法实现更高智能化水平的协同管理。为解决这个问题，广州、北京、深圳都逐步尝试设置综合监控系统，到目前为止，已经在多条轨道交通线路上成功设置了综合监控系统，并取得了丰富的建设和运营经验。

综合监控系统旨在实现地铁智能化管理的总体目标，建立一个信息共享和监控的综合自动化平台，将城市轨道交通中各自动化子系统有机结合，实现系统联动和快速反应；并将多个自动化系统的独立平台和操作界面统一在一个共用的硬件平台、操作和维护界面上，为地铁运营调度人员的监控操作和系统维护提供方便，提高运营操作和维护的自动化管理程度，减轻调度员的工作强度，提高调度管理效率；从整体上发挥更大的作用，改善环境、提高安全和对乘客的服务水平。综合监控系统在国际上已有多个成功运用的案例，但是国内外轨道交通的建设模式和运营管理模式都有一定差别，随着该系统在我国多条线路的实施，已经逐步发展形成了相对稳定的系统构成和功能应用需求。

1.4.2 系统集成方案

各线线路在建设综合监控系统时，应考虑实际情况，根据地铁线路机电系统的构成要求和技术、管理与运营水平，以及资金、资源等情况综合决定集成规模。

综合监控系统一般有2种方案：一是以行车指挥为核心的集成方案；二是以电调、环调为核心的集成方案。目前为止，国内大多综合监控系统采用以电调、环调为核心的集成方案。主要是将原属于监控范围的系统（电力监控系统、环境与设备监控系统、火灾自动报警系统）的车站和中心级的功能进行集成，统一到一个监控平台上，对屏蔽门、防淹门的信息进行集成，并将通信系统中的闭路电视监视系统、广播系统、乘客信息系统中直接面对调度员的人机操控功能进行集成。

1.4.3 系统架构

综合监控系统采用2级管理3级控制的分层分布系统结构,即中央级、车站级(含车辆段)2级管理;中央级、车站级和现场级3级控制。

综合监控系统是由设置于控制中心的中央级综合监控、车站和车辆基地的综合监控、网络管理(NMS)、培训管理(TMS)和维修管理(MMS)等系统组成。综合监控系统的总体网络由局域网络层和主干网络层组成。中央级通过全线主干网络将各车站级局域网络汇聚的监控信息传送到控制中心,从而实现多系统多层次的综合监控。综合监控系统逻辑架构示意如图1.3所示。

综合监控系统的软件系统是核心,一般从功能逻辑上分为3层。

① 数据接口层:采集数据并进行协议转换。
② 数据处理层:对收集的数据进行分析、处理和存储。
③ 人机界面层:提供工作站上的人机操作界面,完成信息显示及监控操作。

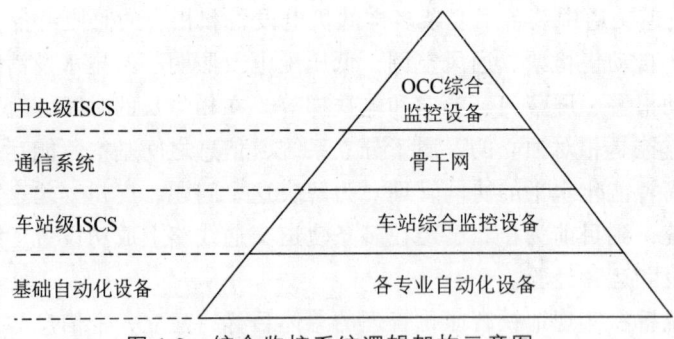

图1.3 综合监控系统逻辑架构示意图

1.4.4 系统主要功能

1. 中央级功能

中央级对全线电力、通风空调、照明、给排水及消防设备、电扶梯、屏蔽门、信号、AFC等重要监控对象的状态和性能等数据进行实时收集处理。

通过行调、电调、环调和维调等调度员工作站,以图形、图像、表格和文本的形式显示出来,供调度人员控制和监视。通过自动或人工方式向分布在各站点的被监控对象或系统发送控制命令,从而完成对全线环境、设备和客流信息的集中监控。

2. 车站级功能

车站、车辆基地的综合监控系统对管辖范围内的监控对象进行监控管理,并在各车站控制室内设置综合后备盘(IBP)。在出现特殊故障时,保证车站控制室具有手动操作与表示功能的紧急后备装置。一般包括信号系统的紧急停车、扣车和放行;环控通风排烟系统的阻塞模式和消防联动控制;屏蔽门紧急开门控制和AFC闸机释放控制等。

3. 培训功能

培训系统将模拟系统的行为,模拟的行为不但能与综合监控系统中作业程序的实际运转情况一致,还与教练加入的外部事件以及通过在模拟环境中运转的综合监控系统发出的控制命令一致。具有对操作人员、运行维护人员进行上岗培训的功能，使这些人员掌握综合监控系统的运行管理、操作、日常维护和故障排除等业务。

4. 网络管理功能

全线设置一个网络管理系统（NMS），对综合监控系统的全部设备进行配置、监视和控制。NMS 能进行网络管理、配置管理、网络监控、故障报告、事件记录、参数调制、创建、编辑和删除数据库等操作。

5. 维护管理功能

设备维护管理系统（MUS），具有对综合监控系统所管辖的集成与互联系统设备（含现场基础设备）进行维修调度的功能，可以保存 OCC、车站内各类基础设备技术资料和维护历史记录，收集保存设备运行状态信息，统计设备运行时间和次数。实现运营管理的自动化，提高维护响应时间和维护水平，节省运营成本投资。

1.4.5 集成与互联

综合监控系统对子系统的无缝接入在实践中产生了两类方式，一类称之为对子系统集成，一类是对子系统互联。

所谓对子系统集成，是指开放系统将被集成子系统完全融入系统之中，被集成子系统成为综合监控系统的一部分，被集成子系统的全部功能都由综合监控系统实现，除了管理意义外，被集成子系统构成了综合监控系统主体。

为保证被集成子系统的性能不因集成而受损，国内创新出了对被集成子系统深度集成方式。所谓深度集成是指综合监控软件平台从顶到底将被集成子系统集成，中央层与车站层采用同一软件平台，同时，被集成子系统的性能特别是远动性能指标不低于原来系统。

所谓对子系统互联，是指被互联子系统是一个独立运行的系统，具有自身的完整结构，综合监控系统通过外部接口与互联子系统进行必要的信息交互，以支持信息共享平台的构建。此时，被互联的子系统是完全独立的系统，与综合监控系统在中央或在车站接口，实现与运营相关信息的交互。综合监控系统可向被互联的系统提供共享信息工作站。被互联的系统在信息共享平台支持下，实现全新功能。

1.4.6 联动功能

综合监控系统的联动功能是真正发挥系统作用、提高运营指挥效率的重要功能，可以减少人为手工误操作，提高操作效率和准确性。综合监控系统的实际联动模式应结合运行管理需求，与运营部门共同确定。

联动可以通过系统的序列控制功能来实现，引导和帮助操作员进行序列操作。联动可根据情况分为全自动、半自动和人工操作，为加快系统响应时间，与安全相关的操作功能采用半自动方式。综合监控系统实现的联动模式较多，具体联动模式应根据运营实际需要设置，分为正常操作和紧急操作联动（包括火灾模式、阻塞模式和故障模式）等。以下是"一列/多列列车在隧道中阻塞"时的联动操作：

（1）启动方式：检测到 ATS 阻塞报警信号后自动触发。

（2）在中央操作员工作站 HMI 弹出报警窗口。
（3）建议操作员通过信号系统联动后方车站将列车扣留在车站。
（4）建议操作员启动相关的环控设备进入列车阻塞模式。
（5）自动触发 CCTV 切换到相关站台图像。
（6）建议在操作员确认后，通过 PA 对受到影响的车站发出相关广播信息。
（7）建议在操作员确认后，通过 PIS 对受到影响的车站发出相关显示信息。
（8）建议操作员通知相关的列车驾驶员和车站操作人员。
（9）对于区间阻塞时间过长的情况，建议前一列车牵引阻塞列车驶入前方车站后，疏散车上人员，或采用就地疏散。
（10）列车在区间阻塞采用就地疏散时，要求阻塞区间的三轨断电。

1.5 城市轨道交通综合监控系统的技术

综合监控系统支撑技术主要有计算机过程控制系统、接口技术、通信技术、计算机监控技术和系统集成技术等，在此，先介绍计算机过程控制系统，其他技术见后续相关章节内容。

1.5.1 计算机过程控制系统

1.5.1.1 过程控制系统的基础——给定值控制系统

应用于流程工业的自动控制系统称为过程控制系统，此类控制系统的被控参数主要是温度、压力、流量、物位（液位）等工艺参数（过程参数）。对工艺参数的控制原理如图 1.4 所示。

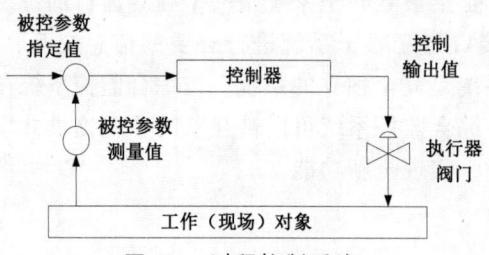

图 1.4 过程控制系统

按照具体流程工业的工艺要求，将要求对某工艺参数进行控制，使其达到某个定值，称为被控参数给定值。自动控制系统的控制器根据此给定值与此工艺参数的工业现场实测值的比较结果进行运算，输出给控制执行器或阀门，从而对这一流程调节，使被控的工艺参数达到要求。图中仅画出一个参数被控的情形，实际的一个流程也许要控制成千上万个这样的参数。这样的控制称为给定值控制，它是过程控制系统的基础。实际的过程必然受到干扰而使工艺参数偏离给定值，给定值控制系统的主要作用是通过控制器的作用使过程被控参数始终保持为给定值。给定值控制系统抵抗干扰，牢牢控制参数保持为给定值的这种能力，可理解为自动控制系统的"鲁棒性"。

过程控制的这一基本控制可用标准的控制方框图表示，如图 1.5 所示。

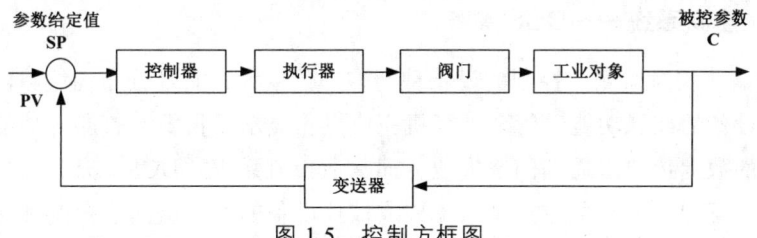

图 1.5 控制方框图

图中，安装在现场的参数变送器将被控参数（C）的实测值送至控制器。在过程控制中将参数实测值称为过程变量，一般称为 PV（Process Variant）值。控制器根据给定值（SP，Set Point）与 PV 值比较的差值，按一定控制策略输出一控制输出值（MV），控制执行器（或阀门）调节控制参数达到给定要求。

若反映控制的动态过程，可用传递函数的方框图表示如图 1.6 所示。

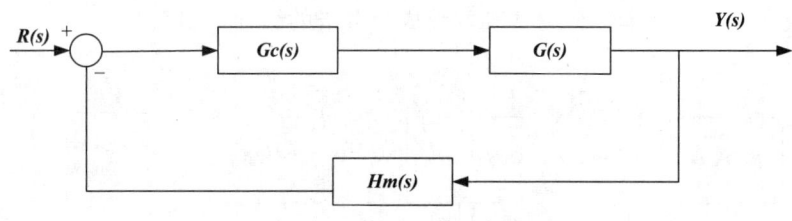

图 1.6 传递函数方框图

其中，$R(s)$ 为给定值的拉氏变换式；$G(s)$ 为过程对象动态特性的拉氏变换式；$G_c(s)$ 为控制器算法的拉氏变换式；$Y(s)$ 为输出参数的拉氏变换式；$H_m(s)$ 为变送器测量特性的拉氏变换式。

因此，给定值控制系统的传递函数为：

$$\frac{Y(s)}{R(s)} = \frac{G_c(s)G(s)}{1+G_c(s)G(s)H_m(s)} \quad (1.1)$$

给定值控制系统的反馈控制闭环在过程控制中称为回路，过程控制系统由一个个模拟量的回路组成，实现回路控制是其主要任务。

给定值控制系统的关键点也是难点在于对过程对象的动态特性的分析，根据对象的动态特性再解出相应的控制算法。过程控制系统的主要工作在于解出最优的控制算法。

一般工业对象的传递函数为典型的一阶惯性加纯滞后，如式（1.2）所示。

$$G(s) = \frac{K}{Ts+1}e^{-\tau s} \quad (1.2)$$

因为，动态特性为高阶环节的对象可简化为一阶惯性环节，而纯滞后则普遍存在于工业对象中，所以式（1.2）具有一般性，是分析对象动态特性的基础。当纯滞后时间较少时，采用 PID 算法，适当配置 PID 参数可较好地实现给定值控制；对纯迟后则可加入 Smith 预估算法。在过程控制中，已经有了一整套对应各种对象的控制算法和经验。

轨道交通自动化系统里面，BAS 子系统涉及过程控制系统，涉及 DCS 技术，因此有必要了解 DCS 的技术。

1.5.1.2 过程控制系统——DCS 系统

BAS 系统需要实时监测、控制的设备种类多、数量大，而且分布在线路的各个车站。现场计算机完成设备的控制功能，管理计算机完成操作显示、报警、打印等功能，管理计算机与现场计算机的数据传递由通信网络完成。而集散控制系统（DCS）充分体现了集中操作管理、分散控制的思想，因此集散控制系统完成被控设备的实时监测、控制和保护功能。进一步讲，严格的过程工业控制对计算机控制系统的选择是 DCS，计算机控制系统在过程工业的最好实现也是 DCS。

1. DCS 的结构

DCS 的发展历程较长，经过几代的技术进步，虽然产品纷繁，但系统结构都由 4 大基本部分组成：① 现场控制站即分散过程控制装置；② 操作员站和功能管理站；③ 工程师站；④ 系统通信网络。随着计算机技术和通信技术的进步，上述 4 部分的技术不断进步，其结构也不断地发展，以 4 个基本部分为基础发展成为多级的综合控制系统。

图 1.7 是一个典型的 DCS 体系结构。

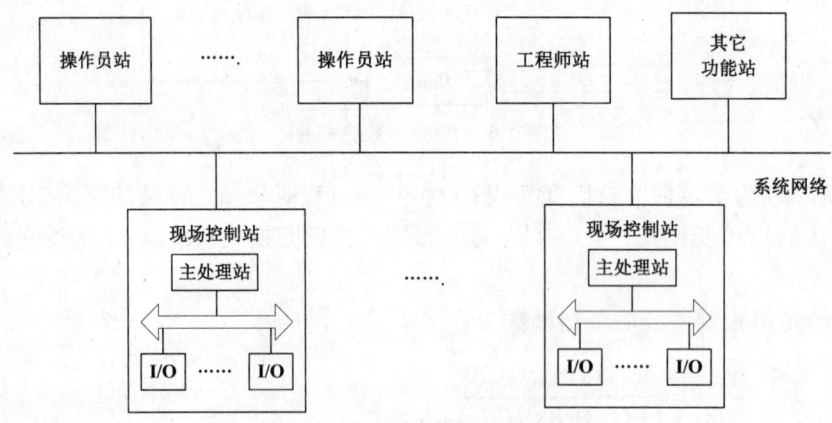

图 1.7 典型的 DCS 体系结构

操作员站主要完成人机界面的功能，一般采用桌面型通用计算机系统，如图形工作站或工业 PC 等。

现场控制站是 DCS 的核心，系统主要的控制功能由它来完成。系统的性能、可靠性等重要指标也都要依靠现场控制站保证，因此对它的设计、生产、安装都有很高的要求。

DCS 工程师站一般采用工控机，与操作员站的配置水平相同。它承担系统组建时的组态任务和日常的维护工作站的功能。

DCS 的系统通信网络是连接系统各个站的桥梁。由于 DCS 是由各种不同功能的站组成的，这些站之间必须实现有效的数据传输，以实现系统总体的功能，特别是网络的通信规约，关系到网络通信的效率和系统功能的实现，因此都是由各个 DCS 厂家专门精心设计的。

随着数字技术的进步，现场成百上千的模拟信号双绞线被数字通信电缆取代，这便是现场总线。现场总线技术使 DCS 成为一种全数字化的系统。现场总线技术进入 DCS 后的系统体系结构如图 1.8 所示。

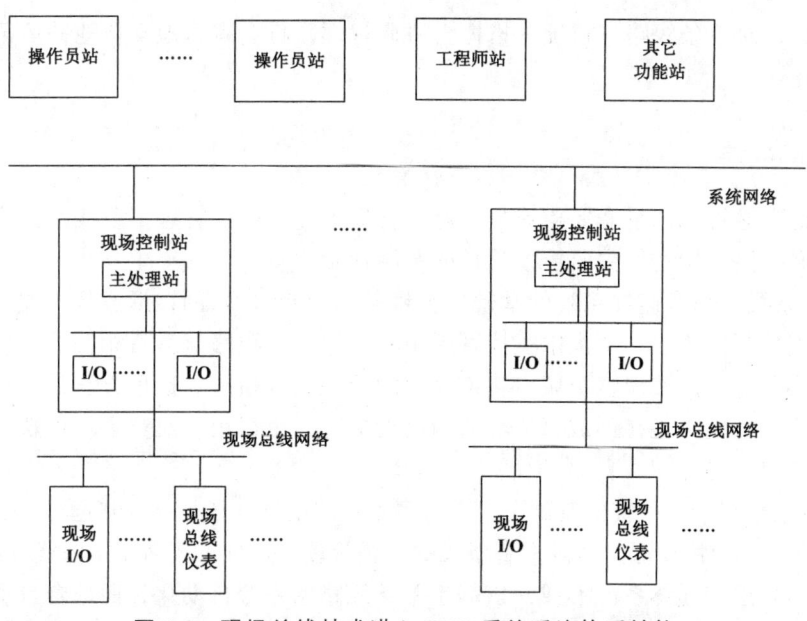

图 1.8 现场总线技术进入 DCS 后的系统体系结构

2. DCS 特征

DCS 有如下特征：① 以回路控制为主要功能的系统；② 除变送和执行单元外，各种控制功能及通信、人机界面均采用数字技术；③ 以计算机的 CRT、键盘、鼠标/轨迹球代替仪表盘形成系统人机界面；④ 回路控制功能由现场控制站完成，系统可有多台现场控制站，每台控制一部分回路；⑤ 人机界面在操作员站上实现，系统可有多台操作员站；⑥ 系统中所有的现场控制站、操作员站均通过数字通信网络实现连接。

此外，在现代的 DCS 结构中，除了现场控制站和操作员站以外，还可以有许多执行特定功能的计算机，如完成组态及系统运行期间维护功能的工程师站；专门记录历史数据的历史站；进行高级控制运算功能的计算站；进行生产管理的管理站等。这些站也都通过网络实现与其他各站的连接，形成一个功能完备的、复杂的控制系统。

1.5.2　综合监控系统技术的显著趋势

城市轨道交通的建设由于科学发展和技术进步的推动正走向全自动化、全数字化和高智能化，其中自动化技术扮演了重要的角色。一个重要的趋势是：在为城市建设一条轨道交通线路的同时，要求为这条线路建设一个信息共享平台，也就是为该条线路建设一个综合监控系统。

对这个信息共享平台的要求是：① 全数字信息。② 信息平台是开放系统。③ 信息平台是高可靠性系统。④ 信息平台具有良好的扩展性。⑤ 信息平台可无缝接入地铁各子系统。⑥ 信息平台具有良好的易用性。

有了这个信息共享平台，与线路运营有关的信息、与乘客有关的信息、与机电设备有关的信息互联互通，全线的各类资源可以为经营者共享。当一个城市的轨道交通发展为交通网，组成一个轨道交通运输体系时，将各条线路的信息共享平台互联起来，可支持构建城市轨道交通指挥中心，对各条线路进行统一指挥、协调管理，将会有力地支持地铁运营管理走向科学化和现代化。

1.5.3 互联互通

城市轨道交通管理体系需要构建集中监控管理中心，监控管理多条线路甚至整个城市的所有轨道交通线路。构建集中监控中心目前有两种做法：

① 在各条线路综合监控系统的基础上，将各线的OCC联网，形成集中监控中心网络，在此网络的支持下，建立一个集中监控管理中心，使各条线路与运营相关的信息共享，实现各条线路的协调管理，实现整个城市轨道交通的统一调度指挥。这种方法是构建集中监控中心的主流方法，适用于正在形成轨道交通网络的情况，也适用于对整个城市轨道交通网进行综合改造的情况。

② 在各条线路分立系统的基础上，先将多条线路的同一子系统连接起来，在集中监控中心设立各专业的总调度中心，实现对各条线的协调管理。这种方式多用于旧线改造。

现代城市轨道交通体系的形成，依赖于单条线路的综合自动化，而综合自动化系统的建立又为整个城市轨道交通体系的自动化、智能化管理奠定了基础。

1.5.4 智慧城轨

城市轨道交通互联互通，以及综合化、信息化、数字化、智能化、智慧化是未来城市轨道交通自动化系统的发展方向。

智慧城轨采用大数据、人工智能、物联网、5G、云计算等技术，中国智慧城轨2.0正在研究和实施之中。

1.6 城市轨道交通综合监控系统的应用特点

城市轨道交通综合监控系统（或称自动化监控系统，下同）具有下列的特点。

1.6.1 城市轨道交通综合监控系统是一个地理上分散的SCADA系统

城市里的地铁或轻轨线路都按地理分布于整个城市之中，有的线路绵延数十千米，甚至超过百千米；有的直线走向，有的构成环线，有的按地理地貌蜿蜒曲折。线路上设立相距距离不同的车站，还有车辆段、中间站以及停车场和交通枢纽。这些车站、车辆段、中间站和停车场都有各专业的设备在运行，需要监控管理。每条线路或几条线路有或共有一个中央监控中心（OCC），要把各车站、各不同地理位置的信息采集并管理起来。这样的应用环境必然要求监控系统是一个按地理分散分布的监控系统。线路走向哪里，系统就伸向哪里；车站建在哪里，车站监控系统就建在哪里，自动化监控系统的网络也就建在哪里。

地理上分散引起了监控系统一系列大变化：首先，自动化系统的监控网络不再是局域网（LAN），而是一个广域网；监控系统不再是局域网内的监控系统而是广域网内的监控系统。其次，地铁和轻轨系统中，车站是监控管理的基础单位。在车站，各专业必须建立起车站一级的设备监管分系统，而后在 OCC 建立全线的监管中心，因此，城市轨道交通自动化监控系统又必然是一个大型分层分级的监控系统。

地铁和轻轨的自动化监控系统的主要功能是通过通信网络，利用数字通信，监控管理车辆运行、电力运行、机电设备的运行。系统需要对各专业的现场各类信息进行采集并处理，通过操作员站，监视这些信息的显示和记录。同时，操作员站上又通过远程通信控制单元（RTU）控制现场设备。在此基础上对全线各子系统和全线各类设备进行监控管理。这类自动化监控系统被称为 SCADA（Supervision Control And Data Acquisition）系统，IEEE/PES 在 1987 年就给出了 SCADA 的定义。此定义为：SCADA 系统是利用通信通道上的编码信号控制 RTU 设备的系统；又是将数据采集功能和通过通信通道获得 RTU 设备状态的显示或记录信息功能结合在一起的监管系统。SCADA 有两个主要特点：

① 远程通信。中心调度与数据采集现场相离很远，以千米来计算。
② 所有的控制为开环控制，即监控。由此可见，城市轨道交通自动化监控系统的监控管理层是一个 SCADA 系统（基础自动化层一般是具有闭环控制的分散型控制系统）。

还需指出，按 SCADA 系统的定义，系统具有 RTU。地铁早先的各专业监控系统都具有 RTU，但近年来，RTU 的实体形式已发生变化，它们演变成为 I/O 站和远程 I/O 站或者是 DCS 和 PLC 系统的子单元，但实质还是 RTU 的概念。

地铁轻轨应用中，在日常运营时，要求系统稳定运行，系统正常地监视着车站和车站底层的设备状态。一旦运营出现异常，例如，车站或隧道发生火灾或发生堵塞，则要求监控系统迅速处理这些事件，具有应急响应能力。运营要求迅速进入火灾模式或堵塞模式。SCADA 系统应用时具有一个主要特点也正是如此：当一切正常时，系统稳定地运行，进行着日常的数据处理，一旦监控对象发生异常，系统迅速响应，全系统的功能调动起来，进入相应的系统工作模式，协调处理监控对象引发的问题，使被监控对象回到正常的状态中来。地铁自动化监控系统所要求的是一个事件驱动的监控系统，SCADA 系统正是一个事件驱动的监控系统。

城市轨道交通的特点决定了它的自动化监控系统即综合监控系统是一个大型 SCADA 系统，在研究城市轨道交通综合监控系统的过程中，始终要把握这一基本点；阐明城市轨道交通综合监控系统时，要从本质上阐明 SCADA 系统。

1.6.2 城市轨道交通自动化监控系统是一个多专业关联的大型监控系统

地铁和轻轨的实际运营中，有多个专业：地铁和轻轨安全、正点运送旅客是其根本目的，车辆调度、行车信号是核心的专业，称为信号专业；车辆靠直流电牵引，因而涉及供电专业；车站里有各种机电设备为旅客上下车服务，为车站的正常运营秩序服务，因而有机电设备监控专业，也称为 BAS 专业；在地铁的车站有保证车站环境温度和湿度的环控专业（大风机既做环控大系统的风机又在防灾情况下做防灾风机）；还有防灾报警专业（包括气体灭火）、自动售检票专业；通信专业包括 CCTV、广播、有线电话和无线通信；为旅客提供信息服务的乘客资讯服务专业等。此外，地铁和轻轨还要与当地的交通系统联络，还要管理车站的建筑和附属建筑，还要有维持治安的公安系统。所有这些专业都是地铁和轻轨运营过程中不可缺少又互相关联的。城市轨道交通自动化监控系统，面对的正是这样一个多专业相互关联运行的监控管理对象。

自动化监控系统的特点和其所监控的对象与实现自动化监控的专业特征密切相关。尽管如前面所述，城市轨道交通自动化监控系统是大型 SCADA 系统，但是对地铁和轻轨的各专业系统，其自动化监控系统的构成形态和内涵却不相同。信号系统、供电系统、环控系统在实现自动化监控过程中都有各自的特点，而自动售检票系统、乘客咨询服务系统更与这些系统不同。在地铁和轻轨各专业自动化监控系统中，有的以实时信息监控为主，有的以事务信息服务为主，相应的自动化监控系统也不一样。因此，总体上讲，城市轨道交通自动化监控系统是一个处理各种信息与事务的、包含了各类型自动化监控系统的特殊自动化监控系统。

地铁轻轨各专业系统主要围绕车辆运行和旅客服务并彼此相关联。管理水平越高，这种关联越强。轨道交通自动化监控系统在其整个发展过程中，就是既要构建适应各专业特点的自动化监控系统，又要解决多专业系统之间的相互关联，保证运营目标的实现。保持各个自动化监控子系统相互关联的方式是随着技术的进步而发展的，各子系统间的互动功能也越来越广泛，越来越高级。形态各异的自动化监控系统间的关联和互动是较为复杂的技术，特别是实时系统和事务系统、时间有苛刻要求（Time Critical）的系统和时间无苛刻要求的系统间的关联更为复杂。城市轨道交通自动化监控系统正是这样一个多专业协调运转、多专业相互关联、子系统形态各异的大型复杂的综合自动化系统。这种大系统，在技术上对自动化监控系统提出了更高要求。自动化监控系统的网络、系统结构、软件体系、数据库结构以及子系统接口技术等都面临新的考验，系统容量达到新的数量级。

1.6.3 设备种类繁多，自动化程度高

城市轨道交通的实际运营需要多个专业的协调配合，综合监控系统可以统一、高效地管理和监控多种系统及设备。

目前，城市轨道交通综合监控系统包括电力监控系统设备、环境和机电设备监控系统设备、火灾报警系统设备、自动售检票系统设备等，多达 13 个专业门类。各专业的设备也多种多样，如远程传输单元（RTU）、可编程逻辑控制器（PLC）、阀门、风机、接触网、直流屏、排流柜等，而且自动化程度也很高。

1.6.4 城市轨道交通综合监控系统以满足运营要求为根本目标

城市轨道交通综合监控系统由地铁和轻轨运营需求所催生，由运营需求的推动而发展。

地铁和轻轨的供电系统必须完全适应运营的要求，保证城市供电系统安全地、不间断地对地铁供电，地铁供电系统尽可能地不对市电造成大的干扰；要求将交流市电转变为牵引地铁车辆所需的直流电；要求对交流和直流进行自动保护；要求在火灾情况下，供电系统自动切掉三级负荷，事故电源自动补进；供电自动化系统的设计和构建必须与电力系统运行要求相适应；供电自动化系统的技术性必须随运行要求的提高而相应提高，自动化监控系统完全适应着运营的要求。

行车调度自动化系统必须监控车辆行驶的全过程；必须测定车辆在轨道的位置；必须保证运行车辆之间具有自动的保护闭塞；必须实现车辆自动驾驶；必须既保证整个车辆行驶安全、正点，又保证车辆的时间可以调整。在满足上述车辆运营需求时，需求的高低不同，侧重不同，有不同的行车调度自动化系统，而运营管理水平的不断提高，又促进新的行车调度系统的产生。

其他自动化子系统的情况与电力和调度子系统相同，都以满足本专业的需求为根本目标。地铁特殊的环境，对自动化监控系统提出了特殊要求，地下车站的电磁干扰较大，特别是直流牵引的起停短时电流更大，可达上千安培，各自动化监控子系统必须解决环境带来的问题。地铁主要是安全运送旅客，自动化监控系统的工作范围也以车辆行驶安全、旅客上下安全，发生灾害和堵塞时可以防灾报警、安全疏散旅客为重心。监控系统的构建以安全、可靠为第一设计准则，监控系统的功能以满足安全运送旅客为根本。

轨道交通自动化监控系统与地铁的运营相互依从，按照各专业运营需求设计自己、改造自己，提高监控水平。监控系统监控水平的提高促进了运营管理水平的提高。当新的管理模式出现时，又会促进新型监控系统的诞生。所以，城市轨道交通综合监控系统的根本就是适应地铁和轻轨的运营要求。在设计、构建城市轨道交通综合监控系统时必须立足于这一根本点之上。

地铁涉及几个较为特殊的专业，如防灾报警、信号和自动售检票等专业，它们都有自己的特殊行业规范，监控系统必须遵循这些行规。地铁的运营要遵循各专业的行规，监控系统也要遵循各专业行规。目前，国家已制定了地铁规范的国家标准，轨道交通自动化监控系统的特殊性也反映在遵循地铁的国家标准上。国内地铁发展的初期，对一些专业的监控系统要求较低，规范的要求也低，随着技术的进步和自动化水平的提高，专业规范也有了新要求。这方面地铁环境与机电监控系统（注：英语简写为 EMCS，我国地铁规范称为 BAS）较为典型。早期，国内将地铁环控系统称为 BAS 系统，即楼宇自动化系统。对环控系统要求规范参考一般的楼宇自动化规范，如此设计出的地铁环控系统，并不是真正适应地铁环控实际的监控系统。例如，采用楼宇自控系统中的 DDC 控制器构建地铁 BAS 系统，无论可靠性、响应性还是系统的监控性能都不能满足工程的要求。因此，目前环控系统和机电设备监控系统称为 BAS 系统，对地铁 BAS 系统的规范不再认为它是楼宇自动化系统，而认为它是集散控制系统。规范要求变了，系统的构建准则也就变了，地铁专业监控系统必须完全按照该专业的技术规范来构建。

轨道交通综合监控系统的构建往往是按照用户需求来定制开发，用户需求主要是运营的需求。运营需求决定了自动化监控系统应具有的性能、功能，从而决定了系统软硬件的构成。轨道交通综合监控系统一定是一个适合运营需求的系统。

1.6.5 城市轨道交通综合监控系统正在走向以人为本

地铁和轻轨作为城市交通的重要工具，发挥着越来越显著的作用。近年来，在全世界范围内，城市轨道交通自动化监控系统发展正走向新趋势，这就是运营管理的人文化和与此相适应的自动化监控系统的以人为本。

地铁发展过程中，世界上许多地铁都重视了地铁建设以人为本。莫斯科地铁建筑被公认为世界上最漂亮的，并享有"地下的艺术殿堂"的美誉，地铁站的建筑造型各异，华丽典雅，铺设的大理石就有几十种，不同艺术风格的壁画、浮雕、雕刻和灯饰装饰其中，像富丽堂皇的宫殿，如此奢华就是为旅客的舒服和观感服务。现在的巴黎地铁已经形成了一个地下的网络，人们几乎不用上到地面，就能到达巴黎城近郊区的所有你想去的、能说出名字的地方。

自动化监控系统的发展应特别考虑人的安全、旅客乘车的安全，旅客乘车过程的舒适，车站环境适于旅客乘车、换车，整个地铁的旅客输送体系能为旅客周到服务。如果说过去地铁的各功能系统以考虑车辆运行为中心，那么以后的各功能系统则应考虑以人、以旅客、以为旅客服务为中心。

信号系统正在发展更为安全可靠的行车调度指挥系统，例如，广泛使用的CBTC技术和方兴未艾的无线通信技术使车辆的定位精度更高，对车辆调度管理更安全可靠。还有无人驾驶系统，排除了人为的不安全因素，提高了对车辆和相关环境的高精度检测和控制。

自动化监控系统发展趋势的另一表现是环境与设备监控系统得到了重视，对环境与设备监控系统要求更加提高。不仅车辆造得愈来愈舒适，整个车站及辅助设施也更加让旅客感到舒适，空调大系统、小系统特别是隧道通风系统极大地加强，并不断引入新技术（例如，采用更先进的环境控制策略，采用变频调节等）。让地铁的环境舒适是监控系统要实现的重要目标。自动售检票系统的发展也更适应旅客乘车方便，换乘快捷。票制、票务、售检票自动化管理系统更加以服务旅客为中心。目前地铁以人为本的监控管理要求，大大促进了地铁乘客信息系统的发展，一些新开工的线路，对乘客信息系统有了较为广泛的要求。乘客信息系统（Passenger Information System，PIS）包含了较为广泛的内容，它利用现代多媒体显示技术、视频广播技术、多媒体广告制作技术等全方位地为旅客服务。在地铁出入口、站台、站厅的旅客所到空间，在电梯、扶梯的上下端口设置等离子屏、LCD显示器，单行、多行LED显示终端，彩色LED显示屏，投影墙等；在列车上设置LED显示屏、LCD彩色电视终端。在这些终端上播放必要的报警信息，包括车辆运行信息、公众信息（时间、新闻、气象、股票等信息）、让旅客休闲的娱乐性节目；同时，也向旅客提供紧急情况下的通行信息，导引旅客疏散；向旅客指引出入的方向，提供车站周围的地理、商业分布、医院等信息。所有这些信息都是由PIS自动提供，清晰地呈现在乘客面前并可与乘客交互。

PIS的发展趋势以及售检票系统支付数字化，展示了地铁自动化监控系统以人为本的方向，随着自动化技术的进步，地铁自动化监控系统会越来越受到乘客的欢迎，也会因为对乘客的周到服务成为地铁运营增加效益的主要手段。

1.7 系统集成概述

1.7.1 系统集成的概念

集成（Integration）是由部分构成整体、由单元构成系统的主要途径。集成一般包含两层含义：一种是将分散、异构的部件联合在一起，形成一个协同的群体，从而实现更强的功能，完成各个部分独自不能完成的任务；另一种是通过提高组成整体的不同功能子系统之间的通信与协调效率、精简冗余功能或过程，达到实现系统整体最优的目的。

系统集成（System Integration），是按照用户的需求，对众多的技术和产品进行合理地选择，最佳配置各种软件和硬件产品与资源，组合成完整的、能够解决客户具体应用需求的集成方案，使系统的整体性能最优，在技术上具有先进性，实现上具有可能性，使用上具有灵活性，发展上具有可扩性，投资上具有受益性。

也可以将系统集成定义为：根据应用的需求，将硬件平台、网络设备、系统软件、工具软件及相应的应用软件等集成为具有优良性能价格比的计算机系统的全过程。

从以上定义可以看出：系统集成是为实现某一应用目标而进行的，基于计算机、网络、数据库系统、大中型计算机应用信息系统的建设过程；是针对某种应用目标而提出的全面解决方案的实施过程；是各种技术的综合实现过程；是各种设备的有机组合过程。这个过程由技术咨询、方案设计、设备造型，到网络建设、软硬件系统配置、应用软件开发、维护支持和培训等一系列活动组成。

1.7.2 系统集成解决的问题

系统集成需要解决的问题很多，归纳起来主要包括以下几类关键问题。

（1）跨平台问题。现在和将来的软件实际上是分布在各种机型的平台上的，包括大型机、小型机、PC机、笔记本电脑、带程序的电视机、录像机、传感器、报警器等，系统集成必须解决多平台的应用问题。

（2）跨语言问题。目前编程使用的程序设计语言各式各样，没有一种通用的、万能的计算机编程语言供人们使用，如何解决跨语言编程也是系统集成面对的实际问题。

（3）跨操作系统问题。在Internet上连接了无数的计算机。这些计算机的操作系统多种多样，系统集成必须考虑如何能够把它们有机地联系起来，以实现软件、硬件和信息资源的共享和分布式处理。

（4）跨协议问题。Internet是一个异构的网络，在不同的区域可能具有不同的网络结构、传输协议。为了使软件运行时具有资源和方法共享性及互操作的透明性，集成时必须解决由于协议的不同带来的不便。

（5）跨版本问题。用户对软件功能的需求总是在逐步增加，每次变化都会要求开发者改变程序模块，分布式软件开发必须考虑软件版本的变化，Internet上集成软件必须实现版本的透明性等。

1.7.3 系统集成的标准

2003年国际标准化组织（ISO）发布了ISO15745标准。这一标准为现代系统集成技术制定了规范，成为当前系统集成的指导文件，成为规范系统集成商进行系统集成活动的规约。

"工业自动化系统和系统集成—开放系统应用集成框架"是ISO/FDIS15745标准的名称，分为四部分。第一部分：ISO15745—1"通用参考描述"（Generic reference description），ISO15745-2；第二部分："以ISO11898标准为基础的控制系统的参考描述"（Reference description for IS011898-basede Controlsystems）；第三部分："以IEC61158标准为基础的控制系统的参考描述"（Reference description for IEC61158-based control systems）；第四部分："以太网标准为基础的控制系统的参考描述"（Reference description for Ethrenet-based control systems）。

最新一代DCS的显著特点是信息化和集成化，系统集成已经成为构建新型工业自动化的主要手段。系统集成的核心是构建接入多厂家设备并满足最终用户需求的自动化系统。对系统集成的应用需求和接口两个基本问题，新的国际标准ISO 15745有新的条款说明。要求系统集成商应用开放系统作具体项目的应用集成时，按照国际标准进行应用需求的确定、进行接口开发。

系统集成是应用开放系统将多厂家设备连在一起，实现应用要求的全部功能的过程；是应用共享的信息平台接入各个子系统，为用户实现从顶层到底层的自动化监控管理功能的工程活动。

系统集成不再是单专业自动化的工程行为,不再是自动化孤岛中的系统组建,而是工程所包含的全系统的自动化的实现;是为工程项目构建综合自动化系统、构建该项目的信息共享平台。

系统集成既包含了对工程项目的全面解决方案,又包含了这一解决方案的全面实现。

系统集成商进行系统集成面临3个基本问题:

(1)采用一个成熟的开放系统作为系统集成的平台。

(2)实际项目(即实际应用系统)的系统集成必须按照实际项目的应用需求进行,满足最终用户的需求是系统集成的主要目标。

(3)系统集成的关键是将各个子系统通过接口无缝地接入开放系统,构成可实现用户需求的自动化系统,为用户提供一个信息共享平台。

开放系统、应用需求和接口是系统集成的3要素,也是构建新一代DCS、新一代工业自动化系统、新一代大型工业应用系统的关键问题。

1.7.4 集成的层次

无论是以什么样的软、硬件产品为基础,采用何种技术手段,也无论实施的是何种技术手段、何种系统开发方案,综合监控系统集成的核心只有一个实现资源共享,即通过实现系统内设备之间的数据共享,以达到"在正确的时间,将正确的信息以正确的方式传给正确的人(或机器)以做出正确的决策或操作"的目的。从结构上,可以将系统集成划分为若干层次。这里,根据系统集成理论及方法的发展,可以将整个系统集成按照网络集成、数据集成和应用集成3个层次划分。

在系统集成的层次上,网络集成位于底层,解决网络的互联问题;数据集成解决的是数据共享,即互通问题;应用集成位于最上层,解决的是互操作问题,如图1.9所示。

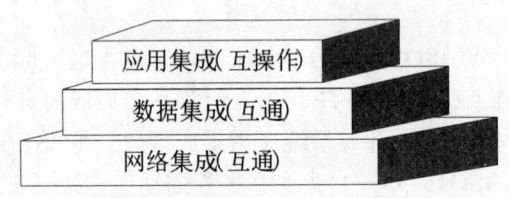

图1.9　系统集成的逻辑层次

(1)网络集成包括系统运行的硬件环境、软件环境,解决如何利用客观环境条件为应用系统提高统一的支撑环境来支持应用系统的运作。

网络集成主要解决异构和分布式环境下,网内和网间的设备互联、传输介质互用、网络软件互操作和数据互通信等问题。

(2)数据集成将监控系统从各种渠道获得的数据集中管理,减少数据冗余度,提高数据的完整性、准确性、一致性,达到数据的高度共享,从而使监控系统发挥数据资源丰富的最大优势,为企业的决策提供及时、丰富的可靠信息。

数据集成是监控系统集成的核心,也是创建集成的监控系统的一个难点。

(3)应用集成指用户的应用需求功能在监控系统中的实现,是监控系统的真正实现和其真实含义的具体体现。

应用集成属于高层集成，它主要解决应用间的互操作问题。通过应用集成应能实现应用间的互操作性、分布式环境中应用的可移植性以及应用分布的透明性。

复习思考题

1. 城市轨道交通综合监控系统的含义是什么？
2. 城市轨道交通综合监控系统的组成是什么？
3. 城市轨道交通综合监控系统的特点是什么？
4. 城市轨道交通综合监控系统技术有哪些？
5. 城市轨道交通综合监控系统的对象和任务是什么？
6. 城市轨道交通综合监控系统的子系统有哪些？
7. 画出综合监控系统基本构架框图并简要说明。
8. 试比较传统的多岛系统和集成系统。
9. 系统集成的含义是什么？

第 2 章 可编程控制器

2.1 PLC 与 PLC 系统概述

可编程序控制器是一种可由使用者自行编程从而实现特定功能的控制装置，1980 年由美国电气制造协会（NEMA）将其命名为 PC（Progammble Controller），后来为区别个人计算机（Personal Computer）而称为 PLC（Programmable Logic Controller）。

PLC 产生于 20 世纪 60 年代末的美国，第一台 PLC 当时是应汽车行业的需求，为取代继电器联锁控制系统而被开发出来的，并由 MODICON 首次将其投入商业生产。日本于 1971 年引入美国技术，开始研制并生产出 PLC；德国和法国于 1973 年相继开始研制自己的 PLC；我国于 1974 年开始研制，但目前还停留在小型的低端 PLC 产品上。

PLC 指令丰富，提供许多高级指令或文件操作指令；浮点数运算能力增强，可实现较为复杂的过程控制。

PLC 自诞生以来，以其性能可靠、使用方便、经济等特点而被广泛地应用于各种需要程控的场合，几乎涉及了所有工业领域，如机械制造、化工、环保、能源、轻工、建材、交通等。比较典型的应用是具有流水作业性质的生产线控制，如常见的汽车生产线、电子、电器制造业的流水线等。

2.1.1 PLC 的基本组成及工作原理

PLC 是一类在自动化系统中用量最大的控制设备，其组成原理框图如图 2.1 所示。与一般的计算机控制系统不同，PLC 在程序运行上采取"扫描"方式工作，如图 2.2 所示。在系统程序监控下，PLC 周而复始地按照固定顺序对系统内部的各种任务进行查询、判断和执行。这个过程实际上是一个不断循环的顺序扫描过程，一个顺序扫描过程称为一个扫描周期。为了增加对突发事件的响应，新一代的 PLC 还增加了中断响应，以提高实时性。

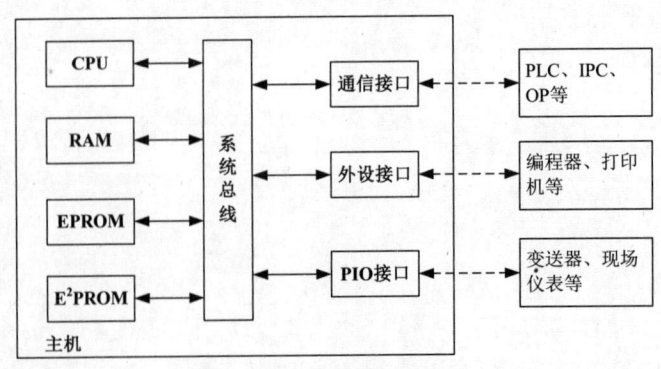

图 2.1 PLC 组成原理框图

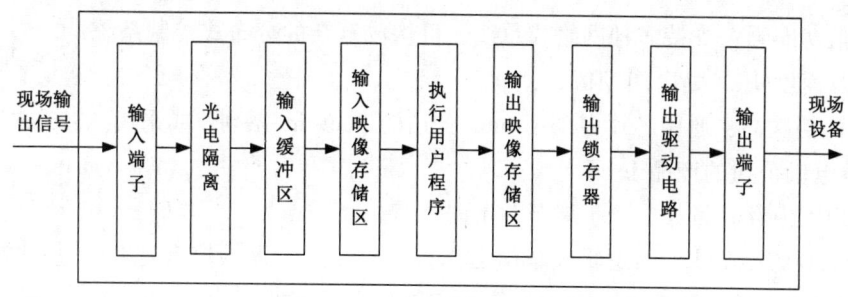

图 2.2　PLC 程序处理过程

2.1.2　可编程控制器特点

PLC 属于一种现场级的控制装置，由于其功能强大，可以简单地视其为具有特殊结构的工业计算机，只不过比一般的计算机具有更强的与工业过程的接口，具有更适用于控制要求的编程语言。现代的 PLC 产品经过几个阶段的发展，其功能已经相当完备，较之其他控制装置其特点也愈加突出，总体而言包括以下几个方面：① 可靠性高；② 开放性好；③ 灵活性高；④ 编程简单，使用方便；⑤ 安装方便，易于维护。

2.1.3　可编程控制器的性能指标

用户在选用 PLC 时，首先要了解 PLC 的结构和功能。如果只是大致了解 PLC 的性能，一般可用 CPU 芯片、扫描速度、用户可用内存容量、I/O 点数处理能力、指令集等几方面的情况予以反映。通常 CPU 档次高、指令丰富、内存容量大、扫描速度快、I/O 点数多，则 PLC 性能就好，功能就越强，自然 PLC 的价格也就较高了。

2.1.3.1　可编程控制器的规模

PLC 按照规模大小（I/O 处理能力）可分为 4 种类型：微型、小型、中型和大型。

一般而言，微型 PLC 的控制能力在几十点以下，其体积非常小巧，可以达到一个香烟盒大小。小型 PLC 控制能力在 256 点以下，结构形式多采用单元式（一体机），比较有代表性的如三菱电机系列产品、西门子的 S7300 系列产品等。这类 PLC 一般用来实现单机控制或系统中局部的独立控制，用于一个个独立的机电设备或生产装置中，如机床、印刷机械、纺织机械、小型单元式立体车库、输送机等。同时它们也支持简单的网络或总线连接，从而成为某个大型控制系统中的一部分。目前，这类 PLC 占据着国内 PLC 市场的大部分份额，广泛地应用于机械制造业、纺织业、印刷业等。

中型 PLC 的带点能力一般介于 256~4 096 点（因各 PLC 制造商而异），结构形式一般采用模块或模板，机笼或基板安装方式，外形尺寸较大型 PLC 小。这类 PLC 具有独立的电源、处理器、各种网络、IO 块/板，支持网络或总线连接，根据应用可构成可大可小的 PLC 系统，有代表性的如西门子的 S7-300 系列、施耐德的 TSX Premium 系列、A-B 公司的 SLC500 系列、三菱电机的 QnS 系列、GE90-30 系列等。

一般而言，高端 PLC 产品具备如下特征。

① 带点能力强：单处理器处理能力可达数十万物理点；

② 通信功能强：支持多种网络或总线，可构成复杂的分布式控制系统；

③ 运算速度快：大于 10 MI/s；

④ CPU 档次高：通用芯片多采用 Intel 公司的 Pentium 系列，或采用 ASIC 芯片（如 AB 公司和三菱电机公司的产品）；

⑤ 处理器内存容量大：可扩展至几十兆字节；

⑥ 指令丰富：除基本的逻辑及数学运算指令外，还可提供较为复杂的过程控制运算指令、文件处理指令等，可完成复杂的运算和控制；

⑦ 支持复杂的程序结构，可实现多任务调度及处理等。

PLC 的规模划分并无严格界限，多数 PLC 的输入/输出接口及存储器容量都有扩展能力，用户可以根据自己的需要配置适合的系统。

2.1.3.2 主要技术性能

1. PLC 的基本性能

（1）本地控制功能：顺序控制、定时、计数、逻辑运算和四则运算等。

（2）存储器：多数采用 CMOSRAM 存储器，有保护电源（多数用锂电池）。有的公司也采用 EPROM、EEPROM。近年来生产的 PLC，多采用 FlashRAM 作为存储器。

（3）输入/输出（I/O）：各种档次的 PLC 其 I/O 点数的处理能力是不一样的。小型及微型 PLC 的 I/O 是和处理器集成在一起的，中、大型 PLC 具有各种类型的 UO 模板。

（4）编程语言：国际电工委员会于 1993 年颁布了用于规范 PLC 编程的标准，即 EC61131-3 标准，标准中规定了 5 种标准编程语言：① 梯形图（Ladder Diagram，LD）。源自北美，类似于电气制图标准，是一种继电器梯形编程符号，直观、易于理解，是完成顺序控制的主要编程方式，几乎所有 PLC 都支持这种方式。② 语句表（Instruction List，IL），源自德国，衍生于单累加器执行模型，类似汇编语言，西门子 PLC 多用这种方式，微型、小型 PLC 的手持式编程器也多采用这种编程方式。③ 结构化文本（Structure，Text，ST）。属于高级语言，模块化结构，语法类似 PASCAL，可实现嵌套指令及复杂的表达式，多用于中、高端 PLC 的编程，用来完成较为复杂的功能。④ 功能块图（Function Block Diagram，FBD）。图形化语言，广泛应用于欧洲，利用图形功能块元素连接成类似一个电子电路图，一般中、高端 PLC 支持这种编程方式，多用于过程控制编程场合。⑤ 顺序功能流程图（Sequence Function Chart，SFC）。这是一种图形化、控制程序组织性编程语言，用于表达一个控制程序的顺序行为，区分不同的控制步骤，同样适用于快速诊断。其基本元素是"行为块"和转换条件，支持选择性和并行次序。一般中、高端 PLC 支持此种编程语言，多用于生产流水线的控制。相关具体内容可参考 EC61131 标准所述。

（5）扫描时间：扫描时间是指执行并解读一次用户逻辑程序所需的时间。一般以 1000 条基本指令执行时间作为评价和考核 PLC 处理速度的指标，现代中、高端 PLC 产品的这一指标一般都低于 0.1 ms，小型和微型 PLC 要大一些。

（6）诊断功能：一般均提供上电自检和工作状态指示，有些厂家的产品还提供小的液晶屏，通过信息代码的形式说明状态。

（7）通信接口：一般都提供 RS-232 串行通信接口，以便连接编程设备或其他智能装置。

（8）电源：有两种类型，220 V 交流或 24 V 直流，并且都支持宽电压范围输入，以适应工业现场的电源环境。

（9）工作环境：一般都能在下列环境条件下工作。温度：0~60 ℃；湿度<95%（无凝露）。

（10）编程设备：PLC 采用的编程器有下面 3 种类型。① 手持式简易编程器，一般用于小型和微型的 PLC，便于携带和现场调试与诊断，只支持语句表编程方式，典型的如欧姆龙的产品。② CRT 专用编程器，一般用于早期的中、大规模的 PLC。③ 计算机编程，是现代 PLC 的主要编程方式，目前各 PLC 制造商均提供可运行于计算机的专用编程软件，用于 PLC 的编程。同时这些编程软件还集成了很多其他高级功能，如仿真、网络监控、诊断等。

2. PLC 的高级性能

一般微型和小型 PLC 只具有基本功能，高级功能只有中型机以上的机型才有。包括：① 数据传送和文件处理功能。② PID 调节功能。③ ASCII 代码操作功能。④ 远程 I/O 功能。⑤ 智能 I/O 组件。⑥ 联网功能。

3. PLC 的现场总线技术

PLC 常用的现场总线有：① Profibus；② Modbus；③ ControlNet；④ DeviceNet；⑤ Can；⑥ Lonworks 等。这些总线技术细节的介绍请参见相关参考书。

2.1.4　PLC 的系统结构及其技术

一台 PLC（以中、高端模板结构式 PLC 为例）由以下几部分构成：电源、底板、处理器模块、I/O 模块、其他特殊功能模块（包括各种网络、总线通信接口模块，运动控制模块、数据处理模块、系统自诊断模块）等。

2.1.4.1　硬件结构及其基本形式

可编程控制器的结构框图和计算机是一样的，都由中央处理器（CPU）、存储器和输入/输出接口等构成。因此，从硬件结构来说，PLC 实质上是一种工业控制用的专用计算机。PLC 系统也是由硬件系统和软件系统两大部分组成。下面具体介绍 PLC 的各组成部分。

1. 中央处理器 CPU

CPU 是可编程控制器的核心部件之一，由大规模或超大规模的集成电路微处理器芯片构成。中、高端 PLC 常用的 CPU 有 Intel Pentium 或 ASIC 芯片。

中央处理器的功能是：① 读入现场状态；② 控制存储和解读用户逻辑；③ 执行各种运算程序和数值处理；④ 输出运算结果；⑤ 执行系统诊断程序；⑥ 与外部设备或计算机通信等。

2. 存储器

PLC 存储区一般包括两个部分：系统存储区和用户存储区。系统存储区用来存放 PLC 自身的操作系统等数据，用户存储区则用来存放用户程序及用户数据。存储区的规划因各 PLC 厂商的设计理念及 PLC 的规模而异。对于小型 PLC 而言，其用户存储区的空间大小及数据类型是固定的，如计时器数据、计数器数据、整型数、浮点数、位寻址、状态数据等，用户的数据只能根据类型存放在固定存储区域内，同样，访问数据也是如此。而现代的中、高端

PLC 其内存数据的规划已接近计算机的管理方式，用户不用关心每类数据因其固定存储空间的限制，而是引入高级语言编程中的变量的概念，用户只需关心变量的数据类型定义即可。PLC 对每类数据的数量没有限制，只要不超出其总的物理存储空间即可，其内存分配完全由其自行安排。

存储器的选择是 PLC 选型时需要关注的一个指标，合理地选择存储器大小直接涉及 PLC 的造价，选择过大会造成资金浪费，过小会使存储空间紧张或可扩展性不好。

3. 输入/输出及接口部件

可编程控制器的任务就是根据各种输入去控制输出，因此输入/输出及接口部件是可编程控制器的主要组成部分。对于小型 PLC，其输入/输出及接口部件是和处理器集成在一起的，而且类型也较简单。而中、高端 PLC 具有丰富的种类齐全的输入/输出及各种接口部件，它们是和处理相分离的，通过背板总线和处理器进行数据交换。这些部件的功能与外部各种类型的输入设备相连，通过对这些信号进行处理，从而形成处理器可处理的数据。在这些接口模块中采取许多 I/O 处理技术，如隔离、放大、模数/数模转换、限幅、滤波、保护、诊断等。

在接口模块中，有固定接口协议模件和用户可编程协议模件两种，但其用途无外乎是提高 PLC 自身的开放性和接入能力。它们可按照固定的通信协议接收或发送数据供 PLC 进行处理。

4. 底板或机笼

对于模块式结构的 PLC，底板或机笼是其重要的组成部分，上面有固定 PLC 组件的卡紧装置，有用于 PLC 组件插拔的导引槽，以及用于 PLC 组件和背板总线连接的连接器等。底板和机笼形式因各家产品而异，但都需要采用背板总线技术，正如计算机用于输入/输出的总线（PCI，ISA 等）一样。

各总线分并行总线和串行总线两种，但都具有很高的带宽。

2.1.4.2 硬件的结构形式

可编程控制器根据其外形安装结构可以分为以下 3 种基本形式。

1. 单元式结构

单元式结构（或称紧凑式结构、整体式结构）多见于微型和小型 PLC，其特点是结构非常紧凑，优点是可以直接现场安装，对安装空间要求较小。单元式结构把可编程控制器的三大组成部分都封装在一个壳体之中，构成一个整体，其输入/输出点是按比例设置的。这种结构体积小，成本低，安装方便。

2. 模块式结构

模块式可编程控制器采用搭积木的方式组成系统，在一个机架上插上 CPU、电源、I/O 模块及特殊功能模板，构成一个完整的 PLC。

3. 叠装式

这种结构形式与上述两种不同，包括两个组成部分：底座和模块。底座之间一般连接在一起，模块和底座可以分离。这种结构一般多用于分布式的 I/O 模块。

2.1.5 可编程控制器的工作原理

PLC 的工作机制是循环扫描用户程序（见图 2.3）。一个扫描周期主要包括以下 3 个重要的步骤。

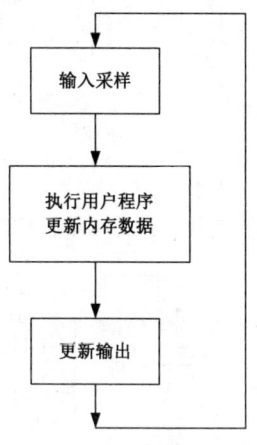

图 2.3 PLC 工作机制

（1）检查输入：PLC 首先将来自各输入模件的数据读入到内存映像区缓存起来，用于下一步做处理。这一过程又可称为输入刷新。输入模件的数据反映了系统外部各传感器的信号状态，用以表明被控对象的状态，这些数据将作为 PLC 控制程序的各种控制条件及原始数据。在后续 PLC 处理过程中，即使外部信号有变化，内存的输入映像字内容也将保持不变。在有些场合，为保证输入数据刷新的及时性，有些厂家的 PLC 提供即时输入刷新指令，以保证输入数据的"新鲜"。当然，对于现代高端 PLC 而言，这一需求已经越来越弱，因为处理器的处理速度已经非常高，足以保证数据刷新的实时性。

（2）执行用户程序：这一过程将占据整个扫描周期的大部分时间，其周期是两个动态值，其时间将根据输入映像字的内容及用户程序的逻辑而不断变化。程序执行完毕，PLC 将更新用户数据区，并缓存程序执行结果至内存中输出映像区，用于后续处理。

（3）更新输出：这一过程 PLC 主要是将输出映像区刷新至各种输出模件，即 PLC 的实际输出。执行完此过程后，PLC 又返回至第一步——检查输入。同样在某些场合需要在用户程序执行阶段直接更新输出，以做到快速反应。有些厂家的 PLC 提供即时输出刷新指令，用以满足上述需求。

2.2 PLC 应用举例

例 2.1 单向全压异步电动机控制。

采用继电器控制线路实现电机起动、保持、停止功能的单向全压异步电动机控制线路图如图 2.4 所示，图 2.5 是将图 2.4 异步电动机控制继电线路改造为 PLC 控制系统电路与梯形图的设计与实现。

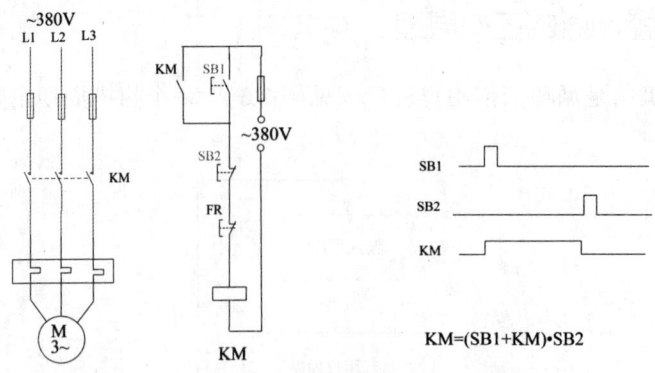

图 2.4 单向全压异步电动机控制线路图

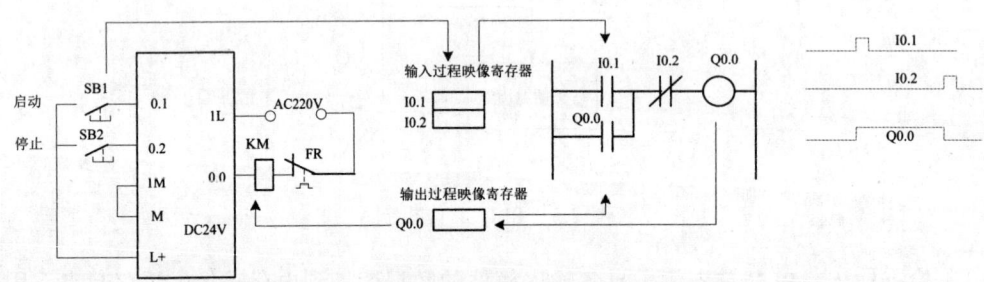

图 2.5 将图 2.4 异步电动机控制继电线路改造为 PLC 控制电路

例 2.2 小车往返运动。

用 PLC 实现小车往返的自动控制,控制过程为按下启动按钮,小车从左边往右边(右边往左边)运动,当运动到右边(左边)碰到右边(左边)的行程开关后小车自动做返回运动,当碰到另一边的行程开关后又做返回运动。

如此往返运动,直到按下停车按钮后小车停止运动。

采用继电控制线路实现小车往返的设计与实现如图 2.6 所示。

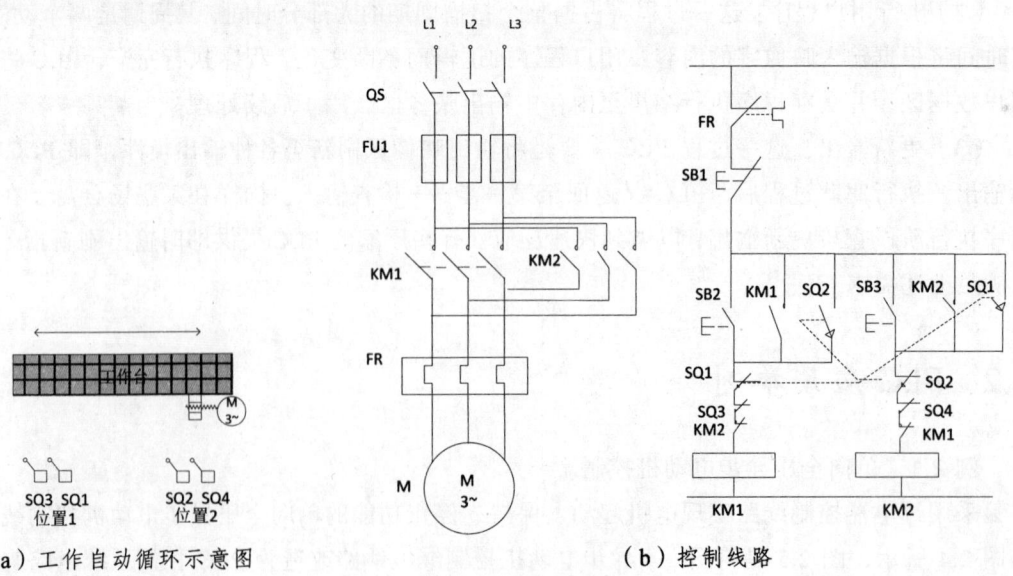

(a)工作自动循环示意图　　　　　　　　(b)控制线路

图 2.6 小车往返继电控制线路

采用PLC控制实现小车往返的设计与实现如图2.7所示。

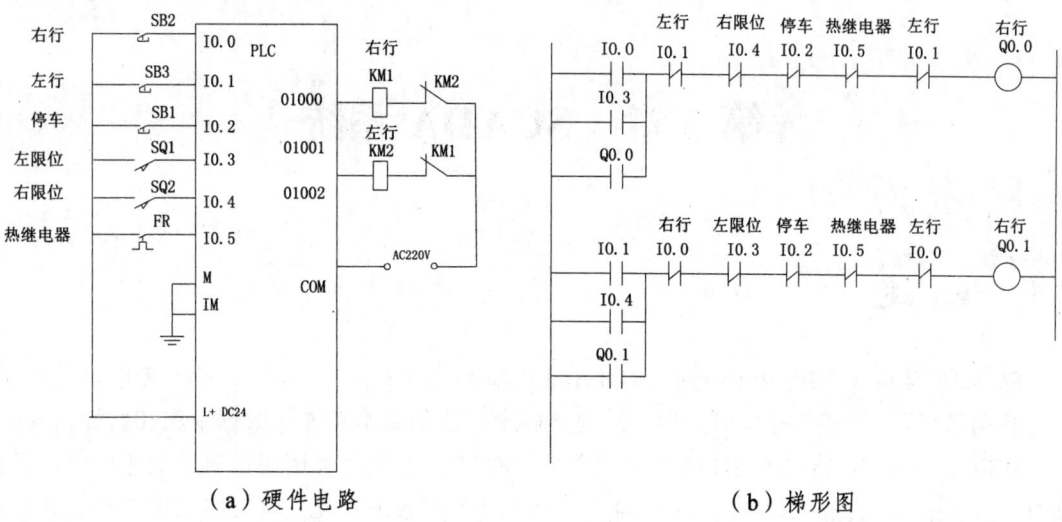

（a）硬件电路　　　　　　　　　　（b）梯形图

图2.7　小车往返PLC控制

复习思考题

1. PLC基本组成及工作原理是什么？
2. 工业自动化系统的可靠性技术有哪些？
3. 分析PLC程序处理过程。
4. 查阅相关资料，举例说明PLC在城市轨道交通综合监控系统中的应用。
5. 画出小车自动往返的继电器控制电路图和PLC控制图，并加以分析比较。

第3章 SCADA系统

3.1 概 述

SCADA是英文"Supervisory Control And Data Acquisition"的简称,翻译成中文就是"监控与数据采集"。从其名称可以看出,其包含两个层次的基本功能:数据采集和监控。

IEEE在1987年给出的SCADA的定义为:SCADA系统是利用通信通道上的编码信号控制RTU(Remote Teminal Unit,远程端子单元)设备的系统;又是将数据采集功能和通过通信通道获得RTU设备状态的显示或记录信息功能结合在一起的监管系统。此定义中强调SCADA系统利用通信通道控制远程终端单元的设备,采集远程终端单元的设备状态并显示或记录。

从上面定义可以看出,SCADA系统在控制层面上至少具有两层结构以及连接两个控制层通信网络,这两层设备是处于测控现场的数据采集与控制终端设备(通常称作下位机—Slave Computer)和位于监控室的集中监视、管理和远程监控计算机(上位机—Master Computer)。参考国内外的一些文献,在此,不妨以信息技术为例,给出一个SCADA系统的具体定义:SCADA系统是一类功能强大的计算机远程监督控制与数据采集系统,它综合利用了计算机技术、控制技术、通信与网络技术,完成了对测控点分散的各种过程或设备的实时数据采集,本地或远程的自动控制,以及生产过程的全面实时监控,并为安全生产、调度、管理、优化和故障诊断提供必要和完整的数据及技术支持。

SCADA系统可以让用户采集到远距离(数百千米到数千千米)、大范围(方圆数百千米到数千千米)内的场、站或其他工业实体的各种设备或装置的状态信息;也可发给这些设备或装置一定的控制指令。SCADA系统可以使系统操作员在控制室里去访问远方的场、站或其他工业实体。SCADA系统在操作站提供人机接口软件,为操作员提供远程操作手段,提供对全系统的远程站点的监控管理功能。SCADA是以通过远动通道实现数据采集和遥控功能为主要特征的监控系统。

SCADA系统应用领域包括:变电站自动化系统,这是SCADA系统最成功的应用之一,如电力SCADA系统中监测线网负载状况,控制开关并响应线网负载变化等;大范围的环境监测系统和环境警示系统;油、气、水和化学介质的管道传输系统的监测;城市排水泵站远程监控系统、城市煤气管网远程监控系统等领域。

城市轨道交通中的SCADA系统是分层分布式大型SCADA系统,可用做电力、环控、ATS等专业或作为综合监控管理。

3.2 SCADA 系统组成

从不同角度，SCADA 系统的组成可以有不同的划分。

从微机监控的角度看，SCADA 系统作为生产过程和事物管理自动化最为有效的计算机软硬件系统之一，它包含 3 个部分：① 过程监控与管理系统，即上位机；② 分布式的数据采集系统，也就是通常所说的下位机；③ 数据通信网络，包括上位机网络系统、下位机网络系统以及将上、下位机系统连接的通信网络。典型的 SCADA 系统实例的结构如图 3.1 所示。SCADA 系统这 3 个组成部分的功能不同，但三者的有效集成则构成了功能强大的 SCADA 系统，完成对整个过程的有效监控。SCADA 系统广泛采用"管理集中、控制分散"的集散控制思想，因此，即使上、下位机通信中断，现场的测控装置仍然能正常工作，从而确保系统的安全和可靠运行。

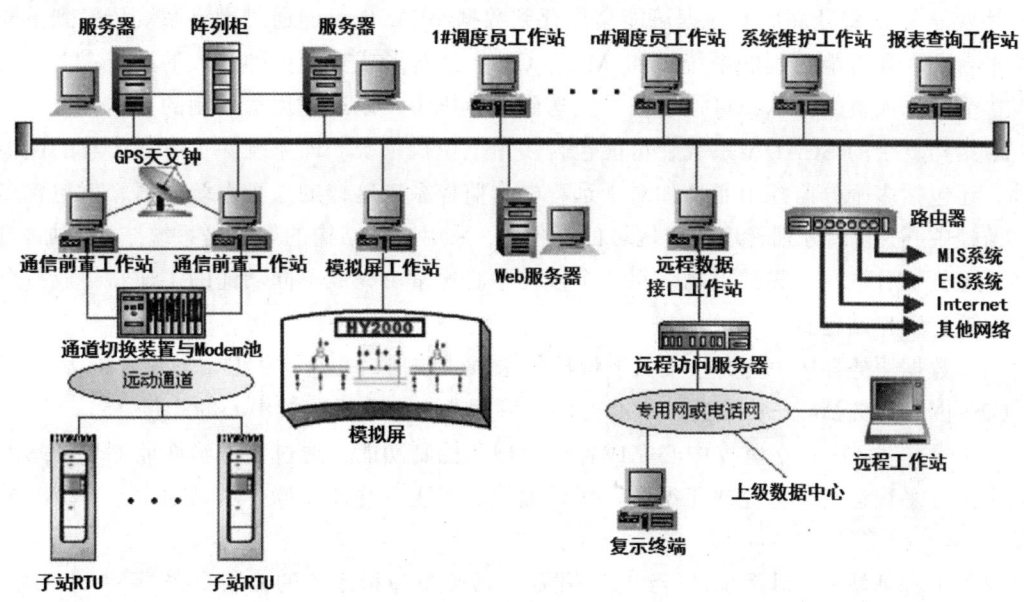

图 3.1 SCADA 系统实例——变电站自动化系统

3.2.1 监控中心

监控中心即中心单元（Master Terminal Unit，MTU），也称之为上位机系统。

从系统角度讲，中心单元的基本功能主要有：

（1）通信接口功能。MTU 信息传给所有的 RTU 并采用与 RTU 相同的通信介质协议。早期的 MTU 和 RTU 间通信是以 MTU 为主动通信器，RTU 为从动通信器。在 SCADA 的控制中心，MTU 与显示器、打印机是由局域网相连，端到端通信。

（2）人机接口（HMI）画面的组态功能。SCADA 系统的大部分功能通过 EMI 表达出来。MTU 支持 HMI 的组态，通过对各功能画面的组态，SCADA 系统在 MTU 的显示屏上将所有 RTU 及其连接的传感器、变送器和执行器及其属性表达出来，将它们的实时状态显示出来。也可在屏幕上对 RTU 进行直接操作。

（3）数据存储功能。MTU 采集所有 RTU 的现场数据，一部分存储到 SCADA 中心的数据库中，支持实现 SCADA 功能，同时也将部分数据传送到上一功能层，例如厂级管理层。

（4）具体应用功能。MTU 实现具体应用中的各种功能。应用不同，将要求不同的软件功能，MTU 支持应用软件的运行。

1. 上位机系统组成

监控中心通常包括 SCADA 服务器、工程师站、操作员站、Web 服务器等，这些设备通常采用以太网联网。实际的 SCADA 系统上位机系统到底如何配置还要根据系统规模和要求而定，最小的上位机系统只要有一台 PC 即可。根据安全性要求，上位机系统还可以实现冗余，即配置两台 SCADA 服务器，当一台出现故障时，系统自动切换到另外一台工作。上位机即监控机通过网络与在测控现场的下位机通信，以各种形式（如声音、图形、报表等方式）显示给用户，以达到监视的目的。同时数据经过处理后，告知用户设备的状态（报警、正常或报警恢复），这些处理后的数据可能会保存到数据库中，也可能通过网络系统传输到不同的监控平台上，还可能与别的系统（如 MIS、GIS）结合形成功能更加强大的系统；上位机还可以接受操作人员的指示，将控制信号发送到下位机中，以达到远程控制的目的。

对结构复杂的 SCADA 系统，可能包含多个上位机系统。即系统除了有一个总的监控中心外，还包括多个分监控中心。如对于远程电力监控系统这样的大型系统而言，就包含多个地区监控中心，它们分别管理一定区域的下位机。采用这种结构的好处是系统结构更加合理，任务管理更加分散，可靠性更高。每一个监控中心通常由完成不同功能的工作站组成一个局域网，这些工作站包括：

（1）数据服务器——负责收集从下位机传送来的数据，并进行汇总。

（2）网络服务器——负责监控中心的网络管理及与上一级监控中心的连接。

（3）操作员站——在监控中心完成各种管理和控制功能，通过组态画面监测现场站点，使整个系统平稳运行，并完成工况图、统计曲线、报表等功能。操作员站通常是 SCADA 客户端。

（4）工程师站——对系统进行组态和维护；改变下位机系统的控制参数等。

2. 监控中心功能

通过完成不同功能计算机及相关通信设备、软件的组合，整个监控中心可以实现如下功能。

（1）数据采集和状态显示。

SCADA 系统的首要功能就是数据采集，即首先通过下位机采集测控现场数据，然后上位机通过通信网络从众多的下位机中采集数据，进行汇总、记录和显示。通常情况下，下位机不具有数据记录功能，只有上位机才能完整地记录和保持各种类型的数据，为各种分析和应用打下基础。

上位机系统通常具有非常友好的人机界面，可以以各种图形、图像、动画、声音等方式显示设备的状态和参数信息、报警信息等。

（2）远程监控。

SCADA 系统中，上位机汇集了现场的各种测控数据，这是远程监视、控制的基础。由于上位机采集数据具有全面性和完整性，监控中心的控制管理也具有全局性，能更好地实现整个系统的合理、优化运行。特别是对许多常年无人值守的现场，远程监控是安全生产的重要保证。

远程监控的实现不仅表现在管理设备的开、停及其工作方式，如手动还是自动，还可以通过修改下位机的控制参数来实现对下位机运行的管理和监控。

（3）报警和报警处理。

SCADA系统上位机的报警功能对于尽早发现和排除测控现场的各种故障，保证系统正常运行起着重要作用。上位机上可以以多种形式显示发生的故障的名称、等级、位置、时间和报警信息的处理或应答情况。上位机系统可以同时处理和显示多点同时报警，并且对报警的应答做记录。

（4）事故追忆和趋势分析。

上位机系统的运行记录数据，如报警与报警处理记录、用户管理记录、设备操作记录、重要的参数记录与过程数据的记录，对于分析和评价系统运行状况是必不可少的。对于预测和分析系统的故障，快速地找到事故的原因并找到恢复生产的最佳方法是十分重要的，这也是评价一个SCADA系统功能强弱的重要指标之一。

（5）与其他应用系统的结合。

工业控制的发展趋势就是管控一体化，也称为综合自动化，典型的系统架构就是ERP/MES/PCS三级系统结构，SCADA系统就属于PCS层，是综合自动化的基础和保障。这就要求SCADA系统是开放的系统，可以为上层应用提供各种信息，也可以接收上层系统的调度、管理和优化控制指令，实现整个企业的优化运行。

3.2.2　数据采集与控制终端设备

数据采集与控制终端设备即下位机系统，下位机一般来讲都是各种智能节点，这些下位机都有自己独立的系统软件和由用户开发的应用软件。该节点不仅完成数据采集功能，而且还能完成设备或过程的直接控制。这些智能采集设备与生产过程各种检测与控制设备结合，实时感知设备各种参数的状态，各种工艺参数值，并将这些状态信号转换成数字信号，并通过各种通信方式将下位机信息传递到上位机系统中，并且接受上位机的监控指令，完成现场设备的控制。典型的下位机有远程终端单元RTU、可编程控制器PLC以及近年才出现的可编程自动化控制器（Programmable Automation Controller，PAC）和智能仪表等。

1. 远程终端单元RTU

RTU（Remote Terminal Unit，RTU）是SCADA系统中更为重要的单元，它接收MTU传来的4类信号：数字控制命令、模拟设定值指令、步进电机的脉冲和响应命令。它接收来自现场的5类信号：4~20 mA模拟信号、0 V或24 V报警开关信号、0 V或24 V设备状态信号、脉冲量计量信号和现场设备的RS-232串行信号。它传给MTU五类信号：现场模拟信号、报警信号、设备状态信号、总计量信号和设备报文（关于设备的通信信息）。它传给现场设备的信号有4类：触点闭合或0~24 V控制信号、4~20 mA控制信号、脉冲序列步进电机控制信号和RS-232串行信息。由此可见，RTU将现场设备的各类信号采集并转换传给MTU。

远程终端单元RTU的主要功能如下：

（1）通信接口功能。RTU 采用与 MTU 相同的通信介质和协议与 MTU 接口。早期的 MTU 和 RTU 间通信，RTU 为从动通信器。

（2）现场装置接入功能。RTU 通过现场总线接入各类现场装置。

（3）现场数据采集和处理功能。

（4）对现场装置传送指令功能。

RTU 本质上是一个带有微处理器的专门接口设备，一端与链接 MTU 的通信链路相连，一端与现场的传感器、执行器和过程计算装置相接口。

RTU 所实现的通信协议是标准的用于 SCADA 系统的 RTU 通信协议，它们有：部颁 CDT、POLLING、SC1801、EC60870-5/101、DNP 等。RTU 的通信协议完全适应 RTU 的功能要求，协议结构简单，保证通信的可靠。

RTU 是安装在远程现场的电子设备，用来监视和测量安装在远程现场的传感器和设备。RTU 将测得的状态或信号转换成可在通信媒体上发送的数据格式。它还将从中央计算机发送来的数据转换成命令，实现对设备的远程监控。

远程测控终端 RTU 是体现"测控分散、管理集中"思路的产品。

RTU 的主要作用是进行数据采集及本地控制，进行本地控制时作为系统中一个独立的工作站，这时 RTU 可以独立地完成联锁控制、前馈控制、反馈控制、PID 等工业上常用的控制调节功能。进行数据采集时作为一个远程数据通信单元，完成或响应本站与中心站或其他站的通信和遥控任务。RTU 的主要配置有 CPU 模板、I/O（输入/输出）模板、通信接口单元，以及通信机、天线、电源、机箱等辅助设备。RTU 能执行的任务流程取决于下载到 CPU 中的程序，CPU 的程序可用工程中常用的编程语言编写，如梯形图、C 语言等。

与常用的工业控制设备 PLC 相比，RTU 具有如下特点：

（1）同时提供多种通信端口和通信机制。RTU 产品往往在设计之初就预集成了多个通信端口，包括以太网和串口（RS-232/RS-485）。这些端口满足远程和本地的不同通信要求，包括与中心站建立通信，与智能设备（流量计、报警设备等）以及就地显示单元和终端调试设备建立通信。通信协议采用 Modbus RTU、Modbus ASCII、Modbus TCP/IP 等标准协议，具有广泛的兼容性。同时通信端口具有可编程特性，支持对非标准协议的通信定制。

（2）提供大容量程序和数据存储空间。从产品配置来看，PLC 提供的程序和数据存储空间往往只有 6～13 KB，而 RTU 可提供 1～32 MB 的大容量存储空间。

（3）高度集成的、更紧凑的模块化结构设计。

（4）更适应恶劣环境应用的品质。

正是由于 RTU 完善的功能，使得 RTU 产品在 SCADA 系统中得到了大量的应用。

2. 各种中、小型 PLC

典型的小型 PLC 产品有三菱、西门子、ABB 公司和施耐德等的 PLC。由于这些产品性价比高、可靠性高、编程方便，因此，在各种 SCADA 系统中得到广泛的应用。同时，随着现场总线技术的发展，现场总线在以 PLC 为下位机的系统中应用也不断增长。

3. 可编程自动化控制器（Programmable Automation Controller，PAC）

作为一种开放型的自动化控制设备，PAC 在 SCADA 系统的下位机中应用逐步增多，例如 GE Fame 公司、研华公司的产品等。

4. 智能仪表

城市公用事业系统如水、电、气的远程监控,热电企业的热网计量与蒸汽计量的远程监控也大量采用 SCADA 系统。与其他一些工业过程的 SCADA 系统相比,它们更加侧重数据采集、信息集中管理与远程监管,而远程控制功能要求较低。

由于 SCADA 系统中上、下位机的通信可能中断,因此要求下位机系统具有自主控制能力。此外,对于 I/O 模块,也要求具有安全值设置等功能。

3.2.3 通信网络

通信网络实现 SCADA 系统的数据通信,是 SCADA 系统的重要组成部分。与一般的过程监控相比,通信网络在 SCADA 系统中扮演的作用更为重要,这主要是因为 SCADA 系统监控的过程大多具有地理分散的特点,如无线通信机站系统的监控、电力远程系统的监控等。

一个大型的 SCADA 系统,包含多种层次的网络,如设备层总线、现场总线;在控制中心有以太网;而连接上、下位机的通信形式更是多样,既有有线通信,也有无线通信,有些系统还有微波、卫星等通信方式。

3.2.4 检测和执行设备

检测和执行设备从属于下位机系统,由于在 SCADA 系统中起重要作用,这里单独做一些介绍。

1. 检测仪表

SCADA 系统中监控的参数按照数据类型可以分为模拟量、数字量和脉冲量等,模拟量包括温度、压力、物位、流量等典型过程参数和其他各种参数,而数字量包括设备的启/停状态等。不同的应用中,检测的参数类型相差很大。如在环境监控中,要大量采用各种分析仪表进行环境参数分析;在电力系统中,则要检测电流、电压、功率等参数。为了实现对这些参数的检测与监控,首先通过各种检测仪表把这些参数转换为电量信号,再把仪表输出与计算机的各种 I/O 接口连接,从而最终实现把模拟量转换为数字量并被计算机采集。为了简化检测仪表与各种 I/O 设备的连接,通常要求检测仪表的输出是各种标准信号,如对于模拟量采用 4~20 mA 的标准电流信号,这些信号十分适合远传。如果仪表输出的不是标准信号,可以通过相应的变送器将检测仪表输出信号转换为标准信号。相比较而言,数字量的输入/输出要简单得多,实现起来较容易。

检测仪表在组成上包括检测元件(敏感元件或传感器)和转换电路。检测元件直接响应工艺变量,并转换为一个与之成对应关系的输出信号,这些信号可以是位移、电压、电流、电阻、电荷、频率、光量、热量等。如热电偶测温时,将被测温度转换为热电势信号;热电阻测温时,将被测温度转换为电阻信号。

2. 执行设备

执行设备接受下位机(控制器)的输出,改变操纵变量,使生产过程按照预定要求正常运行。在不同的行业中,执行器类别不一样。如在生产过程监控中,各种气动执行器得到广泛应用，典型的就是调节阀，还有各种开关阀门；而在制造业中，各种步进电机、变频器、伺服电机等调速设备得到广泛应用。几种类型的执行器及其特点如表 3.1 所示。

表 3.1 气、电、液执行机构比较

比较项目	气动执行器	电动执行器	液动执行器
结构	简单	复杂	简单
体积	中	小	大
推力	中	小	大
配管配线	较复杂	简单	复杂
动作滞后	大	小	小
频率响应	狭	宽	狭
维修	简单	复杂	简单
使用场合	防火、防焊	除防爆型外，一般不适于防火防爆	要注意火花
温度影响	较小	较大	较小
成本	较低	高	高

3.3 SCADA 系统的结构

3.3.1 传统 SCADA 系统的基本结构

传统 SCADA 系统的基本结构如图 3.2 所示。它主要由 3 部分构成：① 中心单元（MTU）。② 远程终端单元（RTU）。③ 通信设备，包括远程通信网和无线通信网、通信接收设备和发送设备、有 MTU 的通信设备和 RTU 的通信设备。

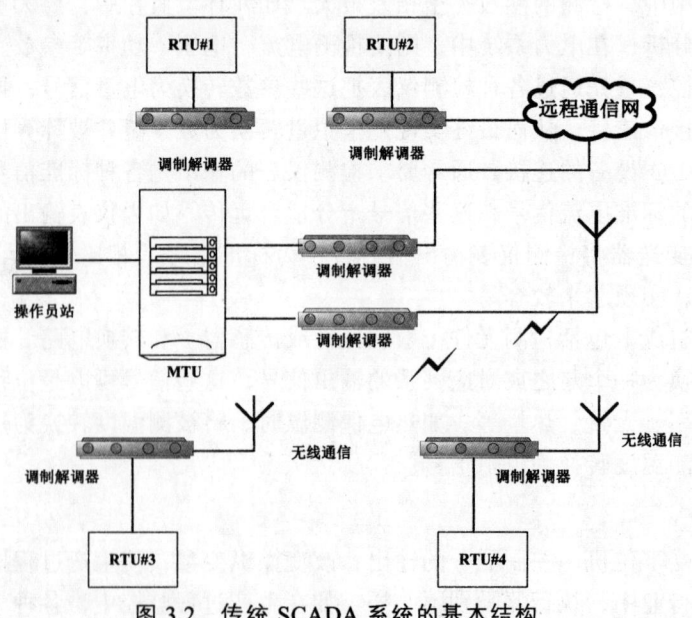

图 3.2 传统 SCADA 系统的基本结构

随着计算机、通信和自动化技术的进步，MTU、RTU 可能采取不同的装置结构，但功能基本变化不大。现代 SCADA 系统已经采用智能 RTU 或者直接采用 PLC 装置；而 MTU 装置形态变化更大，采用服务器或工作站直接作为 MTU。

无论是 MTU 的通信装置还是 RTU 的通信装置，早期都采用调制解调器，经典的调制解调器或前置通信机已经发展为以工控机为基础的通信控制器，具有了除通信以外的其他数据处理功能和网络接口及网络管理功能。

SCADA 系统的主要单元有：主端子单元（MTU）、远程终端单元（RTU）和与之相应的通信装置。主端子单元也称为中心单元。

中心单元在 SCADA 系统中主要处理所有的命令，采集所有的数据，存储一些数据，将一些数据传送给相关系统以及实现人机对话。中心单元又称为 SCADA 系统的主计算机。

通信介质的不同，通信设备也就有不同。综合起来，应用于 SCADA 系统的通信设备有：特高频/超高频（VHF/UHF）信号、微波、地球同步人造卫星、交换线路（公共交换电话网 PSTN）（通用交换网 GSTN）、专有线路（PLL）、地球同步人造卫星等。

3.3.2 现代 SCADA 的结构

1. 硬件结构

随着计算机技术和自动控制技术的进步，SCADA 系统也有了新发展，现代 SCADA 系统结构主要分为两个基本层：第一层为客户层，它主要是人机交互，主要设备有中央历史服务器和客户工作站。第二层为数据服务层，它掌管过程数据控制活动，主要设备有：数据服务器和过程控制器（PLC）。数据服务器直接或者通过网络、现场总线（专利的或标准的）与PLC相连，PLC连接远端的过程装置或现场装置，从而，数据服务器与过程装置（包括远程装置）连通。客户层与数据服务层在采用专网时，一般采用工业以太网相连接，也可采用公共网络或无线网络连接。现代 SCADA 系统硬件结构如图 3.3 所示。

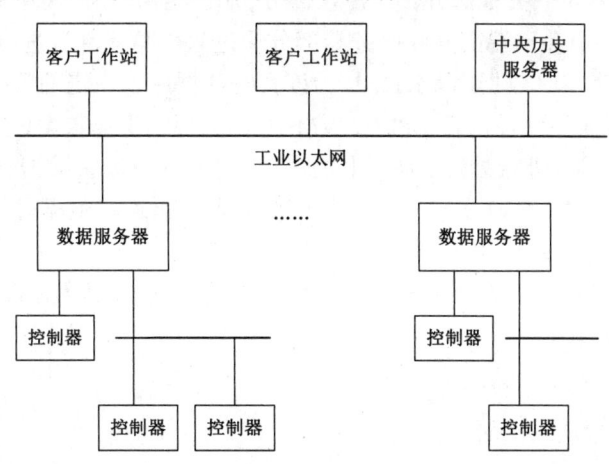

图 3.3　现代 SCADA 硬件结构

2. 软件结构

软件架构一般为多任务并基于实时数据库（RTDB），实时数据库一般位于一个或者多个服务器上。服务器主要用于所连接设备的数据采集和处理（如控制器查询、报警查询、计算、日志等）。

有些情况下，还会有专用数据库实现特殊功能，如历史服务器、数据日志服务器、报警处理服务器等。

SCADA 系统软件架构分为两个部分，如图 3.4 所示。左边部分为组态部分，右边部分是实时部分，整个 SCADA 系统通过组态过程输入用户数据，并以 ASCII 码或文本方式通过 SCADA 输入/输出接口导入实时部分数据库。

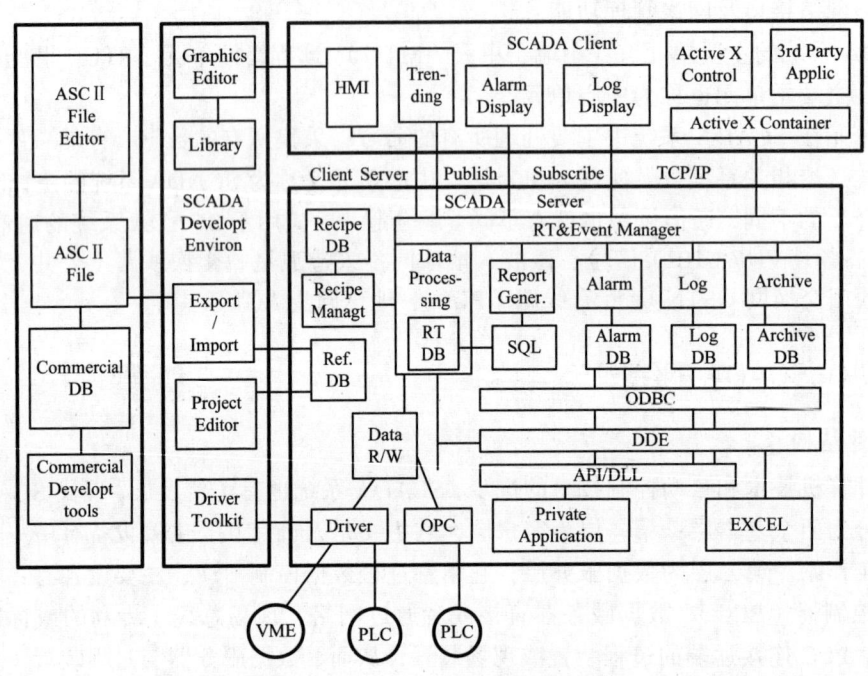

图 3.4 SCADA 的通用软件架构

实时部分包括如下几个关键部分：客户端部分，服务器部分，软件总线管理器部分（RT & Event Manager）。其中客户端部分和服务器部分通过软件总线部分进行高速通信。

服务器部分核心为实时数据库（RTDB），该实时数据库以一定的数据读写机制，通过专有驱动程序或 OPC 从底层硬件设备（PLC，VME）读取现场工业数据，然后通过关系数据库 SQL 以指定算法（Recipe）进行处理，并产生报表，通过软件总线将数据分为报警（ALARM）、日志（LOG）、存档（ARCHIVE）形式存入相应服务器，再通过数据总线传输给客户端或者通过 ODBC、DDE 进行高级应用（API，EXCEL）。

在客户端，主要包括人机界面（HMI）、趋势、报警、日志显示，以及用于 Web 或其他第三方高级应用的软件接口。

3.4 大型 SCADA 系统

3.4.1 大型 SCADA 系统构成

在众多的 SCADA 系统中，有一类规模较大的综合监控系统广泛应用于轨道交通自动化中。传统的 SCADA 系统正在发展成为以现代计算机网络技术为基础的新型的、大型的 SCADA 系统。

大型 SCADA 系统以地理分散为主要特征，适于在一个较大地域范围内的监控应用，如城市水系统、城市轨道交通系统、环境监测系统、大型灌区系统等。

大型 SCADA 系统的典型构架如图 3.5 所示，采用分层分布式结构，分为中央监控层、场站级监控层和基础自动化层。

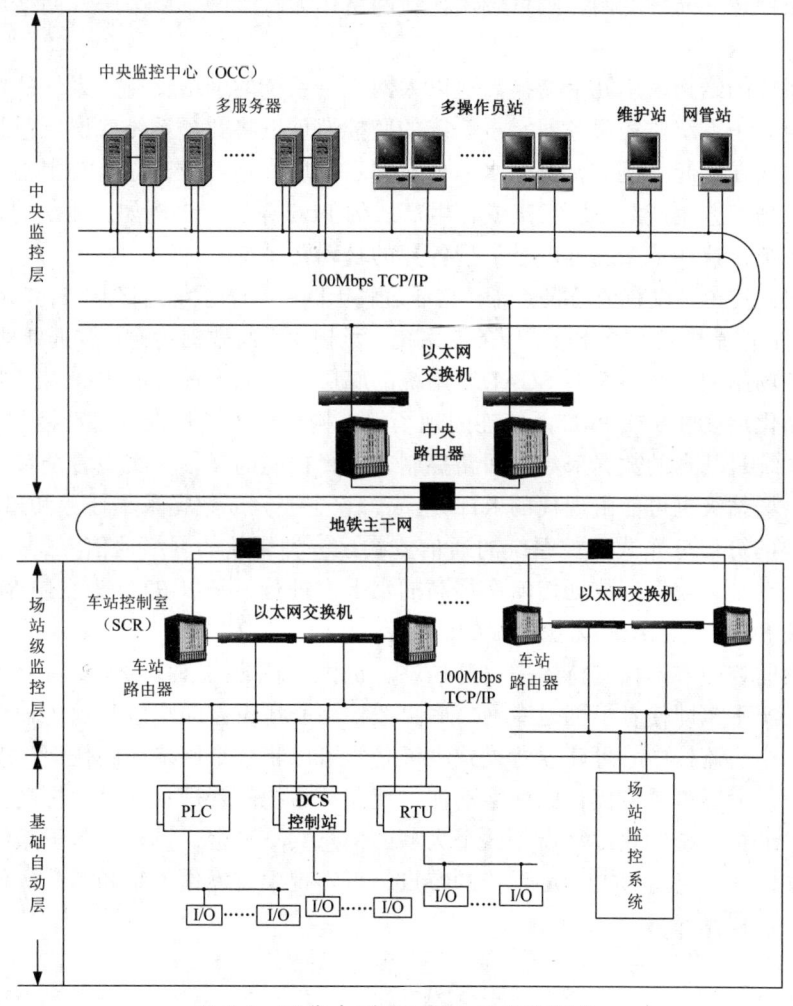

图 3.5　现代大型 SCADA 的典型架构

网络结构则分为中央监控网、骨干网和场站级监控网。

（1）系统的顶层是冗余快速交换以太网支持的中央监控中心。以太网采用 TCP/IP 协议、C/S 结构、100 Mb/s 数据传输率。交换机口接入的设备是独占式通道，大大地提高了设备间的通信效率和确定性。为提高可靠性，以太网冗余配置，如此优秀的网络支持的监控中心，可以构建多个专业或多方面用途的中央监控站，可支持对多专业、多中心站的全系统集成。

大型监控系统是将多个子系统有机地集成在一起的监控系统。子系统是系统的中间层。子系统的具体情况可能很复杂，也许是地理上分散在几十千米的范围中，也许是按业务分成的几个子系统。例如：大型水厂，总公司中央监控中心下面可能是几个分厂的自动化系统，这些自动化系统可以看作大型监控系统的子系统。

中央监控中心一般是通过骨干网将各子系统连接起来。由于子系统的具体情况不同，骨干网的结构形式与技术选择也不同。如果子系统是地理上分散为方圆几十千米，系统有资金建立光纤专网，那么骨干网就可选 SDH 网、ATM 网或千兆位以太网。具体的选择又由于应用需求不同而不同。如果子系统以数据应用为主，则宜选择千兆位以太网作为骨干网。如果地理分散没有条件建立光纤专网，则可选用无线网络作为骨干网，以另一种网络如邮电公网作为后备网络。

（2）子系统的结构采用冗余交换高速以太网。子系统的网络支持子系统的监控站，较大的子系统应建立子系统监控服务器。子系统的监控站可以将此子系统底层所包括的多个基础自动化系统集成在一起。例如，自来水总公司的水分厂，在厂级建立监控中心，由它监控一条或数条水处理工艺生产线，由它集成各生产线的 PLC 系统。再例如，地铁的车站，可以集成多专业子系统，这些子系统可以是类型各异的自动化系统。

（3）中央监控中心设有全局服务器，它通过骨干网将各子系统连接起来，与各子系统的子系统服务器或监控站构成一个分布式服务器系统，承担全系统数据传输、数据处理的主要功能。

（4）在各场站的现场是大型 SCADA 系统的底层。它们大都是由 DCS 控制站或 PLC 组成的基础自动化层。DCS 或 PLC 系统连同现场仪表构建成了各种现场自动控制系统，完成大型 SCADA 系统最基本的数据采集、回路控制、逻辑控制的任务，实现着全系统最重要的分散控制功能。场站级也可能由现代的 RTU 组成，它主要完成数据采集任务和遥控任务。

（5）这样的分层分布式监控系统的通信方式是一种崭新的网络通信方式，它以 TCP/IP 协议为核心，在带宽较大、数据传输率很高的水平上进行，是以 RTU 为主用 Modem 进行数据传输的传统 SCADA 系统所无法比拟的。

（6）中央监控中心不仅支持多中心监控站，也由于新的网络技术的支持，可提供多媒体服务。有些情况下，即使骨干网是专网，中央监控中心还设有无线电数据传输台，与远端无线场站相连。中央监控中心可建立背投式大屏幕，可以将整个网络中的任何一个终端的信息在屏幕上显示。大屏幕系统优良的网络功能，使监控系统的管理水平大大提高。

大型 SCADA 系统的软件平台是一个大型的信息共享平台，可实现各子系统信息互通和资源共享，同时，它具有 SCADA 系统的特点，可实现中央操作员站和车站操作员站对远程设备或装置的遥控操作。

3.4.2 大型 SCADA 系统的发展趋势

大型 SCADA 系统以地理分散为特点，应用领域越来越广，它的发展趋势是：

（1）以通用的、非专利的 PLC 取代专利的 RTU。

（2）开放系统、以工业标准组件和部件、以智能化的远程 PLC 取代传统的专利的 SCADA 结构模式。

（3）在 SCADA 系统中引入以 Web 为基础的技术，应用 Web 浏览器，在 SCADA 操作员站上显示包含动态实时数据的 HTML 页面。

大型 SCADA 系统正在与 DCS 和 PLC 系统相互渗透，一种包含有 DCS、PLC 系统和传统 SCADA 系统的大型 SCADA 系统正在出现，它成为控制系统集成的统一平台。

目前，大型 SCADA 系统顶层增加了更多的管理功能，类似于第四代 DCS 全企业管理系统。在场站级监控层集成了具有 DCS、PLC 系统形态的子系统。因此，它可容纳类型各异的专业自动化系统的能力更强大。一种以大型 SCADA 系统构架为开放系统构架的新的集成系统正在发展起来，并走向成熟。它成为 DCS/PLC 和传统 SCADA 三类系统技术融合的典型，成为按照应用需求设计并适应最终用户要求的现代工业自动化系统的典型。

3.5 大型 SCADA 系统的软件平台

城市轨道交通综合监控系统是一个地理上分散的大型 SCADA 系统，城市轨道交通系统的软件平台的基础架构建立在 SCADA 系统的基础上，要对城市轨道交通综合监控系统软件进行分析研究和开发，就必须对大型 SCADA 系统的软件体系进行分析研究和开发。大型 SCADA 系统的软件体系是城市轨道交通综合监控系统中工程系统集成的技术核心，是城市轨道交通综合监控系统的技术核心。

3.5.1 系统软件的构成和形态

大型 SCADA 系统的软件体系由具有积木结构的多层平台支持。这种结构的每一层具有设计独立性和逻辑相关性以及良好的扩展性，使系统的开放度可以持续扩张。一般来说，系统软件大致由以下层次组成。

（1）操作系统：应用系统既可以构建在一种操作系统基础上，也可以跨多个操作系统平台。

（2）支撑软件：指被集成到系统软件平台中并支持系统软件运行的一些商用或共享软件（COTS，Commerical-Off-The-Shelf），如 DBMS、网络中间件等。

（3）系统软件平台：是位于操作系统与应用软件之间的程序系统，提供 SCADA 系统的基础软件服务，包括实时数据库、通用 HMI、通信和数据流管理、输入/输出子系统、命令系统、报警/事件管理、日志系统、历史库、诊断、校时、冗余和应用开发工具等。之所以把系统软件称之为一种"平台"，其意义在于它不仅应具有相应的数据配置工具，还应提供定制应用功能和应用程序的 API 及应用开发框架。因此系统软件平台是整个应用系统架构的基础。

（4）应用软件：是建立在系统软件平台之上的、符合特定领域的设计要求和功能的应用程序和相关数据。例如，对任何一个地铁建设项目，由于运营管理要求不同、设计单位不同、业主投资力度不同等因素，一定会存在与其他项目不同之处。那么这些差异性，统统都应在应用软件中体现，而不应直接反映在系统软件平台中。这里并不严格区分"程序"和"数据"，它们共同构成特定应用的实现。应用软件完全把底层的软件系统"包裹"起来，而这层应用软件真正反映了专业特点和工程具体要求。

一般来讲，现实工程中构建大型 SCADA 系统有两种途径：一是采用定制开发的"软件化"方法；另一种是采用组态软件的"工程化"方法。

所谓软件化方法，就是将各种不能由系统软件平台直接实现的应用功能，通过二次开发的方式用编程方式实现，形成针对不同专业应用要求的软件包，然后再在此基础上配置必要的运行数据，运行时应用软件程序是嵌入到系统软件的集成框架中的。软件化实现方法的优点是效率高，对应用要求的描述精确，由于将应用功能进行了软件抽象，因此以这种形式建立的应用系统现场调试时间短；缺点是对初始需求和需求变更的依赖较强，一旦初始需求给得不充分，需求或初始设计频繁发生变更，则对工程进度的影响就会比较大。偏重软件化实现的方法对承包商以往的工程经验和系统设计能力是个考验。

工程化方法则是直接利用系统软件平台固有的功能，通过各种组态技巧实现特定的功能。以组态软件为基础就是典型的用工程化方法构建应用系统。组态软件的主要目的，是使自动化工程设计人员在生成适合自己需要的应用系统时不需要修改软件程序的源代码，只需填写一些事先设计好的表格，或使用图形工具把被控对象（如开关、水泵、电梯、趋势曲线、报表等）形象地画出来，通过内部数据连接，把被控对象的属性与 I/O 设备的实时数据进行逻辑连接。当由组态软件生成的应用系统投入运行后，与被控对象相连的 I/O 设备数据发生变化会直接影响被控对象的属性变化。工程化方法的最大优点是不用编程就能用现有的平台功能组合出特定的应用功能，便于现场修改。但由于与功能需求缺乏显式的对应关系，现场调试时间长，总体效率不如软件化方法高，而且一般组态软件常对现有功能的支持较强，而对新功能的开发支持相对较弱，因此比较适合实现功能需求相对比较明确的系统。

3.5.2 系统软件平台的一般体系结构

通常，监控系统软件分 3 层构建。

第 1 层——接口层：专用于数据采集和与外部系统或设备的数据交换，执行必要的规约转换和信号量程变换。

第 2 层——数据处理层：专用于数据管理和高级应用功能，以一个实时数据库为核心，实现实时数据处理、事件处理和通知、内部运算和历史数据存档。

第 3 层——人机接口层：专用于各级操作员对系统的监视和操作。

需要说明的是，这种层次结构只是功能分层，与硬件和操作系统平台无关。

3.5.2.1 体系结构

在说明的软件体系结构之前，先简单介绍地铁监控系统的一般构成。

1. 中央控制系统

中央控制系统位于地铁线的控制中心，建立在中央监控网上。中央监控网应为冗余快速交换以太网、C/S 结构，TCP/IP 协议。

2. 车站级控制系统

车站级控制系统建立在各车站局域监控网上。

与中央控制系统相比，由于不同的地铁工程在专业要求、信息集成度、投资等方面的差异，车站级控制系统的硬件配置要灵活得多。

首先是构成车站控制系统基础自动化层的智能设备，如 PLC 或电力保护装置等，它们直接控制被控对象。

多个操作员工作站和便携式工作站。

当需要多个专业信息集成或车站级数据统一管理时，可能配置与控制中心类似的实时数据服务器。但与中心不同的是，这里不强调服务器作为车站级监控系统的必备硬件，完全视应用要求和系统规模而定。如当专业单一、功能要求简单或系统规模不大时，服务器相应的功能应能迁移到操作员工作站或作为通信前置机的计算机中，甚至用一台单机实现一个专业车站级监控系统的全部功能。

通信前置机（Front End Processor，FEP）一般是作为传统 SCADA 体系中一个概念出现的，它的作用是在中心服务器与远方 RTU 之间完成数据通信任务，主要是与接口系统之间通信规约的处理。前置机的存在一方面分担了服务器的处理负荷，另外由于传统 SCADA 系统的服务器是建立在 UNIX 平台上的，而 UNIX 不具备实时进程，不能支持严格的抢占式任务调度，因此有时不能满足响应接口系统的性能要求。所以一般前置机还要运行在具有一定实时调度能力的操作系统上。

对于地铁监控系统，特别是在车站级，由于不完全是 SCADA 结构，因此实际前置机的使用变化比较多。

3. 地铁监控系统硬件体系结构

传统 SCADA 系统中的硬件体系结构如图 3.6 所示。

这里 RIU_1，…，RTU_n 就相当于各个车站控制系统。

由于地铁中两级控制要求的存在，因此在每个车站都需要有一个类似于图 3.6 中监控中心的部分（当然不一定有服务器），显然没有必要在中心设置一套前置机，再在每个车站设一套前置机完成重复的工作。因此图 3.6 中的中心前置机就会被分散和转移到车站级系统中，监控中心并不直接通过自己的 FEP 与设备相连，而是将 FEP 放到各个车站控制系统中，并通过系统骨干网与之相连。这些 FEP 既服务于监控制中心，也服务于车站本地监控系统。中心和车站共用一套前置机，形成如图 3.7 所示的体系结构。

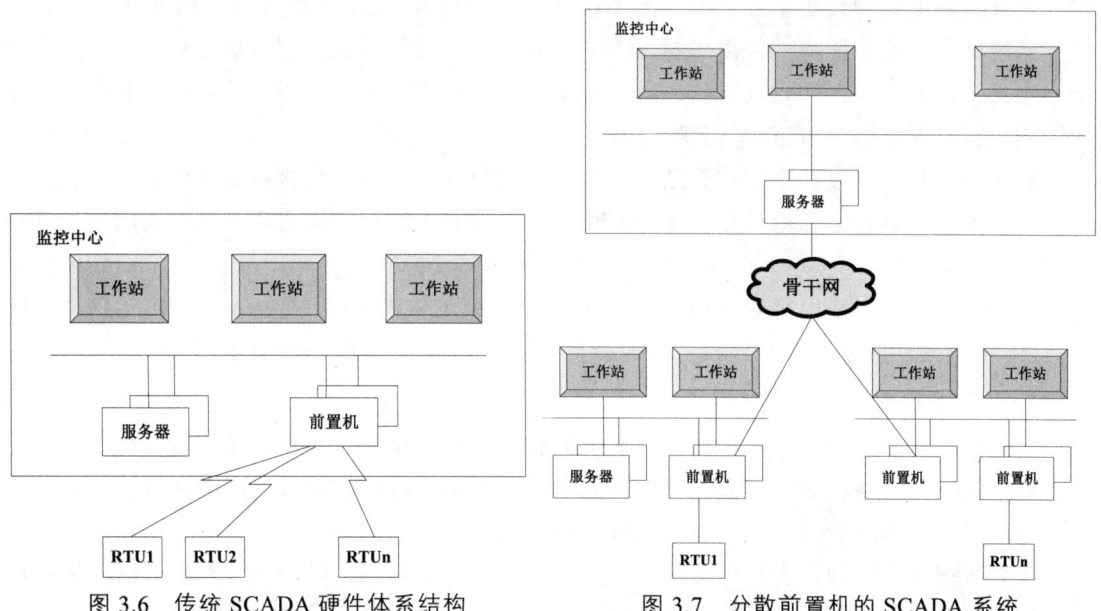

图 3.6　传统 SCADA 硬件体系结构　　图 3.7　分散前置机的 SCADA 系统

这时，对于一个 FEP，就会同时连接两个客户系统，一个是本车站，一个是监控中心，如果有区域中心存在，则还要有第三个连接。

注意，本来在中心与远方站之间的远程通信，是 SCADA 系统与外部系统接口的，但由于 FEP 的下放，则变成了 SCADA 系统的"内网"，这是与传统 SCADA 系统在体系结构上的一个重要差别，因此我们要求地铁监控系统平台本身就应支持远程骨干网络的实时数据传输。

从图 3.7 可以发现另一个问题，就是作为一个车站级系统，使用的机器过多，特别是作为单专业系统，服务器和 FEP 的存在显得累赘，如果工作站能够直接访问控制器或 RTU，则系统结构更为简明。事实的确如此，如果将 FEP 的功能转移到车站系统的工作站上，成为一个"软件 FEP"，那么车站系统就完全演变成了一个典型的 DCS 系统。因此，如果监控系统的软件平台具有这样的可伸缩性，或者说通过适当的配置，软件平台就可以独立于硬件结构，那么采用这样的软件平台所构成的系统就可以获得最高的性价比。通常这种要求在以下几方面因素的折中上建立：

- 运营分专业管理和工程按专业分步实施（一般电力先调）；
- 专业之间的系统联动需求；
- 硬件投资；
- 优化的数据流（减少数据传输环节），以满足性能要求；
- 危险分散。

3.5.2.2 操作系统

无论是中央监控系统还是车站级监控系统，其系统软件都是建立在操作系统平台上的。选择什么样的操作系统，与一台计算机在系统中承担什么样的实际任务密切相关。

SCADA 系统的出现已经有很多年了，因此传统的 SCADA 系统供应商所提供的基本都是基于 UNIX 和实时操作系统平台的产品。但随着 Windows 的出现和微软的市场主导能力，不少厂商开始将他们的系统全部或部分向 Windows 平台转移。在工作站人机界面部分，Windows 操作系统则占有绝对优势。但由于对 SCADA 系统，一般总是认为服务器是核心，因此在评价一个系统是建立在什么样的操作系统平台上时，主要是指其中央服务器和历史服务器是采用 UNIX 服务器还是 Windows NT 服务器。

软件要求具有开放的系统体系结构，即在应用程序（或构件）接口语义级上采用公共信息模型、面向对象技术和构件技术（中间件技术）的有机结合，以实现不同应用间的相互操作和无缝连接。

为阐述方便，下面以得到广泛应用的 SCADA 系统软件平台 Verano RTAP 为例，说明 SCADA 系统软件的基本体系结构。系统软件平台的基本构件大致包括以下 7 个方面。

1. 实时数据库

实时数据库是 SCADA 平台的核心服务器部件，具有快速、灵活和面向对象的特性，真实世界中的任何设备（如泵、阀门、电路断路器等）都可以映射为数据库中离散的对象，这些对象可以进一步映射为一个又一个 HMI 图形对象。

实时数据库向应用开发提供对数据库结构的完全的控制权，即应用开发者可以根据应用设计的需要自己定制数据库结构，因此对各种广泛的应用要求有足够灵活的适应性。

2. 计算引擎（CE）

被集成到数据库中的计算引擎是事件驱动的，每当有新的数据，不管是来自采集系统、操作员输入，还是某个应用被写进数据库时，计算引擎都自动启动一次相关的计算，更新得到的值。CE 很像一个电子表格，在这上面可以进行与数据库任何值相关联的定义。CE 被用来配置 RTAP，以实现广泛的应用功能。

计算引擎典型地用于：① 计算平均值、合计、效率、性能等。② 连接数据库实体和现场 I/O 或经过采集系统的其他数据源。③ 给数据库实体附加报警处理。④ 指定一个数据库实体的历史收集方式等。

3. 报警系统

报警系统是 SCADA 系统的关键部分，系统软件平台必须提供一个强大的和可扩展的报警机制，可通过裁减以满足应用所需的检测、过滤、通知和记录。

每个具有唯一报警行为的类型都可以定义为一个报警类。如 RTAP 提供了一个基于报警系统的扩展类，能够实现可以指定的任何报警功能，它提供包括 30 种以上的公共报警类（诸如开关量状态变化报警和 2，3，4，5 模拟量状态报警）的模板，每个类都可以配置和扩展以纳入工程中所需的特定的报警需求，也可以根据工程要求创建自己的报警类。新的报警类可以通过创建报警状态变迁表加入，该表定义何时报警状态应改变。这种机制使报警系统增加了灵活性。

4. 扫描系统

所谓"扫描任务"与本书其他章节的"设备驱动程序"含义相同。扫描任务只是类似于 UNIX 平台特定的术语，而驱动程序则是流行的组态软件特定的术语。

扫描系统通过以太网或串行通道（包括无线电通道）连接数据库和数据监控装置。例如，RTAP 支持 Modbus 规约和 PLC 主要供应厂商的一览表（像 Modbus，Allen Bradley）。一个 OPC 扫描任务也应作为标准使用，这样 SCADA 系统就可以直接或通过 OPC Server 与任一设备接口。

5. 历史数据库

历史数据库对数据库中的任何值都可以创建一段连续时间的历史记录。样本收集可以按时间或事件驱动，并可选择死区以便过滤出微小的数据变化。数据保存在硬盘文件上，其容量仅受硬盘大小限制。尽管保存在硬盘上，但历史文件仍可通过实时数据库访问（通过点对象结构的一个扩展）。

RTAP 具有一个在数据库中构建历史库的类（Class），在用户可配置的历史库类中的信息决定每个历史点的存储准则，如频率、样本个数等。任何数字量数据都可以按时间或按变化记录。

历史数据可以被保存到其他介质或数据库系统（如 Oracle 和 SQL）存储中。历史数据调出的接口可以配置，这样，当一个应用程序已经读完数据库中存储的全部数据时，还可以从长期存储中恢复更多的数据。因此，应用（如趋势和报表程序包）可以从 RTAP 及其长期存储中读到一个无缝的数据流，而不需要在应用程序中再编程。

6. 人机界面（HMI）

SCADA 系统操作员站提供一个图形化的、带动画的、有交互特性的设备、装置或系统的显示，并提供总貌显示、报警一览和趋势窗口。操作员通过点击热点展开更详细的信息，可以改变设定值，打开或关闭阀门或向系统输入新的信息。

7. 环境服务

"环境"一词在 UNIX 系统中具有一种特定的含义。一个应用环境是协调进程及其共享资源的一个模块组，它可以只包含一个进程，或者可以是整个的系统，每个环境与其他环境、其他计算机、其他软件包以及应用系统中的其他部分通信。

3.5.2.3 中间件——SCADA 系统软件的软总线

对于 SCADA 这样一种非常复杂、功能繁多的基于计算机的实时应用系统，传统的面向过程的设计方式已经很不适应发展需要，系统的升级和移植都很不方便，而构件技术的对象封装、继承性和多态性将彻底改变 SCADA 系统软件平台和应用软件构成的传统结构，并大大提高系统的开放性和可配置性。现代 SCADA 系统都采用中间件技术，提供系统各软件部件（或分布式对象之间）消息交换的全部基础设施（消息系统）。

图 3.8 是 SCADA 系统软件体系结构的一个示例。

需要着重说明的是，图 3.8 所示意的是一种便于读者理解的描述方式，以便于理解前面涉及的监控系统 3 层逻辑结构。事实上，在采用了软件构件技术后，所有的系统软件任务（进程）都作为挂接在软件总线上的分布式对象，它们之间可以跨越网络透明地相互访问和通信，这实际上已经打破了不同计算机之间隔阂，特别是如果采用 CORBA 的中间件，运行在不同机器、不同操作系统平台上的软件任务之间也可以像访问本地资源一样地相互通信。

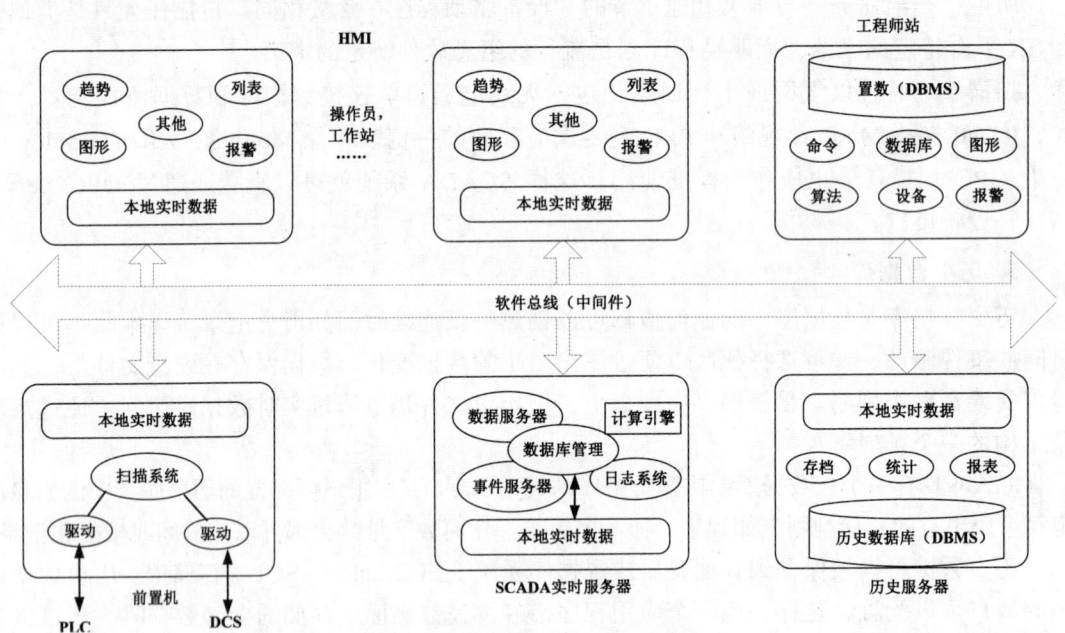

图 3.8 SCADA 系统软件体系结构的一个示例

构件技术又称为分布对象技术，是伴随网络而发展起来的一种面向对象的软件技术。网络出现后，产生了客户-服务器的计算服务模式，多个客户端可以共享数据库服务器和打印服务器等。进而，许多软件需要在不同厂家的网络产品、硬件平台、网络协议异构环境下运行，应用的规模也从局域网发展到广域网。在这种情况下，客户-服务器模式的局限性也就暴露出来了，于是中间件应运而生。中间件是位于操作系统和应用软件之间的通用服务，它的主要作用是用来屏蔽网络硬件平台的差异性和操作系统与网络协议的异构性，使应用软件能够比较平滑地运行于不同平台上。同时中间件在负载平衡、连接管理和调度方面起了很大的作用。随着面向对象技术的进一步发展，出现了分布式对象技术。

在分布对象计算中，通常参与计算的计算体（分布对象）是对称的。分布对象往往又被称为构件（Component），构件是一些独立的代码的封装体，在分布计算的环境下可以是一个简单的对象，但大多数情况下是一组相关的对象复合体，提供一定的服务。在分布环境下，组件是一些灵敏的软件模块，它们可以位置透明、语言独立、平台独立地互相发送消息，实现请求服务。

分布对象技术采用面向对象的多层客户-服务器计算模型，该模型将分布在网络上的全部资源（无论是系统层还是应用层）都按照对象的概念来组织，每个对象都有定义明晰的访问接口。创建和维护分布对象实体的应用称为服务器，按照接口访问该对象的应用称为客户。

服务器中的分布对象不仅能够被访问，而且自身也可能作为其他对象的客户。因此在分布对象技术中，客户与服务器的角色划分是相对的或多层次的。支持客户访问异地分布对象的核心机制称为对象请求代理（Object Request Broker，ORB）。ORB如同一条软件总线（Bus）把分布式系统中的各类对象和应用连接成相互作用的整体。

3.5.3 系统软件平台中的数据库系统

由于SCADA是面向数据汇集的应用，数据库系统是SCADA软件平台中最重要的组成部分。数据库系统实际上分为实时数据库和历史数据库，其中实时数据库是整个SCADA处理的核心，几乎任何系统功能都是从实时数据库入口的，也是围绕着实时数据库这一核心实现的。历史数据库提供的功能则较为单一，主要起保存运行记录和统计分析的作用。

大型SCADA系统软件平台应该具备以下基本特征：① 实时数据库特征；② 面向对象数据库特征；③ 主动数据库特征；④ 内存数据库特征；⑤ 分布式数据库特征。

复习思考题

1. SCADA系统的含义是什么？
2. SCADA系统由什么组成？
3. SCADA系统应用领域有哪些？请举例说明。
4. SCADA的主要特征是什么？
5. 大型SCADA系统的组成是什么？
6. 画出大型SCADA系统的典型结构并简要说明。
7. 为什么说城轨ISCS系统是一个SCADA系统？
8. 分析现代SCADA的结构。
9. 画出城市轨道交通综合监控系统的典型结构图，分析其硬件结构。
10. 以城市轨道交通综合监控系统为例，说明大型SCADA系统软件平台功能。
11. SCADA系统人机界面HMI的实现技术有哪些？

第4章 I/O接口与数据采集技术

4.1 I/O接口概述

过程输入/输出通道是SCADA系统上、下位机与被控过程现场测控设备之间的物理信息通道。过程输入/输出通道除了有A/D、D/A、DI、DO等I/O设备外，通常还包括一些辅助的部件，如多路转换开关、放大器、采样保持器、热电偶冷端温度补偿装置等。这些辅助部件既可以部分地与I/O设备做在一起构成相对独立的数据采集设备，也可以做成独立的卡件（如端子板形式），再将这些卡件通过电缆与I/O设备连接，构成输入/输出通道。在SCADA系统中，现场的各种参数由输入通道进入计算机，而SCADA系统的各种控制命令则通过输出通道传递给执行机构，进而实现对被控过程的控制。SCADA系统的输入/输出通道有时也称为计算机接口（interface）。由于输入/输出通道是联系SCADA系统与外界的桥梁，系统的测量、控制精度与通道的性能密切相关，设计者应根据SCADA系统的技术要求合理选择通道的类型、参数及其数量。

SCADA系统的I/O接口，不仅实现了计算机与监控过程的信号传输，而且还解决了计算机与外部设备连接时存在的各种矛盾，如输入/输出信号形式的不同、速度的不匹配、串/并联转换以及信号隔离等。I/O接口的功能归纳起来主要有以下几点：

（1）数据缓冲功能。计算机的工作速度快，外部设备的工作速度比较缓慢，为了避免因速度不一致导致的数据丢失，接口中一般都设置有数据寄存器或锁存器。

（2）信号转换功能。由于外部设备所需要的控制信号和所能提供的状态信号与计算机能识别的信号往往是不一致的，特别是连接不同公司生产的设备时，进行信号之间的转换是不可避免的。信号的转换包括时序的配合、电平的转换、信号类型的转换、数据宽度的转换（并行变串行或串行变并行）等。

（3）驱动功能。由于计算机总线的信号驱动能力有限，当要连接多台外部设备时，总线可能就会不堪重负，因此，可以通过扩展的接口来连接多台外部设备。

（4）中断管理功能。当外部设备需要及时得到计算机的服务时，就要求接口设备具有中断控制管理功能。

（5）隔离功能。接口上的光电隔离或电气隔离等各种隔离措施可以确保计算机系统的安全。

4.2 过程I/O接口

4.2.1 模拟量输入通道

模拟量输入通道（以下简称"模入通道"）的作用是将从现场检测到的模拟信号转变成数

字信号送给计算机。模拟量输入通道包括几个部分：传感器、多路转换开关、放大器、信号调理电路、采样保持（Sample/Holding, S/H）电路和 A/D 转换器等，如图 4.1 所示。其中 A/D 转换器是模/数转换的主要器件。当然，不同类型的模入通道其组成也不一样，

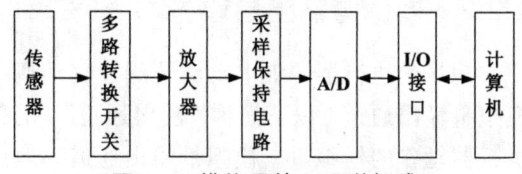

图 4.1　模拟量输入通道组成

如当模入通道的输入信号为较高电平（例如输入信号来自温度、压力等参数的变送器）时，就不必使用放大器；如果输入信号的变化速度比 A/D 转换速率慢得多，则可以省去采样保持电路。总体而言，在模入通道中，除了 A/D 转换器外，是否需要使用放大器等部件，取决于输入信号的类型、范围和通道的结构形式。

模拟量输入通道有单通道和多通道之分。多通道的结构通常又可分为以下两种：

（1）每个通道有独立的放大器、S/H 和 A/D，结构如图 4.2 所示。这种形式通常用于高速数据采集系统，它允许各通道同时进行转换。

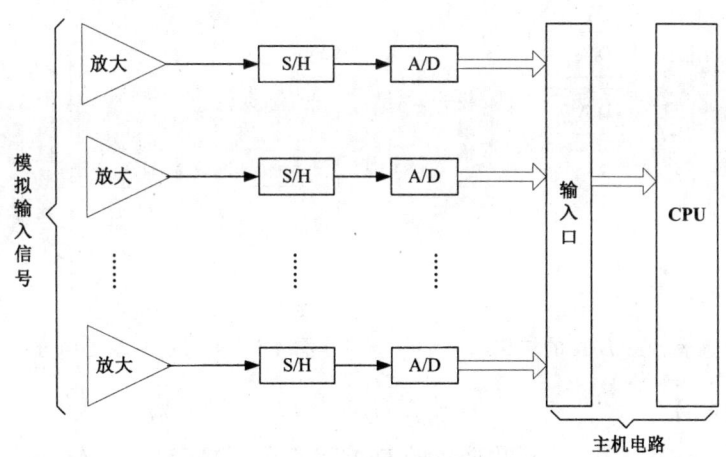

图 4.2　每通道有独立 A/D 等器件的结构

（2）多路通道共享放大器、S/H 和 A/D，其结构如图 4.3 所示。这种形式通常用于对速度要求不高的数据采集系统中。由多路模拟开关轮流采入各通道模拟信号，经放大、保持和 A/D 转换，送入主机电路。

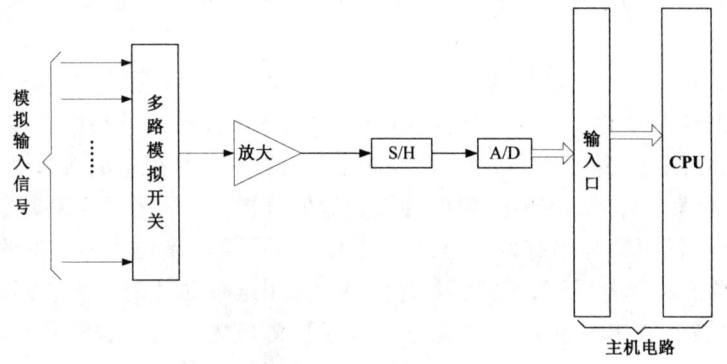

图 4.3　多通道共享 A/D 等器件的结构

4.2.2 模拟量输出通道

现场的执行器（如电动调节阀、气动调节阀、调速电机等）都需要模拟量来控制，所以模拟量输出通道（以下简称"模出通道"）的任务就是将计算机计算的数字量转换为可以推动执行器动作的模拟量。模拟量输出通道一般由 D/A 转换器、多路模拟开关、保持器等组成，其中 D/A 转换器是完成数/模转换的主要器件。

1. 模拟量输出通道的结构

模出通道也有单通道和多通道之分。多通道的结构通常又分为以下两种：

（1）每个通道有独立的 D/A 转换器，如图 4.4 所示。这种形式通常用于各个模拟量可分别刷新的快速输出通道。

（2）多路通道共享 D/A 转换器，如图 4.5 所示。这种形式通常用于输出通道不太多、对速度要求不太高的场合。多路开关轮流接通各个保持器，予以刷新，而且每个通道要有足够的接通时间，以保证有稳定的模拟量输出。

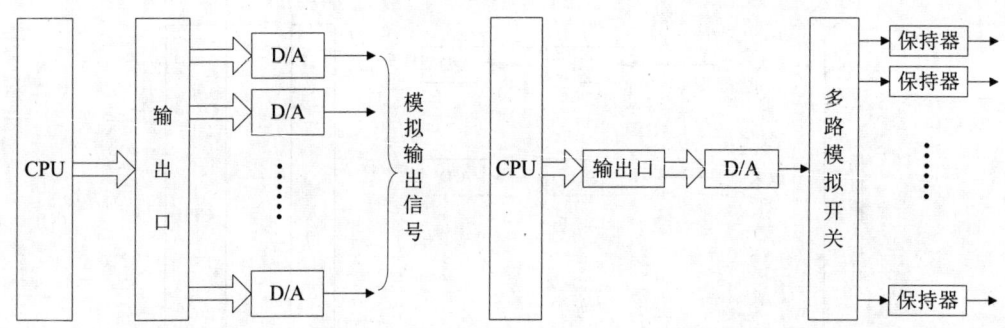

图 4.4　每通道有独立 D/A 的结构　　　　图 4.5　多通道共享 D/A 的结构

2. D/A 转换芯片

D/A 转换芯片种类繁多，有通用廉价的 D/A 转换器（DA7524、DAC0832）、高速和高精度的 D/A 转换器（AD562、AD7541）、高分辨率的 D/A 转换器（DAC1210、DAC1136）等，使用者可根据实际应用需要选用。

D/A 芯片的主要参数有分辨率、线性误差、转换精度、建立时间（转换时间）等，与 A/D 芯片类似。选用 D/A 时，分辨率是首先要考虑的指标，因为它影响控制精度。

各种类型的 D/A 芯片，其功能引脚基本相同，都包括数字量输入端、模拟量输出端及基准电压端等。

D/A 转换器的数字量输入端可以分为 4 种：① 没有数据锁存器的；② 有单数据锁存器的；③ 有双数据锁存器的；④ 可以接收串行数字输入的。第一种与微机接口时要加数据锁存器，没有第二种方便。第三种可用于多个 D/A 转换器同时转换的场合，经过对个别引脚的处理，也可以作为第二种芯片使用。第四种接收数据较慢，但适用于远距离现场控制的场合。

D/A 转换器的模拟量输出有两种方式：电压输出型及电流输出型，见图 4.6。电压输出型 D/A 芯片相当于一个电压源，其内阻 R_s 很小；选用这种芯片时，与它匹配的负载电阻应较大。电流输出型 D/A 芯片相当于电流源，其内阻 R_s 较大；选用这种芯片时，负载电阻不可太大。

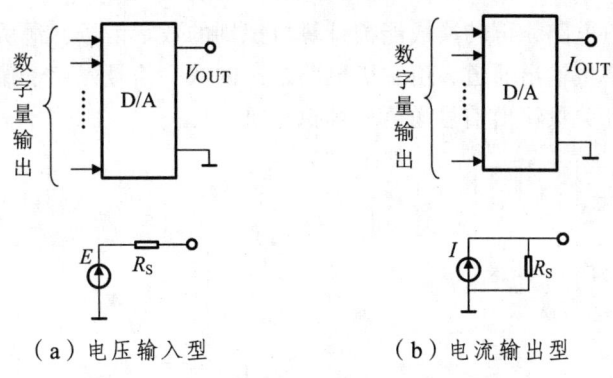

（a）电压输入型　　　　（b）电流输出型

图 4.6　D/A 转换器输出的两种方式

在实际应用中，常选用电流输出型 D/A 芯片来实现电压输出，如图 4.7 所示。

图 4.7（a）是反相电压输出，输出电压

$$V_{OUT} = -iR \tag{4.1}$$

图 4.7（b）是同相电压输出，输出电压

$$V_{OUT} = iR\left(1 + \frac{R_2}{R_1}\right) \tag{4.2}$$

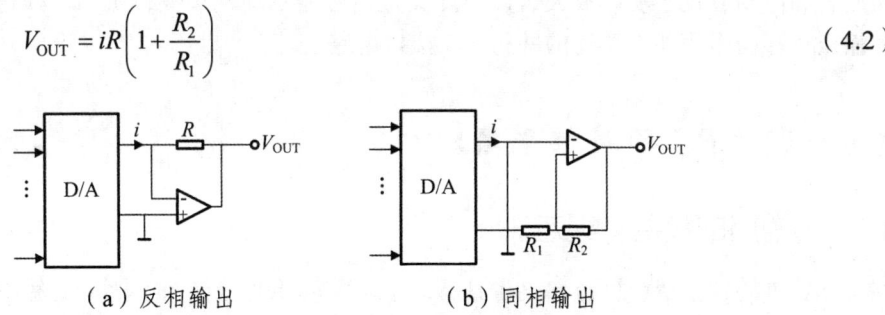

（a）反相输出　　　　（b）同相输出

图 4.7　电流输出的 D/A 芯片连接成电压输出方式

4.2.3　开关量输入/输出通道

在 SCADA 系统中，数字信号有编码数字（二进制数或十进制数）、开关量、脉冲序列等。各种按键、继电器和无触点开关（晶体管、晶闸管等）是典型的开关量，而控制步进电机的则是脉冲序列信号。这些信号有高电平和低电平两个状态，相当于二进制数的"1"和"0"，计算机处理较为方便。由于数字量信号是计算机直接能接收和处理的信号，所以数字量输入/输出通道比较简单，主要是解决信号的缓冲和锁存问题。

SCADA 系统通过开关量输入通道引入被控对象开关量信息，进行必要的逻辑运算后，输出的数字信号通过开关量输出通道发出，去驱动发光二极管、继电器或其他开关量设备，以实现诸如越限声光报警、双位式阀门的开启或关闭以及电动机的启停等。

由于在工业现场存在电场、磁场、噪声等各种干扰，因此在输入/输出通道中往往需要设置隔离器件，以抑制干扰的影响。开关量输入/输出通道的主要技术指标是抗干扰能力和可靠性，而不是精度。

开关量输入和输出通道的结构分别如图 4.8（a）和（b）所示，其组成主要有接口电路、接口地址译码器及相应电路。对于数字量输入通道，来自现场被控对象的开关量输入信号，

经过输入电路进入接口电路，再转换成能被计算机识别的数字信号，最后通过输入缓冲器送入主机电路。对于数字量输出通道，由主机电路送出的数字信号先存于输出锁存器，再经驱动电路放大后，作为开关量输出信号送至现场执行机构。

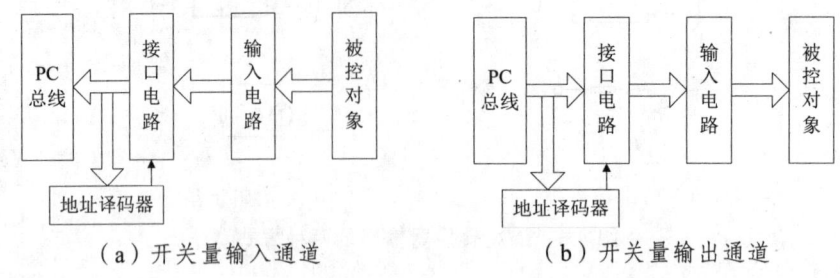

图 4.8 开关量输入/输出通道的结构

输入/输出通道中的开关电路和驱动电路，通常包括单稳电路、光电耦合器、脉冲变压器、继电器、功放管和晶闸管等。单稳电路用于整形，可由分立元件和集成器件构成。光电耦合器、脉冲变压器、继电器具有隔离作用，能防止共模干扰的窜入，继电器还具有放大作用。功放管和晶闸管用于功率放大，以使开关量信号能驱动现场执行机构。通道中的输入缓冲器和输出锁存器采用如上所述的并行 I/O 接口电路。

4.3 基于 PC 的数据采集技术

4.3.1 常用的数据采集方法

计算机监控系统中，数据采集是核心。在一些小规模的 SCADA 系统中，上位机（监控机）功能较简单，主要的功能实现就在下位机的数据采集。常用的数据采集方式有：基于嵌入式装置的数据采集、网络化数据采集和基于虚拟仪器的数据采集。

1. 基于嵌入式装置的数据采集

这里嵌入式装置可以是单片机、ARM 或 DSP 等微处理器。以这些微处理器为核心，配备相关的 I/O 接口、通信接口等，构成智能数据采集装置。

为了实现监控功能，常采用 PC 作为监控主机，由带有微处理器的装置做下位机，完成数据采集功能。由于这种智能装置上存储空间有限，因此，这些数据要及时送入 PC 中。这种装置主要用于高速数据采集系统，如采集机械振动信号，而采集温度、压力等慢变信号通常不用这种方式。由于普通单片机数字信号处理能力较弱，因此多数高速数据采集设备都采用专用数字信号处理器（DSP）作为快速采集板的 CPU，它与 PC 在功能上采用主从方式，由 PC 负责启动或中止从机，并设定从机启动时的初始值，如采样速率、通道选择、报警参数等。同时，DSP 与 PC 在结构上采用并行处理、独立运行方式，采用存储器共享技术，由双端口 RAM 或其他方式实现双机高速通信。

DSP 技术的引入不仅可以实现高速数据采集，而且能够充分发挥其实时信号处理的优势，使监控系统的性能得到极大改善。快速数据采集板虽然可以采用市场上出售的现成的开发板，但这种板的硬件结构较复杂，要想利用它来开发高速数据采集系统，首先要了解 DSP 芯片及其相关电路的硬件工作原理，然后要熟悉大量的DSP汇编指令，再根据需要进行软件编程及调试，难度较大，需要较多的时间来完成此项工作。

2. 网络化数据采集

该方案与基于DSP的数据采集系统不同，网络化数据采集设备带有各种通信接口。根据对采样速度的不同要求可以分为高速采集模块和低速采集模块。数据采集模块可以放置在工业现场。如英国输力强公司于20世纪90年代推出的在线实时监测及联网监测管理系统。其数据采集模块包括IMP和VIMP两类。IMP和VIMP分别用于工艺量数据及振动量数据的采集，此种模式采用S网络（一种具有自定义网络协议的网络）进行数据通信，在诊断中心与各监测点之间建立起信息高速公路，将各监测点的数据实时地送往诊断中心，由诊断中心进行数据管理、频谱分析和数据处理。一般来说，VIMP模块适用于现场环境比较恶劣的场合，它将模拟量转换成数字量传输，因而抗干扰性能好。由于VIMP系统的技术比较成熟，国内有不少大中型企业都采用这种系统，因此这种方案实施起来比较容易。但是VIMP系统的通信网络为S网络的串行通信方式，如果网上带有多个VIMP采集站，由于传输速率的限制，数据采样间隔就比较长，不能满足状态监测与故障诊断算法对数据的要求。

3. 基于虚拟仪器技术的数据采集

虚拟仪器指的是具有虚拟仪器面板的个人计算机仪器。虚拟仪器由计算机、仪器模块和软件三部分组成。仪器模块部分的数据采集卡、GPB卡等仅用于信号的输入/输出，仪器的功能主要由软件实现。操作人员通过友好的图形用户界面以及面向虚拟仪器的编程语言来控制仪器的运行，以完成对被测试量的采集、分析、判断、显示、存储以及数据生成。

虚拟仪器强调软、硬件的可重用性，强调软件在仪器中的作用。

虽然虚拟仪器的概念主要是针对各种仪器而开发的，但是随着虚拟仪器产品的不断丰富和其理念的深入，该项技术也被推广到各种测控应用系统中，即采用该项技术开发各种数据采集系统。用虚拟仪器技术设计数据采集系统的好处主要体现在以下几方面：

（1）设计灵活。现有丰富的虚拟仪器软、硬件产品能满足各种设计要求。

（2）系统可靠性和稳定性高。由于直接采用可靠的软、硬件设计数据采集系统，与采用单片机的数采系统相比，系统不仅集成度高，可靠性与稳定性也大大提高。

（3）开发周期短。在基于虚拟仪器的数据采集系统中，各种I/O卡件可以插入PC中，然后利用硬件厂家提供的驱动程序，结合虚拟仪器开发软件来编写数据采集程序。由于PC中的插槽数量有限，因此，这种数据采集方式只适合较小规模的监控系统。

4.3.2 数据采集中的I/O控制方式

数据采集就是在CPU的控制下将I/O卡的输入、输出数据作转换，把计算机内存中的数据输出，或将外部的模拟数据转换为数字量后再送入内存。这里主要讨论基于板卡的数据采集中I/O控制方式。要实现对信号的采集，必须掌握数据采集的基本原理和实现技术。通常，数据采集软件的编写主要是对各种数据采集卡（A/D转换器）进行的。在数据采集系统开发前，首先要对卡件进行各种软、硬件设置，如通道地址、占用的系统资源、通道增益、通道选择等，而这些都是通过对采集卡中相关的寄存器设置实现的。这些设置有些是通过硬件方式进行，有些可以动态改变，即通过软件进行设置。虽然在实际的各种应用中，信号种类千差万别，可供选择的板卡也很多，但就原理来说，这些设置却是大同小异。

根据采样定理，如果信号的截止频率很高时，采样频率必须相应提高，才能保证不失真，而采样频率的最大值是由 A/D 转换器的转换时间决定的。通常每个数据采集卡都有它固定的转换频率，若要进行振动量等高速数据采集，就要选择转换率高的卡件。

在进行数据采集程序设计前，首先要选择合适的 A/D 卡，由于计算机总线的不同，一定要选择自己的计算机或数据采集主机所支持的卡件。目前多数计算机都是 PCI 总线，部分工控机还支持 ISA 卡件。ISA 总线的数据采集卡与 PCI 总线的不同，在使用上有较大差别，但从数据采集原理上两者是相通的。图 4.9 所示为 A/D 转换的详细过程，这里一共包括 7 个环节。

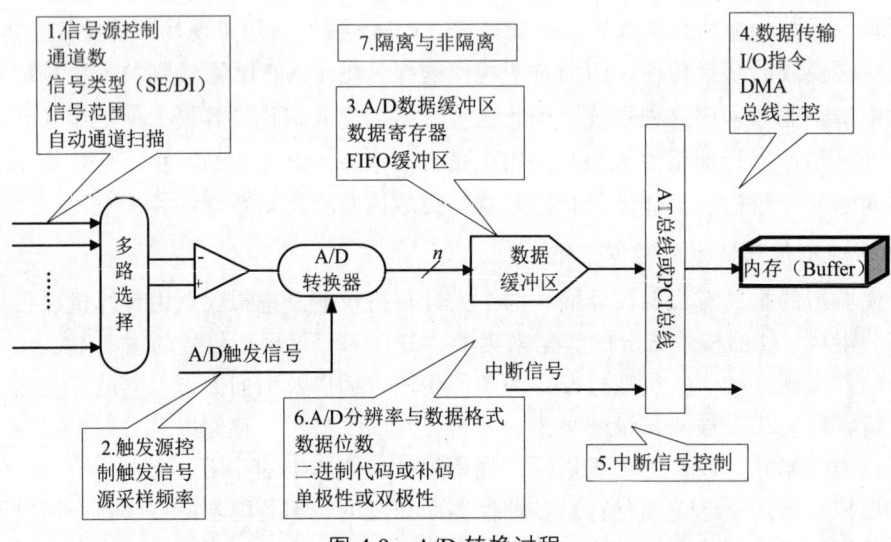

图 4.9　A/D 转换过程

1. 信号源控制

信号源控制即根据传感器的类型和信号等级，选择合适的 A/D 采集卡件。如果信号不规范且干扰多，建议将传感器的输出信号接入调理卡，然后用电缆将调理卡与 A/D 卡连接。

2. A/D 转换触发源控制

这里的触发源可以是以下信号：

（1）计算机软件触发。由 PC 的 CPU 发出指令启动 A/D 转换，通过向启动 A/D 转换的端口地址写某个整数即可启动 A/D 转换器开始转换。

（2）外部模拟量触发。当外部某模拟量数值超过一定数值时，触发 A/D 转换。

（3）外部开关量。当外部某开关信号有效时，触发 A/D 转换。

（4）定时器、计数器触发。将定时器或计数器的输出与 A/D 转换器的启动信号相连，它们产生的输出脉冲信号启动 A/D 转换。

在一般的数据采集中，多采用软件触发，即数据采集程序中通过软件来触发 A/D 转换。典型的就是通过软定时器来启动数据采集。但是在一些特殊场合，数据采集必须由特定的信号来触发，如在某些旋转机械状态监测中，对于振动信号的采集要由转速传感器来的键相信号控制；在定时数据采集中，A/D 转换信号要由定时器来触发。

并非所有的数据采集卡都支持上述的外部触发，因此，若对 A/D 触发有特殊要求，一定要看清楚说明书。

3. A/D 数据缓冲

对于高速数据采集，当 A/D 转换启动后，会产生大量的数据，这些数据必须暂时存储在板卡上的 FIFO 中，否则，若 PC 来不及将转换后的数据送入计算机内存，这些数据会被后转换来的数据覆盖。

4. 数据传输

数据传输就是将 A/D 转换后的数据送入计算机的内存中，然后被计算机加工、处理和存储。A/D 转换后的数据通常保存在板卡的寄存器或 FIFO 中，这些数据必须及时取出。数据传输主要有 3 种方式：

（1）查询管理。所有的数据采集卡的寄存器中都有一定的位信号 ECO（End of Conversion，转换结束），该信号反映了 A/D 转换的状态。如 ECO = 1，表示转换仍在进行；如 ECO = 0，则表示 A/D 转换已结束。所谓查询管理，即通过程序读 ECO 位的状态来对 A/D 转换的数据进行管理，如 ECO = 1 则等待并继续查询；如 ECO = 0 则表示转换已完成，可以读取 A/D 转换结果。

（2）中断管理。把 A/D 转换芯片的状态线 STS 与中断请求线相连，用作中断管理，只要 A/D 转换完毕，A/D 芯片的 STS 线即发出中断申请，进入中断服务子程序，完成转换数据的读取、处理等。

采取中断管理可以显著提高系统的实时性，使系统有足够的时间响应其他的任务请求。所谓实时性是指要求计算机在规定的时间范围内完成规定的任务。采取中断管理方式，在外围设备没有做好数据交换准备时，CPU 可以运行与数据交换无关的其他任务，一旦外围设备做好了数据交换的准备，便主动向 CPU 发出中断请求，只要条件合适，CPU 就会中断正在进行的工作，转入数据交换的中断服务程序。完成了中断服务程序后，CPU 又自动返回执行原来的任务。通过这种方式，就可以比较好地解决外围慢速设备与 CPU 高速运行的矛盾，也使系统有更好的实时性。

（3）DMA 管理。把 A/D 转换的结束信号 ECO 与 DMA 的请求信号 DREQ 相连，当 A/D 转换结束后，ECO 信号便产生向 DMA 的请求信号 DERQ，由 DMA 控制将 A/D 转换的数据传输到内存单元。这种方式实际上是计算机的内存 RAM 与高速外围设备之间的直接数据交换，数据不必再经过 CPU，而是在 DMA 控制器的控制下，在内存与高速外围设备之间进行的高速、大量的数据交换。这种数据交换方式主要用于一些计算机测控系统中，而计算机监控系统中较少采取这种方式。

通过将 A/D 的启动方式和管理方式进行不同的组合，可以获得不同的数据采集方法。一般的组合如下：

（1）软件启动，查询管理。这种方式在编程的实现上极为简单，但是程序可移植性差，采样频率对机器速度的依赖性强，在一台计算机上调整好的频率参数，移植到另一台速度不同的计算机上，其决定采样频率的参数需要重新调整。

（2）定时启动，中断管理。这种方式从根本上克服了上一种方式的缺点，实现了采样频率的精确设定，程序对计算机的依赖性大大减弱。但这种方式编程复杂，数据采集终端程序如果写得不好，会影响系统的稳定性。

（3）定时启动，DMA管理。这种方式在传输数据时完全由硬件电路实现，可以实现更高的采样速度，更少地占用系统资源，适用于高速数据采集的场合。

当然，不同的应用还可以有其他的组合。

5. 中断信号控制

这里主要指的是在A/D转换完成后，如采用中断方式传输数据时的中断信号管理与控制，在前面已有说明。

6. A/D分辨率与数码格式

现在的数据采集卡A/D分辨率越来越高，选择什么样的分辨率依需要而定，虽然选择高分辨率的卡可以提高测量精度，但其价格相对昂贵，且会增加系统在数据传输和存储上的负荷。

7. 通道隔离与非隔离

通道隔离与非隔离也与应用要求和现场信号条件有关。有些板卡做到信号成组隔离，有些可以有每个通道隔离。隔离要求越高，信号采集质量可以提高，但成本也越高。

4.4 基于PC的数据采集系统编程

SCADA系统的数据采集包括以下3个方面的内容：

（1）上位机如何与下位机进行数据交换。

（2）上位机如何与其他应用系统交换数据。

（3）下位机（RTU等）如何实现数据采集，即下位机与I/O设备的数据交换。

虽然在不同的应用中，SCADA系统的软、硬件设备会相差很大，但从数据采集方式来讲，基本上不超出图4.10所示的范畴。在图4.10中，硬件可以是I/O设备，也可以是各自种智能数据采集装置、数字显示或控制仪表或其他形式的下位机。由于硬件设备的多样性，引起总线类型、通信协议等不同，因此，在硬件接口及软件编程上比较复杂和多样。相比较而言，上位机与下位机以及上位机与其他应用系统的数据交换要简单很多，目前多采用OPC技术进行实时数据交换。对于历史数据交换，多采用开放的数据库接口进行。常用的下位机系统的数据采集技术与编程，主要包括基于DLL的数据采集、基于ActiveX的数据采集、基于PLC的数据采集（分别与AI数据采集模块与智能仪表配合）。

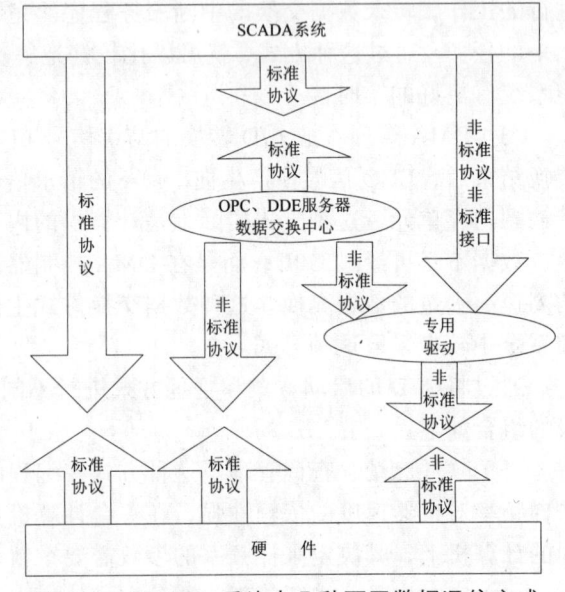

图4.10 SCADA系统中几种不同数据通信方式

4.4.1 基于 DLL 的数据采集程序设计

这是一种常用的针对底层硬件的数据采集程序设计方式,即把各种针对不同硬件的数据采集命令封装成函数并组成 DLL 文件,以类似 API 调用方式来进行数据采集,几乎每个硬件厂家都提供这种方式的驱动 DLL 文件。DLL 文件可以被 VB、VC++和 Delphi 等调用。

4.4.2 基于 ActiveX 的数据采集程序设计

在 Windows 程序设计中,面向对象程序设计是一种重要的设计方法,具有一系列的优点。一些常用的功能被封装成 ActiveX 控件,只要计算机中安装了该类控件,就可以在程序设计中使用。将这种技术用于数据采集,就是为各种 I/O 设备开发 ActiveX 控件,该控件提供一系列属性和方法供编程人员调用,而编程人员不用关心 I/O 接口的实现及其细节部分,只要掌握如何使用相关的控件。

4.4.3 PC 总线 I/O 板卡设备数据采集编程

由于 PC 的软、硬件具有非常好的开放性和统一的标准,大量的工控厂家生产相应的板卡设备和工控机,采用 PC 总线 I/O 设备和计算机(工控机)构成小型测控或监控系统是解决方案。由于 PC 总线的发展,相应的板卡设备也在不断地发展,从早期 ISA 总线到如今的 PCI 总线,这些设备都有很好的兼容性,CPU 从早期的 16 位处理器到目前广泛使用的 64 位处理器均能适用;操作系统可选用经典的 MS-DOS、目前流行的 Windows 系列、高稳定性的 Unix 等多种操作系统以及专业数据采集分析系统 LabVIEW 等软件环境。

4.5 基于 PLC 的数据采集系统编程

4.5.1 用 PLC 与数据采集模块进行模拟量采集编程

很多小型的数据采集或测控系统常选用 PLC 做主控制器,特别是当 I/O 点以数字量为主且有一定的逻辑控制或顺序控制时。一般来说,小型的 PLC 主机单元没有模拟量点,如果扩展 PLC 的模拟量模块,价格会比较贵,而且模块具有的 I/O 点也不多,且受到扩展模块数量的限制。对于这种既想利用 PLC 作为主要的测控设备,又对系统配置成本要求高的系统来说,可以采取 PLC 与模拟量数据采集模块结合的方式来开发测控系统。

PLC 可以选配串行通信接口模块,将 PLC 的 RS-485 接口和模拟量进行连接,通过标准 Modbus/RTU 协议或简单方便的 ASCII 协议,即可轻松将模拟量数据采集模块和 PLC 进行无缝连接,实现模拟量的低成本采集。

4.5.2 用 PLC 与智能仪表配合进行数据采集编程

随着通信技术和嵌入式软、硬件技术的发展,智能仪表的性能已经有了很大的提升,多数智能仪表都具有比较先进的控制算法,并具有较强的通信能力,可以较容易地通过 RS-485 接口或其他通信接口将智能仪表组成集散控制系统。在中、小型的过程控制系统中,智能仪表是一类广泛使用的控制装置。然而，智能仪表本身并不善于处理数字量信号和逻辑控制，因此，在测控点数较少但 I/O 种类较多的系统中，可以将 PLC 与智能仪表结合起来使用，这样可以建立具有较高性价比的测控系统。特别是要求现场有仪表显示的情况下，这种方式更加合理有效。

图 4.11 给出了一种典型的智能仪表与 PLC 结合进行过程测控的系统结构。根据系统数字量信号的多少及对数字输出的要求，可以确定 PLC 的配置，模拟量的数据显示和采集可以通过智能控制（或显示）仪表来实现，这样可以构建一个基于 PLC 和上位机的两级测控系统，PLC 主要进行逻辑控制和与上位机通信，智能仪表可以完成模拟量的显示和控制。

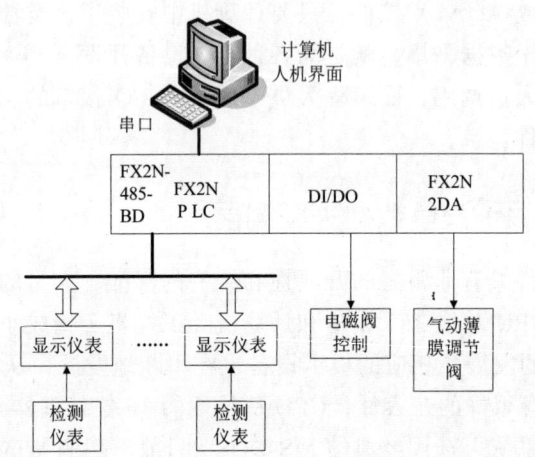

图 4.11　智能仪表与 PLC 结合进行过程测控的系统结构

4.5.3　用 PLC 进行数据采集编程

在各种类型的 SCADA 系统中，PLC 是应用最多的现场控制设备。在基于 PLC 的数据采集和控制中，数字量的输入和输出编程十分方便，通常只需要进行地址定义就可以了；相对而言，模拟量采集稍微复杂一点。常用的国外 PLC 有西门子 S7 系列、三菱电机 Q 系列和施耐德 Quantum 系列等均可进行数字量、模拟量采集。

4.6　基于虚拟仪器的数据采集技术

4.6.1　虚拟仪器技术

虚拟仪器利用计算机的强大软、硬件资源，并根据用户需求定义和设计自己的仪器系统，以满足所需的测试功能。由于计算机系统有强大的数据处理能力，因此虚拟仪器系统能容易地完成对仪器的数据采集、控制、分析、存储、结果显示与输出等，并可以完成一些高级的自诊断功能。同时可视化软件开发系统的出现，又使得可以建立友好生动的虚拟仪器面板，而集成在虚拟仪器软件中的在线帮助功能又能对操作者提供及时的帮助和指导，因此虚拟仪器的操作使用十分容易。虚拟仪器可代替传统仪器，改变传统仪器的使用方式，提高仪器的功能和使用效率，改善仪器的性能价格比，使用户可以根据自己的需要灵活地组态和配置自己的仪器系统和功能。由于虚拟仪器的功能主要通过软件来实现，因此虚拟仪器的功能可以做到模块化，易于扩展、升级和维护。虚拟仪器可在相同的硬件系统上，通过不同的软件配置实现功能完全不同的各种测量仪器，即软件系统是虚拟仪器的核心，软件可以定义各种仪器，因此可以说"软件即仪器"（The software is the instrument）。和其他的测量仪器一样，虚拟仪器在功能上主要由数据采集与控制、数据测试与分析、结果显示与输出这3部分组成，但可以具体细分为以下几点：

（1）系统配置与初始化。

（2）数据采集与控制：具有设置 A/D 采样时间、同步、预触发等复杂功能。

（3）数据分析与处理：包括时域分析与频域分析等功能，如频谱分析、相关（自相关、互相关）分析、统计分析等功能。

（4）数据存储与管理。

（5）分析结果显示与输出。

（6）网络功能。

（7）在线帮助功能：虚拟仪器不仅具有良好的人机界面，更重要的是它还具有生动的人机交互功能。虚拟仪器操作人员随时可以获得相关的操作帮助、系统信息提示等。随着多媒体技术的发展，虚拟仪器系统可以做到更加人性化。

从上述虚拟仪器的介绍可以看出，虚拟仪器中的数据采集是虚拟仪器功能发挥的基础。在 SCADA 系统开发时，也可以借鉴其中的技术和方法。

4.6.2 虚拟仪器软件开发平台

1. 虚拟仪器应用软件开发工具

对于虚拟仪器应用软件的编写，大致可分为以下两种方式：

（1）用通用编程语言进行编写。主要有 Microsoft 公司的 Visual Basic 与 Visual C++、Borland 公司的 Delphi 和 C++Builder 等。为了简化用通用编程语言开发虚拟仪器应用软件，NI 新推出了 Measurement Studio，其中包含了一些面向 Visual Basic 和 Visual C++的专门用于测控应用的 ActiveX，以方便用户采用通用语言开发平台开发虚拟仪器应用软件。

（2）用专业测控语言开发平台进行开发。这又可以分为两种：一种是基于图形化编程语言（Graphics Language），如 HP-VEE 及 NI 公司的 LabVIEW（Laboratory Virtual Instruments Engineering Workbench）；另一种就是可视化文本编程语言，如 NI LabWindows/CVI（C for Virtual Instruments）。可以把虚拟仪器专用开发软件平台看作是 SCADA 系统开发中的组态软件。采用虚拟仪器开发软件平台可以加快虚拟仪器开发，提高系统稳定性，使仪器界面更加友好。

与通用编程语言相比，虚拟仪器专用开发平台还包括大量通用数据处理软件。通用数据处理软件包括用于数字信号处理的各种功能函数，如频域分析的功率谱估计、FFT、逆 FFT 和细化分析，时域分析的相关分析、卷积运算、反卷运算、均方根估计、差分积分运算和排序，数字滤波等。这些功能函数为用户进一步扩展虚拟仪器的功能提供了基础。

2. 虚拟仪器开发软件 LabWindows/CVI

LabWindows/CVI 是美国国家仪器公司开发的、面向计算机测控领域的 32 位软件开发平台。它可以在多种操作系统（如 Windows/98/NT/XP，Mac OS 和 UNIX 等）下运行，而且可以在不同的操作系统下保持兼容性。它以 ANSI C 为核心，将功能强大、使用灵活的 C 语言与用于数据采集、分析和表达的测控专业工具有机地结合起来。它的集成化开发平台、交互式编程方法、丰富的面板功能和库函数大大增强了 C 语言的功能，为熟悉 C 语言的开发人员建立自动检测系统、自动测试环境、数据采集系统和过程监控系统等提供了一个理想的软件开发环境。

LabWindows/CVI 将源代码编辑、32 位 ANSI C 编译、连接、调试以及 ANSI C 库集中在一个交互式开发环境中。因此，用户可以快速方便地编写、调试和修改应用程序，形成的可执行文件可在多种操作系统下运行。其编程采用事件驱动和回调函数方式，编程方法简单易学。LabWindows/CVI 建立在开放式软件体系结构之上，以项目文件为主体框架，将 C 源代码文件、头文件、库文件、目标文件、用户界面文件、动态链接库（DLL）、仪器驱动程序等多功能组件集于一体，并为开发各类测控系统提供了多种函数库支持。

（1）为数据采集提供了 7 个函数库：仪器库、GPIB/GPIB488.2 库、数据采集库、DAQ 的 I/O 库、RS232 库、VISA 和 IVI 库、VXI 库。

（2）为数据分析提供了 3 个函数库：格式化与 I/O 库、分析库、可选的高级分析库。

（3）为数据描述提供了用户界面库。

（4）为网络和通信提供了 4 个函数库：动态数据交换库（DDE）、传输控制协议（TCP/IP）库、DataSoclet 库和 Active X 自动化库。

与一般的可视化软件开发工具（如 VC++、DELPHI 等）相比，LabWindows/CVI 提供了如此众多的面向测控应用的库函数，因此它极大地提高了测控系统软件开发的灵活性、功能和效率。

LabWindows/CVI 的开发环境由工程窗口、源文件窗口和用户界面窗口 3 个部分组成，分别完成对工程文件、各类源代码文件和用户界面文件的管理。LabWindows/CVI 对每一个函数都提供一个函数面板，用户可利用这些函数面板进行交互式编程，这不仅可以减少源代码语句的键入量，而且可以减少程序语法错误，提高工程设计的效率和可靠性。当应用软件调试完成后，可以使用配给工具（Distribution Kit）将项目文件生成自动安装文件（setup.exe），以方便对项目文件的管理。LabWindows/CVI 作为新一代测控软件开发平台，以其功能强大、灵活性好、兼容性强、简单易学等特点而被广泛用于各种测控系统的开发。

4.7 基于 Web 的远程数据采集与监控

随着 Internet 技术、嵌入式控制技术的发展和应用的深入，采用 B/S 结构的工业生产过程监控应用越来越多。目前许多控制设备（如变频器、PLC、智能模块甚至智能仪表等）都嵌入了 Web 服务器，能够较好地支持各种基于 Web 的应用和服务。采用基于 Web 的远程数据采集与监控的好处有两点：

（1）扩大了企业信息的使用效率和监控能力。目前多数企业都具有功能较完善的测控系统，但反映现场运行工况的画面、参数和报表大部分只能在本地控制室运行，只有现场操作人员能够了解，无法被企业高层决策者直接利用。因此，通过开发 Web 功能，企业管理者和技术人员可以通过浏览器随时掌握企业生产情况和设备运行状况，对生产过程进行远程实时监控和管理。

（2）客户端采用标准的浏览器，从而避免了安装和维护客户软件等繁杂工作。任何授权用户都可以通过浏览器来对生产现场进行实时监控。

4.7.1 基于Web的远程数据采集与监控系统架构

基于Web的远程数据采集与监控系统架构如图4.12所示。这是一个分层的系统结构，生产过程的监控系统主要完成对生产过程的实时监控，同时将实时和历史数据存储在数据库中。远程客户通过Internet/Intranet可以观察到工业现场的生产过程运行数据和设备的运行情况，并进行监控和管理。

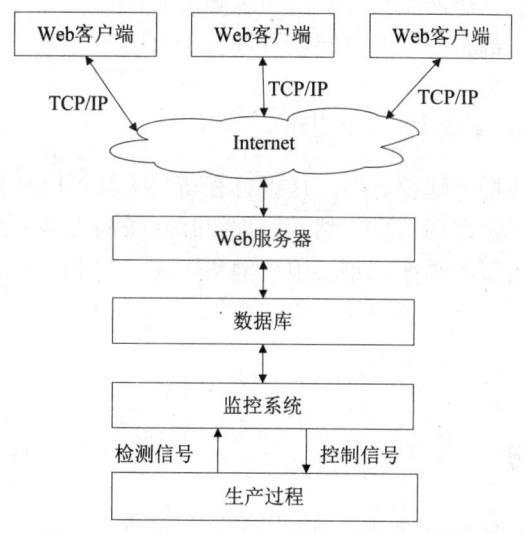

图4.12 基于Web的远程数据采集与监控系统架构

4.7.2 基于Web的远程数据采集与监控系统应用方案

目前，基于Web的远程数据采集与监控系统有多种应用方案，主要的不同体现在充当Web服务器的设备上，目前常用的Web服务器设备有嵌入式设备和独立的服务器。嵌入式设备包括具有以太网接口的智能仪表、阀门、PLC等；而独立的服务器主要是计算机。不论哪种形式的Web服务器都要具有独立的IP地址，否则不能成为Internet上的合法节点。

嵌入式Web服务器提供交互式Internet服务，如提供符合HTTP协议的用户远程监控界面信息和信息交互。被监控的各个底层状态变量可以定义成HIML语言可以利用的网络变量，然后利用这些变量生成网页，由网络服务器提供给远程用户。远程用户使用浏览器，下载服务器上的页面，以观察设备的运行状态、改变设备的运行等。

由于嵌入式设备软、硬件资源有限，总体功能较弱，因此其提供的服务较少且不太灵活，仅适用于一些监控节点数据较少、对实时性要求不太高的场合。

对于测控点比较集中或信息交互量大的远程应用，一般采用具有独立Web服务器的远程监控方案。对于这种应用，独立的Web服务器和数据库可以确保系统可以存储大量的数据，且可以及时地响应客户的请求。Web 服务器可以利用 CGI、ASP 或 Java 技术形成数据库与服务器之间的接口,访问数据库中的数据,并生成带有这些数据信息的 HTML 文件。

基于 Web 的远程数据采集与监控应用系统要特别加强系统安全性,以确保网络中信息的完整性、保密性和可用性,保证网络设备免遭破坏。在 Web 服务器、文件服务器、数据库服务器及应用终端中,除了使用在线扫描防病毒软件和防火墙等防范措施外,还应该采取密码等身份认证措施。不过需要注意的是,有些 Web 服务所需的端口会被防火墙禁止,导致客户端浏览器中可能看不到实时数据或监控画面。

4.7.3 利用组态软件实现数据的远程访问

目前多数组态软件都支持 Web 应用。以组态网为例,远程访问的步骤为:
(1)完成网络配置后,根据监控要求绘制组态画面;
(2)在服务器上运行组态王,客户端就可进行画面监控。

4.7.4 利用 ASP 实现数据的远程访问

利用组态软件实现数据的远程访问,使得远程访问人员可以和控制室现场的操作人员一样,通过各种监控画面了解现场信息。然而,如果远程访问人员只想得到某一个或几个现场参数的话,如果仍然采用监控画面,将会浪费网络资源,传输一些并不必要的数据,而且实时性也差。对于这种应用,可以将现场采集的数据存入数据库,然后通过 ASP 访问数据库,远程监控人员就可以得到需要的数据。

4.8 I/O 接口划分

从大型复杂自动化系统调度管理的角度讲,I/O 接口,一般可分为系统级接口、设备级接口、管理级接口。

4.8.1 系统级接口

在隶属不同系统的多部门参与的前提下,对功能、结构、性质差异众多的系统进行信息整合,构成分布式的信息存储处理和流通机制,这是系统级接口的职能。

系统之间的集成和互联为用户提供了更高层面的业务能力,地铁监控项目通常要面对十几个专业子系统,子系统之间接口的特点是接入方式相对比较单一,通常采用以太网通信模式,但是它所要传输的信息类别更多,数据量更大。从事子系统互联工作,必须掌握多种专业知识,掌握现代以太网通信技术以及中间件应用技术等。

4.8.2 设备级接口

不同种类设备来自不同的厂家,支持的接入方式多种多样,有以通信方式接入的,也有以硬接点的形式接入的,我们主要关注的接入方式是通信方式。由于不同设备在接入通信方面的性能有比较大的差异,许多设施需要共享协调或者在工程实施中同步进行,数据采集任务必须同时兼顾多方面要求，因此设备接入实施的复杂度非常高，从事设备级接口实施要了解设备特性并掌握多种现场总线技术和校验、冗余、容错技术，熟悉多种国际国内通用的通信协议和专用协议。

在实际的项目中，要接入的设备数量非常多，各种设备各自提供不同的功能。通常设备级接口主要是指对现场来的未经加工的"生数据"进行处理的接口功能。城市轨道交通 BAS 系统涉及多种设备的监控，如电梯、自动扶梯、冷水机组、事故照明电源等。设备接入是至关重要的一个环节，是监控系统中"监"和"控"的基础，健壮的设备通信是监控系统的存在之本。

4.8.3　管理级接口

协调好各子系统的责任、权利和义务，是管理级接口的职能。

多厂家软硬件的协同工作构成整个集成系统，相应地，开展系统集成工作离不开各厂商的协同配合。协作的基础是完整准确地描述好接口，接口描述的形式要规范。

对于城市轨道交通综合监控系统而言，还可以分为系统内部接口、场站级接口、综合监控系统与相关系统的接口等。图 4.13 为 PSCADA 系统与综合监控系统接口。

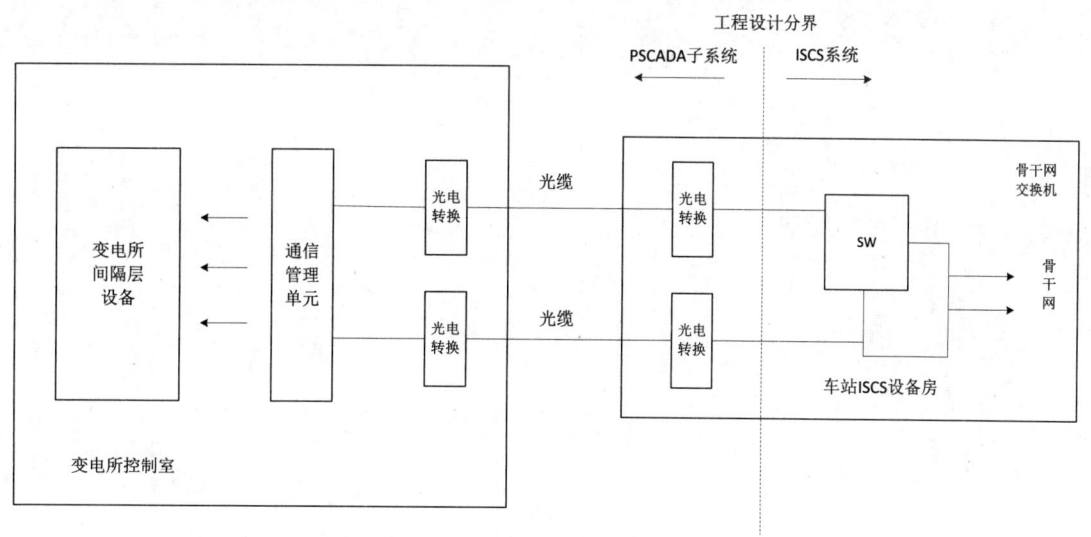

图 4.13　PSCADA 系统与综合监控系统接口

复习思考题

1. 过程输入接口由什么组成？
2. 过程输出接口由什么组成？
3. 常用的数据采集技术有哪些？
4. 图 4.14 为光电隔离与中间继电器式（数字量输出驱动电路），试分析图 4.14 接口电路的工作原理。

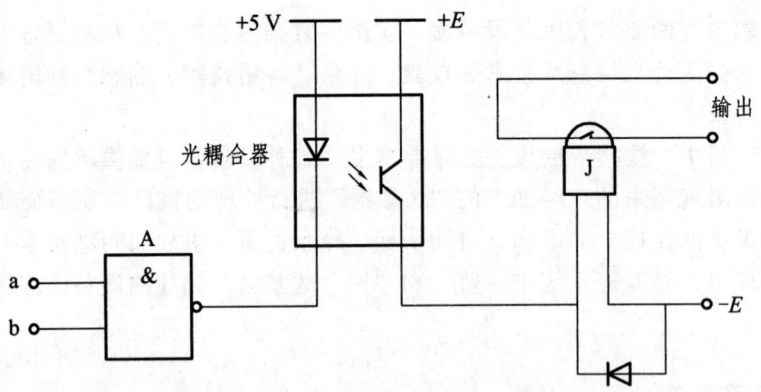

图 4.14 光电隔离与中间继电器式

5. 阐述 I/O 接口与数据采集技术的关系。
6. 查阅相关资料,分析地铁电梯的接口有哪些。
7. 查阅相关资料,分析地铁火灾自动报警系统的接口有哪些。

第 5 章　计算机通信网络与现场总线

计算机通信网络是城市轨道交通系统的中枢。通信网络、现场总线和以太网是城市轨道交通综合监控系统的基础之一。

5.1　数据通信基础

5.1.1　数据通信基础技术

5.1.1.1　数据通信概述

通信即彼此之间交换信息。完成把信息从一个地方传送到另外一个地方任务的系统就是通信系统。数据通信专指通信过程中承载信息的数据形式是数字的（不是模拟的），以计算机控制系统为主体构成的网络通信系统就是数据通信系统。

下面从一般意义的角度，先介绍几个基本概念：信息、数据和信号。

1. 信息（Information）

从哲学的观点看，信息是一种带普遍性的关系属性，是物质存在方式及其运动规律、特点的外在表现；从通信的角度考虑，可以认为信息是生物体或具有一定功能的机器通过感觉器官或相应设备同外界交换的内容的总称。信息的含义是信息科学、情报学等学科中广泛讨论的问题。信息总是与一定的形式相联系，这种形式可以是语音、图像、文字等；信息是人们要通过通信系统传递的内容。

2. 数据（Data）

数据是任何描述物体概念、情况、形势的事实、数字、字母和符号。可以说，数据是传递信息的实体，而信息是数据的内容或解释。

3. 信号（Signal）

为了获取信息和传递信息，发送机将人或机器产生的信息转换为适合在通信信道上传输的电编码、电磁编码或光编码，这种在信道上传输的电/光编码称为信号。信号可以是模拟信号或数字信号。

从以上基本概念可以看出，通信的实质和任务就是信息在不同地点和不同对象之间的可靠传递，如图 5.1 所示。

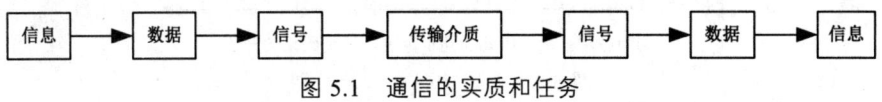

图 5.1　通信的实质和任务

在城市轨道交通综合监控系统中，除了计算机与计算机之间、计算机与外设之间的通信外，大部分的实时数据来自现场的控制设备和检测传感器。这些设备的各功能单元之间、设备与设备之间以及这些设备与计算机之间遵照一定的通信协议，利用数据传输技术传递信息的过程，就是城市轨道交通中的数据通信。城市轨道交通中的数据通信的实质和任务，就是把计算机技术和通信技术相结合，并应用于自动化综合监控领域中，通过智能化的现场设备把车间层和设备层的工业数据安全准确地传送到上层网络中，从而为实现真正的城市轨道交通调度指挥和决策提供全生命周期的设备和现场数据。

过去在进行现场信号的测量和采集时，都是采用一对一的物理连接，把现场所有的电流、电压信号送到控制室，这是一种简单的点对点的信号传送方式，还谈不上数据通信。现在采用了现场总线技术后，把现场各智能设备提供的数字信号通过工业网络，用串行通信的方式把它们送到控制室，这才是工业数据通信网络。工业数据通信网络主要由数据信息的发送设备、接收设备、传输介质、传输报文和通信协议等组成。

图 5.2 所示为城市轨道交通现场级的数据通信系统的组成。和图 5.1 相比后可以发现，城市轨道交通现场级数据通信完成的任务就是通信的基本功能，城市轨道交通现场级数据通信是应用于自动化领域里的通信技术。

在城市轨道交通综合监控系统中，控制中心与车站控制室的通信，其基本原理与一般通信原理相同。

数据通信的技术基础主要涉及通信协议、信号编码、数据传输和交换、安全、通信控制和软硬件平台等，下面我们对其中的主要概念进行一下讲解。

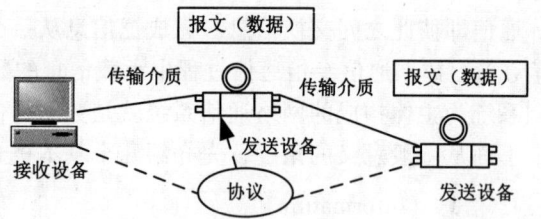

图 5.2 城市轨道交通现场级数据通信系统的组成

5.1.1.2 数据通信的基本概念

除了信息、数据和信号等基本概念之外，在通信系统中还有一些非常重要的基本概念和术语。

1. 码元（Code Cell）

码元即时间轴上的一个信号编码单元。一个单比特码元（用 1 位二进制数表示）示意图如图 5.3 所示。

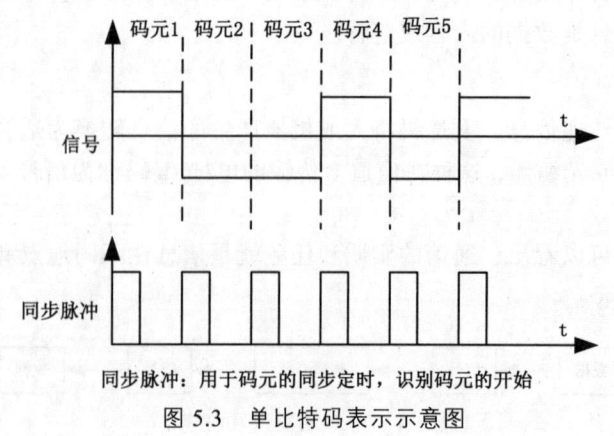

图 5.3 单比特码表示示意图

2. 数据传输速率

数据传输速率可以用比特率和波特率来表示。

（1）比特率（Bit Rate）用来表示数据传输速率（bit/s），即每秒钟传递数据的位（bit）数。比特率是每秒所传输的信息总量，所以又称为信息速率。比特率直接与波特率和脉冲编码所携带的信息量有关。

（2）波特率（Baud Rate）用来表示信号传输速率（baud），即每秒钟传递的信号脉冲（波形）数，还可以说成是每秒钟传送的码元数。

比特率和波特率之间的关系可以用下式表示：

$$R_{bit} = R_{baud} \log_2 M$$

式中，M 为信号的有效状态数，即码元数。当 $M=2$ 时（二进制数表示信号波形，单比特信号），比特率和波特率两者相等。每个信号可以包含一个或多个二进制位，若 $M=8$，即信号波形用 4 个二进制位表示，则当波特率为 1 200 baud 时，比特率为 3 600 bit/s。所以一般来说波特率小于比特率。

3. 误码率（Bit error rate）

误码率是信道传输的可靠性指标。若用 P 表示误码率，则

$$P = 被传输错误的位数/传输的总位数$$

4. 信道（Channel）

信道即传送信息的线路（通路），有数字信道和模拟信道之分。数字信道是以数字脉冲形式（离散信号）传输数据的信道；模拟信道是以连续模拟信号形式传输数据的信道。

数字通信有以下优点：

（1）抗噪声（干扰）能力强；
（2）可以进行差错控制，提高了传输质量；
（3）便于用计算机进行处理；
（4）易于加密，保密性强；
（5）可以传输语音、数据、影像，通用、灵活。

仅在不得已的情况下，才会采用模拟通信，如用调制解调器（Modem）通过拨号线路传输数字信号。

信道带宽（Band Width）：数据通信系统的信道传输的是电磁波（包括无线电、微波、光波等），带宽就是它所能传输电磁波的最大有效频率与最小有效频率之差。

信道容量（Channel capacity）：某个信道传输数据的最大传输速率，即在单位时间内可能传送的最大比特数。信道的最大传输速率与信道带宽有直接联系。

5.1.1.3 数据编码

首先看看为什么要进行数据编码。在工业数据通信系统中，数据通常是以离散的二进制数 0、1 序列的方式来表示的，即用 0、1 序列的不同组合来表示不同的信息内容。例如用 00、01、10、11 分别来表示一个阀门的关闭、打开、故障和不确定等 4 种不同的工作状态。多个二进制数 0、1 序列的组合可以表示更多的信息。通过编码把一种组合与一个确定的信息内容

联系起来，这种联系的约定必须得到参与通信的各方的认同和理解。

数据分数字数据和模拟数据，它们都可以用模拟信号或数字信号来发送和传递，如图 5.4 所示。除了用模拟信号来传输模拟数据外，其他情况下都需要对数据进行编码，然后进行传输。

下面我们对数字数据的数字编码和模拟编码进行讨论。

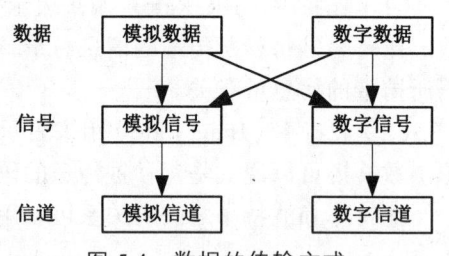

图 5.4 数据的传输方式

1. 数字数据的数字编码

用高、低电平的矩形脉冲信号来表示数据的 1、0 状态，称为数字编码。数字编码有单极性码、双极性码、归零码、非归零码、差分码、曼彻斯特（Manchester）编码等。工业通信中常用的是非归零码和 Manchester 编码。非归零码（NRZ）是相对于归零码来说的。如果逻辑 1 表示高电平信号，逻辑 0 表示低电平信号，则在整个码元时间内都维持有效电平的编码就是非归零码。非归零码如图 5.5 所示。这种编码的缺点是存在直流分量，另外无法确定一位的开始或结束，使接收和发送之间不能保持同步，所以必须采用某种措施来保证发送和接收的同步；其优点是能够比较有效地利用信道的带宽。

曼彻斯特编码（Manchester code）是工业数据通信中最常用的一种基带信号编码，这种编码也叫相位编码。它具有内在的时钟信息。它的特点是在每一个码元中间都产生一个跳变，这个跳变沿既可以作为时钟，也可以代表数字信号的取值。在曼彻斯特编码数据中，可以用由低电平跳变至高电平代表"1"，由高电平跳变至低电平代表"0"；也可以用相反的跳变，即由高电平跳变至低电平代表"1"，由低电平跳变至高电平代表"0"。曼彻斯特编码的优点是不需要外同步信号，不存在直流分量；缺点是需要双倍的传输带宽（即信号速率是数据速率的 2 倍）。曼彻斯特编码举例如图 5.5 所示。

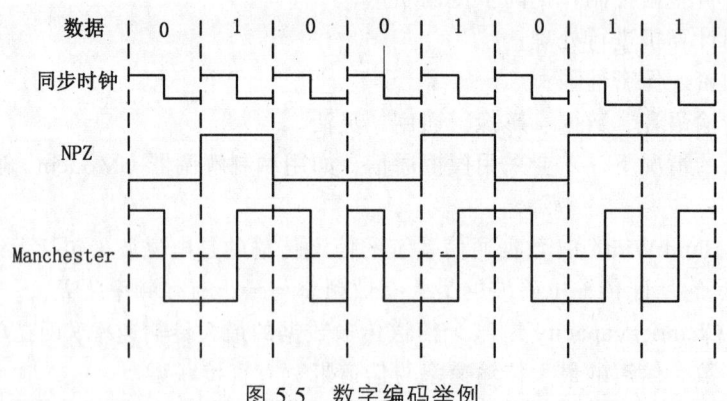

图 5.5 数字编码举例

2. 数字数据的模拟编码或调制编码

采用模拟信号来表达数字数据的 0、1 状态，称为数字数据的模拟编码。对数字信号进行模拟编码后，可以使其在现有的某些网络（如电话网络或传递模拟信号的电缆）上传送。发送时，将数字信号转换成模拟信号，到接收端后再把它还原为数字信号。一般来说，我们要选择一个某一频率的正弦波作为载波,利用数据信号的变化分别对载波的某些特性(振幅、频率、相位)进行控制,从而达到模拟编码的目的。将数字数据"寄载"到载波上的过程称为调制,从载波上取出它所携带的数字数据的过程称为解调。

常用的技术有幅移键控(Amplitude Shift Keying,ASK)、频移键控(Frequency Shift Keying,FSK)和相移键控(Phase Shift Keying,PSK)。

具体来说,ASK是用载波的两个不同振幅表示0(0 V)和1(+5 V),该方法效率低,且易受到干扰;而FSK是用载波的两个不同频率表示0(1.2 kHz)和1(2.4 kHz),这种方法不易受到干扰,现场总线的HART通信信号采用这种编码方式;PSK是用载波的起始相位的变化表示0(同相)和1(反相),这种方法具有较强的抗干扰能力,效率较高。模拟编码的举例如图5.6所示。

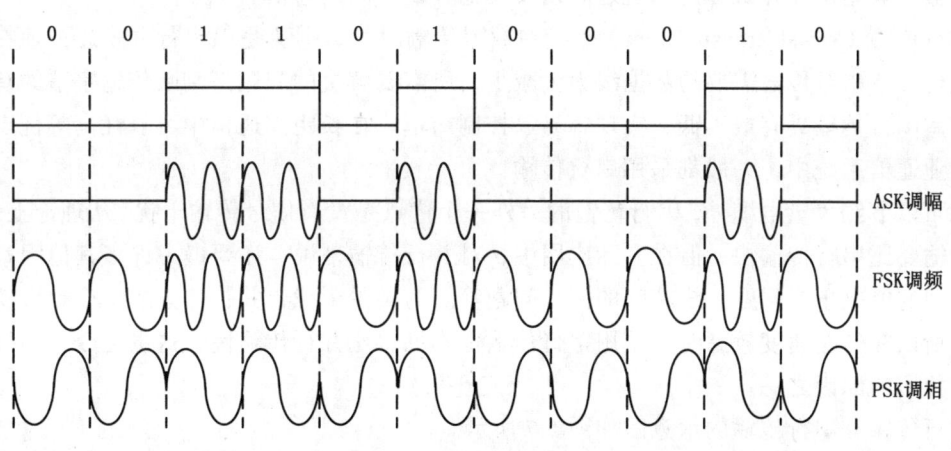

图5.6 模拟编码的信号波形

5.1.1.4 数据传输

1. 数据通信方式(数据流动方向)

数据通信方式有3种:单工通信、半双工通信和双工通信。

(1)单工通信是指所传送的信息始终向一个方向流动,而不允许朝相反的方向流动。在这种方式下,发送数据的一方只能发送数据,而接收数据的一方只能接收数据。计算机与键盘、计算机与打印机、无线电广播等都属于单工通信。

(2)半双工通信是指数据信息可以沿信道双向传输,但在同一时刻只能沿一个方向传输。采用半双工通信的双方均可发送和接收信息,但在一方发送时,另一方只能接收,双方轮流发送和接收信息。这种通信方式具有控制简单可靠、通信成本低、效率高等优点。在工业通信系统中,常采用半双工通信方式。

(3)双工通信是指在同一时刻,通信的双方既可以发送信息,也可以接收信息。双工通信要求通信双方具有同时运行的发送和接收机构,且要求有两条性能对称的传输通道,所以控制相对复杂,价格较高,但它的通信效率也是最高的。这种方式常用于计算机与计算机之间的通信。

2. 数据传输方式

数据传输方式是指数据编码的传输顺序和数据信号传输时的同步方式，数据编码的传输顺序问题也就是通信线路的排列问题。按排列方式分，数据传输有串行传输和并行传输；为了保证数据发送端发出的信号被接收端准确无误地接收，两端必须保证同步，按同步方式分，数据传输有同步传输和异步传输。

（1）并行传输和串行传输。

并行传输（parallel transmission）是将数据以成组的形式在多条并行的通道上同时传输。例如传输8个数据位（1个字节）或传输16个数据位（1个字）。除数据位之外，还需要一条"选通"线来协调双方的收发。并行传输的通信速率高，但需要的数据线多，在短距离通信时还可以忍受，在长距离通信时，由于其高成本问题和可靠性问题等就不会采用这种方式了。并行传输一般用于计算机和打印机之间以及其他外设之间的通信。

串行传输（serial transmission）是指在数据传输时，数据流是以串行方式逐位地在一条通道上传输。串行传输需要的数据线大大减少，所需要解决的问题是判断传输字节的首字符位置等。串行传输具有成本低、实现容易、控制简单、在长距离通信中可靠性高等优点，所以在工业通信系统中，一般都采用串行传输。

除可以节约大量电缆外，串行传输的另外一个优点是没有信号传输干扰。从理论上来看，并行传输要比串行传输快，但在实际应用中，对并行传输来说，还要考虑许多其他因素，比如电缆间的电磁干扰问题、线芯间的同步问题等。为减少干扰，并行传输的工作频率就不能太高。所以在传输速度较高时，使用串行传输也不见得比并行传输慢，这也是今天串行传输被广泛使用的原因之一。

并行传输和串行传输的示意图如图5.7所示。

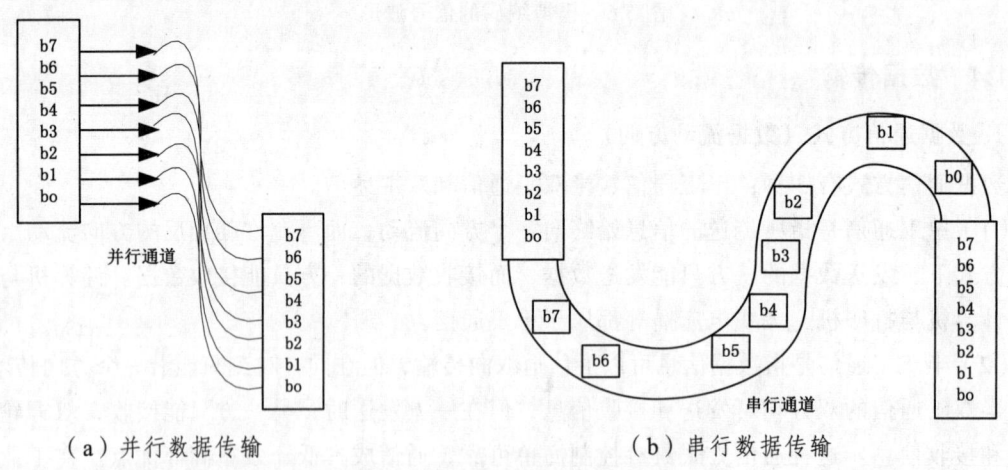

（a）并行数据传输　　　　　　　　（b）串行数据传输

图5.7　并行传输和串行传输

（2）同步传输和异步传输。

在计算机系统中，任何工作都要在时钟的协调下有条不紊地进行。对数据通信来说也不例外，它的各种处理工作都是在一定的时序脉冲控制下进行的。为保证信息传输端工作的协调一致和数据接收的正确，数据通信系统中的传输同步问题就显得异常重要了。

并行通信中一般用"选通"信号来协调收发双方的工作。而在串行通信中，二进制代码是以数据位为单位按时间顺序逐位发送和接收的，所以我们讲的同步传输是对串行传输而言的。异步传输和同步传输是串行通信中使用的两种同步方式。

异步传输：该方法以字符为单位发送数据，一次传送一个字符，每个字符可以是5位或8位，在每个字符前要加上一个起始位，用来指明字符的开始；每个字符的后面还要加上一个终止码，用来指明字符的结束，终止码可以是1位、1.5位或2位。一般来说，五单位字符的终止码取1或1.5位，其他单位的字符码终止码取1或2位。

异步传输使用的是字符同步方式。异步传输方式下的每一个字符的发送都是独立和随机的，它以不均匀的传输速率发送，字符间距是任意的，所以这种方式被称为异步传输。

因为要在每个字符的开头和末尾要加上起始位和停止位，增加了传输代码的额外开销，所以异步传输方式实现简单，但传输效率较低。异步传输示意图如图5.8所示。

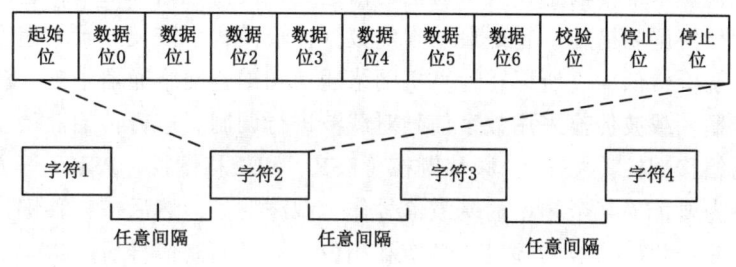

图5.8 异步传输字符格式及传输过程

同步传输：该方法是以数据块（帧）为单位进行传输的，数据块的组成可以是字符块，也可以是位块。很明显同步传输的效率要比异步传输高。

在同步传输中，发送端和接收端的时钟必须同步。实现同步的方法有外同步法和自同步法。外同步法是在发送数据前，发送端先向接收端发一串同步时钟，接收端按照这一时钟频率调制接收时序，把接收的时钟频率锁定在该同步频率上，然后按照该频率接收数据。自同步法是从数据信号本身提取同步信号的方法，如数字信号采用曼彻斯特编码时，就可以使用码元中间的跳变信号作为同步信号。显然自同步法要比外同步法优越，所以现在一般采取自同步法，即从所接收的数据中提取时钟特征信号。

同步传输有两种：一种是面向位块的同步数据传输；另一种是面向字符块的同步数据传输。同步传输时，在每个数据块的前面加上一个起始标志，指明数据块的开始。在数据块的后面加上一个终止标志，指明数据块的结束。接收方根据起始标志和结束标志成块地接收数据。一般来说，我们把起始标志、数据块、结束标志合在一起称为帧（frame）模式的位组合（如01111110）或同步字符（SYN），并且通过位填充或字符填充技术来保证数据块中的数据不会与同步字符混淆，同步传输是基于帧同步的同步方式。面向字符的同步传输方式的最大缺点是它与特定的字符编码集过于密切，不利于兼容，采用的字符填充方法实现起来非常麻烦。因此，现在的同步传输一般都采用更新的面向位同步的方法。面向位同步的同步传输不依赖字符编码集，位填充方法实现起来容易，数据传输速率高，能实现各种较完善的控制功能，所以该方法得到了广泛的应用。同步传输中帧的格式如图5.9所示。

011111110	011111110	控制域	位数据块	校验位	011111110

同步位模式帧头（一个或多个）　　　　　　　　　　　　　　　　　　　帧尾

（a）面向位的同步模式帧结构

SYN	SYN	控制域	字符据块	校验位	SYN

同步字符模式帧头（一个或多个）　　　　　　　　　　　　　　　　　　帧尾

（b）面向字符的同步模式帧结构

图5.9　同步传输中帧的格式

3. 信号传输模式

（1）基带传输。基带传输是在数字通信的信道上直接传输数字信号，它不改变数据信号波形，也不采用任何调制措施，它是最基本的数据传输模式。该模式具有速率高和误码率低等优点，而且系统价格低廉，所以在计算机网络通信和工业网络通信中被广泛地采用。

（2）载波传输。载波传输采用数字信号对载波进行调制后进行传输。最基本的调制方式有前面所介绍的幅移键控（ASK）、频移键控（FSK）和相移键控（PSK）等方法。在载波传输中，发送设备先要传输某个频率的基波信号作为载波信号，然后按幅移键控、频移键控和相移键控等方法改变载波信号的幅值、频率和相位，形成调制信号后发送。

（3）频带传输。利用模拟信道传输信号的传输方式称为频带传输或宽带传输。它适合于传输语音、图像等信息。频带传输的优点是可以利用现有的大量模拟信道（如模拟电话交换网）通信，价格便宜，容易实现。家庭用户拨号上网就属于这一类通信。它的缺点是速率低，误码率高。

（4）异步转移模式。异步转移模式（Asynchronous Transfer Mode，ATM）是一种新的传输与交换数字信息的技术，也是实现高速网络的主要技术。ATM是宽带综合业务数据网的传输模式，它支持多媒体通信，包括数据、语音及图像和视频信号，按需分配频带，具有低延迟特性。

5.1.1.5　差错控制

数据在通信线路上传输时，由于各种各样的干扰和噪声的影响，往往会使接收端不能收到正确的数据，这就产生了差错，即误码。这些干扰源包括：

（1）信道的电气特性引起信号幅度、频率和相位的衰减或畸变；

（2）信号反射；

（3）相邻线路间的串扰；

（4）闪电、开关开闭和大功率电动机的启停等。

产生误码是不可避免的，但要尽量减小误码带来的影响。为了提高通信质量，就必须检测差错并纠正差错，把差错控制在尽可能小的范围内，这就是通信过程中的差错控制。

要想提高通信质量，可以采取两种方法：一种是提高通信线路的质量，但使用高质量的电缆只是降低了内部噪声，而对外部的干扰无能为力，并且明显地增加了硬件成本。另一种方法是进行差错控制。差错控制方法能在一定限度内容忍差错的存在，它能够发现错误，并设法加以纠正。差错控制是目前通信系统中普遍采用的提高通信质量的方法。

差错控制的具体方法有两种：一种是纠错码方法，这种方法是让传输的报文带上足够的冗余信息，在接收端不仅能检测错误，而且还能自动纠正错误；另一种是检错码方法，这种方法是让报文分组时包含足以使接收端发现错误的冗余信息，但不能确定哪一位是错误的，而且自己也不能纠正传输错误。纠错码方法虽然有优越之处，但实现复杂、造价高，另外它使用的冗余位多，所以编码效率低，一般情况下不会采用；检错码方法虽然需要采用重传实现纠错，但原理简单、代价小、容易实现，并且编码与解码的速度快，所以得到了广泛使用。

根据差错检测方法的不同，进行差错控制的方法也会有区别，进行差错控制的基本方法通常有四种：检错重发（ARQ）、前向纠错（FEC）、混合纠错（HEC）、反馈校验（IRQ）。

常用的检错码和纠错码有：奇偶检错码、循环冗余校验、海明码。

5.1.2　工业网络物理结构

要想组成一个城市轨道交通综合监控系统网络，必须使用信号传输介质按一定的拓扑形式把各种节点连接起来才行，所以说网络的传输介质、拓扑结构和介质访问控制方式等均是影响网络性能的最主要的基础因素。

5.1.2.1　网络的传输介质

传输介质是网络中连接各个节点的物理通路，也是通信中传送信息的载体。网络中常用的传输介质有有线传输介质（硬介质）和无线传输介质（软介质）。有线传输介质包括双绞线、同轴电缆和光纤。工业通信中常用的是有线传输介质。无线传输介质包括无线电、微波、卫星、移动通信等。

1. 双绞线

每一对双绞线由绞合在一起的相互绝缘的两根铜线组成，每根铜线的直径大约为 1 mm。双绞线绞在一起的目的就是减少电磁干扰、提高传输质量。工业控制系统中常用的信号电缆就是双绞线。双绞线可以用于传输模拟信号和数字信号。计算机局域网中经常使用的双绞线有屏蔽和非屏蔽之分。

屏蔽双绞线（Shielded Twisted Pair，STP）抗干扰性好，性能高，用于远程中继线时，最大距离可以达到十几千米，但成本也较高。在工业通信系统中广泛使用 STP。

非屏蔽双绞线（Unshielded Twisted Pair，UTP）的传输距离一般为 100 m，由于它较好的性能价格比，目前被广泛使用。

非屏蔽双绞线有 1、2、3、4、5 等五类，常用的是 3 类线和 5 类线，3 类线和 5 类线的主要区别在于单位距离上的旋绞次数。5 类线比 3 类线绞得更紧一些，其性能也更好一些，但其价格也较贵。3 类线用于语音传输和数据传输，最高速率为 10 Mb/s，有 4 对双绞线，传输距离可达 150 m；5 类线由 4 对铜芯双绞线组成，由于增加了缠绕密度和使用高质量的绝缘材料，所以极大地改善了传输介质的特性，它既可支持 100 Mb/s 的快速以太网网连接，又可支持 150 Mb/s 的 ATM 数据传输，是连接桌面设备的首选传输介质。

2. 同轴电缆

同轴电缆（Coaxial Cable）由同轴的内外两个导体组成，内导体是一根金属线，外导体是一根圆柱形的套管，一般是细金属线编制成的网状结构，内外导体之间有绝缘层。

同轴电缆支持点到点连接，也支持多点连接。另外，同轴电缆的两端需要有终端器（用 50 Ω 或 75 Ω 的电阻连接内外导体），中间连接需要收发器、T 形头、筒形连接器等器件。同轴电缆分基带同轴电缆和宽带同轴电缆，基带同轴电缆（50 Ω）一般用于二进制数据信号的传输，多用于计算机局域网；宽带同轴电缆（75 Ω）主要用于高带宽的数据通信，支持多路复用。

同轴电缆的最大优点是抗干扰性强（特别是高频时），而且支持多点连接；缺点是物理可靠性不好，极易出现故障，而且一点发生故障，整段局域网都无法通信，另外它的最大缺点是连接不方便，所以基本已被非屏蔽双绞线所取代。在工业控制网络中很少使用同轴电缆。

3. 光 缆

光缆即光导纤维，光纤通信就是利用光纤传递光脉冲来进行通信。通信时，有光脉冲时为信号"1"，无光脉冲时为信号"0"。发送端的光源（发光二极管或半导体激光器）把电信号转换成为光信号，在接收端光检测器（光敏二极管）再把光信号还原成为电信号，其工作原理如图 5.10 所示。

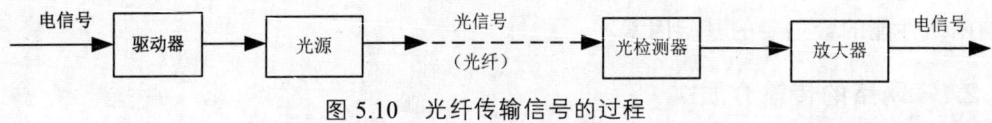

图 5.10 光纤传输信号的过程

用于可见光的频率可达 10^8 MHz 的量级，所以光纤通信系统的传输带宽远远大于其他传输媒体的带宽。根据制作材料的不同，分为玻璃光纤、塑料光纤等，玻璃光纤价格要高于塑料光纤，其性能也高于后者。

光纤通信的特点是传输速率高，通信容量大，传输损耗小，适合长距离传输；抗干扰能力强，不受电磁干扰和雷击的影响；安全性能好，不易被窃听和截取数据；体积小、质量小、弯曲性能好。缺点是价格较贵、不易连接、分支抽头困难。

光纤通信在工业控制网络中的特殊场合得到了广泛的应用。

4. 无线通信

无线通信主要有微波、红外和激光等。它适合于在地理上或安装上有特殊要求的场合，或频繁移动的设备。

选择传输介质时要考虑的问题很多，这和具体使用的场合、类型、性能要求等有关，另外也要考虑性价比。其实在工业控制网络的实际使用中，当选择好使用的现场总线类型后，一般来说，所要使用的传输介质基本上也就确定了，因为不同的现场总线，都有它自己推荐使用的传输介质，只要分清楚使用场合，选择使用就可以了。

5.1.2.2 综合监控系统通信网络的主要拓扑结构

网络中的拓扑形式就是指网络中的通信线路和节点间的几何排列方式，即节点的互联形式，它用来表示网络的整体结构和外貌，同时也反映了各个节点间的结构关系。

常见的网络拓扑形式有总线型、环形、星形和树形等。

1. 总线型拓扑

总线型拓扑连接如图 5.11（a）所示。它通过一条总线电缆作为传输介质，各节点通过接口接入总线，它是综合监控系统通信网络中最常用的一种拓扑结构。其特点是：通信可以是点对点方式，也可以是广播方式，而这两种方式也是工业控制网络中常用的通信方式；接入容易，扩展方便，节省电缆；网络中某个节点发生故障时，对整个系统的影响较小，所以可靠性较高。

当信号在总线上传输时，随着距离的增加，信号会逐渐减弱。另外当把一个节点连接到总线上时，由此所产生的分支电路还会引起信号的反射，从而对信号产生较大影响。所以在一定长度的总线上，所连接的从站设备的数量、分支电路的多少和长度都要进行限制。

2. 星形拓扑

星形拓扑连接如图 5.11（b）所示。在星形拓扑中，每个节点通过点对点连接到中央节点，任何节点之间的通信都通过中央节点进行。这种结构主要用于分级的主从式网络，采用集中控制，中央节点就是控制核心，因此中央节点负担比较重。这种拓扑形式网络的特点是维护、管理简单；每个节点的通信负担很小，所以冲突小；网络延迟时间短，误码率低；增加节点时成本低。缺点是可靠性差，当中央节点出问题时，整个网络会瘫痪。

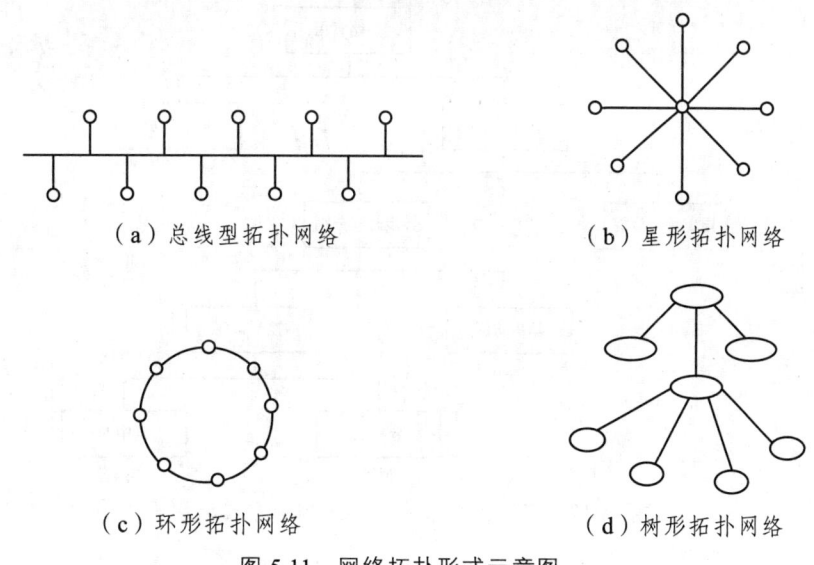

（a）总线型拓扑网络　　　　　（b）星形拓扑网络

（c）环形拓扑网络　　　　　（d）树形拓扑网络

图 5.11　网络拓扑形式示意图

3. 环形拓扑

环形拓扑连接如图 5.11（c）所示。环形拓扑通过网络节点实现点对点的链路的连接，各节点通过网络接口卡和干线耦合器连接，构成一个闭合环路。信号在环路上从一个设备到另一个设备单向传输，直到信号到达目的地为止，所以没有路径选择问题。环形网络中各节点以令牌方式实现对共享介质的访问控制。其优点是可使用光缆等传输介质，传输速率高，适合于工业环境。其缺点是扩充不便；另外当一个设备故障时，会导致整个网络瘫痪，因此在一些重要的场合需要采用双环。

77

4. 树形拓扑

树形拓扑连接如图5.11（d）所示。树形拓扑实质上是星形拓扑的变种，它可以实现点到点的通信方式，它也可以认为是总线型拓扑的扩展形式，所以可以实现多点的广播通信方式。树形网络的优点是成本低，管理维护方便，适应范围广，可以组成很大的网络规模；缺点是可靠性低。

5.1.2.3 介质访问控制方式

在计算机网络中，不管采用什么样的拓扑结构，传输介质总是作为各站点的共享资源的。将传输介质的频带有效地分配给网络上各站点用户的方法称为介质访问控制方式或协议。介质访问控制方式对网络的响应时间、吞吐量和效率起着十分重要的作用。各种局域网的性能在很大程度上取决于所选用的介质访问控制协议。

1. 多路复用技术

在实际的计算机网络系统中，为了有效地利用通信电路，总是利用一个信道同时传输多路信号。多路复用技术就是把多路信号在单一的传输线路上用单一的传输设备进行传输的技术。在远距离传输时，多路复用技术可以大大地节省电缆的安装和维护费用。如图5.12所示，频分多路复用和时分多路复用是最常用的多路复用技术。

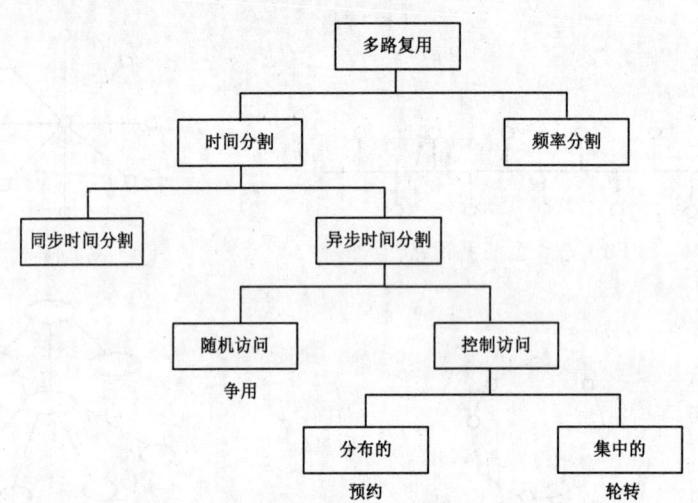

图5.12 多路复用技术及网络控制方式示意图

（1）频分多路复用。

在物理信道能提供比单路原始信号宽得多的带宽的情况下，可以把该物理信道的总带宽分割成若干个与单路信号带宽相同（为了避免相互干扰也可以稍微宽一点）的子信道，每个子信道传输一路信号，这就是频分多路复用（Frequency Division Multiplexing，FDM）。

（2）时分多路复用。

若传输介质能达到的位传输速率超过单一信号资源所需要的数据传输速率，就可以采用时分多路复用（Time Division Multiplexing，TDM）技术。它是将一条物理信道按时间分成若干个时间片，轮流地给多个信号源使用，其中又分为同步时分多路复用和异步时分多路复用。同步时分多路复用是指时分方案中的时间片是分配好的，而且是固定不变地轮流占用，而不管某个信息源是否真的有信息要发送。这样，时间片与信息源是固定对应的，或者说，各种信息源的传输与定时是同步的。异步时分多路复用允许动态地分配传输媒介的时间片，这样可以大大地减少时间片的浪费。当然，后者实现起来要比前者复杂一些。

如图5.12所示，在介质访问控制方案中，最为普遍采用的是时分多路复用中的异步技术。这里有三种不同的异步技术：

（1）轮转，即每个站轮流地获得发送机会。这种技术适合于交互式的终端对主机通信。

（2）预约，介质上的时间被分割成时间片，网上的站点要发送信息，必须事先预约可以占用的时间片。这种技术适合于数据流的通信。

（3）争用，即所有站点都能争用介质的使用权。这种技术实现起来简单，对轻负载或中等负载的系统比较有效，适合于突发式的通信。

争用方法属于随机访问技术，轮转和预约属于控制访问技术。争用协议一般用于总线网，每个站点都能独立地决定帧的发送，如两个站点或多个站点同时发送（即产生冲突），同时发送的所有帧都会出错。每个站点必须有能力判断冲突是否发生，如果冲突发生，则应等待随机时间间隔后重发，以避免再次发生冲突。

2. 介质访问控制方式

下面讨论最常用的三种介质访问控制方式，它们是总线方式的带冲突检测的载波监听多路访问（CSMA/CD）方法、环形结构的令牌环（Token Ring）方法和令牌总线（Token Bus）方法。

（1）带冲突检测的载波监听多路访问（CSMA/CD）。

网络站点监听载波是否存在，即判断信道是否被占用，并采取相应的措施，这是载波监听多路访问（Carrier Sense Multiple Access，CSMA）方式的重要特点，它是一种争用协议，其控制方案为：

① 一个站点要发送信息，首先要监听总线，以确定介质上是否有其他站的发送信息存在。

② 如果介质是空闲的，则可以发送。

③ 如果介质是忙的，则等待一定间隔后重试。

④ 介质的最大利用率取决于帧的长度，帧愈长，传播时间愈短，则介质利用率愈高。

在CSMA方式中，由于信道的传播延迟，当总线上两个站点监听到总线没有信号而发送帧时，仍会产生冲突。由于CSMA中没有检测冲突的功能，所以即使冲突已经发生，仍然要把已破坏的帧发送完，结果造成了总线的利用率降低。

带冲突检测的载波监听多路访问（Carrier Sense Multiple Access with Collision Detection，CSMA/CD）方式可以提高总线的利用率。CSMA/CD介质访问方式在每个站点发送帧期间，同时对冲突进行检测，一旦检测到冲突，就停止发送，并向总线上发一串阻塞信号，通知总线上各站点冲突已发生。

CSMA/CD被列为局域网IEEE802标准里的IEEE802.3标准。

（2）令牌环介质访问方式。

令牌环（Token Ring）介质访问控制方式使用一个令牌Token（又称为标记）沿着环循环，当各站点都没有帧发送时，令牌的形式为空令牌。当一个站点要发送帧时，需等待空令牌通过，然后将它改为忙令牌，紧接着把数据发送到环上。由于令牌是忙状态，所以其他站不能发送帧，必须暂时处于等待状态。令牌是一个特殊的帧，数据以点到点的方式从一个节点传送到下一个节点。循环方向必须是固定的，要么是顺时针，要么是逆时针。图5.13所示为令牌环的工作原理。在图5.13中，如果节点3拥有空闲令牌并且要向节点1发送数据，则当令牌环为逆时针顺序旋转时，数据帧传送的方向和次序是3-4-5-1；当令牌环为顺时针顺序旋转时，数据帧传送的方向和次序是3-2-1。

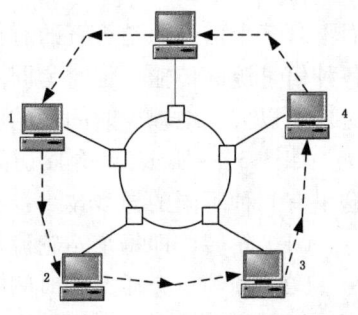

图5.13 令牌环的工作原理

接收帧的过程是当帧通过站点时，该站点先将帧的目的地址和本站点的地址相比较，若地址相符，则将放入接收缓冲器，再输入站点，同时修改状态位，表示此帧已被正确接收，然后将帧送到环上；若地址不符，则简单地将数据帧重新送入环中即可。

发送的帧在环循环一周后再回到发送站点，从返回的帧状态位得知发送成功后，将该帧从环上移走，同时将忙令牌改为空令牌，并把它传至后面的站点，使之获得发送帧的权力。

令牌环介质访问方式在轻负载时，由于等待令牌需要时间，因此效率较低。在重负载时，对各站点公平，所以效率较高。该方式还要求对令牌和数据进行控制，对数据帧可能永远在环上循环的这种情况必须能进行检测和消除。另外，还可以采用分布式的计算方法来把令牌环上的各个站点设置成不同的优先级。

令牌环被列为局域网IEEE802标准里的IEEE802.5标准。

（3）令牌总线介质访问方式。

令牌总线（Token Bus）介质访问控制方式是在物理总线上建立一个逻辑环。从物理上看，这是一种总线结构的局域网，总线共享的传输介质是总线。从逻辑上看，这是一种环形结构的局域网，连接在总线上的各个站点组成一个逻辑环，每个站点被赋予一个顺序的逻辑位置在这个逻辑环中，令牌依次传递，站点只有取得令牌才能发送帧。令牌总线的工作原理如图5.14所示。在正常运行时，当某站点完成了它的发送后，就将令牌送给下一个站点。带有目的地址的令牌帧广播到总线上所有的站点，当目的站点识别出符合它的地址后，就接收该令牌帧。

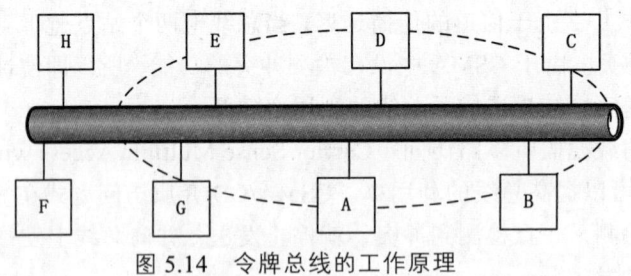

图5.14 令牌总线的工作原理

因为只有拥有令牌的站点才能发送数据帧到总线，所以就避免了冲突，令牌环的信息帧长度只需要根据要传送的信息长度来确定即可。而对于CSMA/CD访问控制方式，为了使最远距离的站点也能检测到冲突，需要在实际的信息长度后加填充位，以满足最低信息长度的要求。令牌总线的帧可以设置得很短，和CSMA/CD相比，这样减少了开销，相当于增加了网络的容量。

令牌总线被列为局域网 IEEE802 标准里的 IEEE802.4 标准，它也是现场总线中最常用的介质控制方式，比如 PRORBUS。

5.1.3 开放系统互联参考模型及网络互联

5.1.3.1 OSI 参考模型

1. 概　述

计算机网络在 20 世纪 70 年代得到了迅速发展，特别是在 1969 年美国诞生了世界最早的计算机网络 ARPANET 后，网络发展势头迅猛。为了各自的商业利益以及在竞争中处于有利地位，世界上许多计算机大公司都先后推出了自己的计算机网络体系结构。

网络体系结构指的是计算机各部件的作用和概念及各部件之间的通信协议的集合。在体系结构中，定义了网络设备和软件如何相互作用和运行，它详细地说明了通信协议、信息格式和相互作用所需要的标准。著名的网络体系有 IBM 的 SNA（System Network Architecture）、数字设备公司的 DNA（Digital Orgnization Architecture）等。不同网络体系中的操作平台、硬件接口、网络协议等互不兼容，这种状况严重地影响了信息交换、资源共享、分布式应用等，制约了计算机网络的发展。为了解决不同网络体系计算机之间的通信问题，实现不同厂家设备之间的互联操作与数据交换，从 1978 年开始，国际标准化组织（International Organization for Standardization，ISO）开始起草开放系统互联参考模型，并在 1983 年正式推出了"开放系统互联参考模型"（Open System Interconnection Reference Model，OSIRM）的标准 ISO7498。OSIRM 如图 5.15 所示。OSIRM 的推出促进了计算机网络和数据通信的发展。

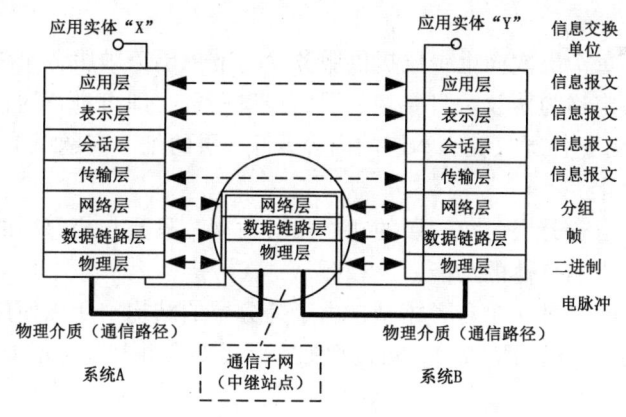

图 5.15　开放系统互联参考模型（OSIRM）

OSIRM 是一个七层的模型，在这七层中，下三层（物理层、数据链路层和网络层）是网络支撑层（也称为低层），它们涉及数据从一个设备传送到另一个设备的物理实现。例如电气、机械的物理指标，物理连接、地址、无差错传输等。上三层（会话层、表示层和应用层）为用户支撑层，它们允许在不同的网络体系、不同的软件系统中进行互操作。而第四层（传输层）起到一个连接上、下两个三层的作用，它保证下三层传输的是上三层可以使用的格式。一般来说，上三层功能常常通过软件来实现，而下三层功能则是软件和硬件相结合，物理层（注意：不是指物理介质）基本为硬件。

OSI 在体系结构理论上是比较完整的，各层协议也考虑得比较周到，但实现起来较为复杂，所以完全符合 OSI 7 层协议的商业产品不多。在 OSI 中提出了一些重要的概念，它们对理解计算机网络的工作原理有很大帮助，这些概念是：

（1）协议，即不同系统中同一层实体（即对等层实体）进行通信的规则的集合。在协议中，规定了协议数据单元（Protocol Data Unit，PDU）的格式，通信双方所要完成的操作，以及给上层提供的服务。

（2）服务，即在同一实体中下层实体给上层实体提供的功能。下层为服务提供者，上层为服务使用者（用户）。用户只看得见下层的服务而看不见下层的协议。在体系结构中，协议是水平方向的，服务是垂直方向的。

（3）服务访问（存取）点，即在同一系统中相邻两层之间交换信息的地点称为服务访问（存取）点（Service Access Point，SAP）。它实际上就是下层向上层提供服务的逻辑接口。

（4）服务原语，在同一系统中相邻两层要按服务原语的方式交换信息。这些服务原语的交换地点在 SAP。服务原语有请求、指示、响应和证实等 4 种类型。原语中可以包含对方的地址、所传送的内容、所要求的服务质量等信息。

2. OSI 的分层技术

OSI 的最大贡献就是它正式定义并系统化了网络体系结构中分层的概念。它采用定义明确的、可操作的、描述性的层的概念，说明了在数据传输过程中每个阶段所发生的行为。分层的概念对减少网络系统的复杂性和简化系统设计具有重要的意义，分层可以使某一层的功能和服务完全独立于其他层并与其他层隔离。这样当引进新技术或提出新的业务要求时，就可以把因功能扩充或变更带来的影响限制在直接有关的层内，而不必进行全部协议的改动。

分层的好处是：

（1）结构简单。每个层次向上一层提供服务，向下一层请求服务。邻层之间的约定称为接口，各层之间的约定称为协议。只要相邻层的接口一致，即可进行通信。

（2）关系简化。由于各层只关心本层的内容，每一层的细节问题对上一层来说是屏蔽的，因此通信关系大大简化。

（3）相对独立。由于分层，每一层的功能相对独立，只要与相邻层的接口保持一致，其内部的变化、修改不影响整体的功能。

（4）构造灵活。OSI 是一个参考模型，由于是分层的结构，所以使用者在遵守互联原则的基础上构造自己的具体通信协议时，可以根据实际需要合并某几个层或扩充某些层的功能。

分层时应遵循的原则是：

（1）根据不同抽象层次的需要进行分层，即当有大量的通信任务性质相近时，就应当设立一个相应的层次；

（2）每一层应当实现一个明确定义的功能；

（3）每一层功能的选择应当有助于制定网络协议的国际标准；

（4）层与层之间的边界应该选择在通过边界的信息量尽量少的地方；

（5）层数应足够多但也不能太多。

3. OSI 对等通信的实质

在 OSI 中，对等层之间是不能进行直接通信的。每一层必须依靠相邻层提供的服务来与另一台主机的对应层通信。OSI 中对等通信的实质就是：对等层实体之间虚拟通信；下层向上层提供服务；实际通信在最底层完成。OSIRM 中，对等层协议之间交换的信息单元统称为协议数据单元（PDU）。传输层及以下各层的 PDU 另外还有各自特定的名称：

- 传输层——数据段（Segment）；
- 网络层——分组（Packet）；
- 数据链路层——数据帧（Frame）；
- 物理层——比特（Bit）。

一台计算机要发送数据到另一台计算机，PDU 的数据首先必须打包，打包的过程称为封装。封装就是在数据前面加上特定的协议头部。这就像我们邮寄一封非常重要的挂号信一样，除了我们自己要把信封装在信封中，写上收信人地址、姓名外，邮局在邮递的过程中还要层层签收。我们知道 OSI 参考模型中每一层都要依靠下一层提供的服务，为了提供服务，下层把上层的 PDU 作为本层的数据封装，然后加入本层的头部和尾部。头部中含有完成数据传输所需的控制信息。这样，数据自上而下递交的过程实际上就是不断封装的过程。到达目的地后自下而上递交的过程就是不断拆封的过程。由此可知，在物理线路上传输的数据，其外面实际上被包封了多层"信封"。但是，某一层只能识别由对等层封装的"信封"，而对于被封装在"信封"内部的数据仅仅是拆封后将其提交给上层，本层不做任何处理。数据封装和拆封的过程如图 5.16 所示。

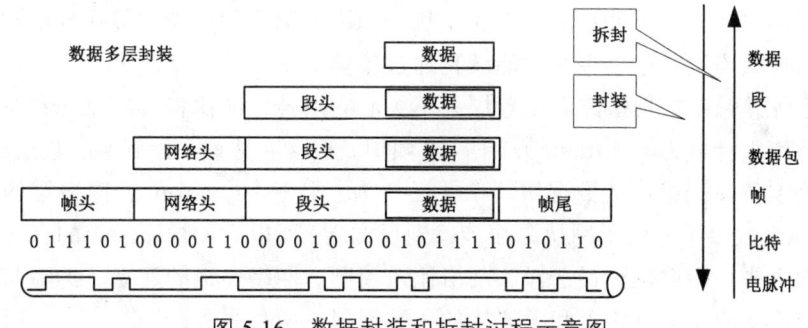

图 5.16　数据封装和拆封过程示意图

4. OSI 的服务类型

OSI 的层提供了面向连接的和无连接的两种不同类型的服务。

面向连接的服务是指在数据传输前，在发送点和接收点之间建立了一条物理（或虚拟的）链路。这条链路在会话期间一直保持；会话结束后，链路被拆除。其特点是浪费带宽，因为即使在传输的空闲期间，链路仍然保持在建立状态；另外形成悬挂网络的可能性高，因为总是存在链路没有被拆除的可能性。但面向连接的服务可靠性高，它可以保证信息可靠地到达目的节点。它的整个工作过程分为建立连接、数据传输和释放连接三个阶段。

无连接的服务是指在数据传送之前发送节点和接收节点之间没有预先建立链路。在进行数据传输时，该服务首先将消息分割成分组的形式，然后这些成组的消息通过网络被路由。每个分组的消息都是独立的，它们必须携带目的地址。这种无连接的数据报服务不要求接收端应答，所以它的开销较小，但其可靠性无法保证。

5. OSI 中各层的功能

OSIRM 的分层概况见表 5.1。

表 5.1　OSI 模型分层概况

层号	层名	英文名	工作任务	接口要求	操作内容
第一层	物理层	Physical Layer	比特流传输	物理接口定义	访问控制
第二层	数据链路层	Data Link Layer	成帧、纠错	介质访问方案	数据收发
第三层	网络层	Network Layer	选线、寻址	路由器选择	选定路径
第四层	传输层	Transport Layer	收发	数据传输	端口确定
第五层	会话层	Session Layer	同步	对话结构	会话管理
第六层	表示层	Presentation Layer	编译	数据表达	数据结构
第七层	应用层	Application Layer	管理、协同	应用操作	信息交换

各层所完成的主要任务介绍如下。

（1）物理层。在物理介质上传输原始的比特流数据。物理层为它的上层在物理媒介上建立、维持、拆除传输数据比特流的物理连接提供所必需的机械、电气的功能和规程特性等。在物理层规定了所使用导线的类型、连接器接口类型和型号，以及传输方案等。如 EIA（Electronic Industrial Association）的 RS-232 就是典型的物理层协议。

（2）数据链路层。由于外界的噪声和干扰等原因，原始的物理连接在传输比特流时可能发生差错，数据链路层的一个主要功能就是通过校验、确认和反馈重发等手段将原始的物理连接改造成为无差错的数据链路。物理层并不关心它所传输的比特流的意义和结构；在数据链路层将比特流组合成为帧（frame），在一个帧中，包含有地址、控制域、数据域和校验码。

（3）网络层。在网络层的数据协议单元已变为"分组"（packet），网络层的任务就是把"分组"通过一个或多个通信子网从源端传输到目的端，所以它要按照一定的算法进行路由选择。网络层的主要功能就是路径选择、网络流量控制、网络连接的建立、拆除与管理等。网络层提供面向连接的（虚电路）和无连接的（数据报）两种服务。

（4）传输层。传输层是第一个端到端的层，即主机到主机的层。有了传输层后，高层用户就可以利用传输层的服务直接进行端到端的数据传输，从而传输层以上的高层就不用知道通信子网的存在，不用再操心数据传输的问题了。传输层对经过下三层后仍然存在的传输差错进行纠正，进一步提高可靠性。

（5）会话层。会话层是进程到进程之间的层次；它为两个用户之间的特定进程或会话实体之间提供建立、维护与结束会话连接的服务，对会话的数据传送提供控制与管理。例如它可以给大量传送的数据打上标记，如果出现通信失败，则在重发时可以从最近的标记处重发，而不必从头开始。

（6）表示层。它处理的是 OSI 系统之间用户信息的表示问题。在 OSI 中，端用户（应用进程）之间传送的信息数据包含语义和语法两个方面。语义方面的问题由应用层负责处理，而语法方面的问题由表示层解决。所以表示层的主要功能就是统一实体间的交换信息的表示方法，把应用进程之间的信息数据，例如字符代码、数据格式、控制信息格式、压缩格式、加密方式等，转换成为一种大家都能"读懂"的数据格式。表示层只对信息内容进行形式转换，而不改变其内容。

（7）应用层。它是 OSIRM 的最高层，它负责用户信息的语意表示，直接为用户提供访问 OSI 环境的服务，例如电子邮件、远程文件访问、共享数据库管理等。

5.1.3.2 网络互联

1. IEEE802 标准

讲到网络互联，就要先说一说 IEEE802 标准。在 LAN（Local Area Network）发展的早期，LAN 的发展非常混乱和不稳定，由于缺乏统一的 LAN 标准，所以不同网络之间的互联成为一件非常困难的事情。在 1980 年 2 月，IEEE（Institute of Electrical and Electronics Engineers）开始制定 LAN 标准，项目号就是 802。IEEE802 标准使用 OSI 参考模型为框架，涵盖了各类局域网与 OSI 参考模型对应的物理层和数据链路层。为了实现使数据链路层向上提供的服务与媒体、拓扑关系等因素无关的统一特性，和 OSI 参考模型相比，它将数据链路层分成了两个子层，即逻辑链路控制（Logical Link Control，LLC）子层和媒体访问控制（Media Access Control，MAC）子层。LLC 子层是数据链路层的上半部分，它用来完成成帧、流量控制和差错控制等功能；MAC 子层是数据链路层的下半部分，它为访问共享的介质提供了媒体访问管理协议。现场总线协议模型的数据链路层大都采用了 LLC 和 MAC 的概念。IEEE802 是一个标准系列，该标准系列之间的关系如图 5.17 所示。IEEE802 标准和 OSI 模型的比较如图 5.18 所示。

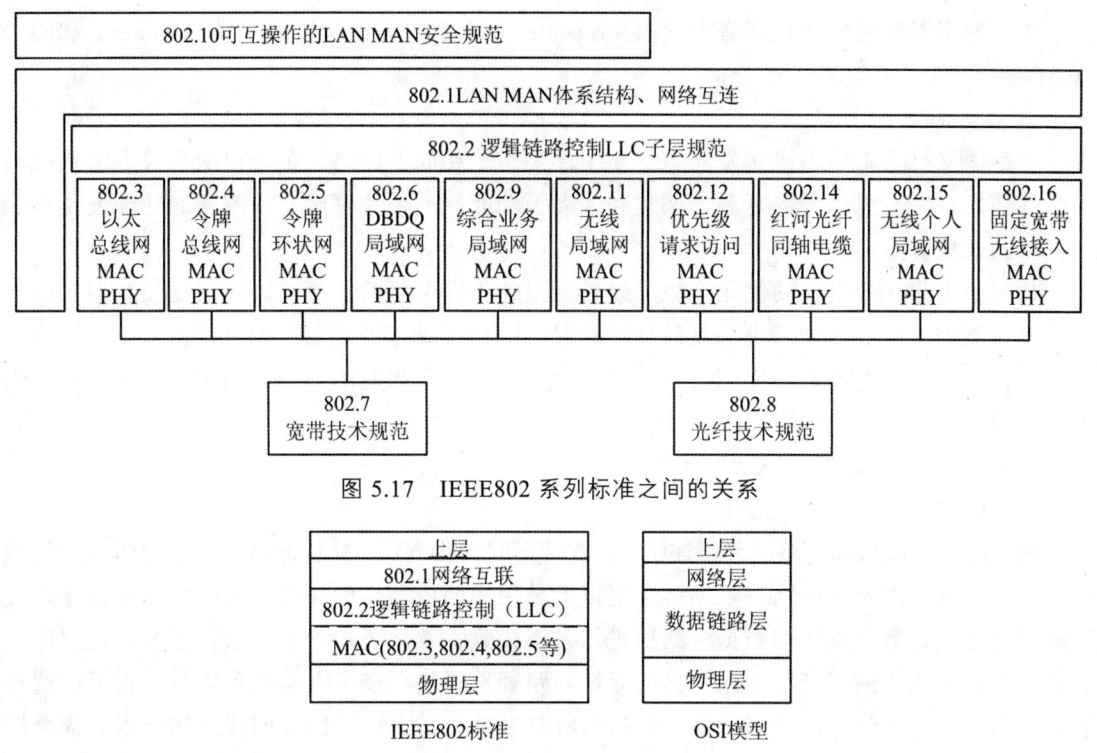

图 5.17　IEEE802 系列标准之间的关系

图 5.18　IEEE802 标准和 OSI 模型

2. 网络互联基本概念

使用同一网络协议通过网络媒体互相共享资源的计算机及其他设备的集合称为计算机网络。若干个计算机网络互联起来形成的网络，称为互联网（internetwork）。所以互联网指的就是一个互相连接的网络的集合，该集合完成和单个网络相似的功能。我们一般使用 internetwork 的简写形式即 internet 来表示互联起来的网络的集合。当 i 改为大写后，即变为 Internet 时，则它的意义就发生了改变，Internet 指的是当今世界上最大的互联网，即因特网。Internet 代表的是支持同一网络协议，即传输控制协议/因特网协议（Transport Control Protocol/Internet Protocol，TCP/IP）的网络的集合，也可以把它看作广域互联网，更重要的是因特网已具有了一定的文化含义。

一个网络与其他网络的连接方式与网络的类型密切相关。从网络互联的角度来看，通常把网络分为三种类型：相同（identical）、相似（similar）和相异（dissimilar）。相同的网络具有相同的体系结构和线缆；相似的网络具有不同的体系结构或线缆；相异的网络具有不同的硬件、软件和协议，并且通常支持不同的功能及应用。不同的网络类型决定了网络连接的方式也完全不同。

网络互联一般有三种方法，三种方法分别与 OSI 模型的低三层一一对应。相同的网络可以在物理层（第1层）进行互联；相似的网络可以在数据链路层（第2层）进行互联；相异的网络可以在网络层（第3层）互联。这说明用来连接这些网络的硬件设备也必须工作在相应的层次上。

3. 网络互联设备

完成网络互联的常用设备有中继器（repeater）、网桥（bridge）、路由器（router）和网关（gateway）。

（1）中继器。

中继器又称为重发器或转发器。它用于连接两个相同的网络，负责在两个节点的物理层上传递信息，完成对信号的复制、调整和放大等功能。通俗地理解，中继器的功能就是增加了网络的长度。

从理论上讲，中继器的使用个数可以是无限的，即网络的长度可以无限延长，但实际上这是不可能的。因为在网络中都对信号的延迟范围作了具体的规定，如果延迟太长，协议就不能正常工作，因此网络中使用的中继器的个数也是受到限制的。如在内 PROFIBUS-DP 中使用的中继器的个数一般不允许超过 4 个。

中继器的使用原理如图 5.19 所示。

（2）网桥。

网桥用来完成数据链路的网络连接，它支持不同的物理层，并且能够互联不同体系的局域网。它要求互联的两个网络在数据链路层以上采用相同或兼容的协议。网桥是一种存储转发设备，它可以将数据帧送到数据链路层进行差错校验，然后再送到物理层，通过物理层传输介质送到另一个子网或网段。网桥具有寻址和路径选择的功能，在接收到帧后，它可以选择正确的路径把帧送到相应的目的地。在 PROFIBUS 中，DP 网段和 PA 网段之间使用的耦合器或链接模块就属于网桥的一种。网桥的使用原理如图 5.20 所示。

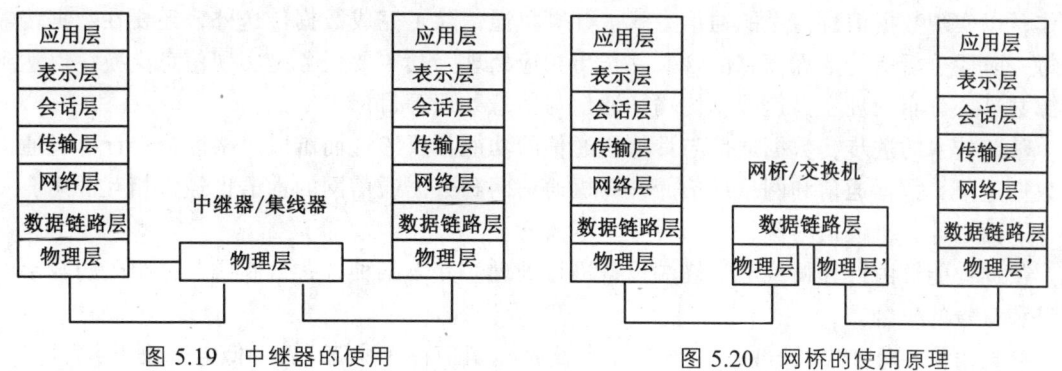

图 5.19 中继器的使用　　　　　　图 5.20 网桥的使用原理

（3）路由器。

路由器是在网络层上实现多个网络互联的设备，它可以互联具有不同的物理层和数据链路层的网络，也支持不同的网络协议。路由器通过利用网络层的信息（例如网络地址）对分组信息进行存储转发，以此来实现网络的互联。除此之外，在进行异构网络的互联时，它还完成网络协议转换的功能。路由器最重要的功能是进行路由选择，即为经过路由器的每个数据分组按某种路由策略选择一条最佳路由，并将该数据分组转发出去。路由器比网桥更复杂、管理功能更强，它常用于多个局域网之间、局域网与广域网之间以及异构网络之间的互联。路由器的使用原理如图 5.21 所示。

（4）网关。

OSI 第 4 层以上的互联已不是由具体的硬件设备来完成，网关是用于 OSI 中第 4 层以及更高层次的中继系统，它实际上是一个协议转换器，或者说网关是在不同协议间进行转换的软件应用。通常网关是安装在路由器内的软件，也可以说网关是专用的路由器，是比路由器更复杂的网络互联设备。在 IP 圈内，网关有时候就是指路由器。网关用于实现不同通信协议的网络之间的互联，以及使用不同网络操作系统的网络之间的互联，网关总是与特定的网络互联相联系，因此不存在通用的网关。在现场总线的使用中，FROFIBUS 和 AS-i 之间就需要使用网关来实现互联。网关的使用原理如图 5.22 所示。

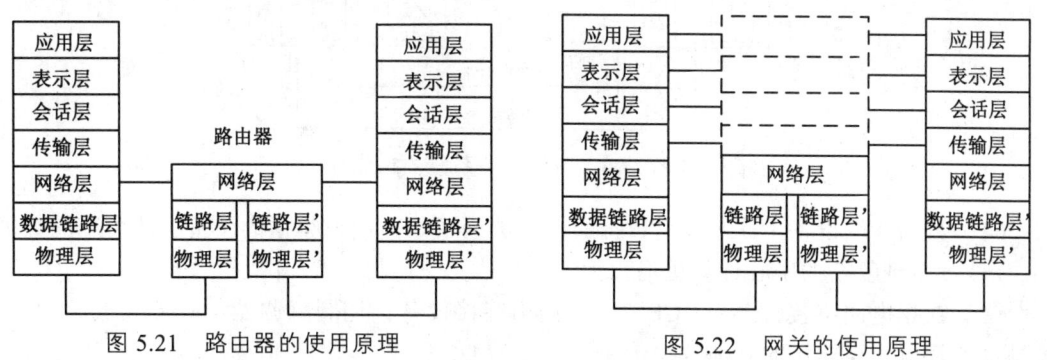

图 5.21 路由器的使用原理　　　　　　图 5.22 网关的使用原理

5.2　计算机通信网络

计算机通信则常指计算机之间或计算机与终端之间为共享硬件、软件和数据资源而协同工作，以实现数据信息传送的通信方式。计算机通信除了完成数据传送外，还要在数据传输的每一阶段分析所传数据信息的含义并作出相应处理，其主要任务是实现信息交换，以达到资源共享、分布处理、高速数据传输、通信与信息处理等目标。

随着技术的进步，数据通信与计算机通信的功能相互渗透而难以严格区分；计算机通信和数据通信、数据通信和网络通信、计算机通信网和数据通信网的术语也经常相互混用。

下面以计算机通信为例，介绍几个基本概念。

数据：能够由计算机或数字终端设备进行处理，并以某种方式编制成二进制码的数字、字母和符号的集合。

数据信号：携带数据信息（以编码方式表示）、具有两个状态（高、低电平或正、负电平）的电脉冲序列。

数据通信：通信双方（或多方）按照一定协议（或规程），以数字信号（也可是模拟信号）为载体，完成数据传输的过程或方式。

协议（规程）：为了能有效可靠地进行通信而制定的、通信双方必须共同遵守的一组规则，包括相互交换信息的格式、含义，以及过程间的连接和信息交换的节拍等。

5.2.1 数据通信系统

数据通信系统由终端、数据电路和计算机系统三种类型的设备组成。

5.2.1.1 数据通信系统的组成

在数据通信系统中，远端的数据终端设备（DTE）通过由数据电路终接设备（DCE）和传输信道组成的数据电路，与计算机系统实现连接，如图 5.23 所示。

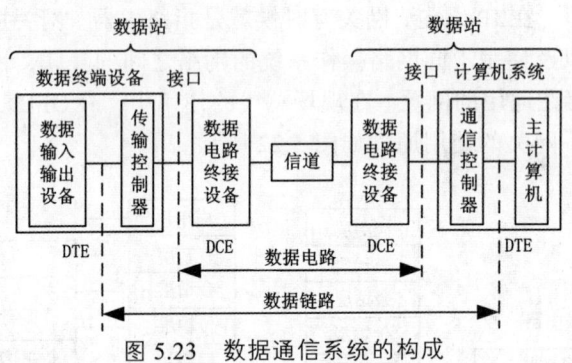

图 5.23 数据通信系统的构成

（1）数据终端设备（DTE）是数据通信网中用于处理用户数据的设备，从简单的数据终端、I/O 设备到复杂的中心计算机均称为 DTE。

（2）数据电路终接设备（DCE）属于网络终接设备，调制解调器（Modem）、线路接续控制设备及与线路连接的其他数据传输设备称为 DCE。

若数据通信网由电话交换网构成，此时传输信道（电话用户线）是模拟信道，数据传输采用语音频带数据传输方式，DCE 主要起（频带）调制/解调器的作用，即把 DTE 所送的数字信号变换为模拟信号再送往信道，或把信道所送的模拟信号变换为数字信号再送往 DTE。此外，调制/解调器还有同步、双工方式、自动拨号/自动应答等功能。

若信道是数字信道，DCE由数据服务单元（DSU）和信道服务单元（CSU）组成。DSU的功能是把面向DTE的数字信道上的数据信号变化为双极性的数字信号、包封的形成/还原、定时信号的传输与提取；CSU完成信道的均衡、信号整形、环路检测等。

（3）传输信道有不同的分类方法，可分为模拟信道和数字信道、专用线路和交换网线路、有线信道和无线信道，并可分为频分信道、时分信道、码分信道等。

（4）数据链路是数据电路终接设备（DCE）与信道一起构成数据电路。数据电路加上传输控制规程以及两端的执行规程的传输控制器和通信控制器构成数据链路。链路是一条无源的点到点的物理线路段，中间没有任何的交换节点。在传输质量上，数据链路优于数据电路。

5.2.1.2 数据通信系统的功能

（1）传输系统的充分利用。传输设施通常会被多个正在通信的设备所共享。信道复用技术可在若干用户间分配传输系统的总传输能力。为保证系统不会因过量的传输服务请求而超载，需引入拥塞控制技术。

（2）接口。建立设备与传输系统之间的接口并产生信号是进行通信的必要条件，其信号格式及信号强度应能在传输系统上进行传播，并能被接收器转换为数据。

（3）同步。发送器和接收器之间需达成某种形式的同步。接收器必须能判断信号的开始到达时间、结束时间，以及每个信号单元的持续时间。

（4）交换的管理。若在一段时间内数据的交换为双向，则收发双方必须合作，系统为此需收集其他信息。

（5）差错控制。任何通信系统都可能出现差错（如传送的信号在到达终点前失真过度），在不允许出现差错的环节中（如在数据处理系统中）就需要有差错检测和纠正机制。为了保证目的站设备不致超载，还需进行流量控制，以防源站设备将数据发送得过快。

（6）寻址和路由选择。寻址是指传输系统必须保证只有目的站系统才能收到数据。路由选择是指在多路径网络的传输系统中选择某条特定的路径。

（7）恢复。当信息正在交换时，若因系统某处故障而导致传输中断，则需使用恢复技术，其任务是从中断处开始继续工作，或恢复到数据交换前的状态。

（8）报文的格式化。在数据交换或传输的格式上，收发双方须达成一致的协议（如使用相同的编码格式）。

（9）安全措施。数据通信系统中必须采取若干安全措施，以保证数据准确无误地从发送方传送到接收方。

（10）网络管理。数据通信系统需要各种网络管理功能来设置系统、监视系统状态，在发生故障和过载时进行处理。

5.2.2 计算机通信网

5.2.2.1 计算机通信网的特点

（1）数据快速传送。通过该功能实现了计算机与计算机、计算机与数据终端之间的信息传送，从而实现对地理位置分散的计算机进行集中管理和控制。

（2）资源的共享。通过网络互联，使得网内的硬件、软件及数据得以共用。计算机通信网的引入大大提高了整个计算机系统的数据处理能力，有效降低了信息的平均处理费用。

（3）可靠性高。网中的计算机可互为备用，当某台计算机出现故障时，可将其任务交由其他（备用）计算机去完成，而不会使整个系统瘫痪；又如某数据库的处理机发生故障而使数据受到破坏时，计算机通信网可从另一台计算机的备份数据库中调入数据进行处理，并及时恢复遭破坏的数据库，从而提高系统的可靠性。

（4）均衡负载。若网中某台计算机负担过重时，可将部分任务转交给系统中较空闲的计算机去完成。通过对网中计算机的均衡负载与相互协作，来提高每台计算机的可用性。

（5）分布式处理方式。对于较大型的综合性处理任务，当单台计算机不能完成时，可将问题进行分解，并按一定的算法交由不同的计算机协作完成，达到均衡使用网络资源和分布处理的目的。利用网络技术，可将多台计算机连接成具有高性能的计算机通信网，使用该网去解决大型设计及较为复杂的问题，其费用远低于采用高性能的计算机系统机器及设备。

（6）机动灵活的工作环境。在计算机通信网中，用户不再局限于固定工作场所办公，可以通过网络实现流动工作环境（如家庭办公）。

（7）方便用户，易于扩充。随着各种网络软件的日益丰富和完善，用户可通过终端设备获取各种有用的信息和良好的网络服务，可把整个网络看作是自己的系统。当需要扩充网络规模时，只需将新设备挂于原网络上即可实现。

（8）性能价格比高。网络设计者可以全面规划，根据系统总要求和各站点实际情况，确定各工作站点的具体配置，达到用最少投资获得最佳效果的目的。

5.2.2.2 计算机通信网的基本类型

计算机通信网由于构成的方式、信息处理的形式、连接的手段等的不同而存在一定的差异，因此可从不同的角度进行分类。

若按传输距离来分类，计算机通信网可分为局域网、城域网和广域网。

1. 局域网

局域网是在有限距离内联网的通信。其支持所有通信设备的互联，以同轴电缆或双绞线构成通信信道，并能提供宽频带通信及信息资源的共享能力。局域网的传输距离一般在数千米以内，速率在 10 Mb/s 以上，数据传输采用共享介质的访问方式，采用 IEEE802 协议标准。局域网可分为 3 类：局部区域网、高速局部网和计算机化分支交换网。

（1）局部区域网（LAN）是一种通用局域网，主要支持工作站、微型机和用户终端等设备。其使用分组交换技术，既可传送数据，也可传输语音和视频图像信号，特别适合于自动化办公室。LAN 普遍采用同轴线组成总线型或树形拓扑结构，或由同轴线、双绞线和光纤组成环形拓扑结构。

（2）高速局部网（HSLN）用于主机与大容量存储设备之间的连接与通信，具有很高的数据传输速率（可达 50 Mb/s）和高速物理接口，可为文件的传输、大批量数据的传送和后援装入提供 I/O 通道。HSLN 采用分布式访问控制方式以及分组交换技术，从而提高了通信的可靠性和有效性。

（3）计算机化分支交换网（CBX）是数字交换、电话交换与计算机技术相结合的综合技术，专门用于处理语音数据的数字化和终端-终端、终端-主机的数据传送。CBX通常采用星形拓扑结构，利用双绞线将节点与交换网相连接，也可利用光纤等高速传输介质将转接单元连接到中央交换单元上。CBX使用电路交换技术，虽然数据传输率低，但带宽可以保证；通信中一旦建立通路连接，传输则几乎不存在时延。

2. 城域网

城域网（MAN）的传输距离一般在 50～100 km 之内，是能够覆盖整个城区和城郊范围的计算机通信网（实质上是能覆盖一个城市的规模很大的局域网）。城域网作为一个骨干网，可将位于同一城市不同地点的主机、数据库及多个局域网互联起来。城域网具有自恢复机制，以保证数据传输的安全。

城域网以光纤为传输介质进行数据传输，可提供 45～150 Mb/s 的高速率，能支持数据、语音、图像的综合业务。其拓扑结构采用与局域网类似的总线型或环形，所有联网的设备均通过专门的连接装置与传输介质相连。

城域网的主要应用为局域网的互联、专用小交换机（PBX）的互联、主机到主机的互联、电视图像传输以及与广域网互联。

3. 广域网

广域网（WAN）是在一个广泛的地理范围内所建立的计算机通信网，也称为远程网。其作用范围通常为数十到数千千米。因特网（Internet）即为广域网，基础数据网中的 X2.5 网、帧中继网及 ATM 网也为广域网。

广域网作为核心网，对通信的要求较高，必须采取适当的措施来提高通信效率和通信资源利用率，以降低通信成本，保证一定的通信质量。同时，还需提高网络控制、维护及管理能力。

广域网由通信子网与资源子网两部分构成。通信子网提供面向连接或者面向无连接的服务，实际上是一个数据网（如专用网或公用网）；资源子网由连在网上的计算机、终端设备及数据库构成，包括硬件、软件和数据资源。

广域网是按照一定的网络体系结构和相应的协议实现的。开放系统互联（OSI）参考模型及相应的一系列标准协议（如 TCP/IP），对广域网的建立、实现和应用有其重要作用。

因特网是一个特定的计算机网络，其通过 IP 协议把各个具体的数据通信子网互联在一起，形成一个逻辑上的互联网络。子网之间的互联设备称为路由器，能实现 IP 分组的选路和转发，并通过各子网传送 IP 分组。在因特网的资源子网上有许多服务器，提供 Web、电子邮件、文件共享、语音聊天等服务。因特网普及的关键因素在于其简单易用的 IP 协议以及丰富而价廉的业务。

若按网络服务对象分类，计算机通信网还可分为公用网和专用网。

（1）公用网是对全社会开放并提供服务的网络，如 CHINANET 是中国电信经营管理的中国公用计算机互联网，是中国的因特网骨干网，其向国内外所有用户提供因特网接入服务。

（2）专用网是某个部门因特殊需要而建设的网络设施，如军队、铁路、公安、银行等系统所设有的专用网络。

5.2.3 计算机网络信息安全

计算机通信网在存储和传输过程中具有资源共享的特点，但其信息资源也会被盗用、破坏或篡改。网络所具有的广泛地域性和协议开放性，决定了计算机通信网络易受攻击。另外，由于计算机系统本身的不完善，使得用户设备在网上工作时容易受到来自各方面的攻击。因此，在开放的计算机通信网环境中，对信息资源的安全保护具有重要意义。

1. 网络安全机制

计算机通信网的安全性包括保密性、安全协议的设计和接收控制。

保密性是计算机通信网安全最重要的内容，协议安全性是网络安全的另一方面，接收控制（或访问控制）是对接入网的权限加以控制，即规定每个用户的接入权限。

国际标准化组织（ISO）在OSI安全体系结构中提出的安全机制，提供了实现安全服务的手段，并增设了安全服务、安全机制和安全管理的内容描述。

安全服务可能包含在体系结构中，可能包含在体系结构的服务和协议实现中。

安全机制实现各种安全服务，可以根据具体的应用环境，将数种安全机制结合在一起，以达到安全保护的目的。

安全管理主要是实施一系列安全策略，对于通信安全服务以外的操作进行管理。

2. 计算机通信网安全措施

计算机通信网有多种安全措施，其中最常用的是利用密码学机制来完成网络与信息的安全及防护。

常用的加密体制有：

（1）常规密钥密码体制。"加密密钥"与"解密密钥"相同的密码体制。

（2）数据加密标准体制。

（3）公开密钥密码体制。"加密密钥"与"解密密钥"不同，可解决密钥分配问题及数字签名的要求。

计算机通信网通常有两种不同的加密策略，即端到端加密和链路加密。

5.3 以太网

以太网（Ethernet）是目前应用最广泛的局域网（LAN），在实际应用的计算机网络系统中约占80%份额。以太网带宽和网络性能大大提高、新协议和新标准的出现以及光纤通信技术术的飞速发展，使得以太网技术愈加成熟和实用。

5.3.1 以太网概述

以太网是一种共享介质的数据网，采用随机访问控制方式，结构简单，性价比高。目前以太网从共享型发展到交换型，实现了全双工技术，使整个以太网系统的带宽成百倍增长，并保持足够的系统覆盖范围。以太网正以其高性能、低价格、使用方便的特点继续发展。

5.3.1.1 介质访问控制方式

以太网的介质访问控制方式是以太网的核心技术,决定了以太网的主要网络性质。

传统以太网与前述的基础数据网(交换式数据网)有着很大的差别,其核心思想是利用共享的公共传输介质。

在公共总线或树形拓扑结构的局域网上,通常使用带冲突检测的载波侦听多路访问技术(CSMA/CD)。CSMA/CD 又可称为随机访问或争用媒体技术,其讨论网络上多个站点如何共享一个广播型的公共传输媒体问题。由于网络上每一站的发送都是随机发生的,不存在用任何控制来确定该轮到哪一站发送,故网上所有站都在时间上对媒体进行争用。

CSMA/CD 的基本原理为:欲发送信息的工作站,首先要监听媒体,以确定是否有其他的站正在传送;若媒体空闲,该工作站则可发送。在同一时刻,经常发生两个或多个工作站都要传输信息的情况,这样会引起冲突,双方传输的数据将受到破坏,导致网络无法正常工作。为此,若工作站发送信息后的一段时间内仍无确认,则假定为发生冲突并且重传,因此需要争用。

为了解决上述问题,CSMA/CD 采用了监听算法和冲突监测。为减少同时抢占信道,监听算法使得监听站都后退一段时间再监听,以避免冲突。该方法不能完全避免冲突,但通过优化设计可把冲突概率减到最小。冲突检测的原理是在发送期间同时接收,并把接收的数据与站中存储的数据进行比较,若结果相同,表示无冲突,可继续;若结果不同,说明有冲突,立即停止发送,并发送一个简短的干扰信号令所有站都停止发送,等待一段随机长的时间重新监听,再尝试发送。

5.3.1.2 协议结构

以太网体系结构以局域网的 IEEE802 参考模型为基础。该模型与 OSI 的区别是:局域网用带地址的帧来传送数据,不存在中间交换,故不要求路由选择,所以不需要网络层;在局域网中只保留了物理层和数据链路层,其中数据链路层分成两个子层,即媒体接入控制子层(MAC)和逻辑链路控制子层(LLC)。

MAC 子层负责媒体访问控制,以太网采用适于突发式业务的竞争方式。LLC 子层负责没有中间交换节点的两个站点之间的数据帧的传输。其不同于传统的链路层,即不但要有差错控制、流量控制,还需有复用、提供无连接的服务或面向连接的服务等功能。在以太网的寻址问题中,MAC 地址标识局域网上的一个站地址,即计算机硬件地址(网络上的物理连接点);LLC 地址则标识一个 LLC 用户(即 LLC 子层上的服务访问点 SAP),即进程在某一主机中的地址。

5.3.1.3 以太网系统基本结构

在早期由双绞线连接的 10Base-T(IEEE802.30)以太网中,采用基带传输方式,其传输速率为 10 Mb/s,T 表示用双绞线连接,传输距离限制为 100 m。

在 10Base-T 以太网中,定义了星形拓扑结构,有一组站点和一个中心节点(集线器,即多端口转发器),以太网系统则由集线器(HUB)、双绞线和网卡组成。每个站点通过一对双绞线连接到集线器,集线器的主要功能是媒体上信号的再生和定时,检测冲突并扩展端口。置于计算机中的网卡功能,则分别由网卡内编码/译码模块和收发器实现,收发器向介质发送信号或从介质接收信号，并识别介质是否存在信号和识别冲突。10Base-T 以太网系统以其价格低廉、安装维护方便、性能高且扩展性好等特点成为局域网技术的热点，并对整个局域网技术的发展具有很大的影响。

5.3.2 以太网技术的发展

以太网从最初的同轴电缆上共享 410 Mb/s 传输技术，发展到现在双绞线和光纤上的 100 Mb/s 甚至 1 Gb/s 的传输技术、交换技术等，应用技术已成熟。

1. 10Base-F 光纤以太网

使用光纤作为网络传输介质可带来带宽的拓展及介质段长度的增加，且其抗外界磁场干扰及抗泄漏性能是铜质介质所无法比拟的。10Base-F 的传输速率仍为 10 Mb/s，但其使用环境与 10Base-T 是不同的，如介质段最长可达 2 km。

2. 100Base-X 高速以太网

100Base-X 技术是在 10Base-T 和 10Base-F 基础上，借助于双绞线、光缆以及星形结构的特点而实现的。100Base-TX（使用双绞线）和 100Basc-FX（使用光纤）高速以太网的帧结构、差错控制及信息管理与 10Base-X 相同，其拓扑结构和使用的介质分别与 10Base-T 或 10Base-F 相仿，而传输速率为 100 Mb/s。

3. 交换型以太网

共享型以太网的带宽由所有站点共同分割，随着站点的增多，每个站点能得到的带宽将减少，网络性能将迅速下降。由于会发生数据冲突，共享型以太网在同一时刻，只能有一个站点与服务器通信，且局域网的覆盖范围受 CSMA/CD 的限制。

在交换型以太网中，网络的终端连接在以太网交换机上，分别独占 10 Mb/s 的端口速率，可形成多个数据通道，无数据冲突。只要交换机的端口空闲，即可同时实现多对终端的通信。系统的带宽为 10 Mb/s × N（即局域网的高速出口速率）。

交换型集线器既隔离又连接了多个网段，集线器上所有端口平时都不连通，需要时可对诸多站点同时建立多个收、发通道。

交换型局域网组网采用星形拓扑结构，如图 5.24 所示。

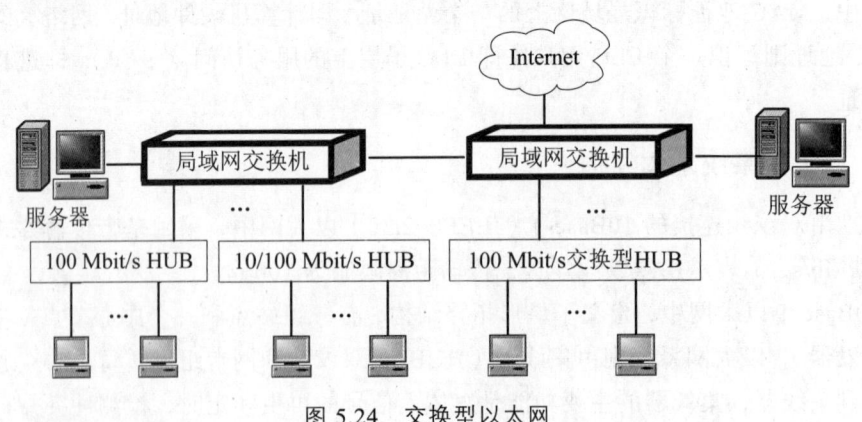

图 5.24 交换型以太网

交换型集线器技术的产生，使用光缆的交换型集线器与全双工以太网技术的结合，使得局域网的带宽以及覆盖范围都有了很大的发展。

4. 千兆位以太网

千兆位以太网（简称千兆以太网）被称为第三代以太网，是一种新型高速局域网，可提供 1 Gb/s 的通信带宽，为局域主干网和城域主干网（借助多模光纤和光收发器）提供了一种高性价比的宽带传输交换平台，并已得到广泛的应用。

千兆以太网采用和传统 10/100 Mb/s 以太网相同的 CSMA/CD 协议、帧格式和帧长，因此可以实现在原有低速以太网的基础上平滑、连续性的网络升级，从而能最大限度地保护用户以前的投资。

在千兆以太网协议中，共享媒体集线器模式比基础的 CSMA/CD 模式有两大提高：

（1）载波扩充。在短的 MAC 帧末尾加上了一组特殊的符号，使每一帧从 10 Mb/s 和 100 Mb/s 的最小的 512 bit 提高到至少 4096 bit，从而保证一次传输的帧长度超过 1 Gb/s 时的传输时间。

（2）帧突发。是允许连续发送某个限制内的多个短帧，无须在每个帧之间放弃对 CSMA/CD 的控制。帧突发可避免当某站点有多个短帧要发送时，载波扩充所产生的耗费。

对于交换型集线器，由于站点上的数据传输和接收可通过集线器同时进行，不存在对共享媒体的争用，故不需要载波扩充和帧突发技术。

每个工作组的集线器既支持以 1 Gb/s 的链路连到主干网集线器上，来支持高性能的工作组服务器；同时又支持以 100 Mb/s 的链路连接到主干网集线器上，来支持高性能的工作站、服务器。

5.3.3 以太网的互联

将以太网连接起来有两个原因：一是扩展网络的地理覆盖范围，二是通过网络互联来划分业务负载。连接以太网的设备包括中继器、网桥、路由器、网关和信道业务单元/数据业务单元（CSU/DSU）。

1. 中继器

最简单的网络连接设备为转发器，用于两个网络物理层的连接，以增加其网段的有效长度。转发器不具有过滤功能，只是对所连接的网段进行信息流的简单复制，在 OSI 的第一层实现局域网的连接。转发器为物理层中继系统。

信号在网络介质上传输时，将会随距离的增加而减弱。中继器从一个网络段上接收到信号后，将其放大并重新定时后传送到另一个网络，这样可防止由于电缆过长和连接设备过多而造成的信号丢失和衰减。

中继器用于连接网络之间的介质部分，将若干段电缆作为一段独立的电缆对待，连接以太网的几段可以扩展网络。中继器接收输入端口的业务，然后在输出端口重传。集线器（HUB）是一个具有多个输出端口的中继器。中继器工作在 OSI 模型的物理层。

2. 网 桥

网桥（又称为桥接器）具有过滤功能，能对输入的数据帧进行分析，并根据信宿的介质访问地址（MAC地址）来决定数据的传送；网桥还具有高协议的透明性，适合广域网的连接。网桥为数据链路层中继系统。

网桥常被称为 MAC 层的转发器，它是处于比路由器更低层的无连接操作方式。网桥方式假定所有网络在连接层使用相同的协议。网桥用以将同构网络的不同部分连接起来，其工作在数据链路层。网桥基于帧的目的地址转发帧，可以控制数据流量和检测传输错误。

每个网桥都保留着网络上与其直接相连的设备的硬件地址，网桥检查信息帧的硬件目的地址，并且根据自己的硬件地址表决定是否向前传送帧。如果需要传送，则产生新的帧。

网桥的功能是分析输入帧的目的地址，基于站的位置作转发决定。

3. 路由器

路由器是一种主要的网络节点设备（其实就是一台专用计算机），工作在 OSI 模型的网络层，具有互联多个子网、网络地址判断、最佳路由选择、数据处理和网络管理功能；可提供不同网络类型、不同速率的链路或子网接口。路由器为网络层中继系统，将为从一个以太网到另一个以太网的帧选择路由。路由器必须识别连接到路由器的以太网各段的网络层以选择路由。识别多个网络层的路由器称为多点协议路由器。

路由器的主要功能是决定最佳的数据传输路径，信息沿着该路径传输。路由器的另一个功能是帧的类型转换。路由器分为静态路由器和动态路由器。对于静态路由器，路由表通过网络管理员，由人工决定路由；对于动态路由器，其自动建立和刷新路由表，并可与网络的下一个路由器交换信息。

4. 网 关

网关又称为网间连接器或信关。网关用于连接具有不同工作协议的主机设备，能通过在各种不同协议间的转换，实现网络间的互联。网关只需在某一高层的协议相同，而不必关注低层的协议；若高层协议不同则需进行协议的转换。网关是在网络层以上的中继系统。

5. 信道业务单元/数据业务单元（CSU/DSU）

从以太网到广域网，帧格式和信号类型都不同，CSU/DSU 可以完成帧格式和信号类型的转换。CSU/DSU 用于将以太网连接到广域网。例如，办公室以太网通过路由器连接起来，而路由器通过通信链路连接到帧中继网络。

5.4 现场总线技术

现场总线是综合监控系统基础自动化层的重要组成部分，因此，有必要对现场总线技术的基本概念有一个初步的了解。

5.4.1 概 述

随着微电子技术以及大规模和超大规模集成电路的迅猛发展，微处理器在过程控制装置、变送器、调节阀等仪器仪表中的应用及其智能化程度也不断增加。这些智能化的装置可实施信号采集、显示、处理、传输及优化控制等功能；有些还具有量程自动转换、自动调零、自校正、自诊断等功能；信息存储量大的智能设备还提供故障诊断报告、历史数据查询和趋势图等功能。现代化的工业过程控制对控制系统以及仪表装置在速度、精度、成本等诸多方面的更高要求，导致了用数字信号传输技术替代模拟信号传输技术，而通信技术的发展，也使得传送数字化信息的网络技术在工业控制领域的广泛应用成为可能。这种现场数字信号传输网络技术就是所谓的现场总线技术。现场总线技术的应用也使得控制系统和设备的可互操作性、可维护性、可移植性成为现实。现场总线是过程控制技术、仪表技术和计算机网络技术紧密结合的产物。

现场总线的实质是解决了数字信号的兼容性问题，所以它一经出现便展示了强大的生命力和发展潜能。现场总线解决了传统控制系统中存在的许多根本性难题，它基本上奠定了未来计算机控制系统的发展方向，所以今天我们说现场总线技术给工业自动控制领域带来的冲击是"革命性的"一点儿也不为过。

5.4.2 现场总线及现场总线控制系统的定义

现场总线的出现，标志着自动化技术步入了一个新的时代。那么，什么是现场总线呢？在过去很长的时间中，不同的人对它有不同的说法。有人把它定义为应用于现场的控制系统与现场检测仪表、执行装置之间进行双向数字通信的串行总线系统。也有人把它称为应用于现场仪表与控制室主机系统之间的一种开放的、全数字的、双向、多点的串行通信系统。总之，在对现场总线的描述中，开放、全数字、串行通信等字眼是必不可少的。

国际电工委员会在 IEC61158 中给现场总线下了一个定义，我们可以认为它是关于现场总线的标准定义，该标准定义的描述是：安装在制造或过程区域的现场装置与控制室内的自动控制装置之间的数字式、串行、多点通信的数据总线称为现场总线。

在该定义中，首先说出了它的主要使用场合，即制造业自动化、批量流程控制、过程控制等领域，当然楼宇自动化等领域也是它得心应手的应用场合；其次说出了系统中的主要角色是谁，即现场的自动装置和控制室内的自动控制装置，这里的现场设备或装置肯定是智能化的，不然就完不成这么复杂的通信和控制任务，而控制室中的自动控制装置，更要完成对所有分散站点的管理和控制任务；第三点说出了它是一种数据总线技术，即一种通信协议，而且该通信是数字式的（非模拟式的）、串行的（可以进行长距离的千米级通信，以适应工业现场的实际需求）、多点的（真正的分散控制）。这三点一起描述了现场总线技术中最实质性的内容。

有了现场总线技术以后，现在许多人把基于现场总线的全数字式的控制系统称为现场总线控制系统（Fieldbus Control System, FCS）。FCS 是工业自动控制中的一种计算机局域网络，它以具有高度智能化的现场仪表和设备为基础，在现场实现彻底地分散，并以这些现场分散的测量点、控制设备点作为网络节点，将这些点以总线的形式连接起来，形成一个现场总线网络。一般来说，FCS 由控制部分（主站）、测量部分（从站）、软件（组态、管理等）以及网络的连接及集成设备组成。

5.4.3 现场总线的特点和优点

现场总线的特点主要体现在两个方面：一是在体系结构上成功地实现了串行连接，它一举克服了并行连接的许多不足;二是在技术上成功地解决了开放竞争和设备兼容两大难题,实现了现场设备的高度智能化、互换性和控制功能的彻底分散化。

5.4.3.1 现场总线的结构特点

1. **基础性**

作为工业通信网络中最底层的现场总线,是一种能在现场环境下运行的、可靠的、廉价的和灵活的通信系统,往下它可以到达现场仪器仪表所处的装置、设备级,往上它可以有效地集成到 Internet 或 Ethernet 中,它构成了工业企业网络中的最基础的控制和通信环节。正是由于现场总线的出用和应用,才使得工业企业的信息管理、资源管理以及综合自动化真正到达了设备层,使真正的全方位的 ERP 得以实现。

2. **灵活性**

现场总线控制系统与传统控制系统结构的比较如图 5.25 所示。

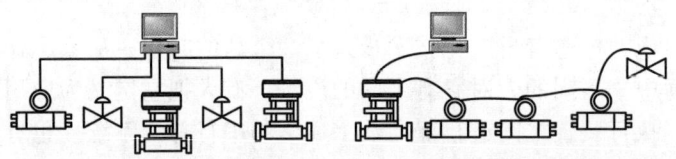

（a）传统的控制系统结构　　（b）现场总线控制系统结构

图 5.25　现场总线控制系统结构与传统控制系统结构的比较

传统的过程自动控制系统采用一对一的设备连线,位于控制室的控制器与位于现场的测量变送器、执行器、开关、电动机之间均为一对一的物理连接,系统的各输出控制回路也分别连接。这样一个控制系统的控制信号线可能就有几十条、上百条甚至上千条。这一方面增加了大量的系统硬件成本,而且也大大增加了以后的施工、维护费用和维护难度;另一方面,由于现场布线的复杂性和难度,也使得整个系统失去了改变的柔性。

在现场总线控制系统中,由于使用了高度智能化的现场设备和通信技术,在一条电缆上就能实现所有网络中信号的传递,系统设计完成或施工完成后,想去掉或增加一个或几个现场设备也是轻而易举的事情。所以系统结构的彻底改变使得整个系统具有了极大的灵活性。

3. **分散性**

由于在现场总线控制系统中采用了智能化的现场设备,原先传统控制系统中的某些控制功能、信号处理等功能都下放到了现场的仪器仪表中,再加上这些设备的网络通信功能,所以在多数情况下,控制系统的功能可以不依赖控制室的计算机而直接在现场完成,这样就实现了彻底的分散控制。

5.4.3.2 现场总线的技术特点

1. **开放性**

开放性包括几个方面:一是指系统通信协议和标准的一致性和公开性,这样可以保证不同厂家的设备之间的互联和替换,现场总线技术的开发者所做的第一件事就是致力于建立一个统一的工厂底层的开放系统;二是系统集成的透明性和开放性,用户可自主进行系统设计、集成和重构；三是产品竞争的公开性和公正性，用户可以按照自己的需要，选择不同厂家的质量最好、而价格又合适的任何符合系统要求的设备，来组成自己的控制系统。

2. 交互性

交互性指互操作性（interoperability）和互换性（interexchangability），这里也包含几层意思：一是指上层网络与现场设备之间具有相互沟通的能力；二是指设备之间具有相互沟通的能力，即具有互操作性；三是指不同厂家的同类产品可以相互替换，即具有互换性。

3. 自治性

由于将传感测量、信号变换、补偿计算、工程量处理和部分控制功能下放到了现场设备中，因此现在的现场设备具备了高度的智能化。除实现了上述基本功能外，现场设备还能随时诊断自身的运行状态，预测潜在的故障，实现高度的自治性。

4. 适应性

工业现场总线是专为在工业现场使用而设计的，所以具有较强的抗干扰能力和极高的可靠性。在特定条件下，它还可以满足安全防爆的要求。

5.4.3.3 现场总线的优点

由于现场总线在系统结构上的根本改变以及技术上的特点，使得现场总线控制系统和传统的控制系统相比，在系统的设计、安装、投运到正常运行、系统维护等方面，都显示出了巨大的优越性。主要表现在：① 节约硬件数量与投资；② 节省安装费用；③ 节省维护费用；④ 提高了系统的控制精度和可靠性；⑤ 提高了用户的自主选择权。

5.4.4 现场总线的通信协议模型

在现场装置之间进行完全透明和高效率的通信，以及保证与上层网络之间进行正确有效的沟通，是现场总线通信协议最基本的要求。这些基本要求综合起来包括以下几方面：

（1）通信介质的多样性。支持多种通信介质，以满足不同场合与环境的要求。

（2）信息传递的实时性、确定性和完整性。这也是工业控制系统中的通信和民用通信的最大区别。现场总线系统中的通信不允许有较大的延时或不确定性，它要求系统对控制过程中出现的任何情况都能做出快速的响应，所以它对系统实时性的要求非常苛刻；另外它的通信必须要在保证质量的情况下有确定的联系对象。

（3）可靠性。应具备各种抗干扰的能力和完善的自诊断及纠错能力。

（4）互操作性。不同厂商制造的总线设备可在同一个总线系统中互相通信和操作。

（5）开放性。基本符合 OSI 参考模型，形成一个开放系统。

现场总线的通信协议模型是参照国际标准化组织 ISO 制定的开放系统互联参考模型并加以简化而建立的，这样做有利于系统的开放。IEC/ISA 的现场总线通信协议模型综合了多种现场总线标准，规定了现场应用进程之间的相互可操作性、通信方式、层次化的通信服务功能划分、信息流向及传递规则。前面我们已对 OSI 参考模型做了介绍，具有 7 层结构的 OSI 参考模型可支持的通信功能是相当强大的，作为一个通用参考模型，它需要解决各方面可能遇到的问题，所以需要具备丰富的功能。但在现场总线的通信协议模型的制定过程中，基于它通信的实时性、确定性和可靠性的考虑，现场总线通信协议模型根据自身的特点对其进行了简化，采用了物理层、数据链路层和应用层，同时考虑到现场装置的控制功能和具体应用又增加了用户层。需要明确指出的是，在现场总线通信协议模型中，虽然没有了 OSI 的 3~6 层，但这并不是说完全抛弃了这些层的功能，而是根据实际需要把一些有用的功能上移到了应用层，把一些有用的功能下移到了数据链路层，这种简化是在形式上和实际内容上进行的。IEC61158 现场总线网络协议模型如图 5.26 所示。

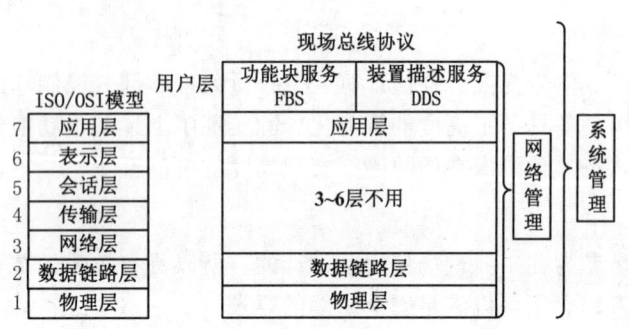

图 5.26　IEC61158 现场总线通信协议模型

其各层的功能及定义介绍如下。

第一层——物理层（Physical Layer）该层提供机械、电气的功能和规程特性。它定义了网络信道上的信号连接方式、传输介质、传输速率、每条线路上连接仪表及装置的数量、最大传输距离、电源等，以便在数据链路实体之间建立、维护和拆除物理连接。物理层通过物理连接，在数据链路实体之间提供透明的位流传输。当处于数据发送状态时，该层接收数据链路层下发的数据信号，并将以某种电气信号进行编码并发送；当处于数据接收状态时，将相应的电气信号编码变为二进制数，并送到链路层。

第二层——数据链路层（Data Link Layer）在该层定义了一系列服务于应用层的功能和向下与物理层的接口，提供了介质存取控制功能和信息传输的差错检测功能。该层是现场总线的核心，所有连接到同一物理通道上的应用进程实际上都是通过链路层的实时管理来协调的。数据链路层分为媒体访问控制（MAC）子层和逻辑链路控制（LLC）子层。MAC 子层主要实现对共享总线媒体的"交通"管理，并检测传输线路的异常情况。LLC 子层的作用是在节点间对帧的发送、接收进行控制，同时检测传输错误。现场总线的实时通信主要由数据链路层提供。所谓实时（time-critical）就是提供一个"时间窗"，在该时间窗内，需要完成具有某个指定级别确定度的一个或多个动作。为了满足实时性的要求，IEC61158.3（链路层服务定义）和 IEC61158.4（链路层协议规范）采用灵活性和实时性相结合的物理通道管理方法，总线传输的控制可以按照用户的需要实现集中或分散方式，使数据传输有很高的确定性和优先级。在这种方式下，物理通道被有效地利用起来，大大地减少或避免了实时通信的延迟。

第三层——应用层（Application Layer）该层为用户提供了一系列的服务，具有简化和实现分布式控制系统中应用进程之间通信的功能，同时为分布式现场总线控制系统提供应用接口的操作标准，实现了系统的开放性。应用层与其他层的网络管理机构一起，对网络数据流动、网络设备及网络服务进行管理。

第四层——用户层（User Layer）这是专门针对工业自动化领域现场装置的控制和具体应

用而设计的,它定义了现场设备数据库之间互相存取的统一规则,用户使用提供的标准功能块可组成系统,完成用户的应用程序设计。它是使现场总线标准超过一项通信标准而成为一项系统标准的关键,也是使现场总线控制系统实现开放性与互操作性的关键。为此,IEC专门成立了一个工作组IEC SC65C/WG7来负责制定标准功能块,按规范制定的标准块包含AI、AO、DI、DO和PID等32个。为了实现互操作性,规定每个现场总线装置都要用装置描述(Device Description,DD)语言来描述其所有的信息。可以认为DD就是装置的一个驱动器,它包含所有必要的参数描述和主站所需要的操作步骤。由于DD包含描述装置通信所需要的所有信息,并且与主站无关,所以可以保证现场总线装置实现真正的互操作性。

由此可见,IEC61158工业控制系统用现场总线标准,是充分考虑了工业自动化系统的特点,融合了计算机网络发展的最新技术,它具有不同于IT技术的、全新框架的通信协议标准。虽然不同的现场总线和某个标准的协议标准可能在具体设置上会有所不同,但大体上还是遵从这个标准协议模型的。

5.4.5 现场总线的国际标准

现场总线的标准化工作由国际电工委员会IEC与美国仪表学会ISA(现已改名为国际测量与控制学会,简称仍为ISA)共同制定。现场总线的标准号为IEC61158,其标题是"用于测量和控制的数字数据通信——用于工业控制系统的现场总线"。经过多年的努力,现场总线物理层标准IEC61158.2、链路层服务定义IEC61158.3和链路层协议规范EC61158.4、应用层服务定义IEC61158.5和协议规范IEC61158.6成为FDIS标准。作为IEC61158的技术报告,FDIS草案以基金会现场总线(Foundation Fieldbus,FF)的HI现场总线为模型制定,该技术报告的主要内容以及和OSI对应的层见表5.2。

表5.2 IEC61158技术报告内容

IEC61158技术文件	文件内容	OSI层次
IEC61158.1	介质	
IEC61158.2	物理层规范和服务定义	1
IEC61158.3	链路层服务定义	2
IEC61158.4	链路层协议规范	2
IEC61158.5	应用层服务定义	7
IEC61158.6	应用层协议规范	7

2000年,IEC公布的IEC61158中现场总线类型是:① Type1 IEC技术报告(即FF的H1);② Type2 ControlNet;③ Type3 PRORBUIS;④ Type4 P-NET;⑤ Type5 FF HSE;⑥ Type 6 SwiftNet;⑦ Type7 WorldFIP;⑧ Type8 Interbus;⑨ Type9 FF FMS;⑩ Type10 PROFINET。

和IEC61158相关的另一个标准是IEC61784,它的名字是"工业控制系统中与现场总线有关的连续和分散制造业中使用行规(perfile)集"。不同的现场总线,使用的通信协议也不同,IEC把它们按EC61158中相对应的标准分类定义,所以说IEC61784是一个"通信行规分类集"，它叙述了一个特定现场总线系统通信所使用的某个子集。在该标准中，展示了不同的现场总线所属的通信行规族以及它们所对应的 EC61158 的总线类型。IEC61784 的通信行规子集分类见表 5.3。

表 5.3 EC61784 的通信行规子集分类

通信行规子集分类 CPF（Communication Profibus Family）		在 IEC61158 的对应类型
CPF1	Foundation Fieldbus（FF）	1、5、9
CPF2	ControlNet	2
CPF3	PROFIBUS	3、10
CPF4	P-NET	4
CPF5	WorldFIP	7
CPF6	Interbus	8
CPF7	SwiftNet	6

必须指出的是，除了 IEC61158 这个现场总线的标准外，IEC 的 TC17B 制定了另一个非常重要的标准——IEC620260，它是关于"低压开关装置和控制装置使用的控制电路装置和开关元件"（Control circuit devices and switching elements for low-voltage switchgear and controlgear）的现场总线标准，其中汇集了多种 I/O 设备级的现场总线。它的各部分分别是：

第一部分：通用要求（General Requirements）。

第二部分：执行器、传感器接口（AS-i，Actuator Sensor Interface）总线。这是一种位式总线（Bitbus），它只有 OSI 模型的第一、二层。它只采用主-从方式通信，数据量很小（仅 4 位），有可能是最简单的总线。虽然是最简单的总线，但在应用上一点也不落后，发展非常快，是目前最受欢迎的总线之一。

第三部分：DeviceNet。这是一种基于 CAN 的总线。

第四部分：LonTalk。LonTalk 是 LonWorks（Local Operating Networks）总线的通信协议。这是一种拥有 OSI 全部七层协议的总线。这种总线在构成网络时特别方便。在现场总线中，它是少数面向网络结构的总线，而大多数现场总线都是面向段式（segment）结构的。

第五部分：智能分散系统（Smart Distribution System，SDS）总线。这也是一种基于 CAN 的总线。

第六部分：串行多路控制总线，即 SeriPles 或 SMCB（Serial Multiplexed Control Bus）总线。

第七部分：Interbus。Interbus 是由 Interbus Club 支持的现场总线，采用环形拓扑结构，介质访问和通信采用主-从方式，数据量为 16 位。在 IEC61158 中已被列为第 8 种现场总线，这里指的是 Interbus 中只有一、二层的 Sensor 级总线——Interbus Sensor Loop。该标准在前几年就被纳入德国标准，标准号为 DIN192580。另外，WorldFIP 也希望将它的 WorldFIP IO 纳入 IEC62026 系列，现在 WorldFIP 总线发展成 WorldFIP WAY 和 WorldFIP IO 两种，WorldFIP IO 是其中的 Sensor 级总线。除了上述的现场总线标准外，还有其他一些非常重要的现场总线。如 CAN 属于 ISO1189 标准，其他比较有实力的控制网络有 LonWorks、HART、蓝牙无线、Modbus、CC-Link、消费电子总线 CEBus、光总线等，它们或是属于其他国际标准，或是得到了广泛的应用。

表 5.4 简要地对现场总线的类型进行了一下分类，从另外一个角度反映了现场总线及其产生过程。

表 5.4 现场总线的分类

分类	作用和特征	
最初的现场总线	如 Modbus、远程 I/O、PLC 网络等	
过渡的现场总线	HART：两线制供电、本安防爆、但其速度慢，仅用于设备的调校管理	
现代的、广义的现场总路线	I/O 设备级现场总线	Bit 传输、快速、简单。如 Asi
	控制级现场总线	Byte 传输，单体设备控制，如 PROFIBUS-DP
	狭义的现场总线	数据包传输，系统控制。如 FF
	工业以太网	文件传输、通用工业互联网络概念。如 HSE、PROFINET

5.4.6 几种主要的现场总线技术简介

现场总线技术在飞速发展着，每一种现场总线的生命力旺盛与否，取决于技术的先进性。在此对主要的现场总线技术进行一下简单介绍。

5.4.6.1 FF

1. 概　述

基金会现场总线（FF）是仪表和过程控制向数字化通信方向发展而形成的技术，是一种专为工业过程控制应用而设计，并得到了世界上主要自控设备供应商支持的现场总线技术。

FF 通信技术的早期方案设立了低速、高速两部分网段，即 H1 和 H2，并在 1996 年正式颁布了通信速率为 31.25 Kb/s 的低速总线 H1 的标准。原来的高速总线 H2 标准还未颁布就已经落后了，它后来被 100 Mb/s 的高速以太网（High Speed Ethernet，HSE）所取代。在 EC61158 中，H1 被指定为 Type1，而 HSE 被指定为 Type5。

FF 现场总线最根本的特点是针对工业过程自动化而开发的，它在满足要求苛刻的使用环境、本质安全、危险场合、多变量过程以及总线供电方面都有完善的措施。它采用标准功能块及设备描述语言的设备描述技术，确保不同厂家的产品有很好的互操作性和互换性。

基于以太网技术的 HSE 主要用于制造业自动化（离散控制）及批处理等场合，满足了控制和仪器仪表最终用户对互操作、节约成本、高速现场总线解决方案的要求。HSE 充分利用低成本和商业以太网技术，可以以 100 Mb/s 到 1 Gb/s 或更高的速度运行。HSE 支持所有的 FF 低速部分的功能，无须主机系统的干涉，就可以与通过连接设备连接的 H1 设备进行点对点通信。

2. 通信模型

H1 的通信模型如图 5.27 所示，它只使用了 OSI 的 1、2、7 三层，另外在 OSI 的第 7 层之上加上了一个特定的用户层。现场总线通信栈由 OSI 模型第二层到第七层构成。

FF 的物理层规定了信号如何发送；数据链路层规定了如何在设备间共享网络和调度通

信；应用层则用于组成用户所需要的应用程序，如规定标准的功能块、设备描述、实现网络管理和系统管理。

H1 的物理层遵循 IEC61158-2 标准，Manchester 编码，通信速率为 31.25 Kb/s。H1 网段支持多种传输介质，最常用的是屏蔽双绞线电缆。它支持总线型、星型、树型和混合型的网络拓扑结构。总线长度最长为 1 900 m，网段上所挂接的设备数最多为 32 个，在要求本质安全的环境中，每个网段上最多能挂接 6 个设备。

图 5.27　H1 的通信模型

3. 主要技术描述

FF 使用设备描述语言（Device Description Language，DDL）对所有的智能化设备进行特性和功能描述，这种标准化的 DDL 保证了设备的互操作性，也保证了 FF 设备支持标准功能块的操作。FF 还提供一个通用的结构，把实现控制系统所需要的各种功能划分为功能模块，使其公共特征标准化。功能块是实现开放系统构架的基础。在标准功能块中，规定了它们各自的输入、输出、算法、事件、参数和块功能图，并把它们组成为可在某个现场设备中执行的应用进程，以便实现不同制造商产品的混合组态与调用。

链路活动调度是数据链路层最主要的任务，它是为控制通信介质上的各种数据传输活动而设置的。数据链路层完成的任务包括链路活动调度、数据接收与发送、活动状态的探测和响应、总线上各设备间的链路时间同步等。在每个总线段上，完成链路活动调度任务的器件称为链路活动调度器（Link Active Scheduler，LAS）。任何时刻每个总线段上只能有一个 LAS 处于工作状态，总线段上的设备只有得到链路活动调度器的许可，才能向总线上传输数据，所以 LAS 是总线的通信活动中心。

FF 的通信活动分为周期性通信和非周期性通信两种。由 LAS 按照预定调度时间表周期性依次发起的通信活动称为预定的周期性通信；在预定的调度时间表之外的时间，通过获得令牌的机会发送报文的通信称为非周期性通信。

FF 网络中的设备有三种类型：链路主设备、基本设备和网桥。链路主设备是指那些有能力成为 LAS 的设备。而不具备这种能力的设备称为基本设备。基本设备只能接收令牌并做出响应，这是最基本的通信功能，所以网络中的所有设备都具有这种能力。当网络中的几个总线段进行扩展连接时，用于两个总线段之间的连接设备称为网桥。网桥肯定是链路主设备，它也必须是 LAS，因为它担负着为下游各网络转发链路时间和应用时间的任务。一个总线网段中可以有多个主设备，但同一时刻只能有一个链路主设备能够成为 LAS，另外的链路主设备起着后备 LAS 的作用。在 LAS 主设备发生故障或其他原因失去作用时，LAS 可以自动转交给网段上其他节点地址最小的链路主设备。FF 的网络组成和 LAS 的作用如图 5.28 所示。

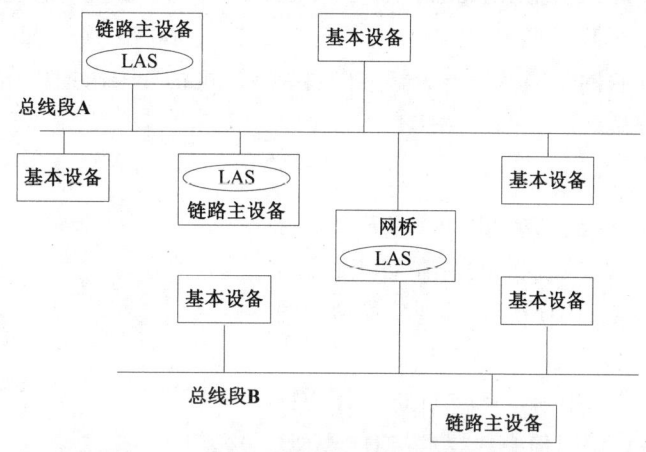

图 5.28　典型 FF 网络组成和 LAS 的作用

5.4.6.2　PROFIBUS 总线

PROFIBUS 是 Process Field Bus 的缩写，1996 年 PROFIBUS 成为德国国家标准 DIN19245，同时又是欧洲标准 EN50170。PROFIBUS 参考模型遵循 ISO/OSI 模型，它同 FF 一样也省略了 3 层，增加了用户层。PROFIBUS-DP 使用第 1 层、第 2 层和用户接口。PROFIBUS-FMS 分 1 层、2 层和 7 层均加以定义，PROFIBUS 支持主从方式、纯主方式以及多主多从的通信方式，主站对总线具有控制权，主站间通过传递令牌来传递对总线的控制权，取得控制权的主站可以向从站发送、获取信息。PROFIBUS 可以采用总线型、树形、星形等网络拓扑，总线上最多可挂接 127 个站点。PROFIBUS 行规的制定为遵循 PROFIBUS 协议的设备之间的互操作奠定了基础。通过对设备指定符合 PROFIBUS 行规的过程参数、工作参数、厂家特定参数，设备之间就可以实现互操作。

目前的 PROFIBUS 有 3 种系列：PROFIBUS-DP、PROFIBUS-PA 和 PROFIBUS-FMS。PROFIBUS-DP（最大传输速率为 12 Mb/s）应用于现场级，经过优化的高速、廉价的传输形式适于自动控制系统与现场设备之间的实时通信，它采用了 RS-485 传输。PROFIBUS-FMS 用于车间级，即中、下层，要求面向对象，提供较大数据量的通信服务，它也采用了 RS-485 传输。PROFIBUS-PA 专为过程自动化设计，它采用了 IEC61158-2 传输技术，可用于有爆炸危险的环境中。PROFIBUS-DP 和 PROFIBUS-FMS 使用了同样的传输技术和总线访问协议，所以它们可以在同一根电缆上同时操作；而 PROFIBUS-PA 设备通过分段耦合器可以很方便地集成到 PROFIBUS-DP 网络。PROFIBUS 有 3 种传输类型：PROFIBUS-DP 和 PROFIBUS-FMS 的 RS-485（H2）；PROFIBUS-PA 的 IEC61158-2（H1）；光纤（FO）。PROFIBUS-PA 的数据传输沿用 PROFIBUS-DP 的协议，只是在上层增加了描述现场设备行为的 PA 行规。它的总线访问方式为主站之间通信采用令牌传输，主站和从站之间采用主从方式。

5.4.6.3 WorldFIP

1. 概述

1993 年，WorldFIP 采纳了现场总线国际标准 IEC61158-2 物理层标准，发展为更进一步的 WorldFIP（World Factory Instrumentation Protocol），它现在是现场总线欧洲标准 EN50170 第 3 部分和现场总线国际标准 IEC61158 的子集 Type7。2000 年，WorldFIP 在原有技术的基础上集成了专用的互联网功能，发展为新一代 HP（Fieldbus Internet Protocol），它可以满足现代控制的实时性要求。

2. 通信模型

和 ISO/OSI 模型相比，WorldFIP 和 FF 一样也只使用了 OSI 的 1、2、7 三层，另外在 OSI 的第 7 层之上加上了一个特定的用户层。其通信模型如图 5.29 所示。

WorldFIP 物理层采用国际 IEC61158-2 作为物理层模型，因而它在底层通信中的技术与 H1 类似，如通信速率、编码方式（MANCHESTER 编码）、帧结构等。其传输介质可以为屏蔽双绞线或光纤，通信速率可为 31.25 Kb/s 的 1 Mb/s、2.5 Mb/s 和

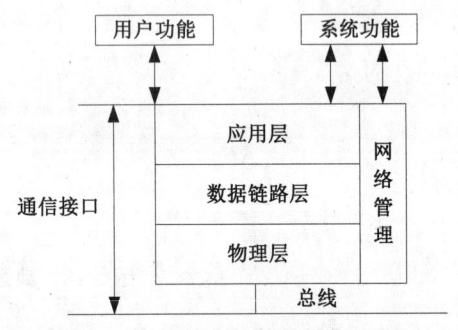

图 5.29 WorldFIP 的通信模型

25 Mb/s 等。不同的传输介质和传输速率决定了网段的最大长度，对于双绞线电缆，不同的速率（31.25 Kb/s、1 Mb/s、2.5 Mb/s）对应的每个子段的总线最大长度不同（5 km、1 km、500 m）；对于光纤介质，长度可达 40 km。每个子段最多可有 32 个物理连接点，通过使用分线盒可以连接 256 个站点；整个网络最多使用 3 个中继器连接 4 个子段。

物理层支持电缆冗余，它使用专用线路驱动芯片管理介质冗余，在一条通道出现故障的情况下，另一条能自动切入。WorldFIP 现场总线无论低速还是高速，只有一套通信协议，所以不需要任何网桥或网关，低速与高速网络的衔接只用软件完成。

数据链路层负责数据传输、差错检测、访问控制。链路层提供变量交换和消息传递两种类型的传输服务，传输服务有循环和非循环数据交换，变量寻址和报文寻址两种寻址方式，采用生产者/消费者、广播方式的通信模式。工业控制过程的测量值等实时数据的传递通过循环数据交换完成；设定参数、诊断信息等非实时性数据的传递通过非循环数据交换完成。

应用层为数据访问和进程间同步提供了各种服务。

3. 主要技术描述

WorldFIP 的介质访问控制由总线仲裁器按照事先设计好的变量扫描表进行。网络仲裁器是整个网络通信的主宰者，它周期性地向总线上广播含有变量标识符的请求帧，接收节点根据变量标识符识别该帧是否给自己发出的，如果是则以响应帧作为回应。WorldFIP 可根据变量的扫描周期预先安排好合适的扫描时间间隔，周而复始地按变量扫描表扫描各变量。

连接到 WorldFIP 总线上的设备从网络角度看，称为"站点"。任何一个站点可以同时具备两种功能：一是总线仲裁器功能，可用来管理对传输介质的访问；二是生产者/消费者功能

（或工作站功能），可向总线发布信息或从总线接收信息。但在任何给定的时刻，整个网络上只有一个站点能执行总线仲裁器功能。所有要传递的变量均由一个16位的逻辑地址来标识。每一个变量的值只能由一个"生产者"产生，但它可为一个或多个"消费者"所使用。

5.4.6.4 INTERBUS

INTERBUS是较早的一种现场总线技术，它于1984年推出，其主要技术开发者是德国的Phoenix Contact公司。INTERBUS属于传感器和执行器层的串行总线，可实现控制系统中所有I/O和现场设备的无缝连接。INTERBUS已经成为德国标准DIN19258、欧洲标准EN50254和国际标准EC61158的子集，在EC61158中，它被定义为Type8。INTERBUS Club是INTERBUS设备生产厂家和用户的全球性组织。

INTERBUS为环网系统，也就是说所有设备都集成在一个闭环传输回路中。每个设备放大输入信号并将其转发，实现更高的传送速率和更长的距离。INTERBUS主/从系统最多可连接512个设备，环网被最后一个设备自动封闭，这种点对点的连接不需要终端电阻。不同总线段之间的耦合元件实现子系统的连接和断开，它可方便地实现对子系统的操作。INTERBUS总线配置数据可自动载入到设备中，设备可自动识别软件中的地址，当设备加入或移去时不需要重新再设置地址，这给用户带来了很大的便利。

INTERBUS的主要技术特点如下：

（1）环形拓扑结构，分为远程总线网络和本地总线网络。可连接64个远程总线节点，192个本地总线节点。

（2）全双工方式通信，传输速率为500 Kb/s，网络最多为4096个数字量输入和输出，或者4096点数字量和模拟量的混合体，4096点传输时间小于7.8 ms,系统刷新周期小于16 ms。

（3）数据链路层采用集总帧结构，所有I/O设备同时刷新，数据可无干扰地连续传输。

（4）设备即插即用，组态时自动编址，无须设定地址，无终端电阻。

（5）面向传感器和执行器层，适用各种形式的传感器/执行器。

（6）传输距离长，传输介质为双绞线时可达13 km。

（7）传输介质可使用双绞线、光纤和红外线，或混合使用。

（8）INTERBUS对应于设备驱动程序、过程控制器、编码器和HMI等设备分别有相应的设备描述文件。

（9）I/O扩展能力最多允许512个现场控制设备。

（10）准确故障定位、详细的故障信息。

（11）支持高速数字量数据、模拟量数据和基于Windows客户/服务器结构体系的数据信息。

5.4.6.5 CAN

1. 概　述

CAN（Controler Area Network）总线是现场总线的一种，称为控制器局域网现场总线，它使用架构开放、广播式的新一代网络通信协议。CAN总线是20世纪80年代初德国Bosch公司为解决现代汽车中众多的控制与测试仪器之间的数据交换而开发的一种串行数据通信协议,它是一种多主总线系统,通信介质可以是双绞线、同轴电缆或光导纤维。CAN 在汽车内部电气总线系统中占有市场的绝对优势地位。

CAN 总线作为数字式串行通信技术,与其他同类总线技术相比,在可靠性、实时性和灵活性方面具有独特的技术优势。

CAN 协议的一个最大特点是废除了传统的站地址编码,取而代之的是对通信数据块进行编码。采用这种方法的优点是可以使网络内的节点个数在理论上不受限制,CAN 上的节点数主要取决于总线驱动电路,目前可达 110 个;CAN2.0A 报文标识符可达 2 032 种,而 CAN2.0B 的报文标识符几乎不受限制。CAN 报文中的数据段长度最多为 8 个字节,可满足通常工业领域中控制命令、工作状态及测试数据的一般要求。同时,8 个字节不会占用总线时间过长,从而保证了通信的实时性。CAN 节点中均设有错误检测、标定和自检等检错和纠错措施,保证了数据通信的可靠性。

CAN 总线采用了多主竞争式总线结构,具有多主站运行和分散仲裁的串行总线以及广播通信的特点。CAN 总线上任意节点可在任意时刻主动地向网络上其他节点发送信息而不分主次,因此可在各节点之间实现自由通信。CAN 网络上的节点信息分成不同的优先级,可满足不同级别的实时要求。另外,CAN 节点在错误严重的情况下具有自动关闭输出的功能,以使总线上其他节点的操作不受影响。

2. 通信模型和协议

CAN 总线遵从 ISO/OSI 网络标准模型,但只采用了 OSI 参考模型全部七层中的两层,即物理层和数据链路层。其中,物理层又分为物理层信号(Physical Layer Signal,PLS)、物理媒体连接(Physical Medium Attachment,PMA)与介质从属接口(Media Dependent Interface,MDI)三部分,完成电气连接、定时、同步、位编码解码等功能;数据链路层分为逻辑链路控制(LLC)子层与媒体访问控制(MAC)子层两部分。其中,LLC 子层为数据传递和远程数据请求提供服务,完成超载通知、恢复管理等功能;MAC 子层是 CAN 协议的核心,它的功能主要是控制帧结构、执行仲裁、错误检验、出错标定和故障界定。

CAN 有两种帧格式,一种是含有 11 位标识符的标准帧,另一种是含有 29 位标识符的扩展帧。当数据在节点间发送和接收时,是以四种不同类型的帧出现和控制的。其中,数据帧将数据由发送器传送至接收器;远程帧由总线节点来传送,以便请求发送具有相同标识符的数据帧;出错帧可以由任意节点发送,以便用于检测总线错误;超载帧用于提供先前和后续数据帧或远程帧之间的附加延时。此外,数据帧和远程帧都可以在标准帧和扩展帧中使用,它们借助于帧间空间与当前帧分开。

3. 网络结构及应用

CAN 总线用户接口简单,编程方便。CAN 总线属于现场总线的范畴,CAN 总线系统的一般组成模式如图 5.30 所示。

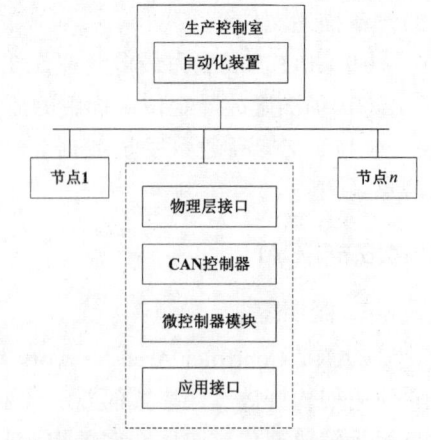

图 5.30　CAN 总线系统结构

其网络拓扑结构采用总线式结构，它结构简单、成本低，并且采用无源抽头连接，系统可靠性高。通过 CAN 总线连接各个网络节点，形成多主机控制器局域网（CAN）。信息的传输采用节点 CAN 通信协议，通过 CAN 控制器来完成。各网络节点一般为带有微控制器的智能节点，它们完成现场的数据采集和基于 CAN 协议的数据传输，节点可以使用带有 CAN 控制器的微控制器，或选用一般的微控制器加上独立的 CAN 控制器来完成节点功能。传输介质可采用双绞线、同轴电缆或光纤。如果需要进一步提高系统的抗干扰能力，还可以在控制器和传输介质之间增加光电隔离、电源采用 DC-DC 变换器等措施。这样可方便构成实时分布式测控系统。

CAN 技术比较成熟，控制芯片已经商品化，性价比高，特别适用于分布式测控系统之间的数据通信。CAN 总线插卡可以任意插在 PC 兼容机上，方便地构成分布式监控系统。

CAN 在汽车内部电子系统中得到了广泛的应用，它代表着汽车电子控制网络的主流发展趋势。现在国内开发 CAN 智能节点产品的应用实例已有很多，在智能家电的网络化控制系统中，CAN 也得到了广泛的使用。

5.4.6.6 LonWorks

1. 概　述

LON（Local Operating Networks）总线是美国埃施朗（Echelon）公司于 1991 年推出的一种基于嵌入式神经元芯片的现场总线技术。

LonWorks 控制网络是以对等方式工作、监控传感器、控制执行器、可靠的通信、管理网络操作和提供对网络数据全面接入的任何装置的集合，它使用 LonTalk 协议来完成这些任务。LON 总线使用面向对象的设计方法，通过对网络变量的使用，把网络通信任务设计简化为各种参数的设置。它的直接通信距离可以达到 2 700 m，通信介质可以选择双绞线、同轴电缆、光纤、红外线、电力线等，并开发出了相应的本质安全防爆产品。

LonWorks 控制网络在某些方面相似于 LAN（局域网）。局域网是由结合各种通信介质以路由器连接的计算机控制网络，它们使用公用协议相互通信。LON 总线的特征使网络系统能扩展到数据组网技术无能为力的一类应用中。控制系统和装置的制造商能通过在其产品中组合 LonWorks 的设计而缩短开发和设计的时间，其结果是低成本的开发和多个制造商的装置能协调地相互通信。LonWorks 控制网络的复杂程度不一，从用于机器内装的小网络到用于楼宇自动化的几千个节点的大网络，都有它的应用场合。在楼宇自动化控制产业中，充分利用 LonWorks 网络技术意味着对所有楼宇系统采用共用的基础结构，这使得设计人员能消除过多的竖向集成，从而方便了控制系统的设计和维护。

LonWorks 使用的 LonTalk 协议是由国际 LonMark 互操作性协会负责制定的互操作性标准，该标准保证了系统的开放性和互操作性。

2. 通信模型和协议

LonWorks 采用了 OSI 参考模型的全部七层通信协议，这在工业控制网络中是非常少见的，所以它被称为通用的控制网络系统，其各层的功能和所提供的服务见表 5.5。

表 5.5　LonWorks 通信模型

OSI 模型分层	功能	标准服务	处理器
应用层	网络应用层	标准网络变量类型	应用处理器
表示层	数据表示	网络变量、外部帧传送	网络处理器
会话层	远程传送控制	请求/响应、确认	网络处理器
传输层	端端的可靠传输	应答、非应答、点对点、广播、认证等	网络处理器
网络层	报文传送	单路/多路寻址、路径	网络处理
数据链路层	媒体访问与成帧	成帧、数据编码、CRC、冲突仲裁、优先级	MAC 处理器
物理层	电气连接	媒体特殊细节（如调制）、收发种类、物理连接	MAC 处理器

　　LonTalk 通信协议是 LonWorks 技术的核心。该协议提供一套通信服务，使装置中的应用程序能在网上对其他装置发送和接收报文，而无须知道网络拓扑、名称、地址或其他装置的功能。

　　LonTalk 协议能有选择地提供端到端的报文确认、报文证实和优选级发送，以便设定有界事务处理时间。对网络管理业务的支持，使远程网络管理工具能通过网络和其他装置相互作用，包括网络地址和参数的重新配置、下载应用程序、报告网络问题和节点应用程序的起始、终止、复位。

　　LonTalk 协议是一个分层的以数据包为基础的对等的通信协议，它的协议设计满足控制系统特定的要求。每个数据包由可变数目的字节构成，长度不定，并且包含应用层（第 7 层）的信息以及寻址和其他信息。信道上的每个装置监视在信道上传输的每个包，以确定自己是否是收信人。假如是，它则处理该包，以判明它是包含节点应用程序所需的信息，或者它是个网络管理包。在应用包中的数据是提供给应用程序的，如果合适，要发一个确认报文给发送装置。

　　为了处理网上报文冲突，LonTalk 使用类似以太网所用的"载波监听多路访问"（CSMA）算法。LonTalk 协议在 CSMA 基础上提供介质访问协议，使得可以根据预测网络业务量发送优先级报文和动态调整时间槽的数目。通过动态调整网络带宽，成为可预测 P 坚持（Predictive P-Persistent）CSMA 协议的算法，使网络能在极高网络业务量出现时继续运行，而在业务量较小时段不降低网络速度。

　　LonTalk 协议提供三种基本报文服务并且支持鉴别的报文。最优化的网络会经常使用这些业务。第一类报文服务提供端到端的确认，称为确认的报文发送。在使用确认的报文发送时，一个报文发送给一个节点或节点组，并期望从每个接收者得到个别的确认。假如未收到确认，发送者做超时安排并重试事务处理。重试和超时安排的次数都是可选择的。第二类报文是不确认的重复报文。使用这类报文可把一个报文发送到节点或节点组许多次。这个业务通常在向一个大的节点组广播信息时使用，因为确认报文会造成所有的接收节点同时尝试发出一个响应。第三类报文简单地就是不确认报文，报文发送给节点或节点组一次，并且不期望响应。报文鉴别服务使报文接收者能确定发送者是否有权发送这个报文。这样，鉴别就能防止对节点的未经授权的访问。

　　鉴别功能是在安装时分配 48 位密钥节点而设立的。

3. 神经元芯片

LonTalk 技术所采用的 LonTalk 协议被封装在称之为 Neuron 的神经元芯片中而得以实现。它的集成芯片有 3 个 8 位 CPU，一个用于完成开放系统互联参考模型中第 1 层和第 2 层的功能，称之为媒体访问控制处理器，实现介质访问的控制与处理，它采用可预测 P 坚持 CSMA，解决了网络过载的冲突以及响应问题；第二个用于完成第 3 到 6 层的功能，称为网络处理器，进行网络变量的寻址、处理、背景诊断、路径选择、软件计时和网络管理，并负责网络通信的控制、收发数据包等；第三个是应用处理器，用来执行操作系统服务与用户代码。

LNS（LonWorks Nd Severices）是用于 LonWorks 技术开发和应用的功能强大的网络操作系统。现在国内开发的基于 LonWorks 技术的智能通信产品已有不少。现在 LonWorks/Ethernet 功能可以实现 LonWorks 网络与以太网的互联。LonWorks/Ethernet 网络系统中的关键技术是 i.LON1000。i.LON1000 具有自己的 IP 地址，一端挂接在以太网上，一端挂接在 LonWorks 网络上，使得 LonWorks 网络与以太网的集成非常方便。

5.4.6.7 ControlNet 和 DeviceNet

1. 概　述

ControlNet 被列为现场总线国际标准 IEC61158 中的 Type3。ODVA 和 CI 合作，联合工业以太网协会（Industrial Ethernet Association，IEA）在 2000 年推出了基于以太网技术和 TCP/IP 技术的工业以太网 Ethernet/IP。这三种网络技术的共同点就是在其通信模型的应用层都采用了一种专为工业应用而开发的控制及信息协议（Control and Information Protcol，CIP）。在此对 DeviceNet 做一个简单介绍。

2. DeviceNet 的特点

DeviceNet 是一种面向底层设备的基于 CAN 技术的现场总线标准，其主要技术特点有：

（1）低成本、高可靠性的数据网络，既适合于连接底端工业设备，又能连接像变频器、操作终端这样的复杂设备。

（2）采用主干/分支结构。

（3）电源和信号在同一网络电缆中。

（4）同一网段最多可有 64 个节点，每个节点支持的 I/O 数量没有限制。

（5）支持 125 Kb/s、250 Kb/s 和 500 Kb/s 三种传输速率。

（6）使用生产者/消费者通信模式，更有效地传送数据，支持点对点，多主或主/从通信。

（7）支持设备的热插拔，无须网络断电；所有设备自我识别，可在线修改网络配置。

（8）支持位选通、轮询、循环、状态变化和应用触发的数据传送。

（9）采用 CAN 物理层和数据链路层规约。

（10）采用 CSAM/NBA 无损位仲裁机制实现按优先级发送信息。

（11）具有通信错误分级检测机制、通信故障的自动判别和恢复功能。

3. 通信模型

如图 5.31 所示，DeviceNet 遵从 ISO/OSI 参考模型，但只采用了物理层、数据链路层和应用层三部分。除此以外，DeviceNet 规范还定义了传输介质层。根据 IEEE802.2 和 802.3 标准，数据链路层又分为 LLC 和 MAC 两个子层；物理层分为 PLS 和 MAU 两个子层。

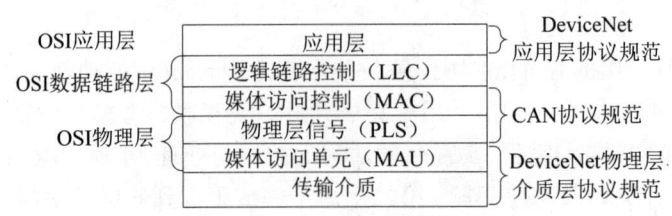

图 5.31 DeviceNet 的网络参考模型

DeviceNet 是建立在 CAN 协议规范之上的，但 CAN 只规定了 ISO/OSI 参考模型中物理层和数据链路层的一部分，所以 DeviceNet 的物理层中的物理层信号和数据链路层中的媒体访问控制子层沿用了 CAN 协议，而应用层采用 CIP，物理层中的媒体访问单元是自己定义的，DeviceNet 还补充了报文格式、总线仲裁规则及故障检测等内容。

DeviceNet 物理层分为物理层信号（Physical Layer Signal，PLS）和媒体附属单元（Medium Attachment Unit，MAU）两个子层，MAU 主要包括驱动器/接收器的电路和其他用于连接节点到传输介质的电路。DeviceNet 物理层信号 PLS 采用 CAN 协议，CAN 定义了互补的逻辑电平："显性"（低阻抗、逻辑 0）和"隐性"（高阻抗、逻辑 1）。

DeviceNet 设备可以直接由总线供电，并通过同一根电缆进行相互通信。基本的干线/支线拓扑结构为信号和供电提供隔离的两对双绞线。线缆包括粗缆（多用作干线）和细缆（多用于分支线），干线末端需要安装终端电阻。电源分支可加在网络的任何一点，干线的额定电流为 8 A。

DeviceNet 的数据链路层完全遵循 CAN 规范的定义，并通过 CAN 控制器芯片实现。

数据链路层又分为逻辑链路控制（LLC）子层和媒体访问控制（MAC）子层。LLC 层的主要功能是为数据传送和远程数据请求提供服务，确认由 LLC 子层接收的报文实际已经接受，并为恢复管理和通知超载提供信息；MAC 子层的功能主要是控制帧结构、执行仲裁、错误检测、出错标定和故障界定。如前所述，CAN 在 MAC 子层定义了四种帧格式，即数据帧、远程帧、出错帧和超载帧，DeviceNet 的传输数据采用其数据帧格式，远程帧格式在 DeviceNet 中没有被使用，超载帧和出错帧则被用于意外情况的处理。

DeviceNet 的应用层采用控制和信息协议（CIP）。CIP 的主要功能有两个：一是通信，二是给出了工业应用对象的标准定义。CIP 通信最重要的特点是它用不同的方式传输不同类型的报文。根据对传输服务质量要求的不同，CIP 把需要发送的报文分为显式报文和隐式报文两种。显式报文是对时间没有苛刻要求的报文，比如系统维护、设备配置等。这类报文中必须包含解读该报文所需要的信息，所以称为显式报文。显式报文只能以点对点的方式传输。隐式报文是对时间有苛刻要求的报文，如实时 I/O 数据报文等。用于这类报文的含义在网络配置时就已经确定，所以称为隐式报文。隐式报文的传输基于生产者/消费者模型，所以可以用多播的方式传输，其通信效率较高。

4. 主要技术

（1）CSMA/NBA。DeviceNet 采用载波侦听非破坏性逐位仲裁机制（Carrer Sense Multiple Access with Nodestructive Bit-wise Arbitration，CSMA/NBA）的方法解决总线访问冲突问题。网络上每个节点拥有唯一的 11 位标识符，这个标识符的值决定了总线冲突仲裁时节点优先级的高低。这种冲突和仲裁不会造成数据帧的损坏，即不会浪费通信资源。

（2）生产者和消费者模型。DeviceNet 协议使用了生产者/消费者模型，生产者指发送报文的节点，提供信息；消费者指接收报文的节点，使用信息。这种模型引入了面向对象编程的思想，使系统的功能更加合理和灵活。如果某个节点要接收一个报文，仅需识别与此报文相关的 11 位标识符，每个报文不再需要源地址和目的地址。因为报文是按内容进行标识的，数据源只需将报文发送一次，许多需用此报文的节点通过识别这个标识符，即可同时从同一生产者获取（消费）此报文，这有效地提高了网络带宽的利用率，并且各消费者节点之间可实现精确的同步。

（3）连接。DeviceNet 通信协议是基于连接概念的协议。节点设备之间欲进行通信，必须先建立连接。当设备不想和已建立连接的某个设备通信时，它可通过发送释放连接或删除连接服务来断开连接。如果在某个特定连接上长时间没有进行通信，这个通信将自动断开以释放资源。

（4）对象模型。DeviceNet 对象模型为管理 DeviceNet 产品组件提供了一个模板。每个对象实例和对象类具有属性（数据），提供一定的服务（方法或步骤），并产生一定的行为。

（5）设备描述。DeviceNet 设备描述是为了促进不同厂商设备之间的互操作性而开发的协议，它是针对不同厂商制造的同一设备而定义的标准，包括设备中的各种特定的数据，它们支持共同的标识和通信状态数据，以达到可互换的目的。

复习思考题

1. 计算机通信网络与现场总线在综合监控系统有哪些应用？
2. 常见的网络拓扑结构有哪些？画图并说明。
3. 主要的现场总线有哪些？
4. 提高数据通信的可靠性措施有哪些？
5. 连接工业以太网的通信设备有哪些？
6. 分析图 5.32 所示通信系统的结构。
7. 图 5.32 为一个用于工业控制领域的通信系统示意图，看图并加以分析。

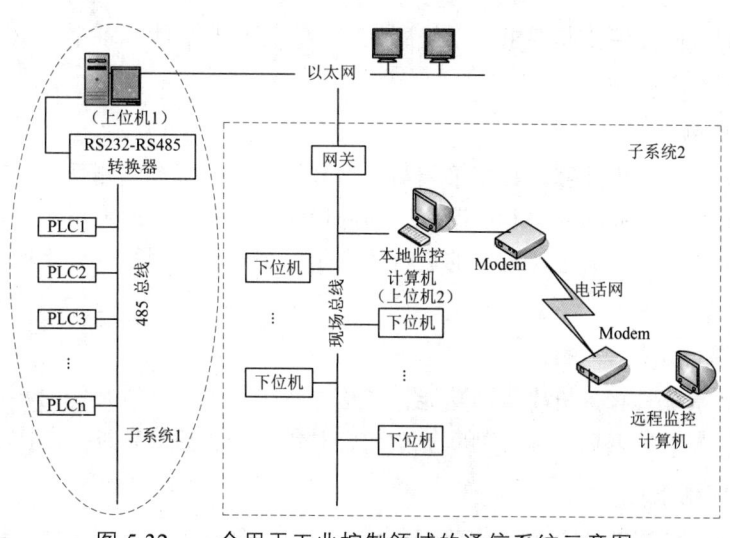

图 5.32　一个用于工业控制领域的通信系统示意图

第6章 计算机监控技术

6.1 概述

6.1.1 概念

计算机监控系统是指具有数据采集、监视、控制功能的计算机系统，是以监测控制计算机为主体，加上检测装置（传感器与执行机构）与被监测控制的对象（生产过程）共同构成的整体。在这个系统中，计算机直接参与被监控对象的检测、监督和控制。

以前，人们要知道设备或生产线的运行参数和状态，需要依靠人工进行逐级汇报。这些汇报需要使用电信手段或工具，这样容易延误处理时机，有可能造成不可弥补的损失。有了计算机监控系统，可以及时掌握设备运行的参数及状态，可以了解整个工程甚至整个行业或更大范围所发生的一切，对于紧急情况可以根据事先设定的规则采取合适的措施，然后通过有线或者无线的手段向管理人员汇报并在计算机中进行登记。

6.1.2 计算机监控系统的主要特点

计算机监控系统的主要特点有：数据自动采集处理、人机交互、通信功能、管理功能、自动运行、自动报警、自动校正、自动调度决策、实时性、可靠性、可维护性。

6.1.3 计算机监控系统的分类

根据对象的不同监测控制要求、系统所完成的监测控制功能和基本特点，可将计算机监控系统分为下述4类：

1. **计算机监测系统**

计算机监测系统又称计算机数据采集与处理系统，或称微机监测系统，其主要功能是以计算机为核心对生产过程的参数和工况进行巡回检测。监测系统的输出不直接作用于生产进程的执行机构，不直接影响生产进程的进行，它是一个开环监测系统。生产进程的控制和调节由人工完成。

2. **计算机监督系统**

计算机监督系统具有分析决策的功能，在检测系统发挥计算机智能的特点，充分利用计算机快速计算、大容量记忆、综合判断等功能，对预处理后的信息进行二次加工。

3. **计算机控制系统**

典型的计算机控制系统有 PLC 系统和 DCS 系统，具有自动控制功能，即由计算机直接对生产过程进行控制。它是在监测系统的基础上根据事先决定并存储在计算机中的一种或多种控制策略，输出控制信息，直接作用于执行机构完成自动控制和调节功能。它是一个闭环系统，不仅有从生产过程送至计算机系统的检测信息通道，而且有从计算机系统送至生产过程的控制信息通道。

4. 计算机监控系统

计算机监控系统综合了上述三种系统的功能，由计算机完成输入处理、信息加工、分析决策以及输出控制调节。

城市轨道交通综合监控系统即是其应用之一。

6.1.4 计算机监控系统应用

计算机监控系统广泛应用于航空、航天、轨道交通、电力、工业水处理、邮电、钢铁、化工、环保、工矿企业、商业、金融机构、政府机关及教育卫生、住宅、小区域，几乎所有行业都程度不同地采用各种测控、监控设备。有的监控系统技术相关设备十分完善。计算机监控系统已渗透到每个国家的政治、经济活动的一切领域，管理国家的一切事务，监测全球范围内的某些参数或现象。

6.2 综合监控系统软件目标和策略

6.2.1 数据处理与协议转换

综合监控系统中所有集成与互联的系统数据都统一接入综合监控系统的前端处理器（FEP）。前端处理器负责综合监控系统与各相连系统的接口管理，完成规约转换、数据初始处理、周期访问和协议转换，并将不同格式的实时数据转换为综合监控系统统一的内部数据对象格式，提交到系统车辆段、车站级和中央实时服务器。但这样易造成前端处理器通信瓶颈，随着系统的扩大，信息传输的实时性将会受到影响。因此，对FEP的技术指标等级要求较高：FEP应具有支持多种协议转换、支持多种通信接口的模块；应具有足够的网络口、串口，以接入相应系统；各功能模块应具有自诊断功能。每个FEP通过1 000 Mbit/s以太网接口与综合监控系统交换机相连。FEP是冗余配置，单点故障不应影响系统功能，以保证数据流的处理与传输。

6.2.2 异构数据库集成中间件的实现

综合监控系统中有大量分布的、异构的数据库系统。集成、访问这些异构数据的关键，就是为用户提供一个完整的数据源模式和一致的访问接口，使用户对任何数据库的操作就如同在本地执行，而不需要考虑数据库在平台、系统环境、内部数据格式等方面的异构性，只需要指定他们想要的数据，而不必描述怎样得到数据。

目前，异构数据库集成典型的方法主要有模式集成方法、数据复制方法和中间件方法。

其中，模式集成是指将各数据源的数据视图集成为全局模式，使用户能够按照全局模式透明地访问各种数据源的数据；数据复制是指将各个数据源的数据复制到与其相关的其他数据源上，并维护数据源整体的一致性，提高信息共享利用的效率；中间件技术并不需要改变异构数据库数据的存储和管理方式，而是在异构数据源和应用层之间设置一个中间件，向下协调各数据源，向上为访问集成数据的应用提供统一的视图。

可扩展标记语言 XML 以一种开放的自我描述方式定义数据结构，在描述数据内容的同时能突出对结构的描述，从而体现出数据之间的关系。XML 具有跨同台的特性，可以在不同的系统之间交换异构的结构化数据和非结构化数据。

6.2.3 人机界面整合

综合监控系统集成范围较大，集成软件完全取代了被集成子系统的软件，并实现被集成子系统的全部功能，极大地提高了集成系统的性能。因此，集成软件人机界面图形层次多，软件开发工作量很大，特别是数据库的二次开发和数据结构统一规划，有的专业系统需要建独立的数据库，而有的专业系统可利用其他专业的数据库。例如：对于信号 ATS 的集成，由于信号系统是涉及行车安全的设备，并有专用的软件和通信协议，如果通信协议的开放条件许可，则可在综合监控系统的人机界面中嵌入其系统的图形人机界面，实现复视管理功能，方便运营人员在统一的平台上操作人机界面。而另外一些单系统所特有的功能，由于综合监控系统实现此功能需要较高的成本（无法利用成熟的软件，需要在新平台上进行开发），因此综合监控系统工作站利用串口接入，通过互联来实现此功能。

6.2.4 系统时钟同步

车站级综合监控系统需要向与之集成和互联的系统即时主动发布时钟信息，而不需要指出具体的接收者，需要这种时钟信息的系统可以有选择性地接收该时钟信息，从而更好地保证了系统的实时性。但监控网络规模扩大后，传输时时钟延迟必然加大，且众多信息通过中央路由器时可能会产生拥塞，影响实时性要求严格的故障诊断信息传输［如电力系统监控和数据采集（PSCADA）等］，严重的话还会造成数据报文的丢失，影响监控中心做出正确及时的决策。因此，实时性要求严格的系统（如 PSCADA）应接受通信母时钟的信息。

6.2.5 系统的可靠性与容错性

综合监控系统一旦故障对整个系统影响较大，因此其服务器、交换机等应采用冗余方式。如深圳地铁 3 号线采用了后备线控站方式提高系统的可靠性：当控制中心发生事故时，后备线控站的综合监控系统工作站以中央级用户登录使用，可监控全线车站常规设备；后备线控站能提供与中心级系统同样的功能，直至原控制中心恢复，转交控制权。此外，在综合监控系统中安置多个复制的软件模块，可以通过"故障代码"及"发生事件"使用这些复制的备份软件，来实现系统的容错。

6.2.6 系统的可扩展性

地铁综合监控系统的服务器、交换机等关键设备应预留 20%~40%的容量或插槽；软件宜采用无限点可扩展软件，为今后系统扩展打下基础。这样，如果是同构系统的扩展，只需简单将其数据域合并；而异构系统的扩展则建立网关。地铁综合监控系统的体系结构应适合系统动态扩展，可在线修改、扩充子系统而不干扰已经运作的其他子系统。新加入的子系统调试通过后，可以和原有的系统无缝地集成，共同实现整个地铁的各项任务。

6.3 综合监控系统软件需求分析

地铁综合监控系统的运行环境是由硬件、软件和数据三个主要部分的有机组成。其中硬件包括各类计算机、网络设备、通讯链路和各类基础自动化层设备（如 PLC）等；软件通常包括操作系统、支撑软件和应用软件，其中支撑软件往往被软件开发商集成在应用软件中。数据则指支持系统运行的环境配置，典型的如绘制的人机界面、监控对象的定义、通信参数等，随着"组态"概念的引入，系统承建商在工程阶段的配置数据已不仅局限在定义和配置静态数据，也包括定制系统的某些特定行为甚至开发一些新的功能上，因此广义地看，由于数据完全反映了系统设计的内容，也可以归入软件的范畴，这和目前地铁界的普遍看法是一致的。也就是说，除了硬件设备大部分是采购的，其余的系统集成部分都是属于"软件开发"。

一般来讲，这个应用软件平台应该至少满足以下要求：

（1）是一个经过高度功能抽象的通用自动化监控系统软件，采用分层分布式架构，实现自动化监控所必需的对各种底层设施的监控、管理功能。软件必须具有实时数据库、通用HMI、报警/事件系统、日志系统、历史数据库、报表系统、权限管理、部件冗余和诊断等。

（2）具有开放性，具备支持后续开发的扩展机制，包括脚本系统、应用开发工具和代码级开发的程序库，以及基于一定标准的系统访问接口，能嵌入或可以外挂新开发的软件模块和定制应用功能。

（3）地铁是一个地理分散的广域系统，软件必须具有 SCADA 的远动功能，即从 OCC 下行的遥控命令须在 2 s 内到达，返信时间也应在 2 s 之内。这样，才能顺利完成地铁运营要求的每天的顺控上电和晚间停电。最好也能具备远程维护能力。

（4）支持系统规模扩充和分期施工。

6.3.1 综合监控软件平台的本质要求

在综合监控软件平台在发展过程中，开发者和用户认识到了一些对它的性能的最本质要求，以下将对这些要求进行阐述。

6.3.1.1 综合监控软件平台的开放性要求

综合监控系统软件平台应通过采用开放的软件架构和标准的软件组件，实现为一个具有可伸缩性的软件系统。软件的构成应独立于硬件配置，支持多种硬件结构，可按照项目的具体硬件配置进行工程设计和部署，以满足具体的功能要求，使得系统整体性能优异。

系统软件应支持服务器集群，数据库的分布独立于硬件配置架构，单台服务器使用的每个本地数据库可以只是全局数据库的部分映像，整个数据库是所有这些逻辑片段的合并。当数据库分布运行在多台服务器时，系统具备自动的数据路由功能，对工作站的数据访问没有任何影响。

综合监控系统软件平台应建立在COTS（Commercial-Of-The Shelf，商用现货）软件基础上，通过选择成熟、开放的COTS软件作为构成系统软件的基础，使综合监控系统软件具有良好开放性。

综合监控系统开放系统宜采用面向对象的系统，它要求实时、可靠、容错、支持嵌入式设备、分布式环境、异构平台。大容量的分布式面向对象实时数据库，通过提供的类编辑器可以方便地添加、删除和修改每个对象的属性、行为和操作命令接口，可以利用面向对象的继承、重载、封装等特性扩展数据库类。分布式实时数据库以数据库单元作为最小管理单位，每个数据库单元可以灵活地在不同计算机间进行迁移和重新部署。

综合监控系统开放性在以下方面反映。

1. **开放的接口驱动**

综合监控系统需要与多种外部设备和外部系统实现在各个层面上的互联互通，因此系统软件必须保证各部分软件接口和通信协议的规范性，通过开放的标准协议（Modbus TCP/IP、IEC104、OPC、ODBC等）的使用，实现系统与外部设备和外部系统之间的接口，并提供统一的开发模板和应用接口以支持专用通信接口的接入。

（1）软件应可通过开发实现更广泛的I/O设备支持；

（2）支持常用的多种接口协议和规范，包括如：OPC、DDE、ActiveX、API、DLL等；

（3）系统标准通信接口中包括OPC客户端，能够从任何OPC务器获取数据；

（4）系统还应提供标准的OPC服务，可为外部系统提供访问系统内部数据的OPC服务；

（5）用户可以编写自己的扩展组件并将其嵌入综合监控系统软件系统；

（6）系统支持用C/C++语言为通讯控制器编写I/O驱动程序；软件应支持多种数据库接口，比如：ODBC、SQL等；

（7）利用ODBC接口系统可与遵从此标准的异构数据库互联，支持ODBC标准的应用程序。

2. **数据库结构开放，易于扩展和增加数据类型**

综合监控系统监控对象众多，类型丰富，应采取完全开放的数据库结构将有利于根据监控对象的特点增加数据库中管理对象的类型、字段和方法。如果系统软件采用面向对象设计方法构建一个大容量的分布式面向对象实时数据库，通过提供的类编辑器可以方便地添加、删除和修改每个对象的属性、行为和操作命令接口，可以利用面向对象的继承、重载、封装等特性扩展数据库类。数据库脚本是这类软件平台提供的一种扩展应用功能的手段，既可以用于应用开发阶段的行业/专业通用功能的开发上，也可以用于工程阶段的定制开发或组态上。数据库脚本用于描述对象的行为以及对象之间的联锁逻辑，具有灵活、免编译的特征。数据库脚本采用Tcl语言，提供脚本的编辑、执行功能，用于实现以触发式计算为主的数据处理功能。作为监控系统中重要的实时报警数据，这类系统采用面向对象分析和设计方法构建了多种实时报警类，每个报警类的组成字段可以定义和配置，根据应用需求还可以扩展报警类，从而充分利用对象化设计所带来的数据库结构开放的优点。综合监控系统软件平台采用面向对象技术是提升性能的较好选择。

6.3.1.2 综合监控软件平台的构架要求

综合监控软件平台的设计框架采用层次化结构，例如将系统、应用、工程分为不同软件层次，各层次相互解耦。

具体项目应用中，软件由平台包、应用包和工程数据三部分组成。平台包是一个工业自动化和 SCADA 系统的通用平台；应用包是适于城市轨道交通电力、环控、火灾报警以及地铁其他专业的专门应用软件；工程数据则是本地地铁综合监控系统的具体应用数据。应用包针对地铁行业的被集成子系统应用，针对具体项目完全满足对系统的每项需求。解耦的软件平台可使系统灵活、方便。例如地铁工程中经常出现的大变更（例如修改站名），软件只需在工程组态层面修改即可实现。

软件的应用平台主要由系统集成商在长期积累的地铁综合监控系统中应用模块组成。目前，软件技术提倡系统全面采用面向对象的设计思想，包括面向对象的分析与设计、面向对象的软件开发与实现、面向对象的工程设计与应用，强调知识的积累和重用，通过面向对象方法实现了代码的重用和工程数据的重用，使系统集成商在地铁综合监控系统应用核心技术软件化、工程化。从而可以顺利地在地铁工程中重用。重用的重点在于对成熟代码和领域工程知识的重用，即把领域知识和工程经验转化为一些程序库或数据库，并能通过一定的剪裁手段，产生每个项目适用的"原型"，转化为本地地铁工程的应用模块。

工程组态方面，软件平台配置的组态工具简单易用，业主使用人员在经过短期的培训后就可以独立进行数据库组态、画面编辑、脚本定义、权限设置、系统维护等操作，有利于业主使用和维护人员在工程实施、调试阶段介入相关工作，有利于系统的长期维护和稳定运行。

6.3.1.3 综合监控软件平台的模块化要求

综合监控软件系统平台应采用模块化设计思想，由配置总控、类编辑器、实例编辑器、图形编辑器、设备组态工具、命名服务、数据管道、对象数据库、历史数据库、报警事件服务、日志服务、权限服务、人机界面 HMI、在线下装、校时、接口模块、报表服务等模块组成，这些模块通过中间件软总线（例如，CORBA 中间件）实现相互通信，而且可以根据不同模块的组合实现服务器和工作站的功能需求。

这些模块通过中间件软总线实现相互通信，而且可以根据不同模块的组合实现在服务器和工作站的功能需求，这些模块分为三类：基础组件，服务组件和应用组件。图 6.1 为综合监控系统软件主要软件组件。

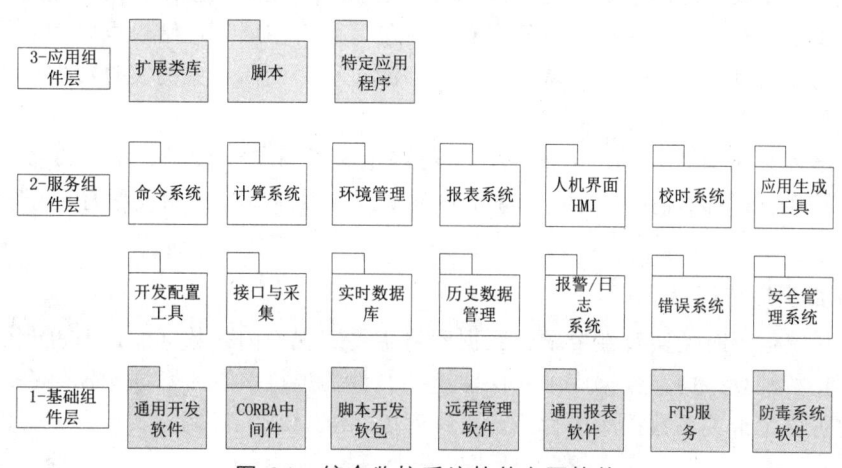

图 6.1 综合监控系统软件主要软件

6.3.1.4 综合监控软件平台的数据库要求

综合监控系统软件需要构建一个大容量的分布式实时数据库，成功的案例是采用面向对象的方法构建面向对象的实时数据库，它的特点如下：

1. **面向对象特征**

对象是系统中在工程设计级所能识别的类的实例，对象不仅表现控制系统中任何物理设备（如断路器，电机等），也表现逻辑设备（如计算功能块、方案页）或高级组合对象（如工艺系统，直流牵引系统、隧道环控系统等）。这里"对象"主要指从用户视图中或操作员角度所看到的各种工艺设备，如开关、刀闸、泵、阀门、风机、轨道、电扶梯等，当然也可以包括系统构成设备，如计算机、网络等。

对象数据库提供的服务有：

（1）支持面向对象持久性服务，支持重要的面向对象特征，如封装、对象标识、对象关系、继承和多态。

（2）基本数据库操作如基本的数值读写定位服务，支持对象创建、修改和删除的基本操作。

（3）通用的数据查询和获取接口和对象暴露的操作接口。

（4）支持多对象复合行为。

（5）订阅基本的点值改变的服务。

2. **分布特征**

在工作站或服务器使用的每个本地数据库可以只是全局数据库的部分映像。这些数据是工作站或服务器自己的真实状态，或出于性能原因只是在本地维护的一个副本或映像，这样就无须每次都通过网络访问数据。整个数据库是所有这些逻辑片段的合并。面向对象的数据库具有很好的扩展性和适应性，它能满足数据规模的持续扩充以及应用软件的修订。

3. **事件驱动特征**

在对象数据库中，对象的行为将可实现应用功能。实时数据库能处理 20~50 万个数据点，应用功能的执行将主要采用事件驱动方式。事件源主要是外部变量的状态变化，例如，系统探测到外部变量的值变化，产生一个例外报告事件，该事件被主动传递给相关对象，触发对象的相关动作，完成一定的系统功能，如报警判断、联动或历史数据收集和分析。事件触发为从下往上逐层触发的方式，如该对象还有父对象，则将本层处理结果也以例外报告事件继续上报，直到顶层对象，这是一个从下至上的串激过程。面向对象的实时数据库支持了综合监控系统所要求的事件驱动能力。

实时数据库采用事件驱动的方式工作，可以定义设备与子设备、不同设置间的关联关系，还支持部署 在不同计算机上的设备间的关联。强大的事件驱动模型有利于实现各种联动功能。

4. **内存数据库特征**

考虑到系统运行时的实时性要求，数据库将主要实现为内存数据库，但也允许少量的非实时性信息驻留硬盘，内存数据库中只保留这些文件的连接。实时数据库提供多个属性，它的读写性能明显优于关系数据库的性能。数据库以 ASCII 或二进制格式保存，二进制格式允许快速保存。

综合监控系统的对象建模相应分为通用SCADA系统对象模型、地铁各专业对象模型和具体工程对象模型，在系统软件内核支持下，建立数据库基本模型。围绕此模型，建立一个类编辑器工具、一个程序生成器工具、一个对象模板编辑器、一个实例（对象）编辑器，即数据库组态工具。通过这些对象数据库定义和扩展开发工具，能有效支撑系统监控设备对象的扩展。

6.3.1.5 综合监控软件平台的安全性要求

系统软件支持完善的安全部署模式，安全机制作为对象固有的行为直接定义在对象内部，提供对象级的访问权限控制，支持只读、配置、一般写、确认写、自由访问、采集禁止、报警确认等多种数据安全访问机制，而且在应用开发阶段，针对各个专业的典型应用还支持专业化的安全访问操作，如设备挂牌、权限移交等。

6.3.2 综合监控系统的应用软件

地铁综合监控系统技术核心在于它的应用。当软件平台的核心软件构建成功之后，问题的关键是在于应用模块的成功。

1. 应用软件要求

综合监控系统应用软件一般有以下的原则要求：

（1）综合监控系统应用软件应能提供一个开放的、基于嵌入式实时操作系统的数据接口，提供数据采集和协议转换能力。

（2）综合监控系统应用软件应能在一个大容量的分布式实时数据库的支持下，具有良好的扩展性和适应性，满足数据规模的持续扩充以及应用软件本身的修订。

（3）应用软件应可在数据库中灵活定义联动的触发条件、执行动作、执行结果反馈日志等，应高效、可靠地支持紧急状态下多专业间的安全联动，还应支持部署在不同计算机上的设备间的远程联动。

（4）综合监控系统应用软件应提供友好的人机界面软件，用于图形画面的生成和编辑修改，处理人机交互。人机界面设计应符合人体工学，界面友好，操作便捷。图形画面应为矢量图形，支持动态无级缩放。图形画面应可分层设计，支持多图层，应可灵活配置菜单式的画面渐进体系和画面布局分配。

（5）综合监控系统应用软件在一个大容量的历史数据库支持下，可存储系统长期的历史数据；能基于数据类型、车站、专业、工艺系统、设备类型等关键字检索历史数据。

（6）综合监控系统应用软件应提供一个完善的报警监视和事件日志管理软件，集中管理系统所有的报警和事件日志信息，提供完善的事件分类、报警级别、报警行为定义功能，应能基于时间、事件类别、车站、专业、工艺系统、设备类型等关键字检索报警和事件日志信息，提供基于单站、全线、中心和车站各自独立进行等多种报警确认和报警抑制操作。

（7）综合监控系统应用软件应提供完善的权限定义和授权管理软件，应具备用户标识与鉴别、存取控制、视图机制、审计、数据加密等安全控制机制，防止不合法的使用造成的数据泄露、更改或破坏，确保数据的安全性。与其他系统接口时，应提供"防火墙"功能，采用各种措施过滤/路由数据和防止非法访问。

（8）综合监控系统应用软件应提供功能强大的报表软件，提供图形化的格式和数据定义工具，可方便地定义和生成各种报表，能实现数据的统计分析和汇总。

（9）综合监控系统应用软件应提供一个完善的打印管理软件，支持将所有的显示屏幕和窗口画面的打印，还应支持报警、日志等记录信息的文本打印。

（10）综合监控系统应用软件应提供一个集成开发环境，对整个综合监控系统应用进行统一的设计和开发。集成开发环境应通过模板、向导等方式提供友好的应用开发环境，支持多人协同开发，应能保证配置数据的完整性与一致性。

（11）综合监控系统应用软件应提供方便的监视、管理和维护工具，支持远程部署和管理，支持在线更新。

（12）综合监控系统应用软件应提供详尽的各种使用手册和帮助信息，应能根据系统当前的工作状况提供上下文帮助，引导用户快速检索各类有用信息。

2. 应用软件模块

综合监控系统为支持地铁运营高效与安全而设立，因此，它要实现被集成子系统的全部功能，即它的应用模块必须包含实现这些功能的基本应用软件模块和高级应用软件包。综合监控系统的应用软件包括：配置软件包；通信软件包；服务软件包；人机界面软件包；高级应用软件包。

6.4 综合监控软件平台

目前城市轨道交通系统各专业照自身技术特点，不同程度地应用了计算机技术、网络技术，以实现城轨交通的运营和监控自动化，如电力监控自动化系统（SCADA）可使调度中心实时掌握各个变电站、供电所设备的运行情况，直接对设备进行操作；机电设备监控自动化系统（EMCS）实现整条线路站内机电设备的集中监控和管理等。其他如防灾报警系统（FAS），列车运行自动监控系统（ATS）等也对城市轨道交通系统的自动化和安全起着重要的作用。监控平台的建立，使每个系统之间相互联系、相互依赖，系统之间实现信息互通、资源共享，实现地铁运营的协调统一管理。

6.4.1 监控软件平台的总体结构

城市轨道交通综合监控系统建设的目的是将 SCADA、EMCS、FAS 及 ATS 等系统的功能集于一体。如综合监控系统不仅具有对变电所全所的自动控制、保护功能和对供电设备、车站设备、防火设备等的遥控、遥信、遥测、遥调的功能，而且采取计算机综合监控系统技术，实现相关信息和资源的共享及调度、办公自动化，保证所有监控系统的高效性和紧急事件处理得及时准确。所以规划监控平台的总体结构是首要的。综合监控系统建立的总体原则为：① 及时准确的信息反馈，以全面了解有关系统的运行状态；② 充分的信息共享，协调各系统之间的调度管理，以保证高效的调度能力；③ 合理的功能分担和调度界面划分，保证系统的可靠性和调度的有序性；④ 有利于建立高效的调度管理体制；⑤ 合理的建设投资，最佳的性价比；⑥ 广阔的发展前景，结合建设周期具有充分的可扩展性。

在城市轨道交通系统现场，各监控系统的控制管理特点基本类似，都是分级控制的，或采用两级控制或采用三级控制的总体结构。综合监控系统作为各个系统的信息枢纽，在构建时必须依据现场分级控制的实际情况和上述构建综合监控系统的原则。为了充分发挥平台的功能和便于系统的管理、维护，将综合监控系统分为中央级与车站级两级管理模式。

中央级综合监控平台位于综合监控中心，直接与各个业务子系统监控中心及车站级综合监控系统相联系，所涉及的交通信息资源来自各个子系统的监控中心和车站级综合监控平台。数据粒度比较粗，信息资源一般属于较高层次的决策支持的信息，对于细节性数据主要由车站级综合监控平台来组织、存储、处理和挖掘等。

车站级综合监控平台直接集成车站级各监控系统的信息，使全站的各个系统成为有机整体，并为新建系统提供开放的接口。与中央级综合监控系统互通信息，把收集到的车站中的实时信息传送到中央级综合监控平台，从中央级综合监控平台的集成数据库中读取本系统所需的其他系统数据，并接收中央级综合监控平台的指令和请求。如图6.2所示。

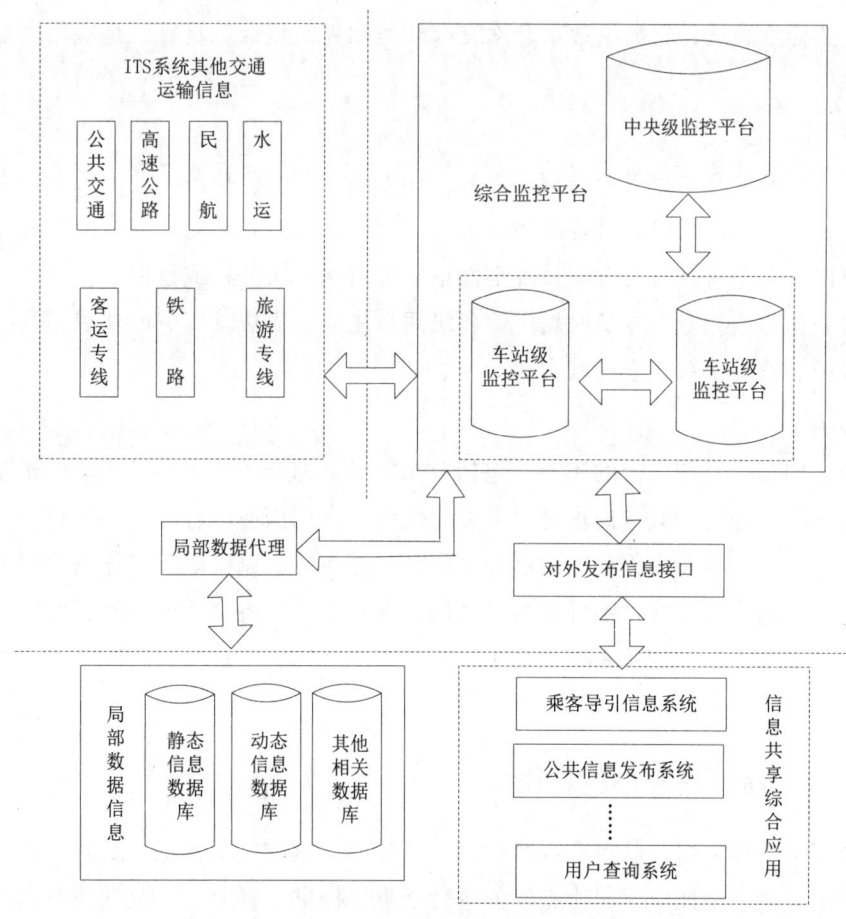

图6.2 综合监控平台总体方案图

两级综合监控平台虽然涉及的信息内容和系统功能有所不同，但它们的结构应该是大体相同的。其中车站级综合监控平台是整个综合监控系统的基础，鉴于车站级综合监控平台的重要性，本节在描述综合监控平台的功能模块和具体实现时，重点描述车站级的综合监控平台。

车站级综合监控系统建立在城轨交通监控调度系统相关信息的数据标准层之上，使用符合国际和国家相关标准的数据规范，确保平台系统为各应用系统提供数据交换的机制和手段；整合不同监控应用系统的监控资源，并对其进行集成、融合和加工处理，成为能够为城轨交通综合监控指挥的信息；为部门或公众提供满足交通诱导服务的指挥调度信息，实现各个监控应用系统的无缝连接。城轨综合监控平台包括数据层、系统层、应用层和表示层4个层次的主要内容。

1. 数据层

数据层是综合监控平台的最基础层。包括与原有监控子系统之间的信息接口及一个对数据进行初步存储的数据库服务器。

2. 系统层

系统层是城轨交通系统综合监控平台系统级的支撑环境，位于数据层之上，是应用需求中逻辑部分的详细表达，它提供数据仓库支撑环境和界面整合工具等，是应用和数据共享的中间环节。

3. 应用层

应用服务层是综合监控平台的核心部分。一方面，它要将从各个监控子系统中提取的信息进行二次处理，为应用服务做好准备；另一方面，它要对各级用户主体的服务需求做出响应，同时可以主动地对其所占有的系统全面信息进行深层次分析或挖掘，提出适合于不同用户主体的服务信息或指令，并及时提供给各级用户主体，完成其服务的功能，其主要由若干个支撑、服务、管理子系统来协同完成。

4. 表示层

表示层面向综合监控平台的用户，包括公司领导、综合监控中心、各监控子系统操作人员及专业人员等，他们的服务需求将定义综合监控平台的服务内容和核心过程。

整个系统是一个功能完善的分散、分层、分布式系统。调度端、工作站、服务器等间隔终端之间只有通信信息交换，不存在电气之间的直接联系，各个系统具有高度的自治性。可以根据系统的实际需要增加新系统，而不影响整个系统的正常运行，在改扩建系统时可以减少工程投资。

6.4.2 站级综合监控平台的功能

综合监控平台作为综合监控系统的现场设备与上层监控应用系统之间的桥梁，向下负责与车站各个子系统、功能单元的所有设备进行通讯，提供数据通信、数据处理、智能控制等基本服务，向上则提供统一的设备接口（OPC）供车站级、中心级监控系统访问，建立整个综合监控系统的运行环境。在这种运行环境下，屏蔽了底层硬件设备和网络硬件平台的差异性，通过提供统一的通信接口，建立了统一的软硬件平台和网络运输系统平台。一旦综合监控系统的监控对象软、硬件环境发生变化，则只需在综合监控平台上修改采集点和人机界面的配置即可，大大提高了系统的集成性、灵活性和可扩展性，降低了系统的运行和维护成本。

（1）城市轨道交通综合监控平台具有基础数据管理功能。

监控平台需要集成现有 SCADA 系统、EMCS 系统、FAS 系统、CCTV 监控系统、ATS 系统等。在该平台上可以查看城轨各业务子系统所产生的信息，交通控制类业务子系统中的设备及其管理状态，远程数据采集系统的设备状态及所采集数据的统计信息；同时可以对这些设备进行控制，还可以向交通信息发布类业务子系统提供需要发布的信息。

（2）平台具有可视化监控调度的功能。

平台负责在日常工作和管理过程中出现异常事件时，实现对相关监控资源的调配和指挥。根据整体系统集成化要求，具体提供如下功能：实时对所辖各个设备和系统状态进行监控和分析；迅速、准确、可靠地下达监控子系统具有的各种控制命令；在紧急状态（阻塞或故障状态）发生时启动相应的预案，提高指挥的效率。如预案库中尚无对应的处理方案，则由综合指挥系统的决策支持分析功能完成对事件的统计和分析，生成新的处理预案，并保存到预案库中。

（3）平台具有对相关信息的查询、统计和分析，并提供必要的决策支持的功能。

综合监控平台集中全部监控数据，在实时监控功能中，需要参照设备运行状态、事件发生情况、客流状态预测和相应的决策支持等相关信息。具体决策支持功能包括：基于对各个监控系统运行状况的分析，迅速对系统运行态势进行准确判断；基于相关子系统当前和历史数据，运用 OLAP、DM 和 AI 等技术对整个系统将来的运行进行科学预测；根据事故的响应和处理情况，制定切实可行的紧急事件处理预案，以备在事件发生时选择并采用优化方案付诸实施；提供支持决策分析能力帮助车站工作人员在各种工作环境下，实现对各种系统运行特殊情况的处理和分析，从而实现对车站所辖各种设备和车辆运行状况的有效控制和管理。

6.4.3 分布式数据库和系统数据流

系统设计的实时数据库以分布形式存在，可以没有一个实体化的相对集中的数据中心，而是网上多个数据中心。通过"代理"中间件的路径选择，使一个地理或功能上分散的系统的全部信息形成一个全局数据库，任一操作站都可以访问任何一个服务器，实现本地或远程的监视和控制。

中间件技术的采用，同时使得实时数据库的分布由集散转向了以网络为中心，同时数据的上传和访问方式也发生了很大的变化。一般原则是：域内服务器与 I/O 站之间采用复制性上传，而在监控中心服务器与各域之间采用订阅/发布方式。通过中间件可以访问系统的任何数据，可以是同步读写或订阅。中间件负责将应用请求定位于可用的服务对象。

正常情况下，首先选择本域服务器，如本域服务器故障，则旁路本域服务器，将请求转向下一级服务器。

同时，对服务器的旁路能力也使各级服务器不再成为瓶颈，即使服务器故障，也不影响人机界面对设备的直接访问。这种实时数据的访问模式如图 6.3 所示。

6.4.4 接口通信框架

不同的现场设备是通过特定的通信协议接入系统的,因此,系统必须实现各种不同通信协议处理的开放性。如果能构造这样一种通信协议的开发平台,使得不同人开发的通信协议处理程序通过一定的固定步骤,方便地集成到系统中来,即通信处理任务的开发者只需要关注通信协议本身,而不必关心数据的应用,那么就可极大地提高通信协议开发的方便性,而且不会影响系统的稳定性。

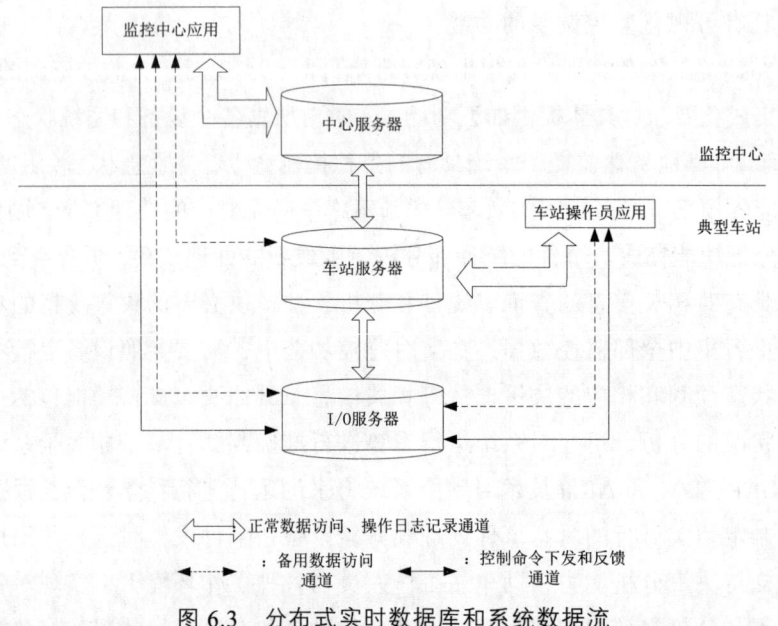

图 6.3 分布式实时数据库和系统数据流

要达成上述目标,将 I/O 站软件采用层次化结构,将应用层和协议驱动层分开,将会是一种比较理想的解决方案,如图 6.4 所示。

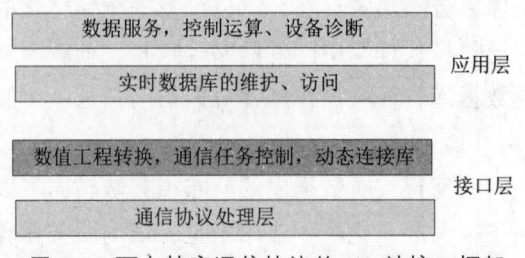

图 6.4 面向特定通信协议的 I/O 站接口框架

6.4.5 车站级综合监控平台的实现

根据综合监控系统的功能,系统具体可从以下几个方面实现:数据源的连接和数据抽取的实现、数据字典抽取的实现、元数据库的设计、基于 WebService 技术的系统集成、网络通信代理及通信接口、综合监控系统的可靠性保障措施等。

复习思考题

1. 计算机监控系统的含义是什么？
2. 计算机监控系统的分类有哪些？
3. 综合监控系统软件需求有哪些？
4. 综合监控中心的功能有哪些？
5. 分析综合监控系统软件平台的结构。

第2篇 系统集成篇

第7章 系统集成技术基础

系统集成的概念在实际应用中覆盖的范围很大,似乎各个行业都在讲系统集成。本书所指的系统集成是主要针对工业自动化系统的系统集成,或称为控制系统集成。控制系统集成的内涵极为丰富,尤其是它的接口技术涉及面极广、技术较复杂,是系统集成的关键,也是难点。本章将重点阐明系统集成的基本概念和基本问题,接口问题留在第8章说明。

7.1 系统集成商与系统集成

7.1.1 概述

工业自动化系统的系统集成概念始于20世纪70年代末、80年代初的美国,当时,许多大项目需要将多个厂家设备综合在一个系统中,许多大企业需要实现全厂设备的综合监控和互联,但是,当时的设备系统基本上都是专利系统,通信协议多为专利协议。于是出现了一些规模不大的公司,它们是由熟悉多个厂家设备的硬件和软件开发人员组成,这些公司承接综合大项目,或受命于大企业实现全厂设备的综合监控。这些公司取名为某某系统集成公司,雇员一般为几十人到一二百人。项目伊始,公司的计算机硬件和软件开发人员进入现场或企业,进行深入的调查研究,明确用户需求,针对多个厂家设备进行定制开发,提出全面的解决方案,最后全面实施。这些开发者也被称为系统集成师(Integrator)。

从20世纪70年代末起,经过80年代直到90年代,工业自动化系统从单厂家设备的DCS、PLC专利系统,向多个厂家设备集成制和以DCS、PLC、SCADA系统为基础的开放系统发展。

7.1.2 系统集成商

20世纪90年代初,全世界系统集成厂家发展了成千上万。1994年,控制系统集成商联合会(Control System Integrators Association, CSIA)在北美成立。CSIA自成立以来,一直致力于控制系统集成事业的发展,为全世界的系统集成商服务。

CSIA的研究结果表明,到21世纪初,全世界的系统集成商(公司)至少有4 000多家。

它们的年收入为 50 万美元到 3 000 万美元。据粗略统计,北美系统集成商有 1 200 多家,其中还不包括 600 多家较小的厂商。

CSIA 的成员计有 140 多个,2001 年他们的年平均收入为 650 万美元。目前正以 25% ~ 30% 的增长率发展。据 CSIA 估计,2001 年全世界系统集成商的总收入约为 120 亿美元。

控制系统集成所覆盖的领域有:自动机车;中心联合体大型工厂;楼宇自动化;纸浆和造纸;电力;钢铁;食品工业;制药和生化;石化;机器控制;水和污水处理;娱乐公园和主题公园项目;公用事业自动化系统;城市轨道交通系统自动化系统;其他交通自动化系统等。一些系统集成商只做机器控制、工厂控制或过程控制;一些集成商只做 SCADA 项目;一些系统集成商为娱乐公园或主题公园做控制系统;也有专做企业供应链集成项目的 MES 和 IT 项目,有些较有实力的系统集成商则涉及上述的大部分领域。

系统集成的工作范围如此之广,那么到底什么是系统集成,系统集成商是怎样的厂商呢?CSIA 定义控制系统集成商为:控制系统集成商是一个独立的增值工程组织,它主要为工业控制系统、制造系统和工厂自动化的销售、设计、实施、安装、试车和技术支持做应用知识服务和技术专家支持。

系统集成商所做的工作,不仅是设备厂商的代理,也不仅是产品的分销商,不单单是工程的咨询工程师,也不单单是工程承包商,它综合了所有上述职能。而且,它也不同于设备制造商,它对应用系统所涉及的专业知识和用户实际需求较为熟悉,可为用户提供较好的全面解决方案。

控制系统集成商根据具体工程的输入条件,根据通用需求和专用需求制定出的需求规范,针对用户提出的问题做出综合解决方案。方案包括了最终的项目工程设计、技术文件、硬件配置与购买、用户软件开发、现场仪表的接线和安装、控制方案、软件选择、测试和试车。但是,系统集成商为用户提供的主要是系统集成的技术服务以及系统集成商的应用经验。软件开发在项目中占有更重要位置。据 CSIA 研究统计,一个正规的系统集成项目,"智力内容"包括:设计、计划、管理、软件开发、技术服务、培训等的价值,与硬件和安装等劳动价值之比为 3:2。

在系统集成项目中,系统集成商的责任是为项目选择最好的产品和制造商。系统集成商只需选择那些可满足特殊要求的特殊产品。如果某厂家可提供更优化的方案,则选择此厂家的产品,别无其他标准。实现优化方案是第一位的原则。

系统集成商的工作是围绕各类自动化项目进行的。工程准备阶段,它为用户提供项目的工程咨询服务,给用户提供类似工程中自动化系统的成功经验和切合本项目实际需求的咨询建议。工程伊始,他按照合同为用户提供工程设计、工程组织、工程管理服务。

系统集成商为用户采购设计要求的各类硬件产品,并保证硬件设备和现场装置的合理匹配,保证自动化系统的最佳性能价格比。

系统集成商的最主要任务之一是建立开放系统的集成平台,开发适应具体工程需求的应用软件。系统集成商不应采用专利的集成软件,而是应用成熟的软件,但是应用软件必须具有工程的应用性,必须包含自身的技术经验和成功的工程范例。

系统集成商要负责系统集成中关键问题主要是接口问题的解决。系统集成商将指导系统的安装和调试,系统集成商还负责系统的试车、试运行期的技术保证。系统集成商也要负责系统运行时的用户培训、项目的文档建立和移交。最后,系统集成商承诺优良的质保期服务。

7.1.3 系统集成

从以上系统集成商的全部活动中，可以看出系统集成的意义。系统集成本质上是系统集成商应用自身的经验，设计、构建一个适于具体工程要求的集成开放系统的全过程。此过程的完成需要两个基本条件：

（1）构建的自动化系统必须是开放系统，必须可无缝接入工程要求接入的各个子系统。应该是硬件与软件体系都进行了优化的系统，应该是可靠性、响应性和功能实现都满足工程要求的系统。

（2）系统集成是一个从工程咨询开始直到系统试车、质保期技术服务的全过程活动，其中的关键是，对子系统的无缝接入和系统集成商经验的应用及按照新工程条件的创新。

系统集成是应用开放系统将多个厂家设备连在一起，实现应用要求的全部功能的过程；是应用共享的信息平台接入各个子系统，为用户实现从顶层到底层的自动化监控管理功能的工程活动。

系统集成不再是单专业自动化的工程行为，不再是自动化孤岛中的系统组建，而是工程所包含的全系统的自动化的实现；是为工程项目构建综合自动化系统，构建该项目的信息共享平台。

控制系统集成正在日新月异地发展。系统集成项目的发展和范围的扩大，推动系统集成商数量的增加和年收入的增加。系统集成商也在开发更多的系统集成项目，进入更新的领域：① 系统集成商的兼并和联合趋势有增无减。系统集成要求各类专业的专家进行专业服务，促使更多的公司扩大应用领域和扩大经营范围。② 直接与硬件制造商和软件商竞争，占领系统集成市场。③ 提供优质服务，为用户提供更新的技术手段和方法。④ 更多介入企业改造项目（改造项目也是系统集成任务）。⑤ 大型企业将维护、维修和运行 MRO（Maintenance, Repair, Operation）作为外援项目，系统集成商正进入这一领域。⑥ 控制系统集成商更多地面向全企业的系统集成。⑦ 系统集成商正在更多地应用现代计算机技术，应用 UML 和 XML 技术推进标准化进程。

在系统集成业的发展过程中，对系统集成商的评估越来越为重要。因此，CSIA 在 1997 年制定了关于系统集成商的评估标准——Best Practice and Benchmark。同时，应用一个注册过程来评估系统集成商。对系统集成商的评估主要有以下 7 个方面：通用管理、人力资源、项目管理、质量管理、财务管理、业务发展、风险评估。

CSIA 要求第三方按照标准对系统集成商进行评估。

目前，控制系统集成正向企业运营的全面解决方案发展，它已从控制领域向信息领域扩展，要求系统集成商对企业控制系统集成、制造过程集成，也要对企业的管理系统和信息系统集成。与此相适应，系统集成所应用的开放系统必须可以将底层设备层（现场仪表和传感器）、工厂控制层和企业管理层的各类设备联网，实现全企业的监控管理和信息综合服务。

7.2 系统集成的基本问题

系统集成的核心是构建接入多厂家设备并满足最终用户需求的自动化系统。要能接入多厂家设备，标准化是根本。因此，自动化领域的系统集成一直将标准化放在首位。为实现系统集成的标准化，又必须通晓系统集成中的基本问题。系统集成商进行系统集成面临3个基本问题：

（1）采用一个成熟的开放系统作为系统集成的平台。

（2）实际项目（即实际应用系统）的系统集成必须按照实际应用需求进行，满足最终用户的需求是系统集成的主要目标。

（3）系统集成的关键是将各个子系统通过接口无缝地接入到开放系统中，构成可实现用户需求的自动化系统。

开放系统、应用需求和接口是系统集成的三要素。

7.2.1 开放系统

系统集成的基础是系统集成商构建的信息集成平台。从7.1节中可知，系统集成商必须为项目提供全面解决方案，必须构建一个完全满足最终用户需求的自动化系统。

① 工业PC加HMI加PLC构成它的主要结构；

② 可以接入多个厂家设备；

③ 必须容纳用户的高层需求及需求的扩展；

④ 系统是由COTS（Commercial-Off-The-Shelf，商用现货）的硬件和软件组成，而不采用专利产品；

⑤ 系统组件和通信协议遵从国际标准；

⑥ 系统具有安全性；

⑦ 系统具有较高性价比；

⑧ 系统具有较好的柔性；

⑨ 系统具有可扩展性；

⑩ 系统具有可伸缩性。

满足上述要求的系统正是一个开放系统。开放系统由通用的国际知名的硬件产品支持，由通用的操作系统和软件产品支持。它可由多个厂家的通用设备构成，又可接入多个厂家的设备。

以开放系统为基础的集成系统的一般构成如图7.1所示。

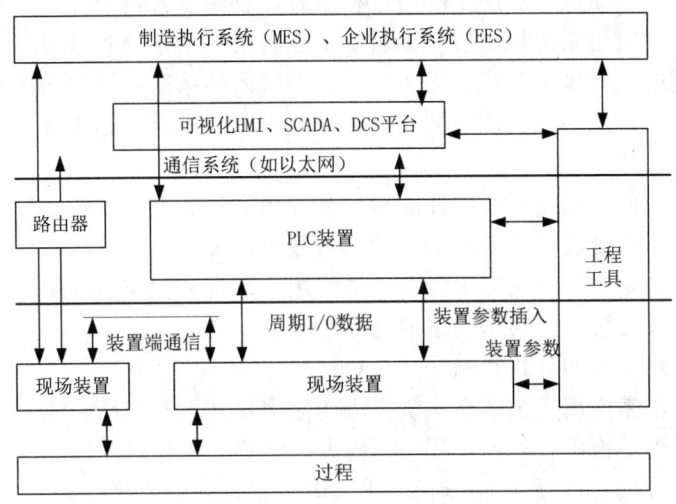

图 7.1 典型自动化系统构成图

这是一个典型的工业 PC 加 PLC 开放系统结构（即图中 HMI、SCADA、DCS 层）。PLC 正在发展成为开放系统的基本控制单元，它正在取代 SCADA 系统的 RTU，也在取代 DCS 中的现场控制器。Honeywell 公司的第四代 Des-PKS 系统就采用 Rockwell 公司的 PLC 单元作为现场控制站。图中的一般结构启示人们：系统集成的技术基础正是第一篇所述的工业自动化系统的基础。

必须指出，用于系统集成的开放系统，应是具有应用实证的系统，又是不断进行技术革新和优化升级的系统。换言之，系统集成商在系统集成时所应用的开放系统，应该是它长期从事系统集成工作应用成熟的自动化系统。

开放系统的核心技术是软件技术，本书的第 6 章中已对城市轨道交通自动化系统软件体系做了一定阐述，它也是开放系统软件体系的核心内涵。

7.2.2 应用需求

系统集成的基本目标就是满足最终用户的需求，但是将用户的实际需要变为对自动化系统的功能要求和系统集成的应用需求规范，却是一件十分困难的事情。项目一开始，应用需求分析成为最先的难点。对应用经验不足的系统集成商，或是对较大的系统集成项目，应用需求的把握可能始终伴随着工程全过程，直到项目的后期，还需回过头来进行需求分析。

应用需求分析长期困扰着系统集成商，在经历了一项又一项系统集成工程的经验教训后，为了减少由于应用需求的不确定带来的损失，人们一直在寻求一些规范化的方法，使得应用需求的描述更加符合实际，更加能为从事系统功能开发的软件人员所理解。而且，这种描述应该具有语意的唯一性和理解无二义性。

应用需求主要包括 3 个方面：工业自动化应用系统要求、性能要求和功能要求。

应用系统要求的基本点，便是系统集成平台必须是一个开放系统，必须满足 7.1 节中开放系统 10 个方面的条件，并且按照具体工程的实际情况将 10 个方面的要求确定为具体的结构选型和具体的指标。

多数工业自动化应用一般由若干类型的、执行各种不同功能的互联设备组成。这些互联设备作为主要关节点，完成在控制系统与过程装置、物料、人员及环境之间的数据采集和传输。一个工业自动化应用系统可以看作由若干工业自动化子系统和其他应用子系统，包括过程装置、机床、配电、物流等组成。当一个应用系统的体系结构被完全详细描述后，该体系结构的各组成部分可以用一组通用于同一工业或几个工业的供应链中各种不同应用的子系统类型来进行形式化描述。

系统集成所构建的自动化系统的性能指标是应用需求的重要方面，包括了系统可靠性、系统实时响应性、系统规模、系统容量、网络负载率以及具体系统的特有性能指标。系统功能也是应用需求的主要内容，它完全涵盖了最终用户对自动化项目的所有要求。性能和功能的要求决定了设备、装置以及通信网络的选择和配置。

目前，项目应用需求的分析和制定有 3 种状况。

第一种情况：本来应用需求应在系统集成商对项目开发时即已完成，但许多项目应用需求的分析与完善不得不拖延较长的过程。国内做系统集成项目时，涉及应用需求的过程有：① 项目招标书中用户提出的用户需求说明书。② 技术合同中系统组成及性能和功能的条款。③ 设计阶段用户需求分析文件。④ 软件系统分析师的系统需求分析文件，软件设计师的软件功能设计文件。⑤ HMI 的设计与组态。⑥ 系统出厂测试（FAT）与验收大纲。⑦ 现场调试大纲。⑧ 全系统总联调大纲，系统试车计划与验收文件。

往往应用需求的提出和确定辗转在上述 8 个阶段的工作中，甚至到了验收阶段还在明确某些应用需求。

第二种情况：一些具有成功实施大型系统集成项目的系统集成商在应用需求分析方面有许多经验，例如，在项目的第一次设计联络会上就要确认系统集成商编制的系统需求说明书（System Requirement Specification，SRS）。此系统需求说明书有较严格的格式，按照一个较完备的应用需求框架编制。确定 SRS 后，它将作为系统应用开发的基础文件，在此后的工程过程中传递。国外系统集成商有一整套规范保证这些文件传递尽可能不发生歧义的方法。

但是，这种用文字描述形成的文本文件，虽然可能完整全面地表述了最终用户的需求，但是当把这些文件转为开发应用软件的软件需求分析文件时，有可能出现分歧和二义性，还有可能在以后需要确定应用需求实际含义的阶段里也发生歧义。

第三种情况：国外已出现了采用各种标准模型和标准建模语言来描述应用需求的方法，为解决系统集成应用需求的标准化描述指明了方向。在项目开发工作启动之前，应用需求以标准的建模语言表达为完整的应用需求文件，传递下去不会发生歧义。

7.2.3 接 口

系统集成工作千头万绪，它的关键点是系统集成商应用开放系统无缝接入子系统，完成系统集成的主要任务。众所周知，子系统的无缝接入，涉及通信协议的标准化这一大难题。

由图 7.1 可见，典型的自动化集成系统的接口主要分布在两层通信网络上，上一层通信以工业以太网为主流，但实际工程中依旧会应用多种骨干网通信网络和相应的通信协议。而下一层，主流为现场总线。现场总线标准化经历了近 20 年的努力，却出现了 8+3 协议的结果，多种标准现场总线并行已成定局。所以，系统集成的接口标准化不能等待一个一统天下的通信协议的出现后再来实现。

接口开发目前也有三种状况。

第一种：一些系统集成商在接口开发中，软件开发人员在各自的技术背景之上努力工作，尚未形成一整套规范化模式。开发工作因厂家不同而不同，因系统集成商的技术背景不同而不同，因系统集成商的经验不同而有不同的结果，致使系统集成接口开发成为整个项目的瓶颈。

第二种：国外一些知名的系统集成商，对接口开发有一套完整的规范化方法。按照规范进行接口开发和接口管理，可保证接口的成功率。例如，有的系统集成商要求接口开发过程制定 3 个接口开发的文件：接口详细规范（Detailed Interface Specification，DIS）、接口测试规范（Interface Test Specification，ITS）和接口测试计划（Interface Test Plan，ITP）。

第三种：以文字表达的文本文件来描述详细接口规范依旧存在着二义性问题。因此，一种标准化的接口规范正在形成并开始应用，而且，这种规范可作为各方人员使用时一种可互操作的接口专用规范。这一标准方法将在下一节中详细介绍。

在系统集成的三要素中，开放系统是由系统集成商按照开放系统的原则、项目具体情况及自身的经验构建的，而其他两项是通过走向标准化来实现。应用需求和接口的规范化、标准化是当前系统集成工作面临的最基本问题。

7.3 开放系统应用集成框架

7.3.1 概述

针对工业自动化系统和系统集成的两个基本问题,目前国际标准化组织提出了新的思路,即将系统集成的过程标准化。要求系统集成商应用开放系统做具体项目的应用集成时,按照国际标准进行。

2002年底,国际标准化组织(ISO)发布了"工业自动化系统和系统集成——开放系统集成应用集成框架"标准的最终草案,2003年发布了 ISO15745 标准。这一标准为现代系统集成技术制定了规范,成为当前系统集成的指导性文件,成为规范系统集成商进行系统集成活动的规约。

"工业自动化系统和系统集成——开放系统应用集成框架"是 ISO15745 标准的名称,分四部分:第一部分,ISO15745-1"通用参考描述"(Generic Reference Description);第二部分,ISO15745-2"以 ISO11898 标准为基础的控制系统的参考描述"(Reference description for ISO 11898-based control system);第三部分,"以 EC61158 标准为基础的控制系统的参考描述"(Reference description for EC61158-based control systems);第四部分,"以以太网标准为基础的控制系统的参考描述"(Reference description for Ethernet-based control systems)。

7.3.2 工业自动化系统和系统集成

工业自动化系统的系统集成国际标准蕴含了现代系统集成的思想、技术与经验,它的总体框架在 ISO15745 的引言部分做了描述,如图 7.2 所示。

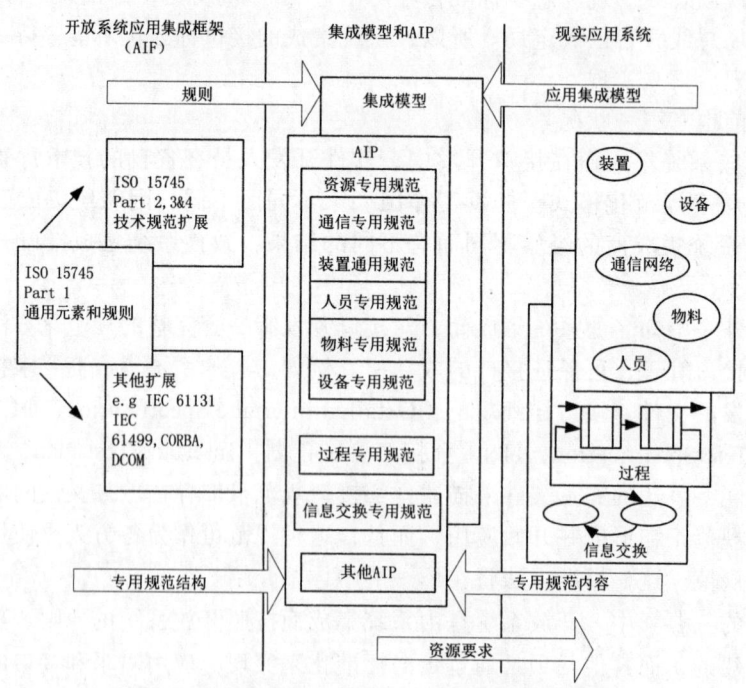

图 7.2 ISO15745 总体描述

图 7.2 的右边，是对实际应用系统的抽象。现实的系统通常包含了资源、过程和信息交换，其中资源可划分为装置、设备、通信网络、人员和物料五部分。现实的系统集成项目会有特有的应用集成需求，工业自动化领域也有许许多多资源的通用专用规范和过程及信息交换的通用规范。

图 7.2 的左边，简要地描述了开放系统的"应用集成框架"AIF，它是由基本的 ISO15745 第一部分（通用要素和规则）、专业技术扩展部分（ISO15745.2.3.4）以及其他扩展部分（包括 IEC61499，COBRBAa 和 DCOM 等）组成。

系统集成的标准做法是按照图 7.2 左边的 AIF 原则，按照实际应用系统的具体环境，开发出表达应用需求的集成模型，并在此背景上开发出包含有装置、设备、通信网络、人员和物料的资源专用规范、过程专用规范和信息交换专用规范，再遵循这些规范完成系统集成的接口开发任务。

7.3.3 应用集成框架（AIF）

ISO15745 的第一部分提出了开放系统的"应用集成框架"（Application Integration Framework，AIF）。AIF 主要是为解决应用需求和接口规范的标准化问题。AIF 定义了一些元素和规则。

- 采用这些元素和规则开发集成模型来表示应用需求。
- 采用这些元素和规则开发应用互操作专用规范（Application Integration Profile，AIP）。AIP 是接口规范的表示形式，按照 AIP 来开发接口。

ISO15745 提出用 AIF 来解决应用需求和接口开发标准化问题。AIF 的元素主要如下：
① 主专用规范模板结构和头部：定义在 ISO15745 的 7.2 中。
② 通用专用规范模板结构：定义在 ISO15745 的 7.3 中。
③ 技术细节专用规范定义在 ISO15745 的第 2、3、4 部分中。
④ 工业自动化接口类型定义在 ISO15745 的附录 8 中（即 ISO/IEC TR 14252 标准）。

AIF 的规则要求系统集成商开发 AIP 时，致力于以下工作：
① 创建集成模型（即应用 UML 图描述应用需求）。
② 开发专用规范时，采用主专用规范模板和通用专用规范模板，并且要采用技术细节专用规范模板开发通用专用规范模板。
③ 应用专用规范的交流语言，即专用规范必须用 XML 来表达。

国际标准化组织要求系统集成商进行系统集成时，应用"工业自动化系统和系统集成——开放系统应用集成框架"的元素与规则，开发出各个接口的专用规范即相应的 AIP，再严格按 AIP 规范进行系统集成。

7.3.4 集成模型

ISO15745 明确指出：现实的应用系统（即具体的自动化系统项目）应该按照应用（需求）规范进行开发，这些应用（需求）规范描述了具体应用的功能和性能的详细技术说明（技术细节）。系统集成商和最终用户进行系统集成工作，就是要制订出与每个具体项目对应的多种应用规范书或者制订出一个主应用规范书，这一主规范书可按照每一个具体项目变化。这些规范书采用集成模型来统一表达。

标准定义了3种集成模型，它们是：过程集成模型、信息交换集成模型和资源集成模型。作为对象的类组成（这是 UML 统一建模语言中对自动化应用的现实事物的抽象），它们之间的关系提供了对应用需求的完整表达。一个应用系统类的对象实例由一组工业自动化子系统对象和一组应用子系统对象组成。工业自动化子系统对象表示自动化资源的一种配置，这些资源提供了为协调某应用过程的执行所需要的命令、控制、通信和信息管理功能。应用子系统对象表示执行某过程所需的物理资源的一种配置。这些子系统对象可由若干成分对象组成，这些成分对象则是设备、通信网络、软件以及其他系统实现方面的模型。

可以用应用集成模型及相应的图，来表示应用生命期内涉及的各活动参与者如何交换有关该自应用要求的知识和信息。子系统的结构和子系统间的关系以 UML 面向对象的图来表示。每个集成模型都是采用 UML 图进行可视化表达的，它们表示了对象和类的各种静态的和动态的关系。使用 UML 图表达应用需求，解决了文档表达的二义性问题，使得复杂的应用需求变为一系列提供了应用需求的标准文件。

过程集成模型说明了应用中的控制流、物流和信息流，也说明了启动和操作这些应用时所涉及的功能、步骤和活动。过程集成模型可用 UML 的典型图表达，包括：用例图（表示系统的操作者、用例和系统边界）、活动图（表示过程流）、类图（表示应用中的类和它们之间的关系）、顺序图（在时间序列中的过程作用排序）。

信息交换集成模型说明了被模型化了的过程之中的资源间交换的信息。交换的典型信息有：过程信息（例如，配方数据、通用数据、时间表、其他的在应用中所需的参数）、静态信息（例如，默认值、设备静态报告、报警值、质量信息等）、控制信息（例如，指令和服务请求）。

信息交换集成模型可用 UML 的典型图表达，包括用例图、活动图、类图、顺序图。

资源集成模型说明了模型化过程中涉及的装置、设备、通信网络、人和物料。资源集成模型也指明了这些资源间的主要接口，正是主要接口使得资源间可互操作，并提供必要的功能和服务支持过程的自动化和控制。

资源集成模型可用 UML 的典型图表达，包括：类图、协作图（各种资源间的相互作用）、实施图（表达装置和设备的硬件构成，每一硬件设备里的软件对象：硬件和软件与人的相互作用）。

资源集成模型可进一步详细采用集成模型说明每一种资源类型。具体类型的资源集成模型有：装置集成模型、通信网络集成模型、设备集成模型、人员集成模型和物料集成模型。

装置集成模型说明了支持过程集成模型和信息交换模型所定义的应用需求的装置特性。例如，装置具有的功能、装置的输入和输出数据交换、存储于装置中的组态数据和工作变量。

装置集成模型主要用类图表达。

通信网络集成模型说明了支持过程集成模型和信息交换模型所定义的应用需求的通信网络特性。例如，网络拓扑、传输媒质和结点数，数据交换类型，数据开销。装置集成模型主要用类图和协作图表达。

设备集成模型说明了支持过程集成模型和信息交换模型所定义的应用需求的设备特性。例如，传送速度、容积、泵的转速。设备集成模型主要用类图和实施图表达。

人员集成模型说明了支持过程集成模型和信息交换模型所定义的应用需求的人员特性。例如，人的负责程度、人的竞争水平、现实性。人员集成模型主要用类图、协作图和顺序图表达。

物料集成模型说明了支持过程集成模型和信息交换模型所定义的应用需求的物料特性。例如，物理特性（体积、密度、质量等）、存储特性（货架周期、存储温度和湿度要求）、处理特性（硬度、成型性、黏度等）。物料集成模型主要用类图、顺序图和协作图表达。

采用以 UML 图形式表示的集成模型来规范地组织和说明应用需求，可使系统集成的应用需求分析工作真正的标准化，从而使系统集成的应用开发顺利完成。同时，它也是开发 AIP 的前提，不建立集成模型将无法开发 AIP，也无法进行接口的标准化开发。系统集成商应该应用集成模型来说明应用需求。当前，许多系统集成商还无力做到这一点，但至少它应是系统集成商的一个工作目标。

7.3.5 接口开发的标准——应用互操作专用规范 AIP

为了使接口开发规范化，ISO15745 规定：接口的规范说明采用应用互操作专用规范 AIP 的形式来表示，接口开发遵从 AIP，按 AIP 规范进行。

AIP 是关于接口的规范，它引用了一组专用规范，这些专用规范包括：参考了基础规范的过程专用规范、信息交换专用规范、资源专用规范和一些其他的 AIP。

过程专用规范是关于由过程集成模型所规定的过程的规范。在过程集成模型中，已按照应用需求确定了应用中的控制流、物流和信息流的情况（或状态），也说明了启动和操作这些应用时所涉及的功能、步骤和活动。而过程专用规范采用 XML 文档来表示这些过程集成模型中的确定信息，也表示一些过程的基本规范信息。信息的例子有：

① 关联的过程集成模型；
② 操作员指令（例如，操作面板、HMI 屏幕的分层菜单）；
③ 工艺操作（例如，生产某产品的配方、反动及装配顺序、管道及仪表装配图等）；
④ 通信网络图（例如，网络拓扑、网络配置）；
⑤ 测试规范和结果（例如，FDA 审批、客户验收测试）；
⑥ 软件（例如，可执行的程序代码、软件设计文件）；
⑦ 维护程序（润滑时间表、振动检测）；
⑧ 产品型号信息（例如，发动机的型号、批次号）；
⑨ 质量信息（例如，设备利用率）。

信息交换专用规范是关于由信息交换集成模型所规定的信息交换的规范。在信息交换集成模型中，已说明了模型化过程之中资源间所交换的信息：过程信息、静态信息、控制信息。信息交换专用规范采用 XML 文档来表示这些信息交换集成模型中的确定信息，也表示一些信息交换的基本规范信息。这些信息包括：

① 引用的数据类型的格式，例如，EC611313，EC61158-5；
② 引用的数据交换的格式，例如，EC61158-3/4/5/6；
③ 引用的数据显示的格式，例如，使用的语种、ISO1O646；
④ 引用的数据存储的格式，例如，XML，ASCII；

⑤ 功能块，例如，IEC61499，IEC61131-3；
⑥ PLC 软件编码，例如，EC61131-3；
⑦ 接口定义语言，例如，CORBA。

资源专用规范（也称专用规范）由五部分组成：装置专用规范、通信网络专用规范、设备专用规范、人员专用规范和物料专用规范。资源专用规范中包括了五部分的接口关系，规范要求接口关系遵从 ISO/IEC IAS（工业自动化系统）接口类型标准。资源专用规范也是采用 XML 文档表示，它包括五部分专用规范的关系信息，也包括一些通用信息，例如，通信网络图（由网络拓扑和网络组成）。

7.3.6 使用 AIF 开发 AIP

在系统集成项目中，系统集成商最重要的工作是接口开发，按照 ISO 标准规定，接口开发必须遵从接口规范（Interface Specification）。ISO15745 提出，接口规范需采用应用互操作专用规范（Application Interoperation Profile，AE）的形式，而且提出了使用应用集成框架 AIF 来开发 AIP。因此，系统集成商符合 ISO 标准的系统集成方法，应该是按照 AIF 的元素和规则，根据集成模型（规范的应用需求）做出应用互操作专用规范（AIP），再应用此项目的 AIP 开发接口完成对子系统的接入，最终完成具体项目的系统集成。

对于 AIP 的开发，ISO15745 标准中提出了有关开放系统应用集成框架的一整套概念和规范，其核心是做出具体项目的 AIP。图 7.3 说明了开发 AIP 的全过程。

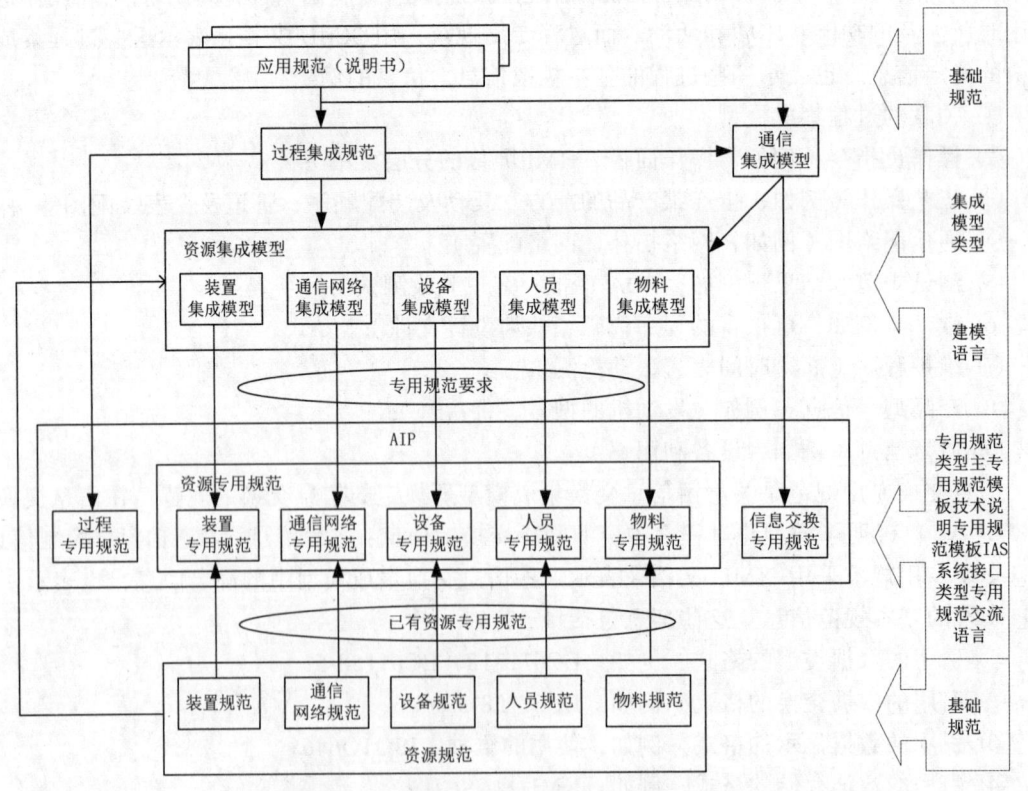

图 7.3 按照 ISO15745 开发专用规范的过程

开发 AIP 从两个基础的规范文件（说明书）开始。第一位的基础规范文件（图中的顶部）是应用说明书（Application Specification），根据它，并按照 ISO15745 中的有关规则和元素（例如集成模型类型、UML 语言的原理），开发出过程集成模型类型、信息交换模型、资源模型，它们是一组用 XML 表达的应用需求文件。根据资源集成模型确定的应用需求的具体资源及它们之间的关系，按照 ISO 的规则，可导出反映资源间接口要求的"资源专用规范要求"。

另一方面，AIP 开发者由装置、通信、设备、人员和物料五方面的基本规范文件以及它们之间的关系说明，按照 ISO15745 中规定的专用规范类型、主专用规范模板、技术细节专用规范模板以及进而开发的通用专用规范模板、IAS（工业自动化系统）接口类型以及 XML 规则开发出"已有资源专用规范"（Profile of Existing Resources）。

将"资源专用规范要求"和"已有资源专用规范"两相对照，可制定出适于应用集成要求的特定的资源规范。

最后，这些过程专用规范、信息交换专用规范、资源专用规范和一些其他的 AIP 构成了本项目系统集成接口开发的 AIP。换言之，AIP 是一个用来开发接口的规范书，它引用了一组上述的专用规范和其他的 AIP。

国际标准组织同时提出了 AIP 开发的方法——使用专用规范模板开发 AIP。ISO15745 定义了应用互操作规范的一个专用规范模板，使得它的开发和表达变得十分简便。

ISO15745 定义 AIP 的专用规范模板是由主专用规范模板（Master Profile Template）和它的子类——通用专用规范模板（Generic Profile Template）组成。可用类图表达它们之间的关系，如图 7.4 所示。

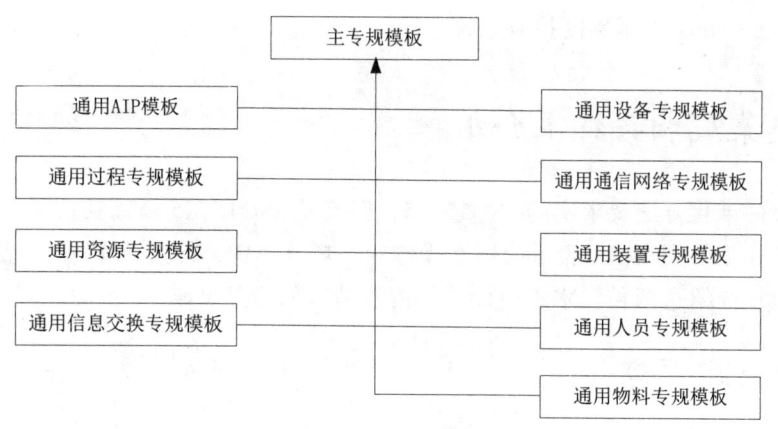

图 7.4　AIP 主专用规范模板类图

由图 7.4 可知，上述的过程专用规范、信息交换专用规范、资源专用规范（其中包括装置专用规范、通信专用规范、设备专用规范、人员专用规范和物料专用规范）都可用相应的模板来开发，对这些模板 ISO15745 都有明确的规定（即 AIF 的规则），而且都有相应的 XML 文件对应。有了这些模板，再结合具体应用，即可开发并用 XML 表示出适合具体应用的 AIP 来。从某种意义上讲，开发 AIP 就是利用 ISO15745-2/3/4 及其附录中给出的技术细节专用规范模板。引入 AIP 有利于最终用户构建开放系统，有利于他们提出应用需求；引入 AIP 可减少系统集成商的开发时间，有利于他们使用 AIF 基础上的普通工具开发出以开放系统为平台的解决方案。AIP 可引导设备制造商的产品支持系统集成标准。

目前，相应的国家标准即将发布，它们将规范国内系统集成商的活动，引导我国工业自动化系统的系统集成走向规范、走向科学。

7.3.7 AIP开发的重点

开发AIP主要是解决现场设备和装置的AIP，解决通信网络的AIP（CommNetwork AIP）。在ISO15745中，对通用设备（装置）专用规范模板和通用通信网络模板特别提出，它们是奠基在特定的现场总线技术之上的，这些特定的技术由技术细节专用规范模板来描述。ISO15745-2/3/4的三个部分分别定义了以ISO11898标准为基础的控制系统、以IEC61158标准为基础的控制系统、以以太网标准为基础的控制系统的技术细节专用规范模板及其XML的表达，从而使系统集成中最为复杂的底层装置的接口开发变得简单方便，既标准化又质量高。

ISO15745-2/3/4包括了DeviceNet、CANopen（以ISO11898标准为基础的控制系统）、P-NET PROFIBUS WorldFIP、ControlNet、INTERBUS（以IEC61158标准为基础的控制系统）和ADS-net、FL-net、Ethernet/IP（以以太网标准为基础的控制系统）的设备（装置）和通信网络的技术细节的元素和规则，它们的专用规范和专用规范模板。这些专用规范和专用规范模板为开发出各类控制系统设备（装置）和通信网络的AIP提供了详细的、全面的和基本的XML文档。

从目前的应用水平分析，解决通信网络和设备及装置的系统集成涉及以太网网标准现场总线控制系统的技术细节，ISO15745-2/3/4在继续扩展，以便包括其他几个著名的标准总线。ISO已经决定在15745-4中增加PROFINet、MODBUSTCP和EPL，并且增加了ISO15745的第五部分描述CC-link为基础的控制系统。

7.4 系统集成相关技术介绍

系统集成标准化方法要求实施ISO15745，但实施ISO15745就需要使用UML建模语言表达应用需求，需要用UML表示应用互操作专用规范AIP，再按AIP专用规范开发接口。为此，下面简单介绍这两种技术，更详尽的内容请查阅相关文献。

7.4.1 UML建模语言

7.4.1.1 UML概述

UML（Unified Modeling Language，统一建模语言），统一建模语言是一种用于对软件密集型系统的制品进行可视化、详述、构造和文档化的图形语言。UML给出了一种描绘系统图的标准方法，其中既包括概念性的事物，如业务过程和系统功能，也包括了具体的事物，如用特定的编程语言编写的类、数据库模式和可复用的软件构件。

1997年1月，UML1.0版本被提交给OMG（对象管理组织），申请把UML1.0版本作为一种标准建模语言。1997年7月，UML1.1版被提交给OMG，申请进行标准化审查。1997年11月14日，UML1.1版本被OMG采纳。1998年6月发布了修订版本（UML1.2版本），1998年秋季发布了UML1.3版本。

UML 是图形化的建模语言，是面向对象分析与设计的标准表示，其特点是：① 易于使用，表达能力强，可进行可视化建模；② 与具体的实现无关，可应用于任何语言平台和工具平台；③ 与具体的过程无关，可应用于软件开发的过程；④ 简单并具有扩展及专有化机制；便于扩展，无需对核心概念进行修改；⑤ 为面向对象设计和开发中出现的高级概念（如协作、框架、模式和组件）提供支持，强调在软件开发过程中对架构、框架、模式和组件的重用；⑥ 与最好的软件工程经验集成；⑦ 可升级，具有广泛的适用性和可用性。

限于篇幅，这里不进行详细的 UML 语言介绍，需要者可查阅 UML 手册。

7.4.1.2 模型的体系结构

一般采用如图 7.5 所示的 5 个互联的视图来描述软件密集型系统的体系结构。每一个视图是在特定的方面对系统的组织和结构进行的投影。

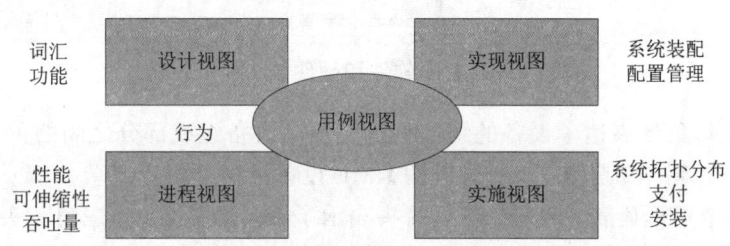

图 7.5 对系统的体系结构建模

用例视图（Use case view，也称作况视图）由描述可被最终用户、分析人员和测试人员看到的系统行为的用例组成。用例视图实际上没有描述软件系统的组织，而是描述了整个系统的需求，系统的其他四种视图都是围绕着需求这个核心进行构建，从而形成了整个系统的体系结构。

设计视图包含类、接口和协作，它们形成了问题及其对问题解决方案中的术语词汇。这种视图主要实现了系统的需求。

进程视图包含形成系统并发与同步机制的线程和进程。该视图主要针对性能、可伸缩性和系统的吞吐量。

实现视图包含用于装配与发布物理系统的构件和文件。这种视图主要针对系统发布的配置管理，它由一些独立的构件和文件组成，这些构件和文件可以用各种方法装配，以产生运行系统。

实施视图包含形成系统硬件拓扑结构的节点。这种视图主要描述对组成物理系统的部件的分布、交付和安装。

这 5 种视图中的每一种视图都可单独使用，使不同的人员能专注于他们最为关心的体系结构问题。这 5 种视图也可相互作用。UML 允许表达这 5 种视图中的任何一种视图，也允许表达它们之间的交互。

7.4.1.3 UML 简单例子

1. 使用 UML 表示设备模型

通常我们使用图 7.6 来表示设备的软件和硬件结构的模型视图：对数字设备加以抽象，一般都由硬件结构（资源、模块、物理设备）和软件功能（包括功能块、对象和参数等）组成。

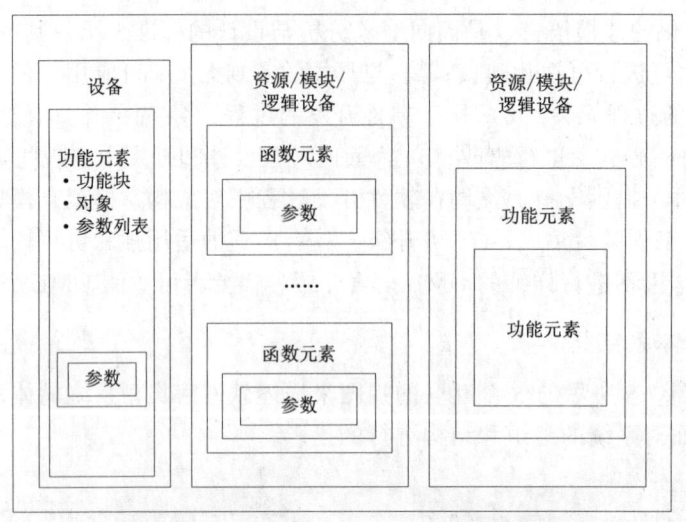

图 7.6 设备的软件和硬件结构模型视图

图 7.6 虽然形象地表达了设备的组成结构，但是设备组成部分之间的关系比较模糊，难以进行量化操作。图 7.7 是图 7.6 所对应的 UML 设备结构类图。

图 7.7 中每个矩形代表一个类，菱形箭头表示了聚合的关系，空三角箭头代表了泛化（继承）的关系。线段上的数字代表了线段上另一端的每一个元素所拥有的线段上的这一端的元素数量，如设备是由资源/模块/物理设备和功能元素组成，每一个设备可以拥有任何资源/模块/物理设备，也可以拥有任意多个资源/模块/物理设备（n 表示不限制最大数量），但是每一个设备至少需要拥有一个功能元素。每一个功能元素都是功能块、对象和参数列表的抽象，即拥有功能块、对象和参数列表的特性，并且每一个功能元素都是由参数或者子功能元素组成。

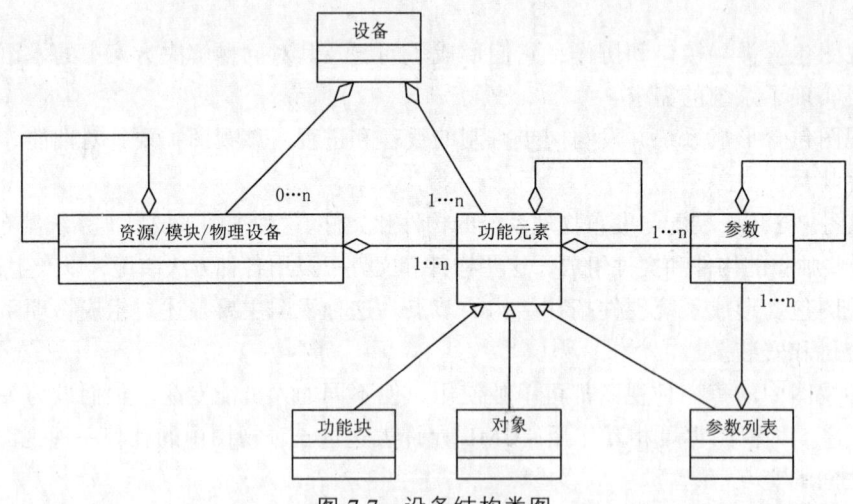

图 7.7 设备结构类图

从设备结构类图中可以清楚地看到设备的每个组成部分及它们之间的结构和量化关系。从该图中，可以清楚地知道，一个设备由硬件结构（资源/模块/物理设备）和软件结构（功能元素）两大部分构成，每一个设备至少需要一个功能元素。每个功能元素由参数和子功能元素组成。每个功能元素是功能块、对象和参数列表的抽象。每个硬件结构由子硬件结构和功能元素组成。

2. 使用 UML 表示系统结构模型

图 7.8 是某轨道交通控制系统体系结构的用例图。该图描述了系统的总体需求：该系统完成轨道交通系统的设备监控和系统维护，并且允许操作员在线改变列车的行进轨道；列车的运行路线将通过广播和模拟屏通知乘客；系统中所有的报警和操作员的操作都保存在数据库中。

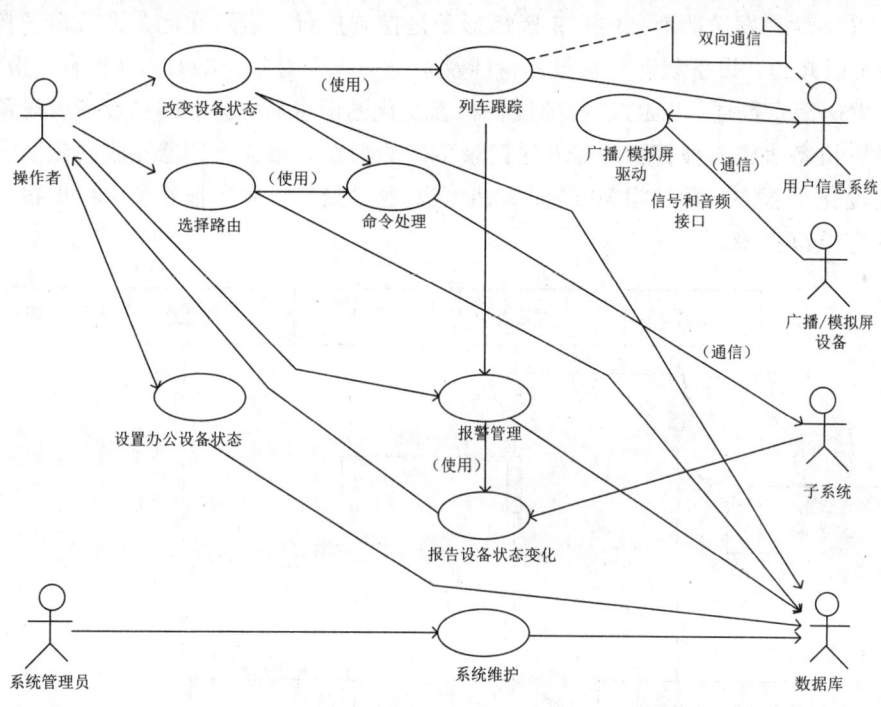

图 7.8 某轨道交通控制系统体系结构的用例图

图中的人形符号代表了与系统进行交互的操作者（这里的操作者是抽象的概念，凡是在系统外部与系统进行交互的人和系统都可以成为操作者），如操作员、系统管理员（这些是具体操作的人）、用户信息系统、子系统、数据库、广播/模拟屏设备（这些是与系统打交道的系统或者设备）。

图中的椭圆表示了系统中的一个用例，也就是系统的功能。如报警管理代表了系统中的报警管理功能。在该图中只是说明操作者与用例之间的关系，以及用例之间的关系，并不详细说明用例的具体内容。通常用例的具体内容将在另外的类图、活动图、状态图、顺序图等图中进行说明。图中的带箭头的线段代表了控制或者数据的流向，如果没有箭头，则代表双向。例如，图中操作者可以改变设备状态，同时系统也能把设备状态的变化信息反馈到操作者站。

从图 7.8 可以看出，操作者负责改变系统设备和办公设备的状态，发送改变行车路线的命令，并且监视设备变化报警。系统管理员负责系统维护工作。用户信息系统跟踪列车运行信息，并且通过广播或者模拟屏通知用户。各个子系统执行操作者发送的命令并且负责上传本系统的设备变化信息。数据库则保存操作者和系统管理员的操作记录以及系统中的报警信息。

图 7.8 明确了该轨道交通控制系统边界和体系结构，明确了系统的功能范围和各个功能之间的相互关系，也明确了该轨道交通控制系统的需求，进而完成了对系统需求框架的建模。

为了进一步描述每个用例的功能，还需要通过一系列的类图、活动图、顺序图、状态图等来描述。下面以对报警管理的进一步建模为例，使用顺序图和活动图来展现报警管理的处理过程。

图 7.9 是报警管理顺序图。图中每一个带矩形的虚线表示了系统中某个对象的生命周期（相对于该功能的生命周期）；实线代表了时间发生的先后顺序；箭头表示了消息发送的方向；箭头上的文字就是发送的消息内容；竖矩形条是控制焦点，表示在此刻谁获得了控制权。从图 7.9 中可以知道，设备状态变化报警将涉及系统中 5 个对象：RTU，设备表，报警管理器，报警表，发送消息数据。当 RTU 收到设备状态变化的消息后，会立即向设备表对象发送状态变化事件，设备表将向报警管理器发送记录事件的消息。报警管理器在收到该消息后，将判断该状态变化是否需要触发相关报警。如果需要触发报警，则向报警表中添加报警，同时向数据库中记录该报警。

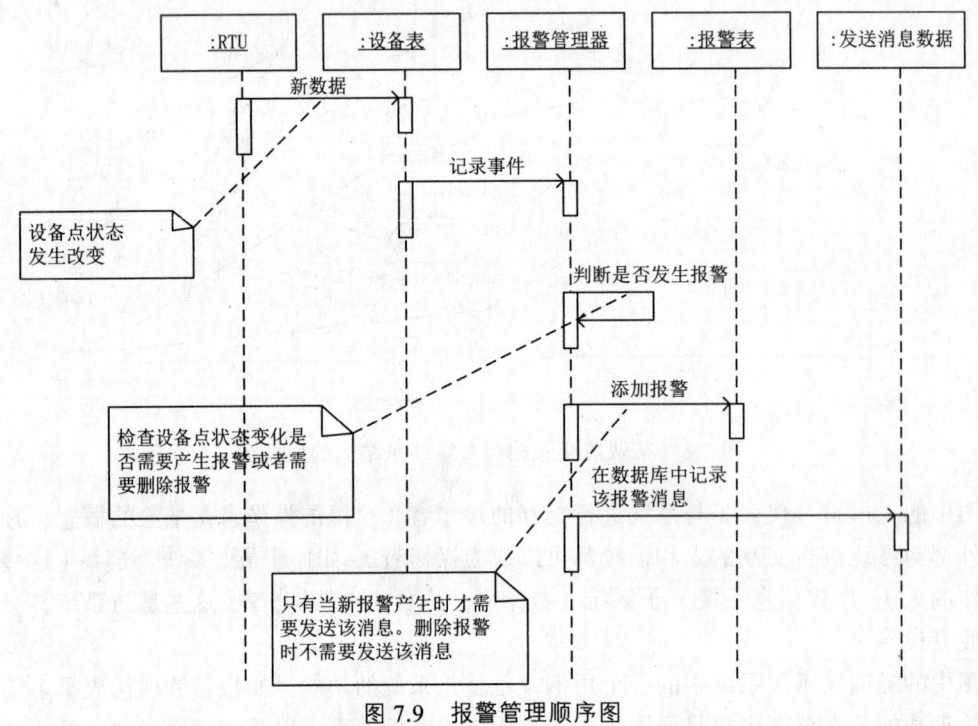

图 7.9　报警管理顺序图

顺序图从参与者和时间发生的先后次序的角度，描述了报警的处理过程，以及在处理过程中系统中相关部分的行为。通过该图，可以很清楚地看到系统中的各个部分是如何进行协作，共同完成对设备状态变化的报警处理。但是顺序图还不能完全描述报警的处理过程，因为在顺序图中不能很好地表现分支结构，因此对于报警管理还需要通过图 7.10 所示的活动图加以补充。

图 7.10 中的实心球表示流程开始，带圆圈的实心球表示流程的结束。圆角矩形表示动作或者状态，菱形表示分支，箭头表示状态转移的方向。从该活动图可以知道，报警管理流程从设备状态发生改变时开始，首先记录点变化事件，然后检查该点是否有报警定义；如果没有，则结束。如果有，则检查是否需要报警，然后逐一检查该点的所有报警条件，如果应该报警，则将该报警添加到报警表中，并且显示该报警，如果不需要触发任何报警，则结束。

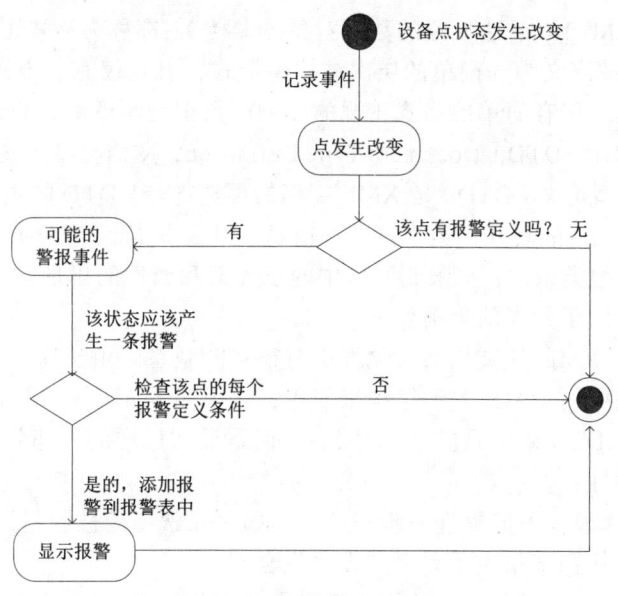

图 7.10 报警管理活动图

活动图从流程的角度描述了设备状态发生变化时系统是如何处理该变化的，并描述了报警的处理流程。

通过以上两个例子我们可以看出，UML 不仅可以对系统的静态事物进行结构建模，也可以对整个系统的体系结构和动态行为进行建模。因此 UML 完全能够完成集成模型的建模，并且具有标准化和规范化的优点。

7.4.2　XML 技术

7.4.2.1　XML 概述

XML（Extensible Markup Language，可扩展标记语言）于 1998 年正式成为 W3C（World Wide Web Consortium，万维网联盟）的标准，因其为网络环境量身定制的特性、逻辑结构的严整性及其验证功能，已成为信息交换格式的主流技术。就像万维网以 HTML（超文本标记语言）为基础一样，XML 以文档管理为基础，并由一种用来构造大型稳定的语言 SGML（标准通用标记语言）派生而来。XML 能表示数据库数据和商务应用中使用的许多其他类型的结构化数据。

7.4.2.2　XML 技术基础

1. XML1.0 语法

XML 文档中基本的结构是元素（element）。从语法上讲，一个元素包含一个起始标签、一个结束标签以及标签之间的数据内容。其形式是：

      <标签>数据内容</标签>

XML 文档必须由一个独立的根（root）元素来包含文档里的所有其他元素。XML 文档中的元素必须正确地嵌套。

所有符合基本 XML1.0 语法规范的数据对象（文档），都称为格式正规的 XML 数据。格式正规的 XML 数据被定义为一简单的层次结构树形式，有且仅有一个根节点。

对许多应用来说，仅有简单的格式正规的 XML 数据是不够的，我们必须保证数据是有效的。早期使用 XML1.0 DTD（Document Type Definition，文档类型定义）对 XML 数据进行有效性验证。文档类型定义（DTD）是 XML 文档的可选部分。DTD 的主要目的很像模式（后面我们会看到）的目的，限制并归类文档中的信息。但是事实上 DTD 并不限制基础类型（整数和字符串）意义上的类型，它只限制元素中的子元素和属性的出现。DTD 主要是有关一个元素中出现何种模式的子元素的规则列表。

文档类型定义与 XML 的文档格式化继承有很强的联系。由于这个原因，将文档类型定义作为数据处理应用中的 XML 类型结构来使用，在很多方面是不合适的。尽管如此，大量数据交换格式还是以 DTD 来定义的，这是因为它们是最初标准的一部分。下面是一些以 DTD 作为模式机制的局限性：

① 个别的元素和属性不能更进一步归类。例如，元素不能被限制为一个整数。
② 很难用 DTD 机制来指定子元素的无序集合。
③ 缺乏 ID 和 IDREF 的类型。这样就没有办法来指定 IDREF 或 IDREFS 属性应该引用的类型。

2. XML 模式

为了纠正 DTD 的这些缺点而进行的努力，导致了一种更完善的模式语言——XML Schema（XML 模式）的产生。与 DTD 相比，XML Schema 有以下优点：

① 它允许创建用户定义类型。
② 它允许在元素中出现的文本限制为特定的类型，如特定格式的数字类型或甚至更复杂的类型（如列表或联合）。
③ 它允许为创建特定类型而对类型进行限制，如指定最小值和最大值。
④ 它允许使用一种形式的继承来扩展复杂类型。
⑤ 它是 DTD 的超集。
⑥ 它允许唯一性和外键约束。
⑦ 它与名字空间结合，允许文档的不同部分遵从不同模式。
⑧ 它自身由 XML 语法指定。

但是为 XML Schema 的这些特性付出的代价比 DTD 要大得多。

3. XML 的命名空间

由于 XML 文档被设计用于应用程序之间的交换，因而人们引入了名字空间（Namespace）机制，以允许一些组织机构指定全局唯一的名字作为文档中的元素标签使用。

限于篇幅，这里不对 XML 的技术细节展开介绍，可参考相关技术书籍和网络资源。

7.4.2.3　XML 简单例子

实际应用中，使用 XML Schema（或 DTD）作为技术或数据交流的规范或接口，而各个厂商或技术人员则按照定义好的规范和接口形成具体的 XML 文档进行数据交流。例如，ISO15745 的一个设备规范文档 ADS-net-Device-Profile.xsd 就是一个 XML Schema，技术人员要描述此种设备，则必须按照 ADS-net-Device-Profile.xsd 的要求，形成具体的 XML 文档。

由于实际的规范文档都比较复杂,这里我们举个简单例子。

工程设备中的服务器(Server)必须包括一个以上数量的主板(Board),服务器有各种属性(例如,服务器名Name、地址IP等);一个主板必须包括一个以上数量的端口(Port),主板有主板名(name)等属性;一个端口必须包括一个以上数量的单元(Unit),端口有端口号(Num)等属性。

上面一段话就是一个简单的设备规范,使用XML Schema表示为如下Server.xsd文件(为了便于说明,在左侧添加了行号):

```
01 〈？xml version = "1.0"encoding = "GB2312"？〉
02 〈xsd：schema xmlns：xsd = "http：//www.w3.org/2001/XML Schema"〉
03     〈xsd：element name = "Sever"
04         〈xsd：complexType〉
05             〈xsd：sequence〉
06                 〈xsd：element ref = "Board"minOccurs = "1"maxOccurs = "unbounded"/〉
07             〈/xsd：sequence〉
08         〈xsd：attribute name = " name "use = required"type = "xsd：string"/〉
09         〈xsd：attribute name = "IP"use = "required"type = "xsd：string"/〉
10         〈/xsd：complexType〉
11     〈/xsd：element〉
12     〈xsd：element name = "Board"〉
13         〈xsd：complexType〉
14             〈xsd：sequence〉
15                 〈xsd：element ref = "Port" minOccurs = "1"maxOccurs = "unbounded"/〉
16             〈/xsd：sequence〉
17         〈xsd：attribute name = "name"use = "required"type = "xsd：string"/〉
18         〈/xsd：complexType〉
19     〈/xsd：element〉
20     〈xsd：element name = "Port"
21         〈xsd：complexType〉
22             〈xsd：sequence〉
23                 xsd：element ref = "Unit" minOccurs = "1"maxOccurs = "unbounded"/〉
24             〈/xsd：sequence〉
25         〈xsd：attribute name = "num"use = "required"type = "xsd：decimal"/〉
26         〈/xsd：Complex type〉
27     〈/xsd：element〉
28     〈xsd：element name = "Unit"type = "xsd：string"/〉
29 〈/xsd：schema〉
```

第01行是此文档的序言,其余都是此文档的主体。下面对主体部分做简单的介绍和分析。

第02行是根元素〈schema〉,这个根元素声明了一个命名空间——XML Schema命名空间XSD;

第03行到第11行定义用户自定义类型Server,Server有一个Board作为它的子元素,Board

子元素是通过引用方式（ref）来声明的，因为它的完整声明是在全局元素声明中提供（后面会看到），minOccurs 和 maxOccurs 用来定义子元素的最小和最大出现次数，unbounded 表示不限定，Server 还有两个字符串类型〈xsd：string〉的属性 name 和 IP。第 12 行到第 19 行是用户自定义类型 Board，同样可以看出，它有一个子元素 Port 和一个属性 name。第 20 行到第 27 行定义用户自定义类型 Port，它有一个子元素 Unit 和一个数字类型〈xsd：decimal〉的属性 name。第 28 行定义用户自定义类型 Unit。可以看出，Sever 包含 Board，Board 包含 Port，Port 包含 Unit，因此这个 XML Schema 限制的 XML 文档实例的根元素就是 Sever。

可能觉得使用自然语言表述只需几句话，而表述 XML Schema 却需要如此大的篇幅。但是自然语言的交流存在着几个先天的缺陷：不确定性、多义性、计算机无法识别和国际交流障碍等。而使用 XML 技术中的 XML Schema 则能解决上述问题。由于 XML 技术已成为成熟的国际规范，而且能够利用先进的计算机技术，以及使用各种方便快捷的 XML 工具，因此 XML Schema 的复杂性也就不成为问题。

按照上面这个简单的设备规范，形成一份具体的 XML 设备文档，如下所示：

〈？ xml version="1.0"encoding="GB2312"？〉
〈Server xsi：SchemaLocation=" Server .xsd"!
　　xmln：xsi ="http：//www.w3.org/2001/XML Schema-instance"〉
　　name=""服务器名"IP="IP 地址"、〉
　　　　〈Board name="主板名"
　　　　　　〈Port num="1"〉
　　　　　　　　〈Unit〉单元 1〈/Unit〉
　　　　　　〈/Port〉
　　　　　　〈Port num="2"〉
　　　　　　　　〈Unit〉单元 2〈/Unit〉
　　　　　　〈/Port〉
　　　　〈/Board〉
〈Server〉

实际，上面这个文档可以通过 XML 工具直接生成，我们只需进行简单的复制、粘贴和修改工作，就能得到我们想要的文档。我们将其存为一个 XML 文件（如 Server1.xml），再直接用 Internet Explorer 打开，会看到类似如下的层次结构树形式：

〈？ xml version="1.0"encoding="GB2312"？〉
〈Server name="服务器名"IP="IP 地址"〉
　　〈Board name="主板名"〉
　　　　〈Port num="1"〉
　　　　　　〈Unit〉单元 1〈/Unit〉
　　　　〈/Port〉
　　　　〈Port num="2"〉
　　　　　　〈Unit〉单元 2〈/Unit〉
　　　　〈/Port〉
　　〈/Board〉
〈/Server〉

7.4.2.4 XML 的特性和优点

XML 是一个用来判断标准的语言，根据它可以定义出新的标记语言，所以 XML 是很多应用的开端。其主要作用不单要能自定义标签，并且也要能像 HTML 一样，可以在 Web 上提供服务，也可以应用接收机处理数据等工作。XML 被设计成十分容易运行的方式，并且也提供 XML 与 SGML 或 HTML 之间的互通功能。

XML 也可说是一个"伟大的连接者"，它让数据的传送者与接收者对数据的处理差异降至最低。此外，XML 还具有下列优点：
① 减少固有数据的障碍；
② 让应用系统可以按相同方式存取所有数据；
③ 让搜索更快速、更有效率；
④ 数据的比较与整合更为便利；
⑤ 系统可以逐步修改，不需要大幅度调整；
⑥ 具有识别数据提供者提供程序并验证他的身份的功能；
⑦ 可降低重复数据的传输，强化网络资源的使用效率。

7.4.2.5 参考资源

XML 的封页站点（www.oasis-open-org./cover）上有大量的 XML 信息，包括 XML 的介绍、标准、发布和软件。万维网联盟（W3C）担任 Web 相关标准的标准主体，包括基本 XML 以及所有 XML 相关语言，如 XPath，XSLT 和 XQuery。在 www.w3c.org 站点上有大量的定义 XML 相关标准的技术报告。

复习思考题

1. 系统集成的含义是什么？
2. 系统集成的三要素是什么？
3. 集成的模型有哪些？
4. 画出轨道交通控制系统体系结构的例图并简要说明。

第8章 系统集成接口技术

8.1 概述

接口是系统集成实现的关键技术之一。接口技术的范围非常之广,既包含现场设备集成接入的数据采集技术,也包含子系统互联或集成的信息交换技术;既体现计算机软、硬件技术,又反映着系统集成商的综合管理能力。本章讨论的接口技术,是系统集成实施中与接口开发相关的一些共性的技术。

接口技术按其所支持的功能分为:系统级接口、设备级接口、管理级接口。

1. 系统级接口

系统级接口主要是指对子系统信息(而不是"生数据")进行处理的接口功能。接口开发涉及众多不同子系统,系统集成商面对多家子系统供货商,必须有效地对性质、功能、结构存在很大差异的众多子系统进行信息整合与安排,从系统的层面对子系统的信息进行处理,解决包括信息存储结构的分布、信息组织结构的规范化、有效的信息流通机制。此外,还涉及子系统的责任、权利和义务等问题。系统对子系统接入需要遵循相关的系统接口规范,全方位满足信息集成的相关设计,需要解决各子系统信息的分布结构、信息在各子系统之间的流通方案、各种类型的参与者在系统运行中的角色与作用等。

要完成系统级接口工作任务,需要系统集成商具有从事子系统互联的能力,包括多种专业知识以及掌握现代以太网通信、中间件应用等技术。

2. 设备级接口

设备级接口主要是指对现场来的未经加工的"生数据"进行处理的接口功能。对城市轨道交通自动化系统进行系统集成,涉及多个厂家的设备和装置。例如,现场仪表和传感器。各个设备和装置的接入需要彼此协调,在工程实施中同步进行。系统接入这些设备和装置主要是完成对相关现场数据的采集任务。

系统集成商完成数据采集任务必须同时兼顾多方面要求,需要了解设备特性,并掌握多种现场总线技术和校验、冗余、容错技术,熟悉多种国际、国内通用的通信协议和专用协议。

3. 管理级接口

管理级接口是指接口开发过程中需要的管理功能。多个厂家软、硬件的协同工作构成整个集成系统,相应地,开展系统集成工作离不开各厂商的协同配合。与接口相关的多个厂家配合的基础是正确地、一致地描述和发布接口信息,因此必须对接口描述的形式规范化。在一个具体接口的专用规范制定出来后,与此接口有关的各方就有了一致的工作目标,接口开发的成功就有了保证。

在本章中，首先介绍系统集成接口框架，然后有针对性地介绍一些与接口通信相关的知识，最后对接口规范化的相关技术和工作进行阐述。

8.2 集成系统接口框架

在轨道交通综合监控集成项目中，不同客户对实现系统功能的各个子系统要求不尽相同，系统设备的选型也存在着诸多差异。

为了协调这种个性与共性的需求差异，集成系统必须以统一的数据接口规范、结构形式、工作机理、使用风格，以及一致的分析和开发方式来建立与子系统和设备的连接。集成系统的这个特性是靠平台化的接口框架实现的。开发集成软件的一个重要工作，就是构建平台化的接口框架，并在此基础上开发出多种通用或专用的子系统或设备的接口通信驱动程序，从而实现这些子系统或设备的无缝接入。

8.2.1 接口框架的一般形式

接口框架在集成系统的数据采集层上，其作用是以一致的方式处理通信接口，充分保证系统的开放性和可扩展性，并为统一的开发模式提供支持。通常由流程调度、冗余管理、驱动公共接口等部件组成。图 8.1 给出了构建接口框架和接口通信的典型组织形式。

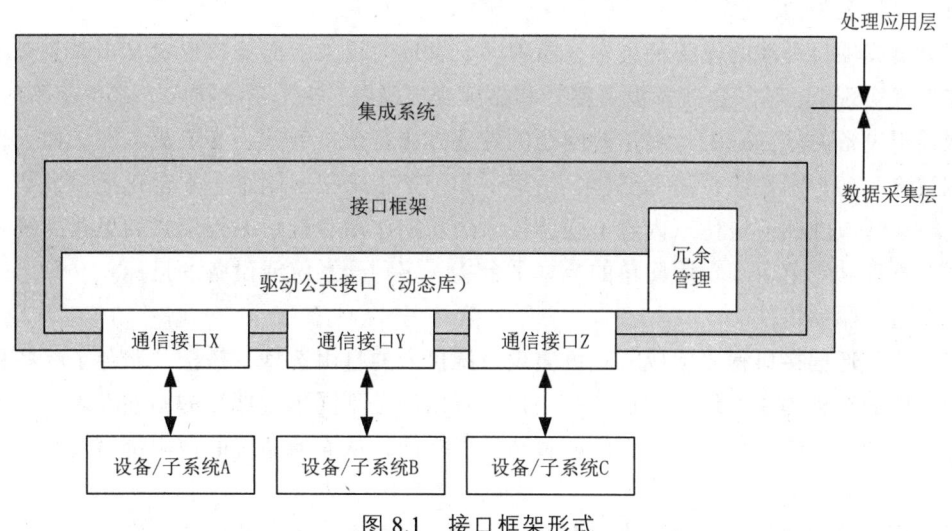

图 8.1 接口框架形式

接口框架管理的通信接口程序要根据设备/子系统对接口的具体要求来开发，并充分考虑满足集成系统性能要求。通常它以动态库的形式提供，没有功能、性能等方面的特殊要求和限制，使得通信接口程序能够按照接口特性进行灵活设计。

在通信接口程序中，设置的定义通常用"板卡 + 端口 + 设备地址"的形式。在编写接口通信程序的时候，特别是通过增加专用板卡与外部通信驱动时，要将这些概念正确映射到物理通信系统。通信接口程序的结构可具有足够的灵活性，例如，一个驱动可以操作多个计算机通信板卡，每个通信板卡又可以有多个硬件端口，每个端口可与多个 I/O 设备进行通信等。

物理概念与驱动概念的映射关系可以用图 8.2 表示。

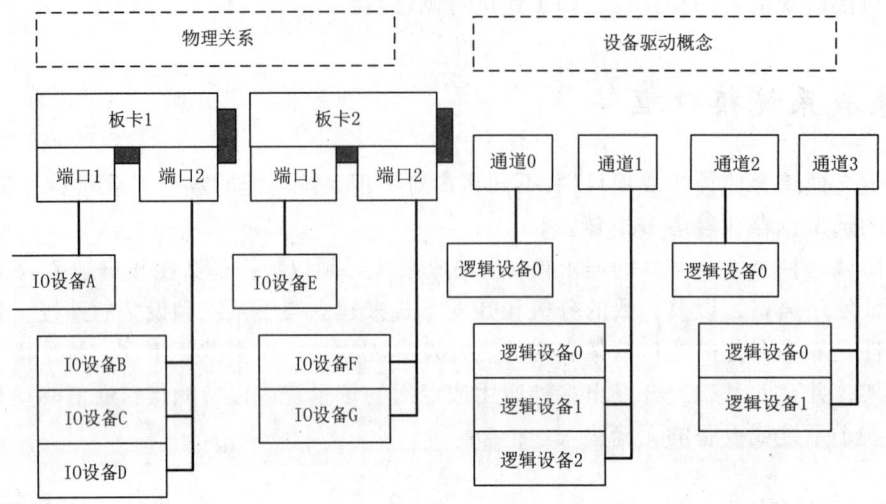

图 8.2　物理接口与驱动概念的映射关系

8.2.2　接口框架的特点

平台化的接口框架具有以下一些特点。

（1）设备无关性。

因为集成项目牵涉的设备种类多、品牌多、可选性很大，而接口形式又不能完全统一，因此在工程实现上，经常会涉及设备型号和品牌变更问题，各子系统接入方式也都不尽相同。对于依赖于设备的软件来说，对这些问题的处理方法复杂、低效，变更成本高，如果软件运行方式被迫改变，则性能也随之变化，给运行和维护带来很多困难。平台化接口框架在设计思想上注重开放性和模块化，内容上强调接入的功能作用和接口编程模式和思路的统一，工程上强调管理和规范，实现用简单的数据平台接入多种子系统或设备的目标。

（2）通信驱动组件化。

组件化的通信接口程序构成方式可实现系统接入的自由选型、搭接，避免了将各种接口固化为一体的种种弊端。组件化通信接口程序可以满足不同集成项目的不同需求，为工程实施、接口维护、系统优化提供自由的调整与扩展空间，从而使系统的使用价值最大化。

（3）统一开发方式。

平台化接口框架的一个突出优势在于其开发过程高度一致，从而使开发工作更专业化。每个接口通信驱动要求的内容比较少，形式单一，对开发、实施和维护的人员要求都不是非常高，能使团队整体上显著地提高工作效率。

（4）标准化通信规约。

提供丰富的标准接口规约也是接口框架开发工作的一部分，包括符合有关国际通用标准的现场总线支持、通信协议支持，或符合国家与部颁标准规约的通信协议支持。标准规约从技术上和机制上保证了互联互通并支持二次开发或功能调整，使系统具有良好的可靠性、可扩展性和可维护性，达到软件重用的目的。

8.2.3 接口框架实现

如前面所述，通信接口应当以设备无关的方式实现子系统或设备的接入，允许系统与多种不同形式的设备进行交互。系统请求访问物理 I/O 设备，将请求发送给通信驱动程序，驱动程序与物理设备进行通信来处理这些请求，在通信完成后将结果转换成统一的格式返回给系统，实现与设备无关的通信。

根据通信链路形态的不同，通信程序又可以分为两种基本形式：串行类型驱动和板卡类型驱动。接口框架应提供这两种驱动的开发模板，使所有的驱动都具备统一的开发模式。串行类型驱动有的是采用 RS-232、RS-422 或 RS-485 等类似的通信标准作为物理通信介质，有的是基于 TCP 实现的通信。这类驱动的特点是：数据是串行流，而且对应的通信硬件访问有统一和标准应用编程接口。

板卡类型驱动通常针对特殊的硬件板卡，例如设备生产厂家提供的专用通信卡。实现板卡类型驱动需要接口框架进行一些相关的初始化调度命令，并通过中断、I/O 端口、内存映像等直接与板卡交互，或调用操作系统或第三方提供的 API 函数来进行实时数据采集和发送。

采用上述两种驱动的模板，可以实现多数通信驱动的开发。图 8.3 概括了驱动公共接口需要提供的支持，以及驱动组件开发需要实现的工作。

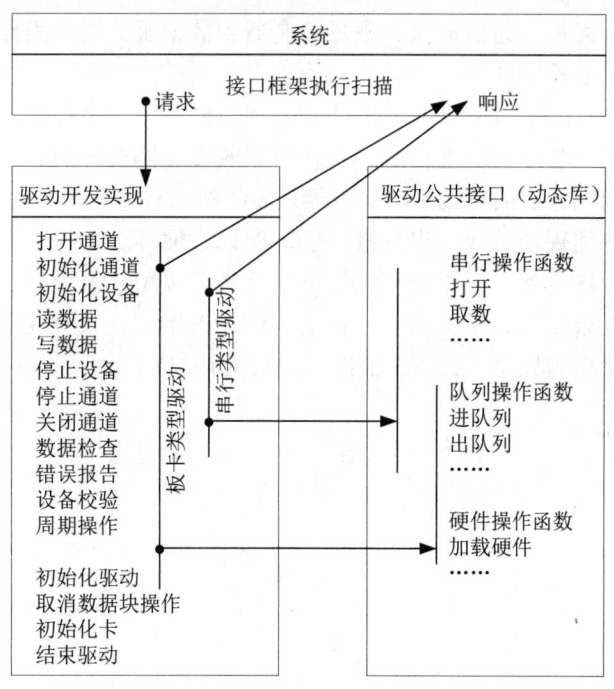

图 8.3 通信接口实现

通常，通信规约有主动上报方式（周期/变化事件）和交互召唤方式。采用主动上报方式时，设备有主动上传数据的能力，这是许多分布式系统常采用的工作方式。这种方式又可以细分为周期主动上报和变化发生导致主动上报两种。交互召唤式通信规约应用也非常广泛，如 IEC60870-5 系列规约、Modbus 等。构造接口框架和开发通信驱动需要综合支持这两种模式。

在交互召唤式通信规约的开发中，从系统发出的请求经过驱动传递给物理设备，在设备响应回来后驱动再返回给系统,这种形式非常简单,对响应特性好的设备可以采用这种同步方式。但是,由于各厂家提供的设备或系统在接入通信方面性能差异非常大,为了屏蔽不良设备对总体数据访问效率的影响,可以采用异步前后端的驱动结构,即后端只负责与设备通信,根据设备特性独立设计交互流程,并将设备响应数据放到驱动的缓冲空间中,这样缓冲空间就形成了设备的一个内存映像,由前端用缓冲区中的数据与系统进行交互。

对于主动上报式通信规约,驱动也应采用前后端方式。因为对于通信驱动而言,设备或子系统何时会传输数据是未知的,驱动必须设置后端部分才能避免因系统延迟请求而导致的数据丢失或失效。前后端处理模式如图 8.4 所示。

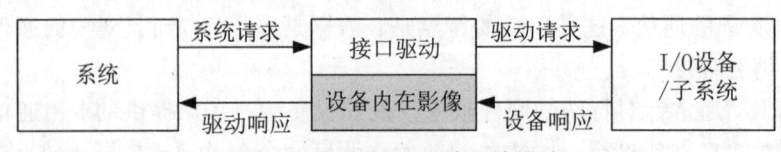

图 8.4 通信驱动的前后端模式

8.2.4 冗余技术

工业环境对系统可靠性的要求非常高,使得冗余技术在工业自动控制领域提高到了相当高的地位,从 I/O 采集板、通信链路、现场控制器到数据服务器和操作员工作站,冗余的理念基本贯穿了整个工业控制系统。

大型系统集成项目的接口冗余,一般表现在通信网关的冗余和通信网络的冗余。

通信网关泛指系统与外系统通信时,担任数据收发、协议转换的设备。各类系统担负这一任务的设备不尽相同,有的称为 I/O 服务器或 I/O 站,有的称为 FEP。

通信链路包括各类现场总线、串行网络、工业以太网等。

实际应用中,现场设备内部功能和结构上往往也会采用冗余设计,但设备本身一般不做冗余配置,原因是冗余配置会带来软、硬件成本的显著增加,只有在非常关键的位置才会考虑通过增加设备数量实施冗余。图 8.5 给出了常见的接口冗余配置形式。

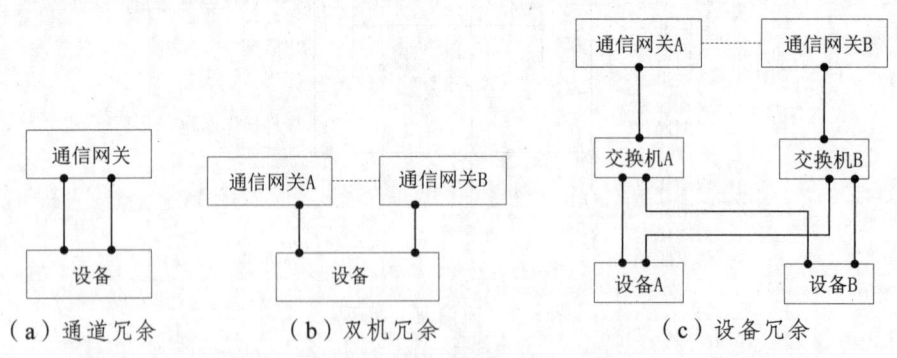

图 8.5 典型的接口冗余配置

从冗余设施配置的作用方式上进行划分,有 $1+1$ 冗余、$N+1$ 冗余和 $N+N$ 冗余。$1+1$ 配置时,两套设备互为冗余备份,其实时性较强,易于实现无损切换;$N+1$ 配置时,一套冗余设备可以为多套设备做冗余备份,与 $1+1$ 方式相比,$N+1$ 方式节省占地面积、降低运营成本；$N+N$ 冗余配置时，系统实际只需要 N 套设备即可以工作，再额外设置 N 套设备做冗余备份，可适应多套设备并发故障的情况。在综合监控系统集成项目中，接口冗余多数采用 $1+1$ 冗余形式，以下的讨论也主要针对这种形式。

物理配置上的冗余必然要求在软件上有相应的处理，这部分软件设计的关键是接口故障检测、主从判决和无损切换。设计约束是切换效率。故障检测的对象包括设备在线、离线，设备功能，通信链路，计算机软件和硬件；主从判决是确定正常工况、单故障工况和交叉故障工况下，通信链路和通信网关的活动或待机策略；无损切换指要保证故障发生后，原有功能和性能尽可能不被迫改变；切换效率指从检测到故障到恢复正常工作所需要的时间，时间越短效率越高。不同系统集成商采用不同的集成平台、设计目标和各个技术环节支持的软件形态。图 8.6 给出的是一种典型的冗余支持的软件形态。

成熟的集成平台在主从判决策略上进行了多种优化，有的采用故障点数比较策略，有的采用故障点加权比较策略，还有的采用局部活动、局部待机策略。这些策略在保证单故障情形下接口功能不丧失的同时，还或多或少地保证了交叉故障情况下接口功能不丧失，提高了系统的可用性。

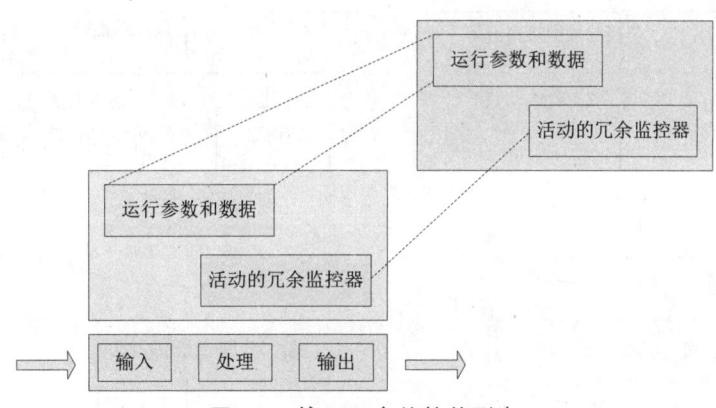

图 8.6 接口冗余的软件形态

8.3 接口通信技术

本节从软件开发的角度，介绍接口通信方面的一些技术。接口通信的核心是根据通信协议开发通信程序，但如果遵循业界标准，这一步的工作将变得比较简单，因此重点介绍目前自动化领域的工业标准 OPC 规范。此外，还要介绍接口通信软件开发必然要涉及的校验技术、质量保证的测试技术等。

8.3.1 通信软件和通信协议

1. 接口通信软件

接口双方的数据通信要依照特定的通信协议进行。接口开发的一项重要工作，就是与通信协议相关的程序开发。一般而言，完整的计算机通信软件，要包含板卡驱动程序、网络控制程序和网络应用程序等三种。

板卡驱动程序处于通信的底层,负责将计算机的信息传输到线路上,并从线路上接收信息传给计算机。对于以太网卡和串口,可以直接使用操作系统提供的驱动;但如果使用 Arcnet、Can 等特殊网卡时,就需要安装专用的驱动程序,或自己开发板卡驱动程序。

网络控制程序处于通信的中间层,负责控制和监视通信进程使用的网络资源,具有建立通信链路、分配内存、控制计算机与网络之间的信息流的功能,如 TCP/IP 等。采用标准现场总线时,网络控制程序往往实现在板卡驱动程序中了,如 PROFIBUS 应用中的 CP5613 卡驱动。

网络应用程序处于通信的高层,直接为用户提供应用服务。对以太网或串口类型的通信接口,一般是要求根据通信规约开发这类应用程序,下面讨论的通信协议也主要是针对这类应用程序。图 8.7 给出的是 IEC60870-5-104 协议规定的一般体系结构的例子,开发该通信规约需要的工作就是开发网络应用程序。

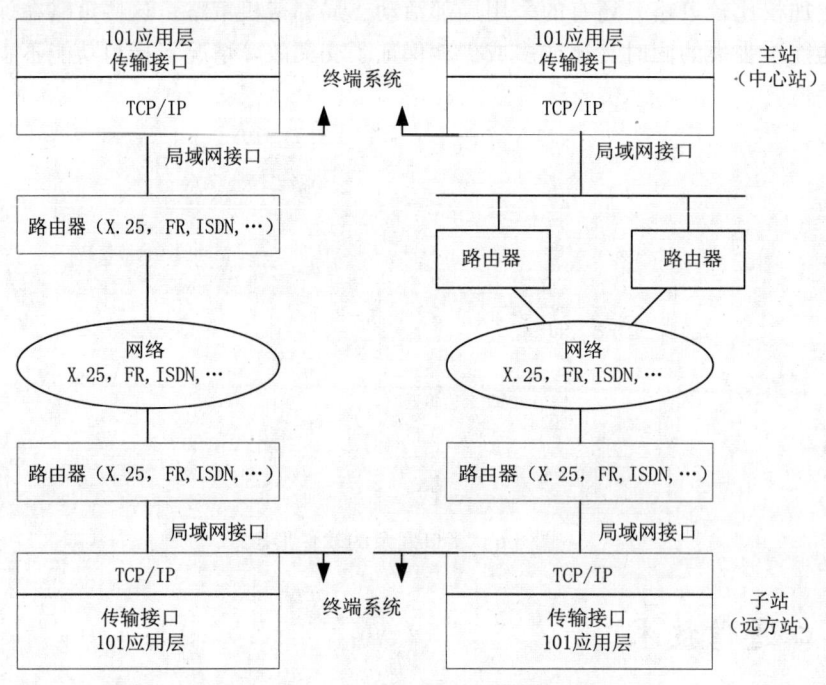

图 8.7 IEC60870-5-104 的一般体系结构

2. 接口通信协议

所有设备/子系统与集成系统之间接口的通信协议都具有三要素:语法、语义、时序规则。语法确定了通信双方通信时数据报文的格式;语义明确了通信双方通信的内容;时序规则指出的是通信双方信息交互的顺序,如建立连接、传输数据、数据重传、拆除连接等。

在传输数据时,数据包要按照一定的流程来交互。根据这个流程的不同,又可以将通信协议分为两大类型:主动传送类型和应答传送类型,两种类型在系统集成项目中都有广泛的应用。

主动传送可以是周期循环的,典型的例子有原电力部标准 CDT 规约中的遥测、遥信数据;也可以是事件触发的,如有的规约中设置的模拟量越死区主动上传功能。主动传送类型的协议在远程通信和窄带宽网络环境中应用比较多,在设备/子系统接入中也有一些应用。

应答传送类型的通信协议，根据通信发起的不同，有一主多从、多主多从等多种展现形式，许多现场总线底层协议也是采用这种方式进行设计。最典型的应答类型的协议是 Modbus，目前已发展成为一个标准协议。由于应答传送具有较强的控制能力，因此这种形式比主动传送应用更广泛。

8.3.2 OPC 标准

8.3.2.1 综　述

OPC（OLE for Process Control）作为现代工业控制软件互操作标准，是 1996 年秋季问世且发展很快的一项新技术。OPC 基金会建立了一套标准的 OLE/COM 接口协议，它是建立在 Microsoft 的 OLE/COM 技术上的规范，采用了先进的客户-服务器模型。它的特点是把软、硬件供应商和系统集成供应商分离开来，各自只对数据的格式负责，这样它就把复杂的数据链路层的问题丢到一边。它可以采用统一的方式存取不同生产商的设备或子系统，实现"互操作"。

OPC 是一系列标准规范的集合。第一个规范是数据访问（Data Access Specification，DA，原来称为简化 OPC 规范），是自动化业界许多知名供应商与微软协同完成的。原来是基于 OLE/COM 和 DCOM（Distributed Component Object Model）技术，它为过程控制和制造自动化应用定义了一组标准对象、接口和方法，目的是实现互操作。目前有上百个 OPC 数据访问服务器和客户。

DA 规范仅对数据访问进行了标准化，人们很快认识到其他类型的数据通信也可以利用这种做法进行事务简化，随后依次发布了针对报警&事件、历史数据、批量数据等的规范。到现在已经有多个完成了的或正在开发的 OPC 规范。

① 数据访问（Data Access）：是出现最早的 OPC 规范，用来从 PLC、DCS 和其他控制设备中获取数据，目前正在发布 DM 规范，与以前版本相比改进了浏览能力，并引进了 XML-DA Schema。

② 报警&事件（Alarms & Events）：根据需要进行报警和事件通知（与 DA 的持续数据流不同），包括过程报警、操作行为、信息包、跟踪/检查包等。

③ 批量（Batch）：这部分规范使 OPC 的思想贯穿到批量处理中。

④ 数据交换（Data exchange）：该规范把从客户-服务器带到了通过以太网现场总线进行通信的服务对服务（Server to Server），它使得供应商可以互操作工作，并且增加了远程配置、诊断和监视管理服务。

⑤ 历史数据访问（Historical Data Access）：OPC 数据访问提供的是实时变化的数据，而历史数据访问则提供例访问已存储了的数据。从简单的串行数据记录系统到复杂的 SCADA 系统，历史数据都可以用统一的方式进行访问。

⑥ 安全性（Security）：OPC 服务器所提供的信息不应当被随意篡改，OPC 安全规范规定了如何控制客户访问这些服务，从而保护这些敏感的信息，防止对过程参数的未授权修改。

⑦ XML 数据访问（XML-DA）：XML 提供了灵活、一致的规则和格式来表述数据，微软、工作在 SOAP 和 Web 服务的相关组织正在推动这个规范。

⑧ 复合数据（Complex Data）：是一个与 DA 和 XML-DA 配合使用的规范，允许服务器

向外提供更复杂的数据类型,如二元结构、XML 文档等。

⑨ 指令(Commands):现在有一个工作组正在从事这组接口的开发,本规范将允许 OPC 客户和服务对在设备上执行的控制命令来进行标识、发送和监视。

OLE/COM 是一种客户-服务器模式,根据易于扩展性设计,具有语言无关性、代码重用性、易于集成性等优点。OPC 规范了接口函数,不管现场设备以何种形式存在,客户都以统一的方式去访问,从而保证软件对客户的透明性,使得用户完全从低层的开发中脱离出来。

对基于以太网的分布式应用采用该标准接口,可明显降低系统的复杂度、改善系统性能、提高软件重用度、避免造成大量人力与物力资源的浪费,这些都是 OPC 的优点。

8.3.2.2 基于 OPC 的集成模式

OPC 为实时数据、报警和事件分别提供了多种机制。实时数据服务器可以在数据越死区变化时,通知 OPC 客户程序进行处理;报警和事件也可以通过报警、事件处理接口在客户端得到通知,从而及时获得服务器的当前状态。

由于 OPC 规范基于 DCOM 技术,而 DCOM 技术支持 TCP/IP 等多种网络协议,因此可以将 OPC 客户、服务器在物理上分开,分布于网络不同节点上。OPC 规范可以实现在许多应用程序中,如物理设备数据采集、子系统互联互通等。实际上,OPC 设计的目的就是从网络上某节点获取数据。图 8.8 展示了一些 OPC 的典型应用形式。

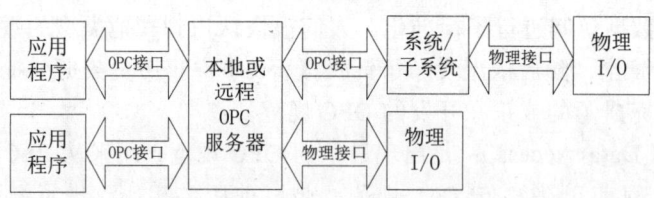

图 8.8 OPC 的客户-服务器关系

采用 OPC 作为系统集成的子系统和设备接入接口,就可以非常灵活地搭建集成系统。在图 8.9 中,综合监控系统通过 OPC 接口直接接入了两台设备和一个子系统,子系统也通过 OPC 接口接入了一台设备。在这里,设备和子系统对于综合监控系统而言成为同一类对象,监控系统可以用统一的形式对它们进行处理。

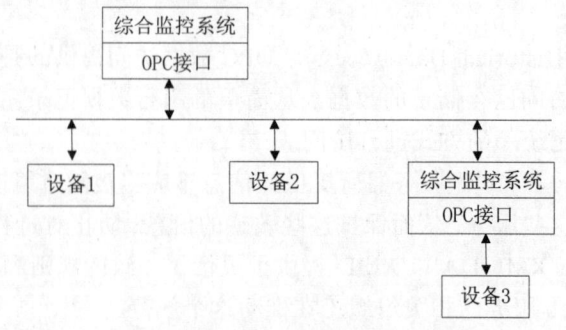

图 8.9 基于 OPC 接口的综合监控系统

8.3.2.3 OPC 接口

应用程序与 OPC 服务器之间必须有 OPC 接口，OPC 规范提供了两套标准接口，即 COM 接口和自动化接口。OPC 服务器必须实现 COM 接口，COM 接口效率高，通过该接口，客户能够发挥 OPC 服务器的最佳性能，采用 C++语言的客户一般采用 COM 接口方案。自动化接口是非强制的，自动化接口使解释性语言和宏语言访问 OPC 服务器成为可能；采用 VB 语言的客户一般习惯自动化接口，在编写客户应用程序时比较简单，然而自动化客户运行时需要进行类型检查，这一点会影响程序的运行效率。

数据访问是最常见的功能，OPC 标准为数据访问定义了三层接口，即服务器（Server）、组（Group）和数据项（Item），三层接口依次呈包含关系，如图 8.10 所示。

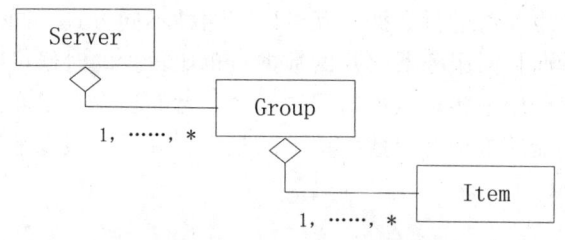

图 8.10　OPC 三层接口关系

1. 服务器对象

服务器对象包含服务器的所有信息，同时也是组对象的容器。它是 OPC 的启动服务器，是获得其他对象和服务的起始对象，并用于返回 Group 类对象。一个服务器对应于一个 OPC Server，即一种设备驱动程序。OPC 扩展了设备的概念。只要符合 OPC 服务器的规范，OPC 客户都可与之进行数据交换，而无须了解设备究竟是 PLC 还是仪表，甚至只要在数据库系统上建立了 OPC 规范，OPC 客户就可以方便地实现数据交互。在一个 Server 中，可以包含若干个组。

2. 组对象

组对象包含本组的所有信息，同时包含并管理 OPC 数据项。OPC 组对象为客户提供了组织数据的一种方法。组是应用程序组织数据的一个单位，客户可对其进行读写，还可设置客户端的数据更新速率。当服务器缓冲区内数据发生改变时，OPC Server 将向客户发出通知，客户得到通知后再进行必要的处理，无须浪费大量的时间进行查询。OPC 规范定义了 2 种组对象：公共组（或称全局组，Public）和局部组（或称局域组、私有组，Local）。公共组由多个客户共有，局部组只能对建立它的客户有效。一般来说，客户和服务器的一对连接只需要定义一个组对象。在一个组中，可以有若干个数据项。

3. 数据项

存储具体的数据项（Item）定义等信息，每个数据项的数据结构包括 3 个成员变量：数据值、数据质量戳和时间戳。一个数据项与一个具体的位号相连，是读写数据的最小逻辑单位。数据项不能独立于组而存在，必须隶属于某一个组。OPC 数据项是服务器端定义的对象，通常指向设备的一个寄存器单元。OPC 客户对设备寄存器的操作都是通过其数据项来完成的。通过定义数据项，OPC 规范尽可能地隐藏设备的特殊信息，使 OPC 服务器的通用性大大增强。OPC 数据项并不提供对外接口，客户不能直接对其进行操作，所有操作都是通过组对象进行的。

8.3.2.4　OPC 的数据访问

1. 服务器缓冲区数据和设备数据

OPC 服务器本身是一个可执行程序，该程序以设定的速率不断与设备或子系统的物理寄存器进行数据交互。服务器内有一个数据缓冲区，其中存有最新的数据值、数据质量戳和时间戳。时间戳表明服务器最近一次读写数据的时间。服务器对物理寄存器的读取是不断进行的，时间戳也在不断更新。即使数据值和质量戳都没有发生变化，时间戳也会进行更新。客户既可以从服务器缓冲区读取数据，又可以直接从物理寄存器读取数据（从物理寄存器直接读取数据速度会慢一些）。

2. 同步和异步

OPC 客户和 OPC 服务器进行数据交互可以有两种不同方式：同步方式和异步方式。同步方式在客户数目较少而且同服务器交互的数据量也比较少的时候可以采用；异步方式实现较为复杂，需要在客户程序中实现服务器回调函数。然而当有大量客户和大量数据交互时，异步方式的效率更高，能够避免客户数据请求的阻塞，并最大限度地节省 CPU 和网络资源。

8.3.2.5　总　结

OPC 因采用 DCOM 技术而无法应用到异构平台系统，这是它的一个显著缺陷。但对于不存在平台异构的场合，按照 OPC 规范进行系统集成接口设计可获得多方面的好处，表现在以下方面：

① OPC 是一个工业标准，被许多在世界上占领先地位的自动化系统和硬件、软件厂商所支持，具有良好的互联互通基础，集成商开发一套驱动程序就可以满足许多接入的需要。

② OPC 规范可以将各个系统、子系统、设备从物理上分开，分布于网络的不同节点上。

③ OPC 按照面向对象的原则，将一个应用程序（OPC 服务器）作为一个对象封装起来，只将接口方法暴露在外面，客户以统一的方式去调用这个方法，从而保证软件对客户的透明性，使得用户完全从低层的开发中解脱出来。

④ OPC 实现了远程调用，使得应用程序的分布与系统硬件的分布无关，便于系统硬件配置以及使得系统的应用范围更广。

⑤ 采用 OPC 规范，便于系统的组件化，将系统复杂性大大简化，可以大大缩短软件开发周期，提高软件运行的可靠性和稳定性，便于系统的升级与维护。

⑥ OPC 规范了接口函数，不管现场设备以何种形式存在，客户都以统一的方式去访问，从而实现系统的开放性，易于实现与其他系统的接口。

⑦ 工程人员在设备选型上有了更多的选择。对于最终用户而言，选择面更宽，可以根据实际情况的不同，选择切合实际的设备。

8.3.3　校验技术

8.3.3.1　差错控制

外部设备和系统接入时，最基本的要求是数据通信实时、可靠。在数字通信系统中，可靠性与实时性往往是一对矛盾，若要求快速，则必然使得每个数据码元所占的时间缩短、波形变窄、能量减少，从而导致受到干扰与减损后产生错误的可能性增加，使传送信息的可靠性下降。若是要求通信可靠，则应使传送消息的速率变慢。必须合理地解决这一对矛盾。

提高通信可靠性的办法主要有两种：一是选用高质量的传输介质和提高信号功率强度，在通信线路上，主要是从改善信道传输特性入手，采取最佳的信号编码和变换方式，使传输信号特性与信道特性达到最好的匹配，从而尽可能降低原始误码率，但这样做往往会大大增加通信成本；二是在传输过程中进行差错控制处理，就是将差错消除在传输过程之中，以提高通信的可靠性。

在安全环境要求下，现场总线通信的能量水平受到严格限制，误码率较高，此情况下只能通过提高通信的纠错水平来降低误码率。

在数据通信中，采用的差错控制工作方式通常有四种：检错重发（ARQ）、前向纠错（FEC）、混合纠错（HEC）、反馈校验（IRQ）。如图 8.11 所示，图中有斜线的方框图表示在该端检出错误）。

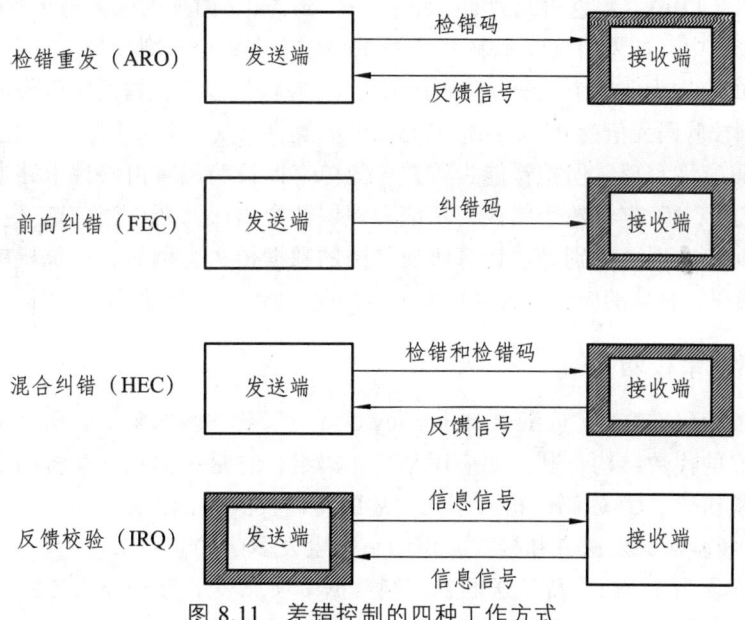

图 8.11 差错控制的四种工作方式

差错控制编码是为了使数据在传输之后能检测（纠正）已出现的差错。只具有检错能力的编码称为检错码；既能检错又具有自动纠错能力的编码则称为纠错码。大型实时监控系统的设备接入通信网时，广泛采用检错重发（ARQ）方式，即一旦收到接收端发出的出错信息，发送端便自动重发，此时的差错控制只需要检错功能。

目前可用的差错控制编码方法很多，但在数据通信和计算机通信中常用的几种编码有：水平奇偶校验码、垂直奇偶校验码、水平垂直奇偶校验码、循环冗余校验码、海明码等。其中，水平奇偶校验码、垂直奇偶校验码和循环冗余校验码是单纯检错码，而水平垂直奇偶校验码则还具有有限的纠错能力，但多数情况下只用于检错。

8.3.3.2　奇偶校验码

奇偶校验（Parity）是一种最基本的校验方法。奇偶校验码是简单地通过附加一个检验位来使得码字中"1"的个数保持为奇数个或偶数个的编码方法，如图 8.12 所示，在 $n-1$ 个信息元后面附加一个校验元,使得长为 n 的码字中"1"的个数保持为奇数个或偶数个的码称为奇偶校验码。或者说它是 $r=1$、码重 W 为奇数或偶数的系统分组码,它只是一种能力很有限的检验码。

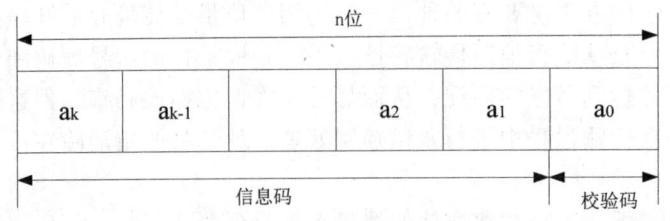

图 8.12 简单奇偶校验码

奇偶校验编码如果是在一维空间上进行,则是简单的"水平奇偶校验码"或"垂直奇偶校验码";如果是在三维空间上进行,则是"水平垂直奇偶校验码"。奇偶校验又可以分为奇校验和偶校验。在图 8.12 中,信息码元为 a_k,a_{k-1},…,a_2,a_1,附加的校验码元为 a_0。奇偶校验的规则是:在奇校验中,如果信息码元中"1"值的个数为奇数个,则校验码元值为 0;如果信息码元中"1"值的个数为偶数个,则校验码元值为 1。在偶校验中,如果信息码元中"1"值的个数为偶数个,则校验码元值为 0;如果信息码元中 1 值的个数为奇数个,则校验码元值为 1。

奇偶校验码容易实现,但检错能力较差。简单奇偶校验码可由硬件电路或软件产生,它只能检出"1"或"0"有奇数个错误,不能发现偶数个错误。所以当信道干扰不太严重以及码长 n 不很长时很有用,特别是在计算机通信网的数据传送(例如,计算机串行通信)中经常应用这种检错码,具体的应用方式主要有水平奇偶校验、垂直奇偶校验和水平垂直奇偶校验。

8.3.3.3 循环冗余校验码

循环冗余校验码 CRC(Cyclic Redundancy Code)又称多项式码,它由分组线性码的分支而来,具有良好的代数结构,其主要应用是二元码组,它是一种在计算机网络和数据通信中用得最广泛的检错码。CRC 码的检漏率比前述的奇偶校验码低得多,同时实现也比较简单。

采用 CRC 校验时,发送方和接收方用同一个生成多项式 $g(x)$,并且 $g(x)$ 的首位和最后一位的系数必须为 1。假设待发送的二进制数据多项式表示为 $t(x)$,CRC 的处理方法是:发送方以 $g(x)$ 去除 $t(x)$,得到余数作为 CRC 校验码。校验时,以计算的校正结果是否为 0 为依据,判断数据帧是否出错,如图 8.13 所示。

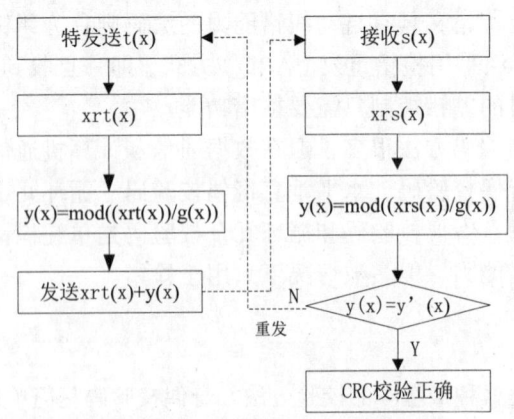

图 8.13 CRC 校验和检错重发

具体实现步骤如下：

① 设待发送的数据块是 m 位的二进制多项式 $t(x)$，生成多项式为 r 阶的 $g(x)$。在数据块的末尾添加 r 个 0，数据块的长度增加到 $m+r$ 位，对应的二进制多项式为 $x^r t(x)$。

② 用生成多项式 $g(x)$ 去除 $x^r t(x)$，求得余数为阶数，为 $r-1$ 二进制多项式 $y(x)$。此二进制多项式 $y(x)$ 就是 $t(x)$ 经过生成多项式 $g(x)$ 编码的 CRC 校验码。

③ 用 $x^r t(x)$ 以模 2 的方式减去 $y(x)$，得到二进制多项式 $x^r t^1(x)$。$x^r t^1(x)$ 就是包含了 CRC 校验码的待发送字符串。

目前已经有多种生成多项式被列入国际标准中，如：CRC-4，CRC-12，CRC-16，CCIπ-16，CRC-32 等。CRC-12 码通常用来传送 6 bit 字符串。CRC-16 及 CRC–CCITT 码则用来传送 8 bit 字符，其中 CRC-16 为美国采用，而 CRC–CCITT 为欧洲国家所采用。目前广泛使用的生成多项式主要有 4 种。

- $CRC^{12} = x^{12} + x^{11} + x^3 + x^2 + 1$
- $CRC^{16} = x^{16} + x^{12} + x^5 + 1$（IBM 公司）
- $CRC^{16} = x^{16} + x^{15} + x^2 + 1$
- $CRC^{32} = x^{32} + x^{26} + x^{23} + x^{22} + x^{16} + x^{11} + x^{10} + x^8 + x^7 + x^5 + x^4 + x^2 + x + 1$

一般情况下，r 位生成多项式产生的 CRC 码可检测出所有的双错、奇数位错和突发长度小于等于 r 的突发错、$(1-2^{-(r-1)})$ 的突发长度为 $r+1$ 的突发错和 $(1-2^{-r})$ 的突发长度大于 $r+1$ 的突发错。例如，对上述 $r=16$ 的情况，就能检测出所有突发长度小于等于 16 的突发错、99.997% 的突发长度为 17 的突发错、99.998% 的突发长度大于 17 的突发错。所以 CRC 码的检错能力还是很强的。这里，突发错误是指几乎是连续发生的一串错；突发长度就是指从出错的第一位到出错的最后一位的长度（但是，中间并不一定每一位都错）。采用 16 位 CRC 校验，可以保证在 10^{14} bit 码元中只含有一位未被检测出的错误，CRC-32 出错的概率只有 CRC-16 的 10^{-5}。由于 CRC-32 的可靠性，把 CRC-32 用于重要数据的传输十分合适。

总结起来，循环冗余校验码的检错能力有以下几点。

① 可检测出所有奇数个错；
② 可检测出所有单比特和双比特的错；
③ 可检测出所有小于、等于校验码长度（$n-k$）的突发错；
④ 对于 $n-k+1$ 位的突发性错误，查出概率为 $1-2^{-(r-1)}$；
⑤ 对于多于 $n-k+1$ 位的突发性错误，查出概率为 $1-2^{-r}$。

由此可以看出，只要选择足够的冗余位，就可以使得漏检率减到任意小的程度。

循环冗余校验码的编码、译码过程通常用采用硬件来实现，因为除法运算易于用移位寄存器和模 2 加法器来简单实现，可以达到比较高的处理速度。随着集成电路工艺的发展，循环冗余码的产生和校验均有集成电路产品，发送端能够自动生成 CRC 码，接收端自动校验，速度大大提高。当然，在有些情况下也可以用软件来实现。

8.3.3.4 海明码和海明距离

海明码（Hamming code）是一种可以纠正一个位差错的高效率线性分组纠错码。

海明码使用一套复杂的编码和纠错方法，其基本思想是：将待传信息码元分成许多长度为 k 的组，每一组后再附加 r 个校验位，从而构成 $n=k+r$ 位的分组码；位号为 2^k 的位为校验位，其余位是信息位，每个校验位和某几个特定的信息位构成偶（或奇）校验关系。校验位数 r 必须满足：$2r \geq k+r+10$。

说到检错码，就必须给大家介绍一个重要概念，即海明距离（Hamming distance）。

海明距离决定了任何一种编码的检错和纠错能力。

在一个有效的编码集中，任意两个码字对应位取值不同的个数的最小值，称为该编码集的海明距离。即对两个码字进行异或运算，其结果中"1"的个数就是海明距离。

例如有效编码集 10110、11010 的海明距离为 2；有效编码集 10101、01111 的海明距离为 3；有效编码集 10110、11010、10101、01111 的海明距离为 3。海明距离越大，表明这种编码的检错和纠错能力也越强，但所需要冗余的信息也越多。有定理证明：如果需检测出 d 个错误，则海明距离至少应为 $d+1$；如果要能纠正 d 个错误，则编码集中的海明距离至少应为 $2d+1$。由此看来，因为海明码能纠正 1 个错误，所以海明码的海明距离应为 3。

在工业通信系统中，有时使用海明距离来说明其通信的可靠性。

8.3.4 测试技术

实现集成项目中的接口要经过很多环节，既有设备的采购和安装，也有软硬件的开发，任何一个环节出现问题都表现为接口功能失败，只有通过反复的有针对性的测试才可以保证接口功能的有序实现。由于接口功能不同于单纯的硬件产品或软件产品，因此根据集成项目接口的特点所开展的测试也与一般的测试流程有所不同。依照成功集成商的经验，需要把握好测试种类和测试流程。

8.3.4.1 测试种类

测试种类主要有如下几种。

（1）协议测试：目的是验证接口双方通信的正确性，测试中主要关注初始化、消息格式的正确性、集成系统从设备/子系统读取信息、集成系统向设备/子系统写信息或命令，以及冗余机制。

（2）目视测试：目视测试不需要专用设备，测试的对象是所有物理接口的电缆及接口设备的安装（包括电缆安装、端子排、端子排中接口电缆的位置等），该测试应该在安装阶段完成。

（3）通信测试：目的通过通电连续性测试，确保双方物理接口的两端可以建立通信连接。所采用的工具可以是万用表、通信测试程序等。

（4）点对点测试：完成检查集成系统计算机和所接入设备/子系统之间接口的所有点的正确性，即所有状态采集点和控制点都可以正确地上传下达。

（5）端到端测试：目的是测试通过接口的所有数据点是否正确地对应到集成系统的应用中，测试方法是从集成系统的人机界面上检查所有采集数据，并逐一执行所有的控制命令。

（6）功能测试：用于验证接口功能的正确实现，该测试应参照根据需求说明整理的接口测试规范。

（7）性能测试：目的是保证数据在给定的时间内从设备/子系统传送到集成系统，以及集成系统的指令在给定时间内被设备/子系统所处理。

8.3.4.2 测试流程

图 8.14 所示为接口相关测试的一个流程。

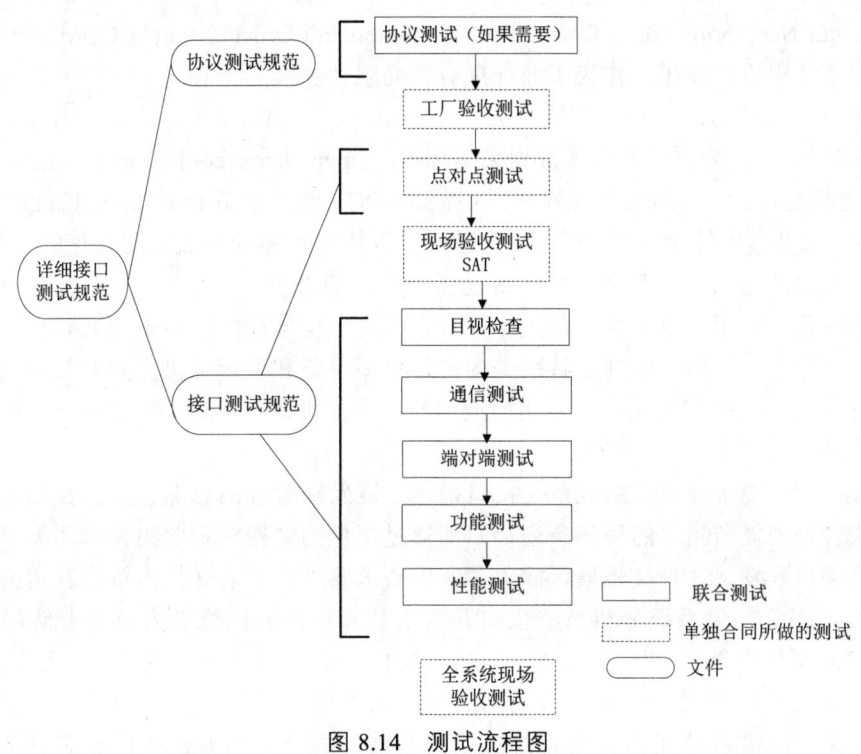

图 8.14 测试流程图

这个流程图给出了详细接口测试规范以及接口测试规范的范围和过程，并对接口双方需要进行的联合测试以及单独合同所进行的测试进行了区分。

8.4 接口描述规范

8.4.1 规范化的目标

实施系统集成项目时，在需求收集阶段一定要完整、准确地描述接口的相关内容，这是项目能否成功的一个关键。然而，大型控制系统中需要接入成百上千个具备不同功能、形态和特性的设备，要在有限的时间内把握好接口的所有内容，其难度可想而知。解决这个问题的一个方法是接口标准化，尽可能采用标准化的现场总线形式进行设备接入，或采用标准化的通信规约进行通信，从而简化系统集成中复杂的接口处理；另一个方法是规范接口的描述、开发和管理，如采用文档模板来保证接口描述的完整性，采用程序模板来保证接口开发的质量等。

在统一接口标准方面，事实上人们已经进行了数十年的努力。现场总线标准 IEC61158 是一个典型范例。以多种总线标准共存在一个标准之中，说明了统一接口标准的困难。

统一接口标准方面的另一个例子是 OPC（OLE for Process control）规范。OPC Task Force

于 1996 年 8 月制定了 OPC 规范，使得 COM 技术适用于过程控制和制造自动化等应用领域，目的是统一工业控制系统集成接口标准，1997 年成立的 OPC 基金会对 OPC 规范进行了修改，增加了数据访问等一些标准，进一步完善了 OPC 规范。但是 OPC 是基于微软公司的 Distributed InterNet Application（DNA）构架和 Component Object Model（COM）技术而设计，在异构操作系统中难以使用，作为工业标准有其局限性。

1998 年 11 月 10 日，一些厂家宣布成立 ODAA（Open Data Acquisition Association，开放式数据采集协会），公布了开放式数据采集标准（Open Data Acquisition Standard，ODAS），它比 OPC 走得更远，它有两个关联标准：一个是 OPC，另一个是 IVI（Interchangeable Virtual Instruments）以及输入输出设备 PCPI，它进一步在软件和硬件方面实现真正的"互操作"，因此它的生命力甚为强大。但推广 ODAS 还需要长时期努力。

从上面的几个例子可以看到，通过标准化来解决系统集成的接口复杂问题在一定程度上是有效的，但存在一定的局限性。特别是国内外众多设备和系统提供商并非都采用现场总线或 OPC，许多还是用一些通用的或专用的通信规约来提供访问接口。现实要求人们还要探索新的解决途径。

国内外大型系统集成商按照规范化接口描述、开发和管理的思路，融合长期的项目实施经验，实践着处理复杂接口的另一条途径，即通过规范的文档模板收集和描述需求，按规范的需求倾力接口开发。这种文档模板涵盖了所有需求要点，要求开发人员将其实例化为详细的接口规范（DIS），供系统分析员、接口开发人员和项目调试维护人员参考使用。但用这种方式开发的文档只能被"人"读懂，无法直接作为集成系统软件的输入，而且这些文档具有一定的灵活性，在适应复杂需求的同时还带来了需求理解二义性的可能，这是一个遗憾。但总的来看，它基本可以满足系统集成商对接口的所有相关处理，实践中能够取得比较好的效果。

沿着规范化接口描述、开发和管理的思路，ISO 制定了开放系统应用集成框架的国际标准，采用应用互操作专用规范（AIP）的形式来表述接口规范。此时与接口相关的需求收集以及接口规范的开发就变成开发 AIP 的过程。因为开发 AIP 遵照了应用集成框架（AIF），使得开发出来的信息完整、准确、表述清晰，采用 XML 形式表述的 AIP 又避免了理解上二义性的可能，而且可直接为计算机系统所理解，为自动处理和构建接口软件提供了方便。

8.4.2 规范化文档形式的接口描述

用规范的文档模板对接口进行描述，在实践中是行之有效的。通常这种文档模板至少要包含以下几方面的内容：接口框图、物理接口、监控范围、功能接口、接口测试、协议、软件和数据接口、设计约束，此外还可以根据接口的特点增加其他一些信息，如供货计划等。下面逐一加以说明。

（1）接口框图。接口框图以图形的方式展现接口双方各自的布局和连接结构，并划分出明确的责任范围和工作范围。

（2）物理接口。物理接口描述的是接口相关的硬件环境信息，通常要包含以下一些信息。

① 电气描述：描述接口采用的物理电气特性以及引用的标准。

② 接口位置和数量：以表格形式罗列和统计各种类型的接口数量和具体位置。

（3）通信协议。这部分内容要说明所采用的协议和所引用的文件，如果采用专用协议，则必须审核协议文本，必要时对其内容加以补充或说明。

（4）接口数据描述。描述双方交换信息的具体内容，一般包括信息类型（实时数据、历史数据、事件、文件等）、每个数据点或信息的详细描述（I/O 点的表、事件分类、文件清单）、传输方式（轮询、突发、请求、订阅等）、传输方向（上行、下行、双向）、传输周期等。

数据点描述包括：点名、点说明、单位、量程、报警方式等。

（5）功能描述。功能描述要站在接口系统不同的角度，去描述双方通过接口实现的功能需求，这些需求包括实时状态监视、控制、报警和事件处理、历史数据处理、系统参数设置、高级应用等。

（6）性能指标。性能指标主要体现了接口性能方面的要求，也需要分别站在接口双方的角度去加以描述，主要是时间响应特性和极限指标。对集成系统方面，集成系统为保证其系统性能，必须要以限定的方式对设备/子系统进行操作（如轮询周期）；对设备/子系统而言，它们为保证系统性能，也必须以限定的方式去进行处理（如控制响应延迟）。

（7）接口测试要求。接口测试需要区分工厂测试和现场测试。工厂测试包括协议测试和数据点对点测试，即保证集成系统可通过接口正确地读入和发出所有的数据；现场测试要采用端对端方式，保证集成系统的操作监视界面正确地反映设备/子系统的状态，并且能够正确对其进行操作。不管是工厂测试还是现场测试，都需要明确测试的目标、事件、范围和测试方式。

8.4.3 采用 AIP 对设备进行描述

8.4.3.1 概 述

在对接入设备进行管理、开发和维护的时候，系统设计人员、集成商和维护人员都希望能够精确描述和发布现场设备的信息和行为。但现实中面对的往往是一些内容残缺、格式各自异的文档，这些文档降低了沟通的效率，容易产生歧义，并且无法利用计算机进行自动处理；系统集成相关人员在确定设备行为、分析设备互操作、互换、对比等的时候就会感到不方便。最好有统一的概念和方法专门用作设备描述。因此有必要制定一种规范、通用的方式来描述设备的信息和行为。

第 7 章讲到，国际标准化组织在"工业自动化系统和系统集成——开放系统集成应用集成框架"（ISO15745）中规定，系统集成的接口规范应当采用互操作专用规范（AIP）的形式来组织。具体到设备，就是用设备专用规范对设备进行描述。设备专用规范涵盖了设备相关的硬件、功能、通信以及应用等方面。开发设备专用规范的过程，实际上就是收集设备信息并加以分析、规范化表达的过程，这个过程可以借助设备技术细节专用规范模板来进行，所生成的专用规范表述必须是计算机可读的，并且要便于人的阅读和打印。

对设备的建模可通过了解设备内部结构开始，一般需要花费许多时间和精力。如果对设备内部结构不很关心，也可以从接口的观点对设备进行建模。通常接口的结构可以根据设备工作时所承担的各种角色加以分析获得。常见的这种类型接口有：处理接口、诊断接口、参数配置接口和控制接口。

8.4.3.2 开发设备 AIP 的过程

定义设备专用规范需要经过后文描述的 6 个步骤,该过程中所有相关信息都用专用规范模板形式收集起来。有时候还需要额外的文档提供一些解释信息和背景信息。

1. 定义专用规范的范围和分类

定义范围和分类,意味着首先要对设备进行分类。合理的分类可以快速分析出设备在系统中的角色,方便有关决策。在综合自动化监控系统中,常用的设备大致可分类如下(这里列出的都是大类,实际上每大类中还可以细分出许多小类):

(1)配电设备,如开关面板、配电盘、断路器等。
(2)位置控制设备,如接触器、马达监视、阀门等。
(3)状态监视和测量设备,如温度计、压力计、流量计等传感器。
(4)会话/操作接口设备,如手柄、手操盘等。
(5)逻辑/通用 I/O 模块和控制器,如定时器、可编程控制器等。

2. 定义设备的功能和关系

在这一步中,需要按照黑盒模式,对设备的描述从外部接口(如输入、输出处理)或连接(如传感器、阀门)和控制(如设置值)开始,逐渐细化到设备功能的主要信息流以及各种分项功能。

此时功能块图是主要的描述工具,同时还要有一些文本描述。如果能够对每种设备专用规范都用 UML 定义用例和场景,就会取得更好的效果。

3. 定义参数列表

参数列表包含了设备通过网络可访问的所有参数,定义参数列表可从多个角度开始着手,如设备功能、设备生命周期、设备用例等。

用例是 UML 中的概念,用例规定了一系列系统可以执行的动作,用来与角色进行交互。采用用例定义参数列表时,参数列表分析需要考虑设备生命周期内所有阶段,角色可以是人也可以是软硬件,典型的角色是控制器、基于 PC 的工具,以及对设备进行操作、设置参数、硬件配置、维护工作的操作人员,如图 8.15 所示。

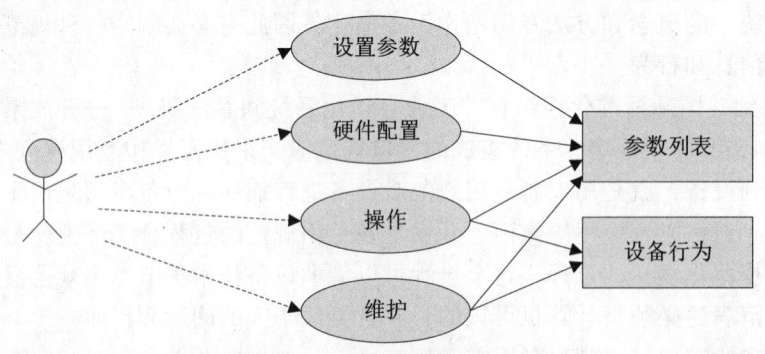

图 8.15 从用例入手定义参数列表

经过对用例的分析,可从这些设备信息中获取一系列设备参数,这些参数可用在系统分析、系统集成、系统维护等工作中。表 8.1 给出了设备应包含的一些典型参数项。

表 8.1 典型设备包含的参数项

参数项	数据类型	描　　述
标识号		标识 ID，在一个设备中必然唯一
参数名	字符串	
描述	字符串	
数据类型	枚举	参照 IEC61131-3 定义的数据类型
组织方式	枚举	简单数据类型/数组/结构
字节数	数字	
访问时间	枚举	表述与系统交互的动态特性：周期、偶发、变化时间驱动
访问方向	枚举	只读、读写、只写
持久性	枚举	表述是否掉电保持：易失、非易失
取值范围	数字	
值代码	字符串	取值的代码，如 0：OFF，1：ON
默认值		设备出厂设置值
替代位		在特殊情况下（如设备故障）应用程序可以采纳的值
工程单位	字符串或枚举	
基值	数字	工程值=（基值+参数值）×系数
系数	数字	放大倍数，工程值=（基值+参数值）×系数
约束	字符串	参数间的约束，如修改别的参数必须本参数值=特定值
支持	枚举	定义本设备中是否必须支持该参数：可选、强制、条件支持
条件支持	字符串	如果前一项设置为"条件支持"，则这里是条件的描述

4. 将功能和功能元素进行分组

功能块图给出了设备功能和相互关系的总貌，分组则是将参数和相关功能进一步分组为功能元素，并根据其参数和行为对功能元素加以标识。此后，功能概貌就转换为可视的设备结构了，在该结构中包含了功能块和对象，从而形成设备的功能块模型和对象模型。

功能元素可以是一个参数或一个参数组，也可以是一个功能块或一个对象。

5. 描述设备行为

每个功能元素都可以有自己的行为，设备的行为可能表现为支持一系列算法，相对应的功能块和对象则表现为具备一些特定的方法。设备的行为常用以下一些方式进行描述。

（1）数学算法库：根据参数对输入数据进行处理得出输出数据，如过滤、取反等，典型有 EC61131-3 定义的算法。

（2）顺序算法库：包括过程和通信交互，如报警处理、初始化等。

（3）状态机：设备的工作状态转换行为可以用状态图和状态转换表来表示，分别如图 8.16 和表 8.2 所示。

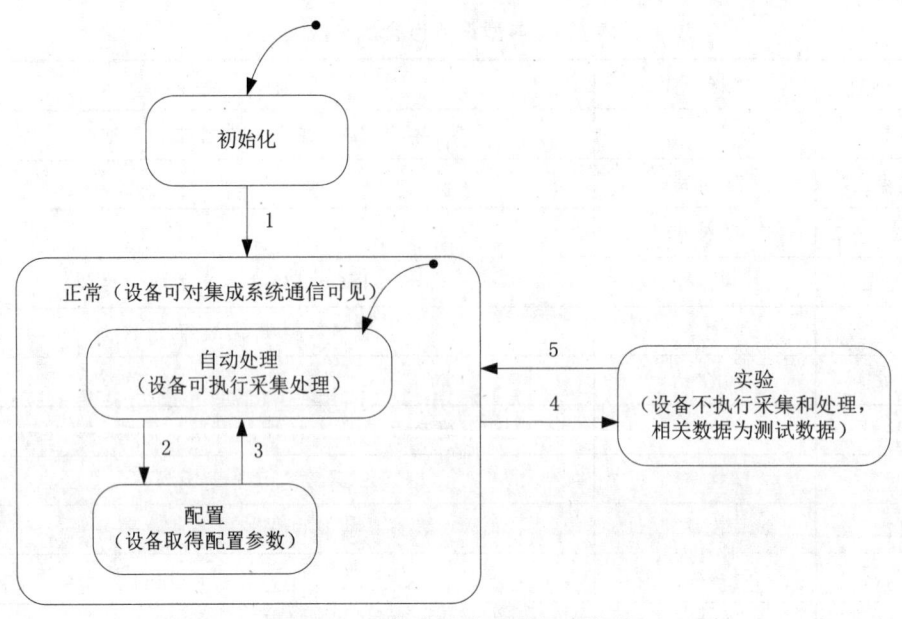

图 8.16 用状态图表示的设备行为

表 8.2 用状态转换表表示的设备行为

状 态 名	状 态 描 述		
初始化	指设备上电过程,无通信功能和采集功能		
正常	设备处于工作状态,可以与之通信		
自动处理	设备可执行 I/O 采集功能		
配置	设备调整运行参数		
测试	设备处于实验状态,相关数据为实验数据		
转 换	源 状 态	目 标 状 态	事 件
1	初始化	正常	初始化完成
2	自动采集	配置	模式控制参数置位
3	配置	自动采集	模式控制参数置位
4	正常	实验	实验控制参数置位
5	实验	正常	实验控制参数置位

6. 扩展现有的专用规范

如果当前的正在开发的专用规范或设备是从某个基础专用规范或制造厂设备专用规范派生来的,就有必要直接利用现有专用规范进行扩展。实现扩展可通过为基础专用规范添加参数和功能元素,或要求基础专用规范提供的可选项。

重复进行上面的各个步骤,就可确保获得对设备透彻的分析和描述。

8.4.3.3 专用规范模板和专用规范的 XML 表述

上一节介绍了 AIP 开发设备专用规范的 6 个步骤，经过这个过程获取的设备信息要以适当的方式进行表达。IEC 等国际标准组织推荐采用 XML（Extensible Markup Language）文档形式。XML 文档可以直接被计算机中运行的浏览器、文本处理器或其他软件工具所利用，而且人和计算机都可以无歧义地"理解"。特别是 XML 自身属于标准体系中的一员，在目前得到广泛认可的同时出现了许多现成的查看、编辑工具，使系统设计人员、集成商和系统维护人员可以很方便地进行相关处理。

专用规范模板和专用规范 XML 表述也是开发专用规范的主要工具。专用规范模板常表现为一些表格，填好后可以立即阅读；专用规范开发人员在对利用模板收集信息完成后，要用一些工具软件（如 XML 编辑器）将其转换成专用规范描述语言 XML 形式。

1. 专用规范模板

专用规范模板以分部的形式来组织信息，设备专用规范模板通常包含 3 个部分：头部、参数列表部分和功能结构部分。

专用规范头部的内容是专用规范开发第一步"定义范围和设备分类"获得的信息。如果专用规范定义为针对某一类设备，如 IEC 定义的专用规范，头部就要明确标识出专用规范作者以及组织、修订和发布时间；如果专用规范定义是针对某个制造厂特殊的设备的，则这部分内容就应对这种特定设备提供明确的标识，包括设备名、分类号、制造厂、版本等。

参数列表部分中体现了专用规范开发第三步开发的劳动成果，包含 3 个子部分：参数和标识、参数组、参数集合。这部分提供设备所有可通过网络访问的参数及其相关特征。

设备功能结构部分包含了专用规范开发第二、四、五步的结尾，有两个子部分：功能结构和设备行为。功能结构可以用功能元素列表以及描述功能元素间关系的功能结构图来表示。对于简单设备可能只有一个功能元素，复杂设备则有一系列功能元素。至于设备行为，可考虑采用状态图和状态转换表来表达，状态图可以使专用规范使用人员一目了然，而状态转换表则为转换成计算机可读的格式提供了方便。功能元素的行为可以用数学式、流程、针对参数和条件的一致性规则等来表示，最好采用 IEC61131 提供的手段。

表 8.3 是专用规范模板一般结构的一个例子，其中灰底文字为专用规范开发过程中收集到的信息，其余部分为原始专用规范模板包含的内容。

2. XML 表述

上述模板可以用 XML 来进行表述，从而形成计算机可读的格式。系统集成商要定义一些规则来对表述的有效性进行检查,这些规则以 XSD 文件的形式保存起来。下面以 ControlNet 网络专用规范的头部为例，对这部分内容进行说明。

ISO15745 第三部分规定了 ControlNet 专用规范的详细内容，专用规范头部的结构如图 8.17 所示。

表 8.3 专用规范模板表格一般结构的例子

设备专用规范标识 HSPM311	设备专用规范版本 V1.3	设备专用规范发布日期 2001-05-12	设备专用规范描述 和利时 HSPM311 保护装置		
参数列					
参数	（注意，一个参数可以属于多个参数组）				
参数名	数据类型	访问	范围	支持	参数描述
KWH	Real	r/w	0.9999	强制	正向有功电能
参数					
组名 DZ		元素数 31		组描述 定值参数组	
成员名					
T06					
参数集合	（定义参数集合只是为了通信的目的，如周期数据交换）				
参数组合名 DZCOMM		访问 r/w		支持 强制	
字节和位的结构					
设备功能结构					
功能元素					
功能结构图（可采用功能块图或对象图）					
功能元素列表					
功能元素名		支持		描述	
CLSD		可选		过流速断	
设备行为	（可以针对一个设备，也可以针对一个功能元素）				
状态图					
状态转换表					
状态名			状态描述		
转换		源状态		目标状态	事件
数学和流程描述的行为					

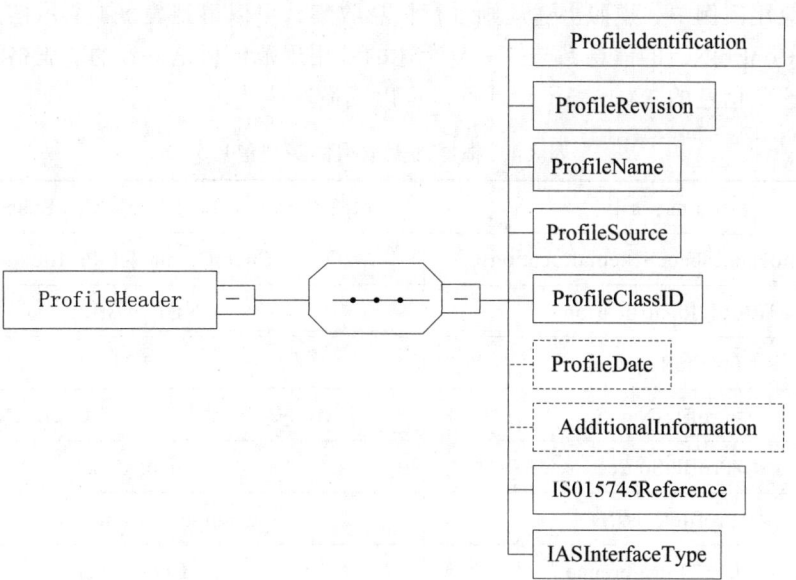

图 8.17 ComolNet 专用规范头部结构

下面的代码是该结构的 XSD 表述。从中可以看到，要完整地描述系统集成项目中应用的 controlNet 专用规范的范围和类型，至少需要有专用规范标识、版本、名称、集成商等信息。该文件将对后续开发的 XML 文件进行合法性校验。

代码给出如下：

```
〈? xml version="1.0"encoding="UTF-8"? 〉
〈xsd：schemaxmins：xsd="http：//www.w3.org/2001/XMLSchema"elementFormDefault=qualified〉
  〈xsd：ele ment name="ProfileHeader"〉
  〈xsd：complexType〉
    〈xsd：sequence〉
      〈xsd：element name ="ProfileIdentification"type xsd：string /〉
      〈xsd：element name="ProfileRevision"type"xsd：string"/〉
      〈xsd：element name="ProfileName"type="xsd：string"/〉
      〈xsd：element name="ProfileSource"type="xsd：string"/〉
      〈xsd：element name="ProfileClassID"type="ProfileClassID_DataType" fixed="CommunicationNetwork"/〉
      〈xsd：element name ="PromeDate"type="xsd：date"minOccurs="0"/〉
      〈xsd：element name="AdditionalInformation"type=" xsd：anyURI minOccunt="0"/〉
    〈xsd：element name ="ISO15745Reference"type="ISO15745Reference_DataType"/〉
〈xsd：element name =="IASInterfaceType"type="IASInterface_ Data_Type"flxed="CSI"/〉
      〈/xsd：sequence〉
    〈/xsd：complexType〉
  〈/xsd：element〉
〈/xsd：schema〉
```

在具体应用案例中，遵照上述规则进行信息收集，可以得到表 8.4 所示信息。该表中显示出的有关 ControlNet 的信息，与前一节所述的专用规范模板是一致的。表格下面的一段代码给出的是这些信息的 XML 表示，计算机可以读懂这些代码。

表 8.4 根据规则取得的头部信息

= xmlns：ssl	http：//www.w3.org/2001/XMLSchema-instance
= xsi：noNamespaceSchemaLocation	Cnet_CommNet_Profile.xsd
< >ProfileIdentification	CNET_ABBPLC
< >ProfileRevision	2.31
< >ProfileIName	AIP 深圳地铁现场控制 ControlNet 网络
< >ProfileSource	Hollysys
< >ProfileClassID	Communication Network
< >ISO15745Reference	ControlNet
< >IASInterfaceType	CSI

代码如下：

〈？Axml version="1.0"encoding="UTF-8"？〉
〈ProfileHeader xmlns：xsi="http：//www.w3.org/2001/XMLSchema-instance"
xsi：noNamespaceSchemaLocation=CNet_CommNet-Profile.xsd"〉
ProfileIdentificatio〉CNET_ABBPLC〈/ProfileidentifIcation〉
〈ProfileRevision〉2.31〈/FrofileRevision〉
〈ProfileName〉AIP 深圳地铁现场控制 ControlNet 网络〈/ProfileName〉
〈Profilesource〉Hollysys〈/ProfileSoume〉
〈ProfileClassID〉CommunicationNetwork〈/ProfileClassID〉
〈ISO15745Reference〉xxxxx〈ISO15745Reference〉
〈IASInterfaceType〉ControlNet〈ISOInterfaceType〉
〈/FrofileHeader〉

这段 XML 文档说明，采用 ControlNet 作为现场控制网络接入 ABB PLC 设备，应用的基础规范是 ISO15745 第三部分的 ControlNet 网络专用规范。城市轨道交通自动化系统大量采用 PLC 设备，都应按照 ISO15745 来开发具体 PLC 的设备专用规范，规范化地开发与 PLC 的接口。

复习思考题

1. 系统集成接口的基本内容是什么？
2. 大型系统集成项目接口冗余技术有哪些？
3. 提高轨道交通综合监控系统集成的可靠性的措施有哪些？

第9章 综合监控系统综述

9.1 综合监控系统的功能

综合监控系统应实现所集成系统的中央级和车站级的全部运营功能以及对现场设备的监控。综合监控系统的功能包括基本功能、综合监控系统中央级功能、综合监控系统车站级（包括车辆基地）功能和互联子系统功能。

1. 基本功能

基本功能有显示功能、控制功能、联动功能、点控功能、报警功能、文件和报表管理、生成和打印功能、历史数据管理功能、自诊断功能、设备维护管理系统（DMS）的功能、培训管理系统（TMS）功能等。

2. 综合监控系统中央级功能

① 综合监控系统中央级电力监控功能；
② 综合监控系统中央级环境与设备监控功能；
③ 综合监控系统中央级火灾自动报警功能；
④ 中心级屏蔽门/安全门功能；
⑤ 综合监控系统中央级 ATS 功能（当综合监控系统集成了 ATS 系统，将包括 ATS 的全部中央级功能）。

3. 综合监控系统车站级（包括车辆基地）功能

① 综合监控系统车站级电力监控功能；
② 综合监控系统车站级环境与设备监控功能；
③ 综合监控系统车站级火灾自动报警功能；
④ 综合监控系统车站级屏蔽门/安全门功能；
⑤ 综合监控系统复示功能；
⑥ 综合监控系统车站综合后备盘功能；
⑦ 综合监控系统车站级 ATS 功能（当综合监控系统集成了 ATS 系统，将包括 ATS 的全部车站级功能）。

4. 互联子系统功能

① 广播（PA）系统；
② CCTV 系统；
③ 门禁子系统（ACS）；
④ PIS 系统；

⑤ 信号 ATS 系统；
⑥ AFC 系统；
⑦ 车载信息系统（TIS）；
⑧ 时钟（CLK）系统；
⑨ 不间断电源（UPS）系统；
⑩ 综合监控系统软件测试平台（SPT）。

9.2 综合监控系统的组成

城市轨道交通综合监控系统（Intergrated Supervision and Control System，ISCS）是一个 SCADA 系统和大型分层分布监控系统。它是以集成在其中的专业自动化系统为主体，与独立运行的专业系统相互联并进行信息交互，支持城市轨道交通运营的信息共享平台。图 9.1 为综合监控系统组成图。

1. 城轨综合监控系统的专业划分

从专业的角度来看，城轨综合监控系统由电力监控子系统、环境与设备监控子系统、火灾报警子系统等组成。

2. 城轨综合监控系统的地域分布

从综合监控系统集成的地域分布角度来看，城轨综合监控系统由中央综合监控系统、车站综合监控系统、车辆基地综合监控系统以及所监控的现场设备三部分组成。

中央综合监控系统由中央监控网、冗余配置的中央实时服务器、历史服务器、各专业操作员站及其外围设备（外围设备包括各类打印机等）、UPS 以及中央通信处理机（接口互联系统）等设备构成。中央综合监控系统还设有综合显示系统和网络管理系统。

3. 城轨综合监控系统的级别划分

从级别划分的角度来看，城轨综合监控系统由中央级综合监控系统、车站级综合监控系统及现场监控设备组成。

车站级综合监控系统一般分为两种类型，一种是典型车站的综合监控系统，另一种是车辆基地综合监控系统。

4. 城轨综合监控系统的设备划分

从设备划分的角度来看，城轨综合监控系统由中心监控设备、车站监控设备及现场监控设备组成。

9.3 综合监控系统的技术要求

9.3.1 网络集成技术要求

① 中央综合监控系统构建在中央监控网上。
② 车站综合监控系统构建在车站监控网上。

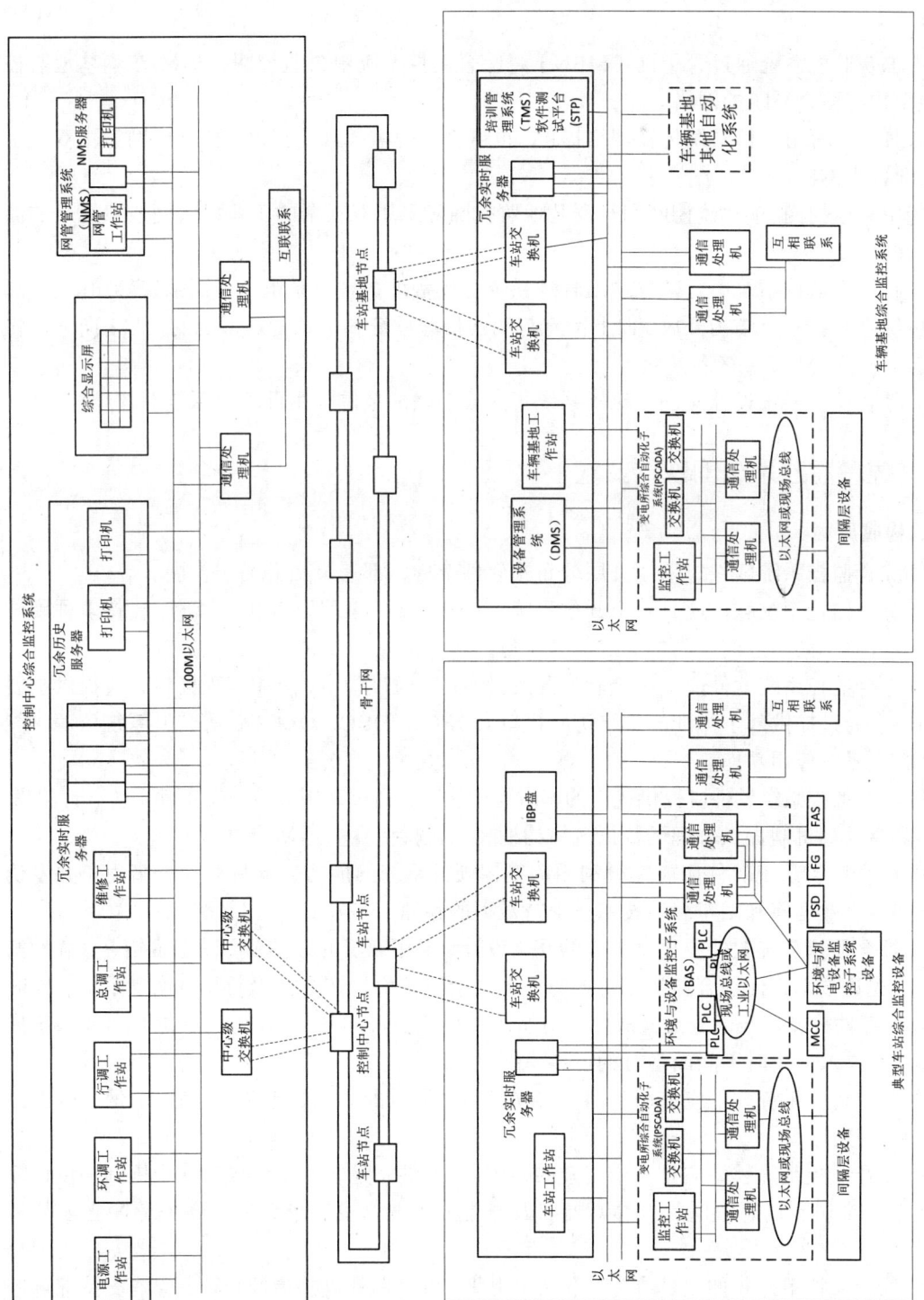

图 9.1 综合监控系统组成

③ 车辆基地综合监控系统构建在车辆基地监控网上。

④ 综合监控系统监控的现场设备宜采用现场总线接入综合监控系统车站网络或通信前置机。

⑤ 综合监控系统通过骨干网（MBN）将综合监控系统中央监控网、车站/车辆基地监控网连接架构起整个系统的网络。

⑥ 骨干网可由通信系统传输网络提供，也可由综合监控独立成网。独立成网宜用双冗余环形工业以太网。

⑦ 中央监控网、车站监控网和车辆基地监控网应采用双冗余的工业以太网或双冗余的商用以太网。

⑧ 在综合监控系统中宜建立网络管理系统、设备维护管理系统、培训系统等功能系统。

⑨ 综合监控系统结构开放，向上留有与线网指挥系统和信息管理系统的接口；向下可将马达控制中心（MCC）接入其内。

⑩ 综合监控系统设计应确定对子系统集成或互联的范围，由此确定系统总体结构。

9.3.2 综合监控系统的软件要求

1. 构成原则

① 综合监控系统软件应采用分层分布式软件架构，部署灵活并易于扩展。

② 综合监控系统软件应是一个开放系统，采用标准的编程语言和编译器，支持多种硬件构成，具有对不同制造商产品的集成能力（包括接口协议、数据、工作模式等）。

③ 综合监控系统软件应是一个软件开发平台。应通过脚本、应用编程接口方式提供扩展开发机制。通过提供基于标准的系统访问接口 ODBC、JDBC、OLE DB 等公开系统资源，能定制或扩展系统应用功能。

④ 综合监控系统软件应提供优良的实时处理能力，通过采用关键数据主动上传、订阅/发布、事件驱动等机制提供合理的数据流结构框架，提供优良的远动能力。

⑤ 综合监控系统软件应能充分利用和发挥硬件系统的能力，支持多任务多用户并发访问，支持内存数据库和动态缓存技术，支持数据的存储、转发。

⑥ 综合监控系统软件应提供有效的冗余设计，采用双机冗余热备、动态容错、负载均衡等成熟和先进技术，使综合监控系统成为一个冗余、备份、在线自诊断和自恢复系统。同时单个模块/部件故障甚至部分交叉故障不应引起数据的丢失和系统的瘫痪，使综合监控系统成为一个一个 7×24 小时不间断运行的可靠系统。

⑦ 综合监控系统软件应在服务器上实现大容量数据的集中处理和统一管理，保证数据的完整性和一致性。

⑧ 综合监控系统软件应是一个安全的系统，应提供完整的基于数据的安全机制和设计完整的数据安全访问机制，应具有异常捕获及异常处理与恢复功能，应具备完善的雪崩处理功能。

⑨ 综合监控系统软件应具有标准化、实用化、可复用和易扩展的特征，应能支持综合监控系统多专业集成和互联，应能支持综合监控项目分专业、分包和分期实施，应能支持符合特定专业需求的应用扩展。

⑩ 综合监控系统软件应能支持单站、区域中心、控制中心、后备控制中心几种不同规模的应用，应能支持基于集中式服务器和服务器集群这两种不同的部署模式。软件应能在不同的硬件配置条件下都可获得优良的处理能力。

2. 操作系统

① 操作系统应满足可靠性和实时性的要求，要有良好的容错机制和实时采集数据、实时处理数据能力。

② 开放系统，遵循系统互联国际标准，具有良好的可扩展性和可维护性，易于应用软件的修改、维护和升级。

③ 良好的可移植性，适合多种硬件平台。

④ 较强的系统安全机制，符合一定的系统安全规范。

⑤ 良好的并发控制与共享机制，支持多用户和多任务。

⑥ 强大的网络功能，可实现集群和分布式计算。

⑦ 较快的处理速度，灵活高效。

⑧ 应选用成熟、稳定、安全的操作系统。

⑨ 操作系统应具有良好的并发控制与共享机制。

⑩ 操作系统应具有强大的网络功能。

3. 应用软件

① 综合监控系统软件应提供一个开放的、基于嵌入式实时操作系统的数据接口软件，提供数据采集和协议转换能力。

② 综合监控系统软件应提供一个大容量的分布式实时数据库，应具有良好的扩展性和适应性，应能满足数据规模的持续扩充以及应用软件的修订。实时数据库应支持事件驱动模型和内建的联动功能，应可在数据库中灵活定义联动的触发条件、执行动作、执行结果反馈日志等，应高效、可靠地支持紧急状态下多专业间的安全联动，还应支持部署在不同计算机上的设备间的远程联动。

③ 综合监控系统软件应提供友好的人机界面软件，用于图形画面的生成和编辑修改，处理人机交互。人机界面设计应符合人体工学，界面友好，操作便捷。图形画面应为矢量图形，支持动态无级缩放。图形画面应可分层设计，支持多图层，应可灵活配置菜单式的画面渐进体系和画面布局分配。

④ 综合监控系统软件应提供一个大容量的历史数据库，可存储系统长期的历史数据，应能基于数据类型、车站、专业、工艺系统、设备类型等关键字检索历史数据。历史数据库中不但可以收集原始采集数据的历史值，还可以收集原始采集数据经过二次加工后的统计分析值。

⑤ 综合监控系统软件应提供一个完善的报警监视和事件日志管理软件，集中管理系统所有的报警和事件日志信息，提供完善的事件分类、报警级别、报警行为定义功能，应能基于时间、事件类别、车站、专业、工艺系统、设备类型等关键字检索报警和事件日志信息，提供基于单站、全线、中心和车站各自独立进行等多种报警确认和报警抑制操作。

⑥ 综合监控系统软件应提供完善的权限定义和授权管理软件，应具备用户标识与鉴别、存取控制、视图机制、审计、数据加密等安全控制机制，可防止不合法的使用造成的数据泄露、更改或破坏，确保数据的安全性。

⑦ 综合监控系统软件与其他系统接口时,应提供"防火墙"功能,采用各种措施过滤/路由数据和防止非法访问。

⑧ 综合监控系统报表软件应提供图形化的格式和数据定义工具,可方便地定义和生成各种报表,能实现数据的统计分析和汇总。

⑨ 综合监控系统打印管理软件应支持将所有的显示屏幕和窗口画面的打印,还应支持报警、日志等记录信息的文本打印。

⑩ 综合监控系统软件应提供一个集成开发环境,对整个综合监控系统应用进行统一的设计和开发。集成开发环境应通过模板、向导等方式提供友好的应用开发环境,支持多人协同开发,应能保证配置数据的完整性与一致性。

⑪ 综合监控系统软件应提供方便的监视、管理和维护工具,支持远程部署和管理,支持在线更新。

⑫ 综合监控系统软件应提供详尽的各种使用手册和帮助信息,应能根据系统当前的工作状况提供上下文帮助,引导用户快速检索各类有用信息。

⑬ 综合监控系统软件应协调并提供每一个功能模块的公用数据的访问。

⑭ 综合监控系统软件应提供一种基于工业 CORBA 标准或 COM/DCOM 的分布式架构。

⑮ 采用标准的编程语言和编译器,使应用软件易于与多种硬件平台接口。

⑯ 综合监控系统软件应提供图形组态工具,用于图形画面的生成和编辑修改,提供绘图工具绘制各种图形元素,确定动态图形对象与数据库数据对象的关联,并提供脚本语言实现图形对象的相互关系;应提供报表组态工具,提供图形化的格式和数据定义工具,用于报表格式的绘制和统计数据的定义。

⑰ 人机界面设计符合人体工学,界面友好,操作便捷。

4. 数据库管理系统

① 综合监控系统软件平台宜采用分布式面向对象的实时数据库。

② 提供 ODBC、JDBC、OLE DB 等标准数据接口,供用户使用。

③ 数据库具有良好的伸缩性及灵活的配置功能,无论是主机系统的内存或硬盘方面的扩展还是集群系统的扩展,都能够被数据库利用。

④ 数据库管理软件应具备数据备份、灾难恢复、系统错误恢复、人为操作错误恢复等功能,保证存储数据的稳定可靠。

⑤ 数据库管理软件应具备用户标识与鉴别、存取控制、视图机制、审计、数据加密等安全控制机制,防止不合法的使用造成的数据泄露、更改或破坏,确保数据的安全性。

9.3.3 接口要求

① 综合监控系统应是由开放系统无缝接入各专业子系统构建的信息共享平台。

② 综合监控系统应通过内部接口将被集成子系统无缝接入系统中构成系统主体。

③ 综合监控系统应通过外部接口实现与互联子系统的信息交互。

④ 综合监控系统的接口开发与管理应遵从相应的国际规范与国家标准。

⑤ 综合监控系统接口开发应对接口的物理特性进行详细描述,包括不限于以下内容:接口位置、通信介质、链路数量、接头形式、物理接口界面图。

⑥ 综合监控系统接口设计包括以下要求：接口软件通信协议、冗余要求、监控信息点表、采用结构化形式组织、电磁兼容性要求。

⑦ 综合监控系统接口实时性要求：接口须保证信息传输率满足专业应用功能要求。

⑧ 综合监控系统接口可靠性要求：接口须处理各类异常以达到最大联通性要求。

⑨ 综合监控系统接口可维护性要求：接口具有故障诊断与修复的措施，保证接口功能正常。

⑩ 综合监控系统接口安全性要求：当综合监控系统接口安全系统时，须保证对系统的信息隔离，需建立与安全系统相适应的通信通道。

⑪ 综合监控系统接口开发要求提供以下接口文件：详细接口规格书、详细接口测试计划、接口测试规格书、点表。

⑫ 综合监控系统接口开发宜与设计联络同步进行。

⑬ 综合监控系统接口双方文件宜用 XML 表达。

城市轨道交通综合监控系统规范对综合监控系统的外部接口（互联系统与综合监控系统的接口）举例说明如下。

综合监控系统与闭路电视（CCTV）系统接口：

接口位置：车站综合监控设备室配线架外侧；

接口位置：控制中心综合监控系统设备房配线架外线侧；

通信介质：10M/100M 以太网或串口通信；

链路数量：1；

接头形式：RJ45 或 RS422；

通信协议：MODBUS TCP/IP 或 MODBUS。

物理接口界面如图 9.2。

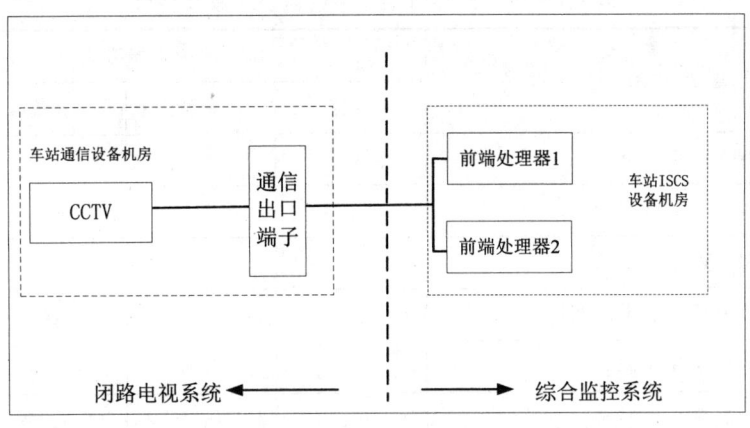

图 9.2　物理接口界面

9.4　综合监控系统的网络结构

城市轨道交通综合监控系统一般采用分层分布式结构，由 3 层构成：中央监控中心、车站级监控系统、车站内基础设备自动化系统。系统实现 2 级监控，即中心级和车站级。通信网络结构分为中央监控中心网络结构和车站级监控系统网络结构。车站级监控系统网络结构采用分层分布式结构和模块化设计，分站级和间隔级 2 层。整个综合监控系统按功能分散、任务分担、信息共享的原则构成。

9.4.1 系统组成

综合监控系统集成和互联的子系统很多，在此以 PSCADA 系统、环控机电监控子系统为例说明。

9.4.1.1 中央监控中心及其功能

中央监控中心作为全线的信息中心，以统一的硬件平台和软件体系，来支持实现对供电、机电及其他辅助系统的集成，完整实现电力监控自动化系统、机电设备监控自动化系统的各种功能。这些系统可各自独立地操作，资源共享、协调配合，实现整个系统的安全、高效运行。

1. 中央监控中心电力监控自动化系统

城市轨道交通供电系统主要包含三大组成部分：① 主变电站，即由城市配电系统提供的 10 kV 或 110 kV 变电站；② 牵引降压变电站，主要为机车提供直流牵引供电；③ 各类降压变电站和开闭所。

以电力 SACDA 为例，中央监控中心电力监控自动化系统主要有控制、数据采集处理、显示、报警、维修及事故抢修调度等功能，监控对象为各类变电站、开闭所的供电设备，包括 10 kV 开关设备、直流 750 V 开关设备、380 V 开关设备、牵引变压器、整流器、配电变压器、直流电源屏、杂散电流排流柜，见表 9.1。

表 9.1 电力监控自动化系统监控对象及要求

监控对象	监控要求			
	遥控	遥测	遥信	遥调
10 kV 开关设备	√	√	√	√
直流 750 V 开关设备	√	√	√	√
380 V 开关设备		√	√	
牵引变压器、整流器		√	√	
配电变压器		√	√	
直流电源屏		√	√	
杂散电流排流器		√	√	

（1）遥控。系统设 2 级遥控，即中央监控中心和车站级监控系统，可分别对接入系统的任何一个可遥控对象进行遥控。遥控方式分为单步选点、多步选站、选线、自动循环、自动关系和多个设备运行方式组合。

① 单步选点：采用返送校核方式和直接执行方式。对于重要的遥控对象采用返送校核方式以防止误操作，对于需频繁操作且重要等级不高的对象采用直接执行的方式。

② 多步选站：对于同一车站或同一变电站的多个被控对象，按一定的安全联锁关系定义为一个顺序操作序列，操作序列启动将按照顺序操作序列一步一步执行，当检测安全联锁关系不满足时，则跳出本次操作。

③ 选线方式：多个车站或变电站的单步选点或多步选站操作可定义为一个选线方式。

④ 自动关系和多个设备运行方式：通过各逻辑条件设定执行步骤，自动发出控制指令。

（2）遥测。遥测对象为各变电站内交流相/线电压、电流、有功功率、无功功率、有功电度、无功电度、直流电压、电流、杂散电流、变压器油温、等。

（3）遥信。遥信分为位置遥信和保护遥信。位置遥信分单位置遥信和双位置遥信，位置遥信包括各类开关、刀闸、接触器的状态，开关手车的位置状态；保护遥信分为事故遥信和告警遥信，包括各类保护动作、重合、开入开出错误等信息。

（4）遥调。微机保护装置保护定值进行远方调整。

（5）信息处理、显示。各站监控单元将各类不同类型信息实时上送到中央监控中心，实现调度指挥中心通过 LCD 装置和大屏幕对各站的设备状态监视。显示图形界面分为编辑态、运行态和研究态。正常运行时为运行态，用于数据监视和执行各项控制操作；编辑态用于生成图形，建立显示量和实时数据库之间的关联关系；研究态用于事故分析和模拟操作。在显示中采用动态拓扑着色，形象描述不同电压等级和类别的线路或组件的带电或失电状态。

（6）事故处理。在该功能中包括事故预告、事故报警、事故数据处理、SOE 事件记录、事故追忆、各类报表生成等功能。

2. 中央监控中心机电设备监控自动化系统

中央监控中心机电设备监控自动化系统监控全线机电设备，包括控制功能、图形界面管理功能、报警安全管理功能。

（1）控制功能对车站和车辆段机电设备进行控制，允许中央监控中心或就地车站级监控系统进行控制；

（2）图形界面管理功能将全线重要机电设备监控以流程图方式、车站分组方式、点画面方式组织管理，通过不同颜色和动态数据显示设备状态；

（3）报警安全管理功能处理全线各机电设备的报警信息，并组织画面提供给操作员。

9.4.1.2 车站级监控系统

车站级监控设备通过局域网形式连接。

车站级监控系统与中央监控中心体现功能侧重点不同的设计原则，即根据电力监控自动化系统和机电设备监控自动化系统的不同特点，中央监控中心和车站级监控的侧重点有所不同。电力监控自动化系统的监控重心在中央监控中心，车站综控室保留对供电设备的控制功能但重点是监视；机电设备监控自动化系统的监控重心在车站综控室，中央监控中心保留控制的功能但重点是监视全线各车站机电设备的工作状态。

1. 车站级电力监控自动化系统

车站级电力监控自动化系统实现对本站供电范围内供电设备运行状态的监控，并与中央监控中心进行数据交换。车站级电力监控自动化系统具备多种形式的现场网络接口，通过现场监控网络实现与站内各类微机装置的数据交换，控制和监视设备运行，记录保护动作信息、事件顺序信息、保护装置工作状态信息等。

2. 车站级机电设备监控自动化系统

整个机电设备监控自动化系统的监控重点在车站，对站内液压电梯和扶梯系统、给排水系统（包括污水处理和管道保温）、空调系统、照明系统、电锅炉系统和风机系统进行监视。表 9.2 所示为车站级机电设备监控自动化系统监控对象及要求。

表 9.2 车站级机电设备监控自动化系统监控对象及要求

监控对象	监控要求		
	遥控	遥信	遥测
照明	√	√	
风机		√	
扶梯	√	√	√
液压电梯	√	√	√
空调	√	√	√
电锅炉	√	√	√
污水处理		√	√
水泵		√	

3. 车站内基础设备自动化系统

车站内基础设备自动化系统是整个监控系统的基础，主要包括：交流 10 kV 保护测控单元、直流 750 V 保护测控单元、低压 380 V 测控单元、牵引整流机组保护单元、配电变压器保护测控单元、直流电源测控单元、杂散电流排流柜测控单元及车站机电设备监控单元，各单元组成车站内基础设备自动化系统。

车站内基础设备自动化系采用面向对象的间隔设计思想，尽量独立处理，不依赖通信网络和车站级监控系统、中央监控中心，构成设备就地级监控系统。

9.4.2 综合监控系统通信网络拓扑结构

综合监控系统通信网络分为：中央监控中心网络和车站级监控系统网络。

9.4.2.1 中央监控中心网络结构

中央监控中心局域网络由 100 MB 冗余交换以太网构成，采用 TCP/IP 协议和 C/S 结构。中央监控中心设置冗余的系统服务器支持全系统工作，设置数据前置处理机、电力调度总站（SCADA 操作员站）、机电设备监控总站（BAS 操作员站）、工程师维护工作站、网络管理工作站、历史和管理服务器、大屏幕显示单元等。系统网络结构如图 9.3 所示。

① 数据前置处理机为整个综合自动化系统的关键节点，采用主/备机工作方式，形成双机热备用。前置通信软件系统采用多进程方式，每个进程处理各信道的通信，接收来自各远动终端的信息，完成通信规约的解释及数据转换，具备较强的纠错、检错和容错功能。

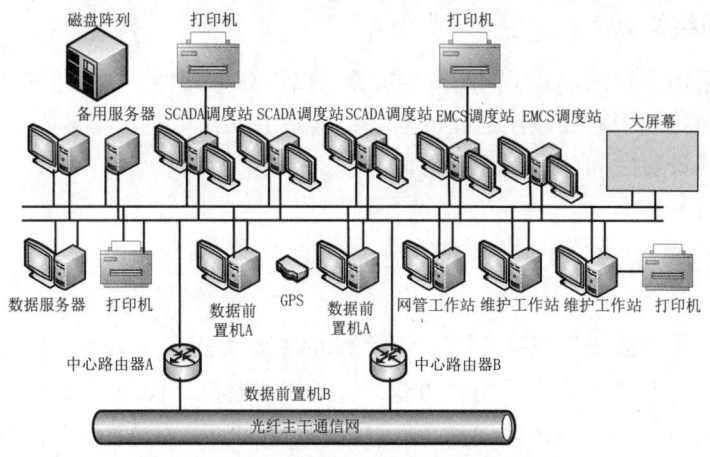

图 9.3 中央监控中心网络结构示意图

② 电力调度总站（PSCADA 操作员站），通过 PSCADA 工作站，操作员可进行整个系统的监控和操作，可查看电网实时运行状况、获取报表、数据曲线、棒图等统计数据。

③ 机电设备监控总站（EMCS 操作员站）负责监管全线车站的机电设备和车辆段的机电设备，通过图形系统可实时监控这些设备的状态。

④ 维护工作站用于维护人员对全线计算机设备实行运行管理，用于整个中央监控中心运行状况的图形维护、数据库的管理维护、参数库维护和新应用程序的开发等。

⑤ 网络管理工作站主要负责全线自动化系统的网络安全管理。

⑥ 大屏幕显示单元实现实时画面与其他调度员工作站的画面同步更新。

9.4.2.2 车站级监控系统网络结构

车站级监控系统网络结构采用分层分布式结构和模块化设计，分厂站级和间隔级两层，局域网络由 100 MB 冗余交换以太网构成，采用 TCP/IP 协议和 C/S 结构。间隔级中采用 LONWORKS、PROFIBUS 现场总线技术，以其可靠的性能和大容量高速度的通信能力，大大提高了通信系统的信息吞吐和数据处理能力，从而解决了应用低速串口通信时经常产生的瓶颈现象。车站级监控系统网络结构如图 9.4 所示。

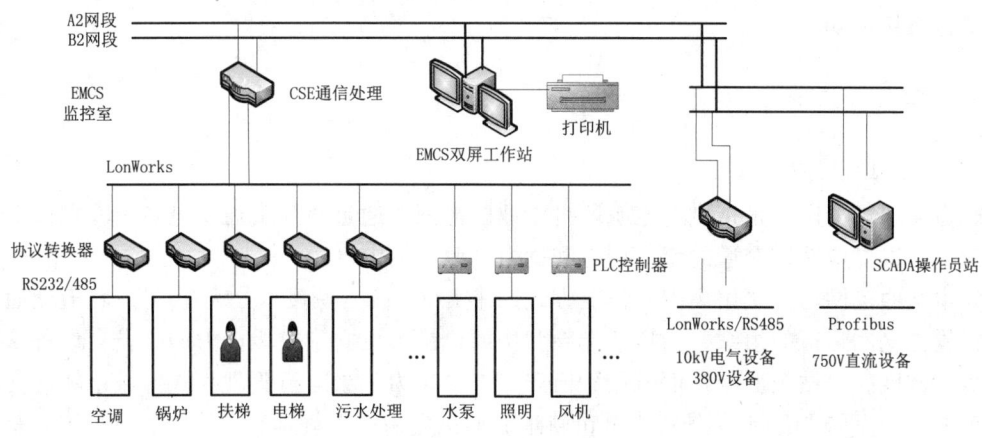

图 9.4 车站级监控系统网络结构示意图

9.4.2.3 骨干网结构

骨干网一般采用广域网形式，同时双网冗余，以提高可靠性。主控系统骨干网用于车站、车辆段等局域网与控制中心局域网之间的互联，它是由设在车站、车辆段、控制中心等地点的交换设备及交换设备之间的区间光缆构成。

9.5 综合监控系统调度管理

城市轨道综合监控系统集成/互联各个子系统的主要功能有：

（1）电力监控专业实现功能：控制功能，包括单独遥控、程序遥控、保护总信号远程复归。保护定值组切换、变压器档位调整、自投自切功能投退、交直流屏开关机、均浮充，遥控闭锁，人工置数，挂牌和通道测试等；遥信功能，包括位置遥信和保护遥信等；遥测功能，包括各种电气量采集、计算及统计报表、超量程检查、死区处理等；其他功能，包括系统工况、SOE事件记录、拓扑着色、事故推画面等。

（2）机电监控专业实现功能：监视机电监控各系统设备的状态，包括大系统、小系统、隧道通风系统、水系统、电扶梯、给排水和照明等设备；监视车站的环境参数以及环控的过程参数；监视机电监控模式号的状态，包括火灾联动模式、大系统模式、小系统模式、水系统模式、电扶梯模式和动力照明模式等；监视车站的机电监控时间表内容；更改各站每个机电监控子系统的控制权所在地；管理、编辑并下发各站时间表；下发阻塞模式号，火灾模式号和其他模式号；控制各站机电监控设备，包括低压配电照明系统，事故照明电源系统，通风和空调系统，给排水系统，隧道通风系统，升降电梯/自动扶梯等。

（3）火灾报警专业实现功能：监视各车站防火分区和主变火灾报警信息状态；监视各消防设施工作状态；实现火灾报警火灾联动。

（4）售检票专业实现功能：监视自动售票机、自助查询机、自助充值机、进出站闸机、双向闸机状态，包括报警、故障、停止服务、正在服务、维修、离线等。监视车站售检票服务器状态，包括在线、离线等；监视车站客流量统计，包括入闸日统计、出闸日统计、售票日统计等。

其他系统的功能等。

9.5.1 综合监控系统设备调度指挥

1. 电力调度功能

轨道交通供电网络是指供电电源取自于地区电网，通过轨道交通供电系统实现输电、变电和配电，以供应轨道交通的牵引用电和动力、照明用电。

轨道交通电网运行采用集中式供电方式，并实行"统一调度、分级管理"。轨道交通电力调度机构是电网运行的组织、指挥、指导和协调机构，设立中央级电力调度员、设备管理部门的生产调度、车站级变电站值班员、值守点人员，为二级运行管理模式。城市轨道交通电力调度（以下简称"电调"）是负责城市轨道交通供电系统系统运行、检修、施工作业和事故处理的指挥人员。在调度业务活动中，变电站值班员、值守点人员必须服从电力调度统一指挥，以确保整个电力系统的安全、有序、经济运行。

2. 环控调度功能

环控调度员（以下简称"环调"）负责消防、环控等机电设备运营和管理工作，主要是通过火灾报警系统、轨道交通机电设备监控系统或轨道交通综合监控系统、气体自动灭火系统、给排水系统、通风空调系统的运行情况，指挥机电设备实现安全、高效、经济的运行，为乘客提供安全、舒适的乘车环境。在轨道交通区域内发生火灾时，环控调度员通过控制或指挥相关的消防设施、设备进入火灾工况模式，协助、配合火灾扑救工作，确保乘客和工作人员的生命安全和财产安全。

轨道交通消防及环控等机电设备的运行管理实行集中指挥、分级管理的运行体制，设立中央级环控调度员和车站级值班员（或基地消防值班员）二级运行管理。

3. 运营调度功能

运营调度员是城市轨道交通运输组织指挥系统的中枢神经，是按照计划列车运行图的要求开展行车调度指挥工作，并根据各线路客流变化及时调整部分区段的运能安排，合理使用生产资源，实行 24 h 不间断的指挥、协调、监督与控制，保障运营安全与质量，确保运营生产的顺利实施。运营调度负责运营事故以及其他运营突发事件的处置、抢险指挥与协调工作，以减少影响与损失，以迅速恢复正常运行为前提，及时采取一切有效措施控制事件发展态势。同时也负责轨道交通管辖范围内的施工检修施工计划管理，协调各单位、各专业间的作业计划安排与配合工作，合理分配检修作业时间、空间资源，并组织计划实施。

4. 维修调度

（1）设备维护单位调度功能。

城市轨道交通维护保障部门包含车辆公司、通号公司、供电公司、工务公司以及后勤公司，每个专业公司都有自己的专业生产调度。同时 OCC 控制中心也分别有一名维修调度，由通号、车辆和供电专业人员组成，专业管辖范围包括：车辆、通号、供电、工务、后勤。维保中心还设立维保中心调度，是维保中心调度系统的调度业务主管部门，在业务流程上，专业公司生产调度及 OCC 维修调度接受维保中心调度的业务指导和调度指令，在应急情况下，维保调度可直接向 OCC 维修调度下达指令和了解故障处置信息。

在日常行车管理中，OCC 维修调度需服从 OCC 运营调度的统一指挥，在故障对运营产生影响时，OCC 维修调度应密切配合 OCC 运营调度做好运营调整，同时掌握故障对运营影响的进展情况。一般情况下，各运营线路的设备故障信息由 OF 维修调度负责处理和闭环。

（2）OCC 维修调度在应急状态下的处置流程。

① 正线发生运营设备故障时，OCC 运营调度员向维保 OCC 维修调度发布相关指令或抢修令，并在网络运营设施设备故障接报系统上登录相关故障信息。

② 维保中心 OCC 维修调度在接到相关指令或抢修令后，第一时间调度本线路抢修力量，通知各维护部负责人及相关抢修点（日检点）人员并协调总调客运的行车指挥与现场故障抢修，在确保行车安全的前提下，按先通后复位的原则，缩小故障处理时间，减少运营影响。同时维保中心 OCC 维修调度应及时将有关故障信息通知维保中心调度及相关专业公司生产调度。

③ 当发生工务、供电类故障时，原则上 OCC 专业驻勤依然接报故障信息并通知相关专业人员。

④ 其他相关维调工作技术要求。

9.5.2 综合监控系统的运行机制

城市轨道交通综合监控系统设计中，系统功能如何定位、系统框架如何设计及如何有效、有针对性地确立系统的集成程度等一系列问题都是和综合监控系统的运行机制息息相关的。因此，在现阶段，基于目前国内集成能力（设计、供货）的考虑，ATC 系统仍按独立系统能考虑。根据国内的轨道交通运营的实际情况将轨道交通运行管理分为行车体系、运营服务体系、信息管理体系三大部分。

其中行车体系以 ATC 为主，负责制定行车计划，管理列车运行、保障行车安全；运营服务体系主要集成 SCADA、BAS、AFC、FAS、ACS、PIS 等系统，为列车运行、乘客服务和运营管理创造基础条件，对全线各系统运行情况进行综合监控；信息管理体系配合行车体系的同时，重点为设备乃至设施安全运营提供维护管理层面上的保障，同时为所有相关人员提供有用的动静态数据的信息或综合信息，如运营可更新的静态地理信息、当前动态的行车组织实时监视信息等，以期充分发挥本系统的功能。

在运营机制中使非常重要的行车调度系统（ATC）独立运作，对地铁、轻轨等的安全运营是极为有利的，同时把综合监控系统分为运营服务体系和信息管理体系，既考虑灾情与故障的快速应急联动机制，还可满足各级相关维管人员的日常运营的综合信息的应用，有利于发挥系统最大的效应。

9.5.3 城市轨道交通综合监控系统的基本集成类型

城市轨道交通综合监控系统的基本集成类型主要有两种：一是考虑到列车运行控制系统的特殊性，将信号系统与综合监控系统分开设置；二是以行车指挥为中心的综合监控系统，将行车指挥系统和综合监控系统合并。目前，主要采用分开设置方式。

9.6 综合监控系统的构建方式

9.6.1 城市轨道交通综合监控系统的特点

城市轨道交通的运营管理自动化，涉及众多厂家的大量机电设备和复杂的子系统，从设备监控角度讲，其综合监控系统是典型的自动化系统集成项目，具有如下特点。

1. 监控范围广

受政治、经济、文化等诸多因素的影响，城市轨道交通线路一般按地理分布于整个城市之中，车站有几个到几十个不等，长度绵延数十公里乃至数百公里；有的直线走向，有的构成环线，有的按地形地貌曲折蜿蜒；线路上设立的车站距离间隔也不等，还有停车场、车辆段、变电站、冷却站等。这些地方有各种专业的设备在运行。这些地理位置分散、距离远近不一的设备，都应该纳入综合监控系统的范围。

2. 专业和设备多样化

城市轨道交通的实际运营需要多个专业的协调配合，具有代表性的系统包括：电力监控系统（PSCADA）、环境和机电设备监控系统（BAS）、火灾报警系统（FAS）、列车自动监控系统（ATS）、乘客信息与导向系统（PIDS），自动售/检票（AFC）系统、通信系统（包括公务通信、调度通信、无线通信、数字传输、广播系统（PA）、闭路电视系统（CCTV）、时钟系统（CLK）等），屏蔽门监控系统（PSD），防淹门监控系统（FG），门禁系统（ACS）等。各专业的设备也多种多样，如远程传输单元（RTU）、可编程逻辑控制器（PLC）、阀门、风机、接触网、直流屏、排流柜等。综合监控系统可以统一、高效地管理和监控多种系统及设备。

3. 数据量大

反映监控规模的一个指标是数据库容量。以 PSCADA 为例，通常一个车站变电所所处理的有效 I/O 点数在 2 000 左右；如果再加上联锁运算和其他辅助处理所产生的系统内部点，一条轨道交通线路的 PSCADA 监控数据库规模将达几万个物理点。而轨道交通综合监控系统涉及的子系统众多，一般物理点将达到几十万个，甚至百万数量级。

4. 通信复杂

这主要表现在两个方面：一是通信网络有多种。城市轨道交通线路在地理上分散，决定了其综合监控系统骨干网是一个广域网；此外，还有车站或专业内部的局域网、现场总线网、无线通信网等。二是通信网络上的信息复杂，不仅有数据流，还有音频、视频信息。

5. 两级调度三级控制

两级调度指的是中心和车站两级调度；三级控制指的是中心、车站和就地三级控制。一般综合监控系统包括中心和车站两级调度、控制，就地级控制不在综合监控系统的范围之内。这是城市轨道交通综合监控系统有别于一般的监控和数据采集（SCADA）系统和数据通信系统（DCS）的最大应用特点。

在实际城市轨道交通建设项目中，还有可能出现管理局部几个临近车站的区域分中心。而当城市形成轨道交通网络体系以后，也可能出现管理几条线路的指挥控制中心。

OCC 即操作控制中心，是城市轨道交通的管理、调度中心，其职责是保证一条线路完整运营、统一管理，同时负责与上一级管理的接口。通常把位于 OCC 的综合监控系统称为中央级综合监控系统（CISCS），把位于车站的综合监控系统称为车站级综合监控系统（SISCS）。SISCS 通过通信骨干网将各 SISCS 信息汇集到 OCC，从而完成中心级的调度、控制功能，实现全线多系统的综合监控。SISCS 通过车站局域网络将现场级的信息汇集到车站，从而实现车站级的综合监控。

9.6.2 集成和互联

1. 集　成

表明综合监控系统与子系统之间存在紧密的耦合关系，子系统不需要提供操作界面，所有对子系统的操作完全通过综合监控系统的操作界面完成，正常情况下，集成的子系统依赖综合监控系统实现正常操作功能。集成的子系统主要包括电力监控子系统（PSCADA）、环境监控子系统（BAS）、屏蔽门子系统（PSD），这些子系统融合到综合监控系统中，其中央功能和车站功能都由综合监控系统实现。综合监控系统的网络取代被集成子系统的网络，综合监控系统软件取代子系统的软件（深度集成），实现这些子系统的所有功能，构成了地铁系统的信息共享平台。集成形成的结构模式如图9.5所示。

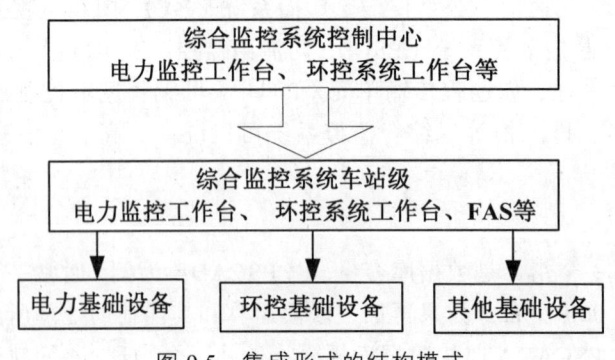

图9.5 集成形式的结构模式

2. 互 联

表明综合监控系统与子系统是采用松耦合的结构，子系统具有完整的操作界面和全套设备，可以脱离综合监控系统独立运行，完成正常和紧急操作。互联的子系统主要包括列车自动监控系统（ATS）、火灾自动报警系统（FAS）、时钟系统（CLK）、无线通信系统（RC）、自动售检票系统（AFC）、乘客信息系统（PIS）等。综合监控系统按照子系统的特点进行了不同形式的互联，实现综合监控系统与互联系统间信息交互，被互联的子系统是完全独立的系统，与综合监控系统在车站或控制中心有接口，综合监控系统提供共享信息平台，互联系统在信息平台的支持下实现全新的功能。互联形式的结构模式如图9.6所示。

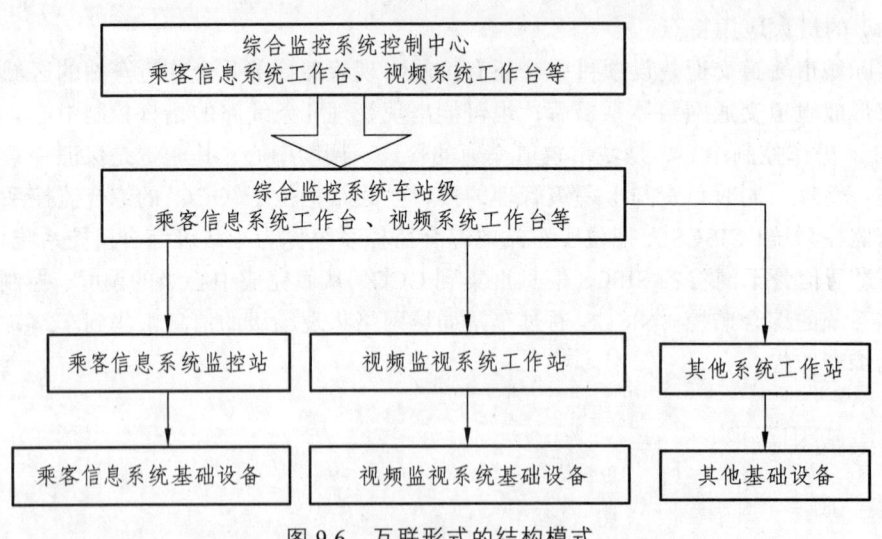

图9.6 互联形式的结构模式

互联与集成的主要区别在于：对各子系统的管理是采用系统与系统接口而不是融合成一个整体系统。

9.6.3 联动

构建较强大的信息共享平台，实现综合监控系统的联动功能，才更能体现综合监控系统的优势。综合监控系统的联动功能主要分为 3 种情况：火灾模式下的联动、阻塞模式下的联动、运营管理上的常规性联动功能。

1. 火灾模式下的联动

当车站或隧道内发生火灾时，火灾自动报警系统（FAS）发出火灾信息给综合监控系统；综合监控系统自动进入火灾模式，自动启动各子系统进入火灾模式；电力监控系统自动切掉 3 级负荷并启动相应的事故电源；环控系统（BAS）自动启动相应的模式控制，火灾位置处的防火阀、防灾风机等设备按模式控制命令启动；闭路电视系统自动将摄像头指向火灾区段和相关出口处；广播系统自动进入火灾模式下的广播，将预定的信息播放到相应的区域，并播放防灾指挥中心的紧急信息等；乘客信息系统（PIS）自动进入火灾模式下工作，引导乘客疏散，发布治安信息等；屏蔽门系统（PSD）自动关闭或打开一些屏蔽门；信号系统自动给相关区段的行车发送火灾信息，以使相应的行车进行调整。火灾情况下的联动模式如图 9.7 所示。

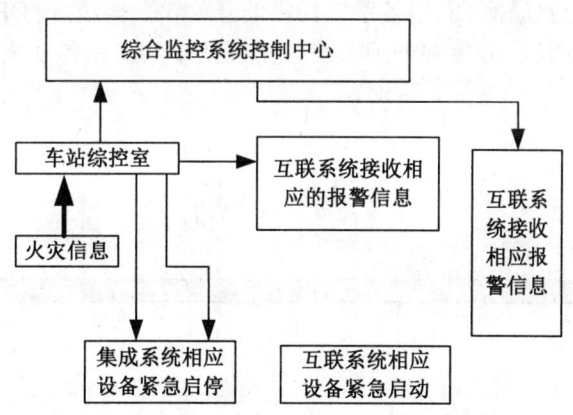

图 9.7 火灾情况下的联动模式简图

2. 阻塞模式下的联动

当信号系统阻塞信号送入综合监控系统后，综合监控系统将自动启动阻塞模式，并自动启动各子系统进入阻塞模式，各子系统开始自动调整各相关设备为阻塞模式下的工作模式，例如，通风系统设备自动按阻塞模式工作，加大通风量等，为乘客提供较好的环境；闭路电视系统自动将摄像头指向阻塞区段和相关出口处；广播系统开始自动广播，将预定的信息播放到相关阻塞区域并向运营指挥中心汇报。

3. 运营管理上的常规性联动

这主要是地铁供电、机电等设备的正常运行过程中的特定控制模式，可方便实现并保证供电、机电系统正常运行时的特定要求。如接触轨直流供电的每天停送电模式，需在一定的时间内完成停电和送电。若按常规操作全线每个开关逐个停送，则需花费很长的时间。采用联动模式，选择一步操作，则综合监控系统会按照既定条件在很短的时间内自动控制完成全线接触轨的停送电任务。

9.6.4 系统的集成方案

城轨交通建设包括：车辆系统、供电系统、通信信号系统、乘客信息系统、屏蔽门系统、防淹门系统、环境与设备监控系统、火灾报警系统、门禁系统、自动售检票系统、周界告警系统、线路等。根据各业务系统的类型和特点，大致可分为建筑物安全防范类系统（火灾报警系统、环境与设备监控系统、电力监控系统、门禁系统、电视监控系统、周界告警系统等）、保障行车安全类系统（车辆系统、信号系统、屏蔽门系统、防淹门系统等）、票务管理及服务类系统（自动售检票系统）、信息服务类系统［乘客信息系统（车站信息系统、车载信息系统）、广播系统、通信时钟系统等］4大类。要将这4大类各系统有机结合起来，通过建立一个综合自动化管理平台，实现各系统间的资源共享和联动响应，完善运营管理模式及机构，这就涉及综合监控系统的功能定位和系统集成规模及深度。

下面着重对系统集成规模及深度进行分析。

从系统集成深度分，一般有深度集成方案、适度集成方案、信息集成（网络集成）3种方案。

1. 信息集成（网络集成）方案

即保留各系统的分立局面，利用各系统提供的开放式数据接口（OPC，ODBC，JDBC等），增加相应数据收集、存储、分发和处理系统，实现信息共享和各系统间快速联动，如图9.8所示。

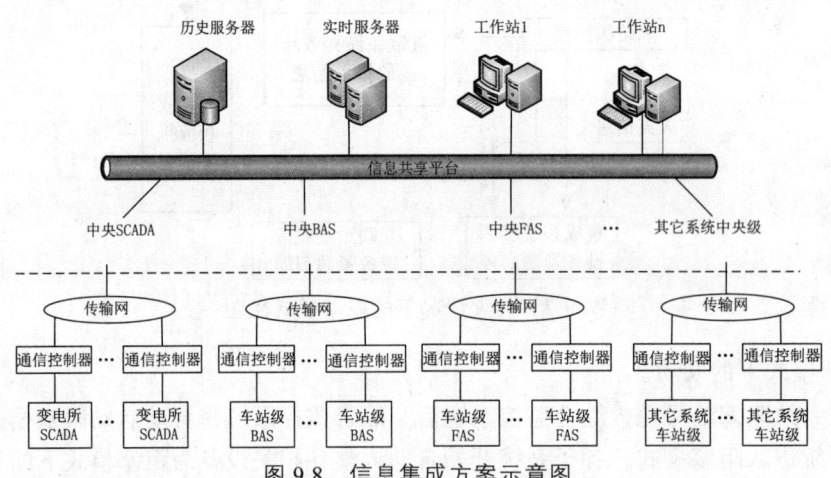

图9.8 信息集成方案示意图

2. 适度集成方案

对各子系统从车站以上开始集成，即只集成车站级和中央级控制管理部分硬件设备及软件功能，如图9.9所示。广州地铁3号和4号线采用的就是这种集成方式。

3. 深度集成方案

在适度集成方案的基础上，对各子系统进行集成深度拓展，将各子系统中央级、车站级和现场控制设备全由综合监控系统来实现。简化或省略传输环节和系统间接口，如图9.10所示。广州地铁5号线和正在建设的成都、重庆、北京、杭州、深圳等地的有关地铁线路采用的就是这种集成模式。

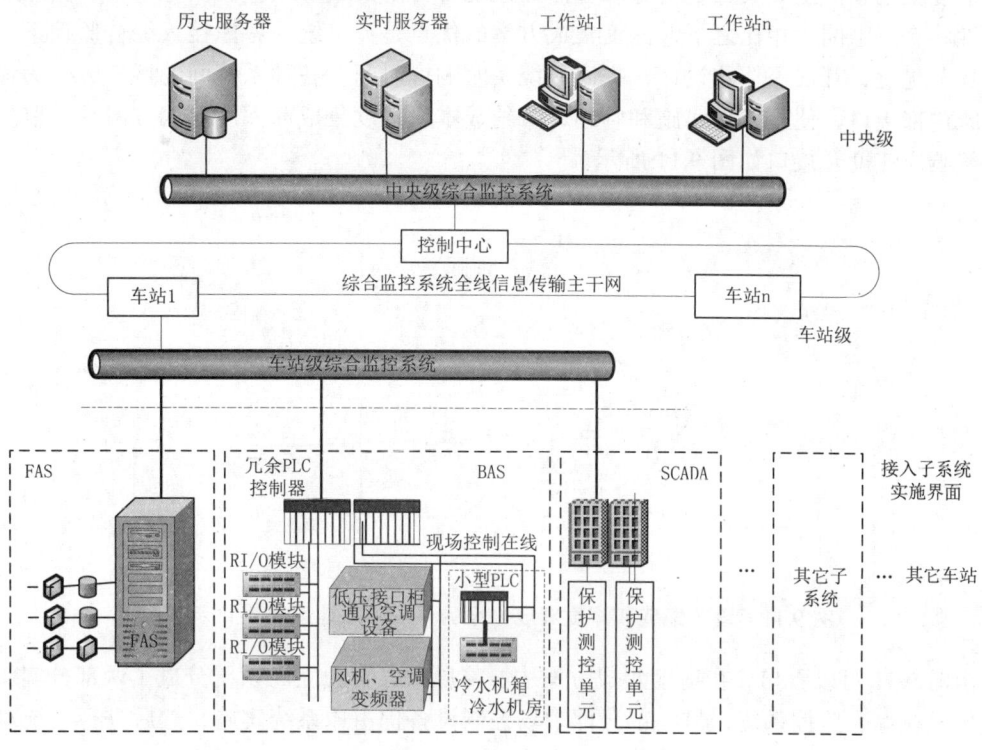

图 9.9 适度集成方案示意图

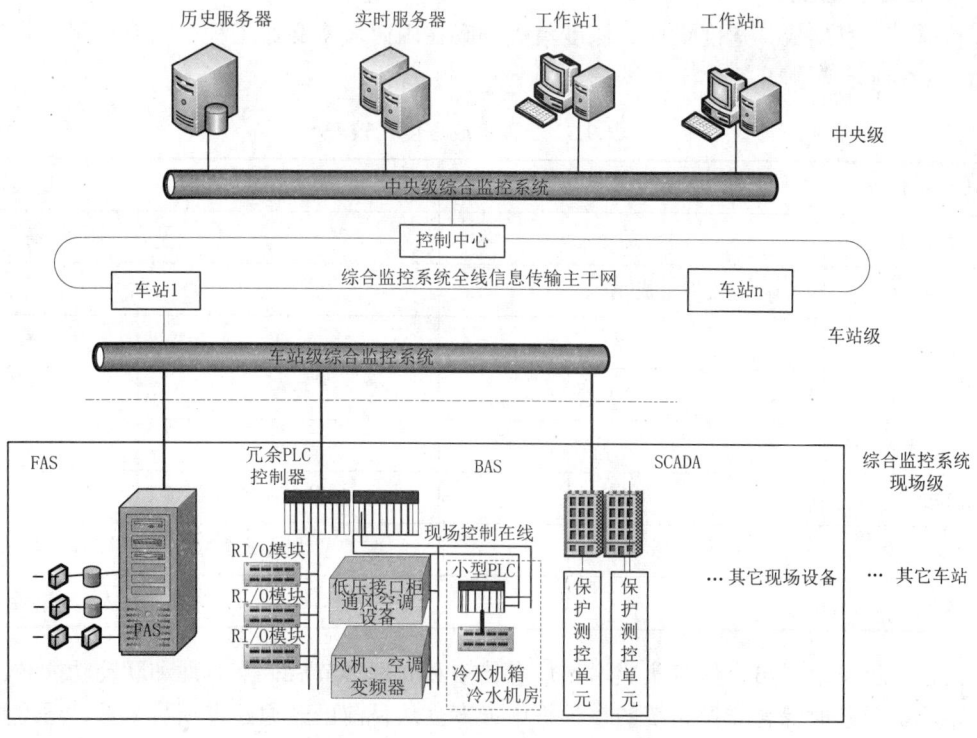

图 9.10 深度集成方案示意图

适度集成和深度集成都是实施综合监控系统可行的集成方案，但实施难度和实施后系统一致性将有所不同。相比之下，深度集成方案的优点是：可统一考虑接入综合监控系统后的传输环节优化，开展一体化设计，提高系统实时响应时间；各种系统间的接口转变为综合监控系统内部接口，便于工程实施和管理，节约成本。适度集成和深度集成方案综合监控系统的系统响应速度及接口如图 9.11 所示。

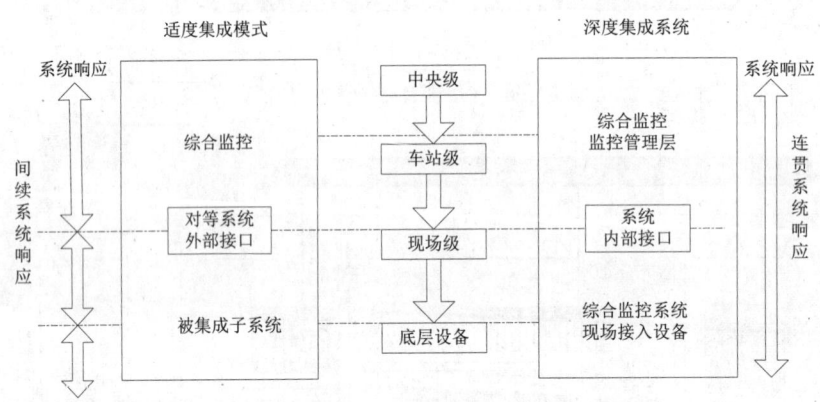

图 9.11 适度集成和深度集成方案的系统响应速度及接口示意图

由图 9.11 可以看出，在适度集成方案中，将原来各自独立的系统分成了两部分实施，一部分集成在综合监控系统，另一部分即现场控制设备仍由原系统实施，然后进行系统对接。实施后的系统整体性和实时性不能得到充分保证。

4. 集成深度选择

目前，信息集成、适度集成、深度集成方案在国内城轨交通工程中均有运用，其方案比较如表 9.3 所示。

表 9.3 3 种集成深度比较表

功能及投资	信息集成	适度集成	深度集成
可靠性	高	高	高
成熟性	成熟	较成熟	较成熟
联动能力	差	一般	强
响应时间	慢	较慢	快
技术水平	低	较高	高
系统操作	烦琐	较烦琐	简卓
实现功能	对提高运营水平意义不大	满足基本运营需求	多
ISCS 投资	低	较低	较高

由表 9.3 可以看出，信息集成增加信息传输和处理环节后，实时性和联动功能差，是早期技术不够成熟时综合监控系统的一种折中方案。从目前已开通建设项目来看，适度集成在工程实施、系统实时性、满足运营需求等方面也均存在不足，而深度集成方案更注重防灾救

灾体系的联动实时性和可靠性，系统技术水平高、功能强，可满足综合自动化运营管理要求，提高调度管理水平，是今后发展的方向。

此外，综合监控系统从集成系统的数量和规模方面，还可以划分为部分集成、准集成、全集成系统方案。

9.7 综合后备盘

《地铁设计规范》命名 IBP 为"急控制盘"，并作为一个强制性性条文，规定 BAS 系统必须配置 IBP，但这个"IBP"只规定了"BAS"系统范畴的后备监控，不包括其他子系统或设备。"IBP"本意是"综合"后备盘，意味着非 BAS 专用盘，它是多专业、多种功能共用的后备监控盘。IBP 通常设置在车站综合控制室，与计算机监控系统共同构成站/段级指挥调度系统。

设置车站集成应急监控系统，允许车站值班员在紧急工况时，可不依赖上位计算机监控系统而集中、直接操作各子系统底层设备，实现应急调度功能，以达到避免或减少损失的。车站集成应急监控系统是地铁自动化系统的重要组成部分，加强了车站综合控制室的作用，为地铁运营提供了综合的后备应急监控操作手段，提高各系统运营可靠性、人工判断决策能力、应急指挥的集中度与高效性、人员操作的方便性与及时性，具有重要意义。

紧急后备调度功能的载体设备是车站 IBP 盘，它是一种人机接口装置，通常设置在车站控制室，盘面安装各种带控制功能的操作按钮、指示灯、钥匙开关等部件，并印有相关工艺和指示说明文字。

IBP 盘为多专业共用，根据专业划分盘面区域。作为紧急情况下的后备设备，主要用于各自动化系统监控与管理层和装置自动化层失去联系时的关键监控功能，从而保证系统的可操作性，以应对各种紧急工况。

BAS 系统紧急后备控制是作为计算机系统控制的一种备用手段，通常设置在车站，并直接和 BAS 系统装置自动化层或其他系统或设备的控制器接口。IBP 被定义为具有最高调度控制权限的监控设备，其具体功能包括：

（1）具有权限切换操作功能，通过钥匙开关（"遥控"/"本地"），使得 IBP 盘具有调度控制的权限，且任何时候，只要 IBP 的钥匙开关打向"本地（Local）"且相关子系统的连锁保护开关打向"允许（Enable）"，则 IBP 的相关专业就具备了操作控制的权限，此时相关系统或设备将只接收来自 IBP 盘的命令。权限切换过程不影响系统或设备的运行。

（2）IBP 的后备调度功能通常按专业按设备划分，具体包括有：环控系统、AFC 系统、导向、屏蔽门、电扶梯、时钟、牵引供电等，各专业通常均利用钥匙作连锁保护的功能，即只有本专业的钥匙开关打到"允许（Enable）"位置时，其能按钮才有效。和 BAS 系统直接相关的专业为环控系统、导向等，而其他设备后备操作装置是连向被控设备的，而非 BAS 系统装置自动化层，因此不受 BAS 系统的控制。

（3）环控系统后备监控功能，为面向特殊工况的模式监控，如阻塞模式、外设置"禁止/允许"钥匙选择开关，用于环控系统后备操作的有效控制；设置 FAS 式（自动/手动）选择开关，用于控制 FAS 报警是否自动触发模式控制；设置各撤销按钮，用于触发模式控制；设置模式运行状态指示灯，指示模式运行状态；报警指示灯，指示报警位置。

（4）导向后备监控功能，设置"禁止/允许"钥匙选择开关，用于导向后备操作的有效控制；设置各导向设备的开关控制按钮，用于导向设备控制。

当车站 BAS 的监控工作站脱离系统时，调度或值班人员在灾害工况下照旧可以进行指挥救灾，其他系统也是如此，典型的如 PSCADA 系统中的有关牵引供电断路器后备控制、AFC 系统的闸机控制、PSD 开关门控制、电扶梯的急停控制、信号系统的扣车控制、车站疏散联动控制、开关站联动控制等。图 9.12 为车站控制室图片，图 9.13 为某地铁站车控室的信号 IBP 盘。

图 9.12　车站控制室图片

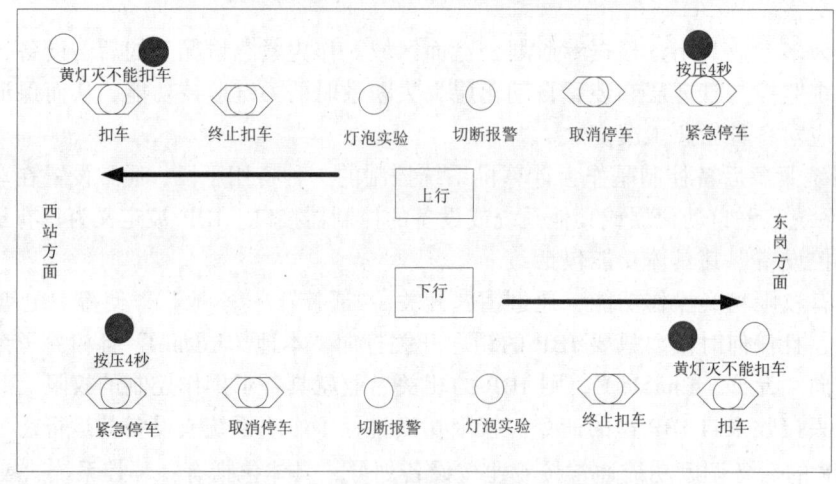

图 9.13　某地铁站车控室的信号 IBP 盘

9.8　综合监控系统的设计原则

9.8.1　设计依据

城市轨道交通综合监控系统工程设计，贯彻国家关于节能、环保等的方针政策，依据有关设计技术规范，在满足综合监控各项功能管理和使用要求的基础上，努力做到技术先进、经济合理、实用可靠，具有可扩展性、开放性和灵活性。

9.8.2 综合监控系统集成和互联的层次

根据近年来国内综合监控系统的发展和城市轨道交通相关技术规范，综合监控系统的建设层次如下。

（1）宜将电力监控系统、环境与设备监控系统集成到综合监控系统中；
（2）宜将火灾报警系统集成到综合监控系统中；
（3）宜将信号系统、闭路电视系统、广播系统、乘客信息系统、自动售检票系统、门禁系统、时钟系统等互联到综合监控系统中；
（4）信号系统的列车自动监控系统应根据技术和运营管理的需求集成到综合监控系统。

9.8.3 地铁综合监控自动化系统所有的技术和处理特点

所有的技术和处理特点都基于其如下应用特点：

（1）地理分散，监控集中。从监控中心全局看，监控对象分散在沿线甚至多条线的各个车站，操作员站设在监控中心；操作员要集中监控和管理全部车站的所有监控对象。从车站看，监控对象分散在各个专业的设备房，操作员站设在车站综合控制室；操作员要集中监控和管理本车站的所有监控对象。

（2）处理规模大，事件驱动。一个地铁综合监控自动化系统的处理规模如果以物理输入/输出（I/O）点来衡量，至少应支持10万个I/O点。数据规模的扩大使一般控制系统中常用的周期处理方式变得不再有效，因此"事件驱动"成为地铁综合监控自动化系统的主要处理方式。

（3）信息集成。大量地与第三方子系统或设备进行信息集成，在同一平台上实现各专业之间的相互协调、相互闭锁和信息共享。

监控自动化系统的软件平台要适应上述的应用特点；在软件开发的实践中，要着重解决几个关键技术问题：软件体系结构，实时数据库和系统数据流，接口通信框架和骨干网数据的实时性、可靠性问题。

9.8.4 接口界面

系统集成和信息交互通过接口完成。

综合监控系统与变电所综合自动化系统的接口（或者界面）划分示意图如下。

图9.14为以综合监控系统（ISCS）与电力监控系统（PSCADA）的接口，图9.15为BAS与ISCS接口的结构图，图9.16为FAS与ISCS接口的结构图，图9.17为PSD与ISCS接口的结构图，图9.18为ACS与ISCS接口的结构图，图9.19为CCTV与ISCS接口的结构图。

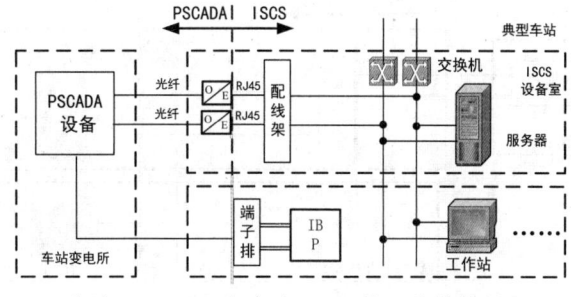

（a）PSCADA与车站ISCS接口的结构图

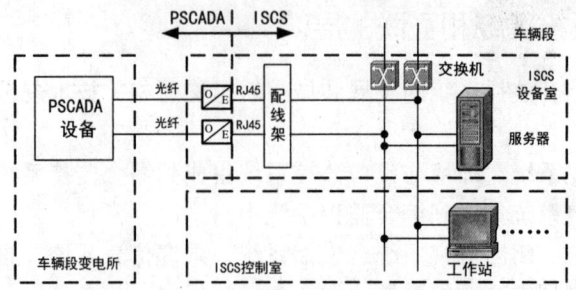

（b）PSCADA 与车辆段 ISCS 接口的结构图

图 9.14　综合监控系统（ISCS）与电力监控系统（PSCADA）的接口

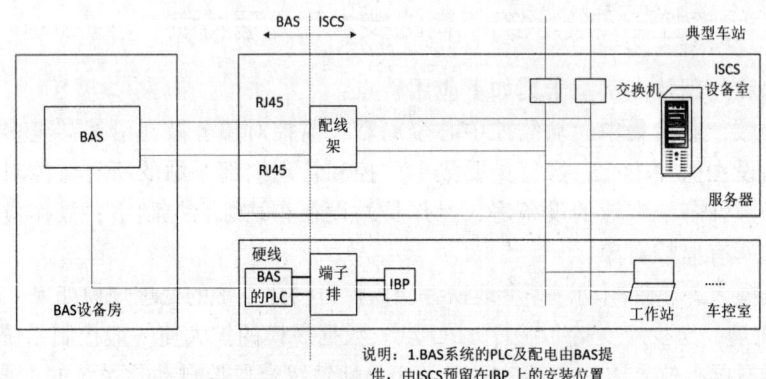

说明：1.BAS系统的PLC及配电由BAS提供，由ISCS预留在IBP上的安装位置

（a）BAS 与典型车站 ISCS 接口的结构图

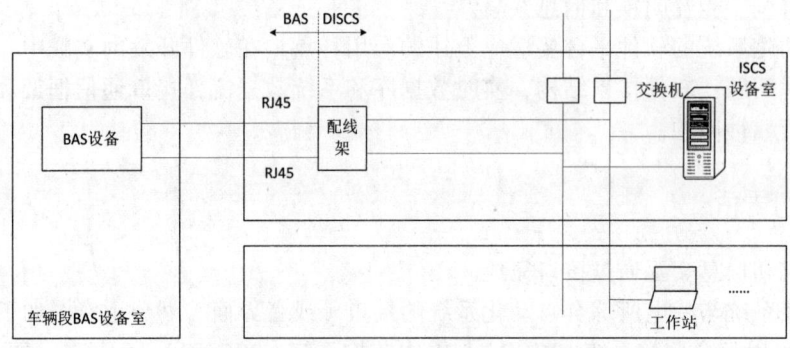

（b）BAS 与典型车辆段 ISCS 接口的结构图

图 9.15　BAS 与 ISCS 接口的结构图

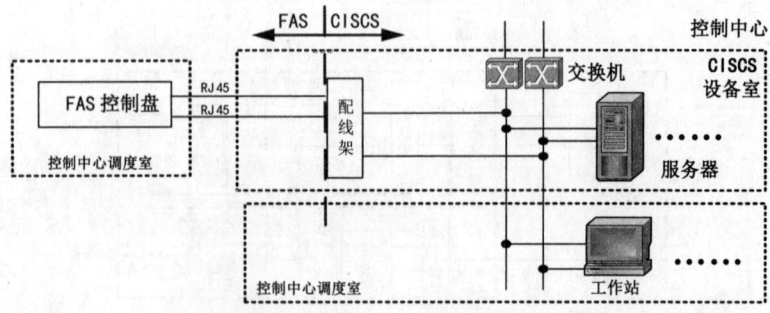

（a）FAS 与控制中心 CISCS 接口的结构图

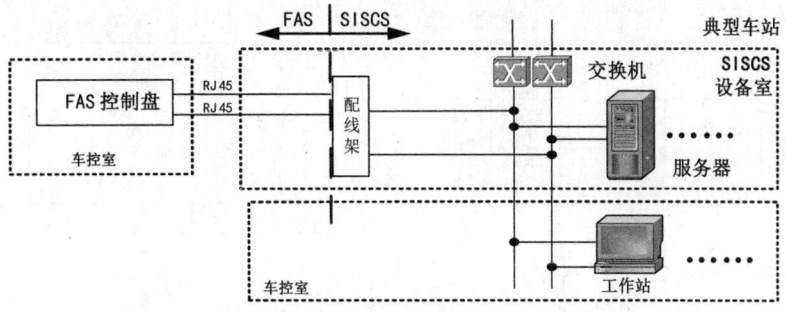

（b）FAS 与典型车站 SISCS 接口的结构图

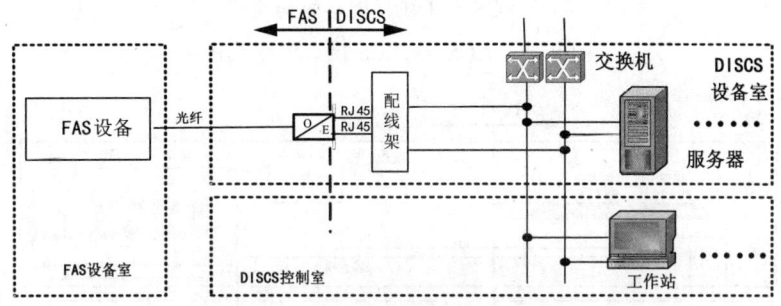

（c）FAS 与车辆段 DISCS 接口的结构图

图 9.16　FAS 与 ISCS 接口的结构图

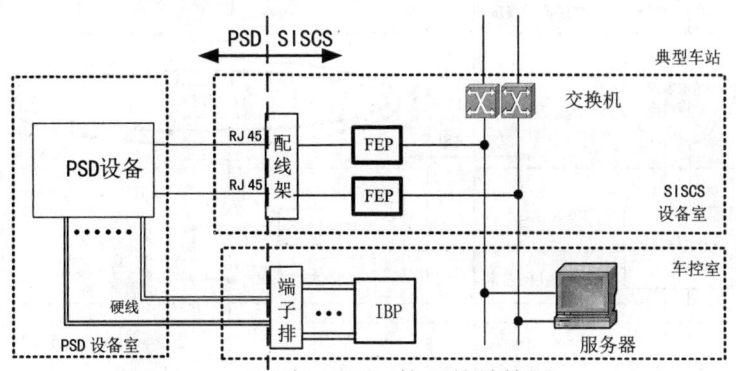

图 9.17　PSD 与 ISCS 接口的结构图

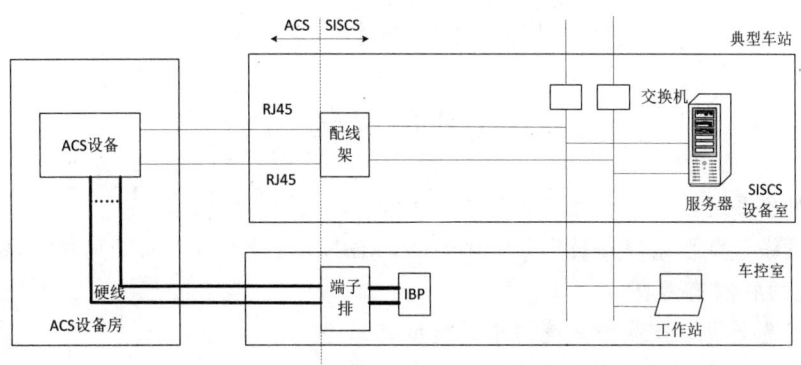

（a）ACS 与 SICS 接口的结构图

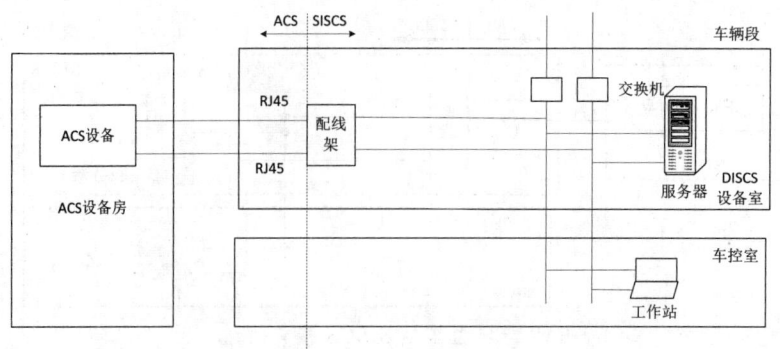

（b）ACS 与 DICS 接口的结构图

图 9.18　ACS 与 ISCS 接口的结构图

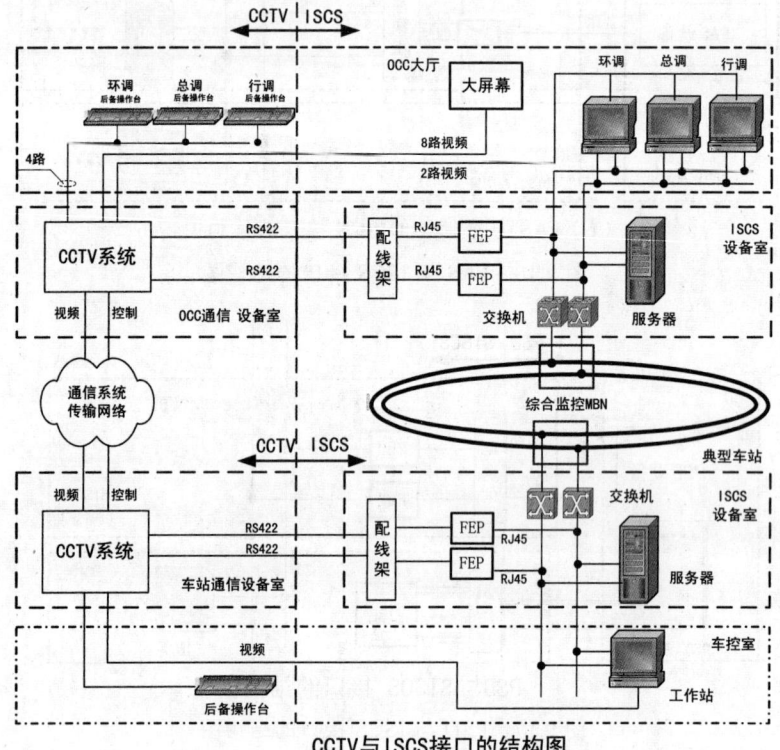

图 9.19　CCTV 与 ISCS 接口的结构图

复习思考题

1. 什么叫子系统集成？什么叫子系统互联？
2. 在地铁综合监控系统建设中，对骨干网（MBN）的设计方案有哪两种？城市轨道交通综合监控系统的特点有哪些？
3. 城市轨道交通综合监控系统的集成模型有哪些？
4. 城市轨道交通综合监控系统的集成方式有哪些？

5. 城市轨道交通综合监控系统的含义是什么?
6. 城市轨道交通综合监控系统的体系结构是什么?请画图说明。
7. 什么是两级调度三级控制?
8. 什么是综合监控系统?
9. 什么是综合监控平台?
10. 什么是 IBP 盘?
11. 综合监控系统的接口有哪些?
12. 综合监控系统设备的调度功能是什么?

第10章 电力监控子系统

10.1 概 述

电力监控子系统主要功能是对整个轨道交通线路的供电系统进行实时监控和可靠管理。全线所有主变电站、牵引降压混合变电站、降压变电站内的一次侧及二次侧设备都是该子系统远程实时控制、监视及测量的对象。通过电力监控子系统平台，各级管理员能够第一时间了解整个线路电力系统内不同种类设备的状态和实时的事件告警，从而实现整个线路电力系统的运行、维修、调度管理自动化，实现电力设备的控制自动化和电力调度管理现代化。电力监控子系统一般为分层分布式结构，包括位于调度中心的主站核心系统、位于各变电站内的变电站综合自动化系统及连接这些系统的光纤以太网网络。通过连接各个系统的网络通道实现数据传送，使系统平台对整个供电系统和主变电站系统进行监视、控制、测量得以全部实现。

10.1.1 调度中心

调度中心的主站系统可连续采集和处理轨道交通供电系统所有有关的重要测量信息及设备状态信号，通过调度员操作工作站供调度操作人员实时查阅运行信息，以便其及时进行操作处理，保障整个供电系统的安全运行。调度中心的主站核心系统具有数据采集、数据通信监视、数据计算处理、数据存储、检索及回放、调度人机接口、事项处理、GPS 标准时钟源接收和系统校时等功能。

10.1.2 变电站综合自动化系统

完整的变电站综合自动化系统应当包括间隔层设备（保护测控装置）、网络层和管理层三大部分，间隔层按照设备性质不同可分为交流系统（35 kV 保护测控装置）、牵引系统（1500 V 保护测控装置）、中低压交流系统（0.4 kV 保护测控装置）和其他系统（如电源屏控制机、变压器保护测控装置）。变电站综合自动化系统由控制信号屏内站控主单元、开关柜内的微机综合保护测控单元、智能开关、间隔层、变电站维护计算机及变电站内的通信网络构成。

变电站综合自动化系统主要完成以下功能：实现变电站内各类设备的监控功能，包括各个设备的电流、电压、功率、电度采集和电气一次设备的控制、监视、联动、联锁、闭锁、自动投切。重要设备之间不仅利用二次回路实现硬线的联动、联锁、闭锁，还可以利用综合自动化软件在组态中完成上述功能，实现逻辑判断、计算、保护等功能。

10.2 电力监控系统控制流程及管理系统体系结构

10.2.1 电力监控系统控制流程

变电所综合自动化系统控制方式共分为三级：设备就地控制、变电所综控屏集中控制和控制中心远程控制。

就控制操作而言，包括两种，分别是单控操作与程控操作。

1. 单控操作

单控操作控制系统其中一个对象运行状态就是单控操作，它调节与控制的对象不仅有无功补偿装置，而且有自动装置，还要保护动作信号的远方复归、保护定值、电动隔离开关、断路器，等等。系统操作员利用系统实现对上述对象的开合、定值修改和切换、自动装置和无功补偿装置投切、保护信号远方复归等控制操作。图10.1为单控操作流程。

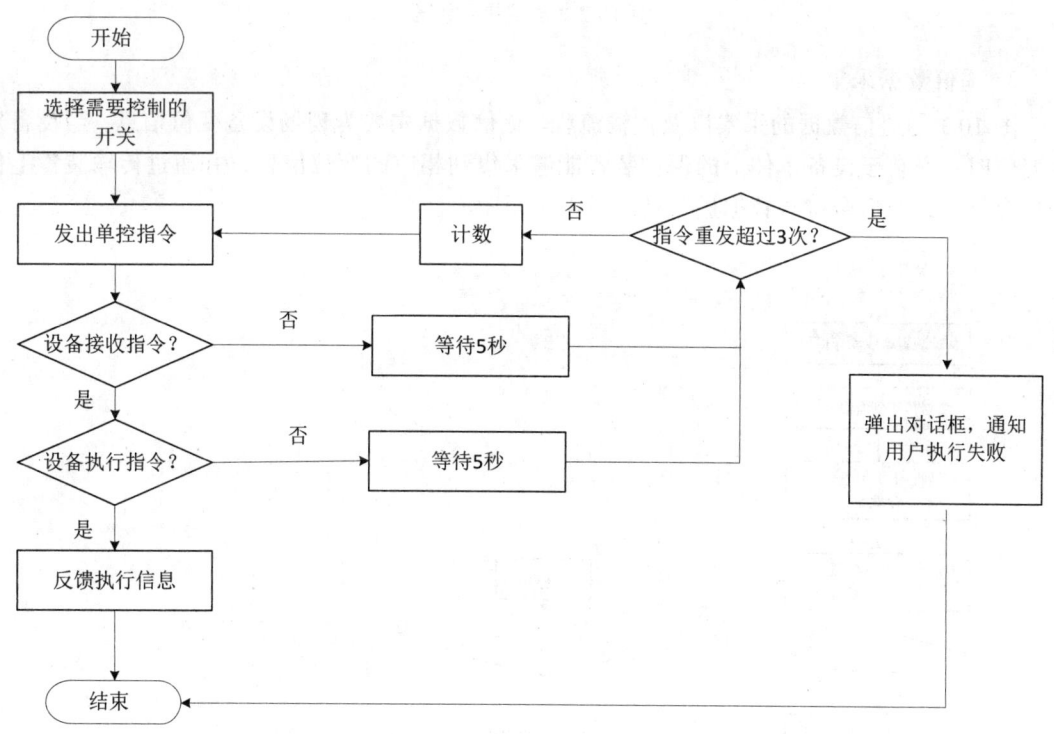

图 10.1 单控操作流程

2. 程控操作

由一些单独遥控的控制序列构成的操作就是程控操作，其作用是为了让使用系统的用户能够更加方便管理、调用、存储、删除、修改、编辑、定义程序遥控的执行条件与控制序列。程控包括所内程控和所间程控。所内程控实现对同一变电所内的多个设备的程控，所间程控实现对两个或多个变电所内多设备的程控。图10.2为程控操作流程。

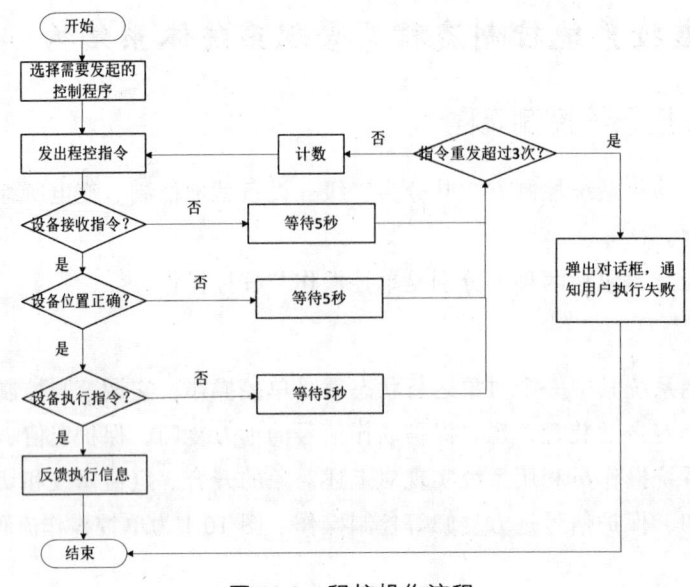

图 10.2 程控操作流程

3. 遥信数据采集

图 10.3 是遥信数据的采集以及传输流程。遥信数据主要为现场设备变位信息，当设备发生变位时，安装于设备本体上的保护装置能够采集到相应的变位信息，并通过传输装置上传到后台机上，由后台机对数据进行处理后上传至中心。

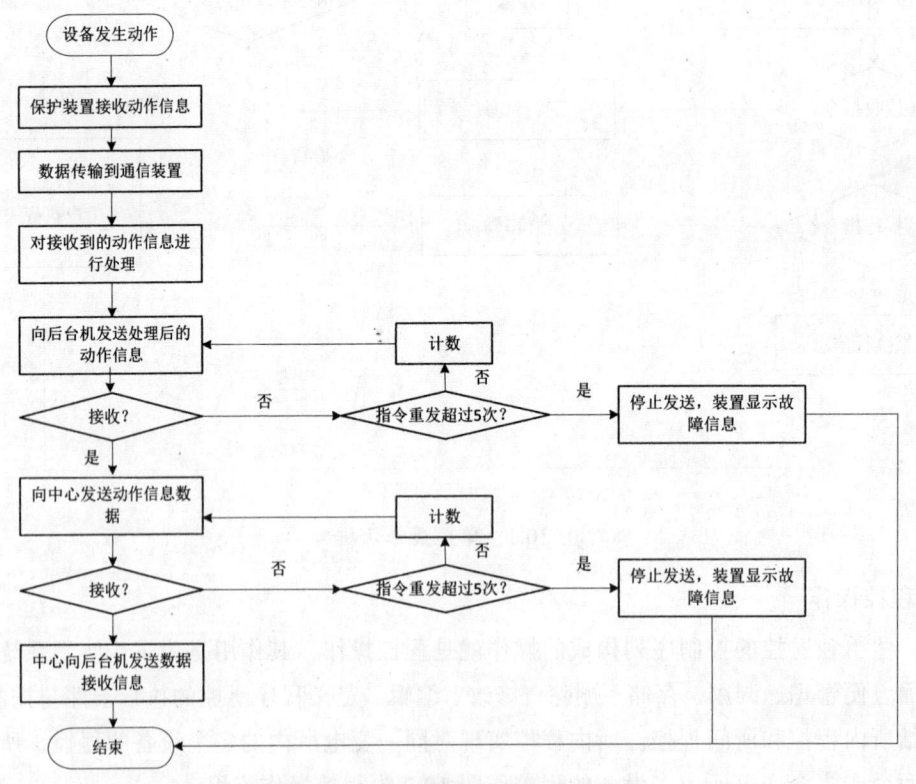

图 10.3 遥信数据采集及传输流程

10.2.2 电力监控系统管理系统体系结构

作为一个分层分布式的自动化系统,电力监控系统从底至上包括:分布在现场的间隔层装置、完成现场通信的网络、变电站的管理层、通信信道、调度中心的局域网。

变电所综合监控系统采用集中管理、分散布置的模式,分层、分布式系统结构。系统由站级管理层、网络通信层、间隔设备层组成,包括控制信号盘、分散式或集中组屏式测控/保护单元等智能电子装置(其他供货商提供)、智能接口单元(光纤以太网接口转换设备)、所内通信网络和维护设备等部分。系统以供电设备为对象,通过网络将所内的 110 kV/36 kV/0.4 kV 交流保护测控单元、1 500 V 直流保护测控单元、交直流电源系统监控单元等间隔层设备连接起来。110 kV 主变电站综合监控系统构成如图 10.4 所示。

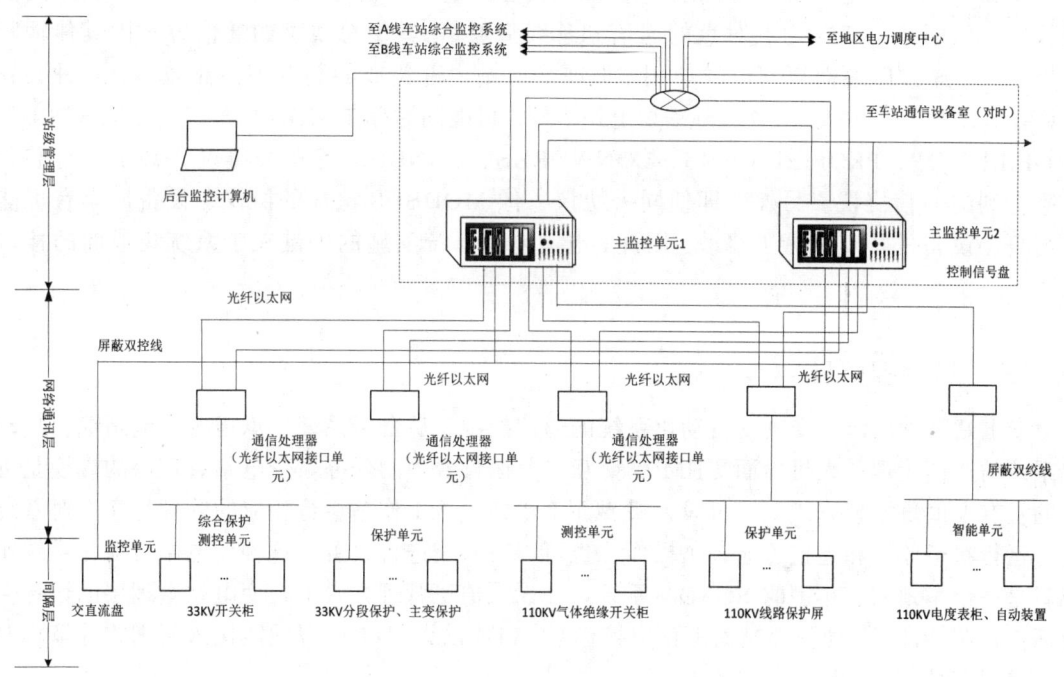

图 10.4　110 kV 主变电站综合监控系统构成

当前,电力监控的监控内容有分布在接触网上的电动隔离开关及一些主要的电气设备,这些电气设备分布在主变电所、牵引混合降压变电所或是降压变电所。

通常情况下,城市轨道交通工程变电所可按综合监控系统结构及设备配置情况划分为牵引降压混合变电所、降压变电所综合监控系统及主变电站综合监控系统三类。

10.3　电力监控系统的基本组成

电力监控系统是一个分层分布式自动化系统,由上至下分别是:调度中心局域网系统、通信通道、变电站管理层、现场通信网络、间隔层装置。下面对这几个部分作简单介绍。

10.3.1 间隔层

间隔层设备主要是指微机保护测控装置以及其他带有智能通信接口的设备（例如，变压器温度测控装置、交/直流屏充电测控装置等）。间隔层设备的最大特点是具有智能化和自律性能的微机化单元，其基本功能的运作不依赖通信网络。例如，单条回路的微机保护测控单元，其保护功能的实现是通过对该线路的电压、电流、开关状态等参数的采集并经过保护装置内部电路的运算后输出信号控制开关的过程实现的。又如，交/直流屏充电测控装置的工作，也是由该测控装置对充电机组的工作状态进行智能控制。

10.3.2 变电站现场通信网络

现场通信网络把各种间隔层智能装置连接在一起，组成变电站综合自动化系统。间隔层装置通信网络一般分为点对点的通信和总线型通信，其中总线型的通信方式因其传输距离长、节省连接电缆而得到广泛应用。但在变电站内部集成的装置种类比较多，各种装置的总线形式不一。以一个普通的地铁变电站为例，可能同时存在 MODBUS、MODBUS PLUS、PROFIBUS-DP、PROFIBUS-FMS、LONWORKS、CANBUS 等总线协议，甚至还有装置厂家专利的通信协议。另外，即使同一协议，像 MODBUS 这样的协议，设备厂家有可能根据自己设备的特点进行了修改。因此，电力监控系统实施的关键在于系统集成商的接口能力。

10.3.3 变电站管理层

变电站管理层作为变电站自动化系统的通信控制、后台机系统，承担着变电站综合自动化系统的通信管理、人机界面（HMI）交互以及运行管理的任务。变电站管理层的规模是可变的：有人值班管理方式下，可设人机界面工作站，该工作站运行相应的管理程序，对系统进行运行状态监视和遥控（遥调）操作，也可以对系统进行设置。这种变电站自动化系统实质就是一个本地的、小型的 SCADA 系统。在无人值班管理方式下，变电站管理层的设备保留通信控制器即可，通信控制器上预留接口（串口或以太网口），以便能接入便携式计算机对系统进行调试。

10.3.4 通信通道

通信通道在整个电力监控系统中具有重要的意义，它是调度中心与各被控站之间的桥梁和纽带，是整个系统的神经中枢。通信通道的畅通、高效，是整个监控系统正常运转的前提。如上所述，通信通道有采用点对点串行通信（RS-232、半双工 RS-485、全双工 RS-422）的，也有采用网络方式的，根据不同的场合需求可选用不同的通道方式。电力系统的变电站地理分布广泛，采用串行通道，利用电力载波、微波、电话线路等传输介质，速率稳定在几百波特，可达到基本的监视、控制目的。地铁系统的变电站分布在地铁沿线，沿线敷设有骨干通信网，骨干网终端设备可给电力监控系统提供带宽高达 2 Mb 的 E1 通道或 10 Mb 的以太网通道。这样变电站与控制中心的信息传输速度将大幅度提高，同时，一些数据量较大的信息（如录波数据）将可以随时进行传送。

10.3.5 调度中心局域网系统

调度中心局域网系统通常为 10/100 Mb 以太网，传输介质为屏蔽双绞线、多模光纤（计算机与节点交换机布线距离 100 m 以上时），局域网上接有主服务器、调度员工作站、维护工作站、打印机、大屏幕（模拟屏）驱动计算机等设备。当采用点对点通信方式时，通信终端设备以上的局域网是独立的 C/S 结构；当采用全网络化的通信方式时，通过中心的以太网交换机，将中心的服务器、计算机划分在同一个 LAN 中，确保在逻辑上中心与各被控站系统的设备分离，避免网络广播风暴的发生。

10.4 电力监控系统的设备配置

10.4.1 控制中心的设备配置

控制中心的系统由网络通信系统和计算机系统两大部分组成，其设备的配置根据用户的需求可有多种形式。一个具备基本 SCADA 功能的控制中心，硬件系统由以下设备构成：实时服务器（可冗余配置）、历史服务器（可冗余配置）、操作员工作站、系统维护工作站及打印机等外围设备，模拟显示设备（含马赛克模拟屏和背投影设备）系统，网络通信系统等。另配置 UPS 电源及配电柜。

1. 实时服务器

在控制中心设置有两台实时数据服务器，二者互为备份。在正常运行时，两台服务器均接收数据和服务请求，但是只有工作服务器响应请求，向客户端提供服务。两台服务器之间通过网络数据交换验证双方数据的一致性。由于处于备份状态的服务器存有所有的实时和短时历史数据，同时了解客户的服务请求，因此系统能够保证在工作服务器发生故障后很短时间内自动接替所有服务。接替的服务包括：实时数据服务、短时趋势历史数据服务、事件服务、文件服务等。当一台系统服务器下线并经过维修处理恢复后，会自动从工作服务器中复制自己缺少的短时历史趋势数据和事件记录，从而保证双服务器历史数据的一致性。

2. 历史服务器

在控制中心设置一台历史服务器，系统的历史数据库设在历史服务器中，按照 1 min、5 min、10 min 或更长周期，保存系统重要数据的统计结果，例如，瞬时值、最大值、最小值、平均值或用户自定义的某种统计结果等。一般在历史服务器磁盘内保存 5 年的数据，也可以采用磁带或可读写光盘保存查询 10 年以上的历史数据。

3. 操作员工作站

电力监控系统配置多套功能完全等价、并行工作的实时监控操作员工作站，用于操作人员的日常控制、监视和调度管理工作。工作站的人机接口软件功能满足 SCADA 系统对底层设备直接操作的要求，能够方便地实现遥控、遥信、遥测和遥调（保护定值下发）功能；能够统规全局数据点并以生动丰富的画面表达出来；并进行数据的处理、趋势显示、报警、归档、文件、报表和打印。

4. 系统维护工作站

系统配置一台维护工作站，用于系统工程师对 SCADA 进行在线维护系统软件、定义系统运行参数、定义系统数据库及编辑、修改、增扩人机界面画面等工作，且实时库、历史库及画面的修改均采用无须编程的人机对话方式。同时提供系统维护用打印机设备。

系统维护工作站兼具网管工作站的功能，监控系统配置了网络管理软件，目的在于加快网络故障定位速度，提高网络维护效率，同时保证网络安全。其主要功能和应用包括：设备故障管理器的自动故障探测功能和网络配置管理。

系统维护工作站还兼有数据备份工作站的功能。通过维护工作站上设置的 CD-ROM 或磁带记录装置，将历史服务器中的数据导出和转存。

5. 控制中心局域网络

控制中心主站网络访问方式采用客户-服务器访问方式，局域网络采用双以太网结构，有的网络设备均配置相同的两份。系统网络应具有良好的容错能力和扩展性。

局域网交换机采用质量稳定的 24-48 口交换机，如果需要在不同楼层接入计算机设备，则每楼层应分设交换机，楼层间的交换机采用光纤连接。

6. 大屏幕显示系统及其控制器

在控制中心设置一套由马赛克模拟屏和大屏幕背投显示系统相结合的显示系统。模拟屏和大屏幕背投系统均有自己的控制器，这些控制器与控制中心的局域网相连接。电力监控系统与其接口采用厂家提供的通信协议文本，按照用户对显示系统所提出的各项功能要求，将显示系统完全接入到电力监控系统中。

7. 打印机

系统配置打印机，用作实时打印、报表打印、屏幕拷贝。实时打印机作为各种信息的召唤打印，应采用具有连续走纸功能的喷墨或针式打印机；报表打印机用于数据和图表的输出打印，应采用喷墨或激光的 A3 幅面打印机；屏幕拷贝机用于用户画面的打印，应采用 A3 幅面的彩色激光打印机。

8. UPS 装置及配电柜

SCADA 电力监控系统配置 UPS 及配电柜一套，当交流电源失电后，UPS 装置能维持系统供电的时间不少于 60 min。配套的配电柜馈线回路数及容量应满足系统设备用电要求，并预留一定的馈线回路。

10.4.2 变电站自动化系统

城市轨道交通变电站自动化系统包括：牵引降压混合变电所自动化系统、降压变电所自动化系统和跟随式变电所（简称跟随所）自动化系统。

上述 3 种类型变电站自动化系统中，牵引降压混合变电站自动化系统最为典型；降压变电所自动化系统与牵引降压混合变电站自动化系统基本相同，但不含直流牵引系统的测控；跟随所自动化系统的所内部分与降压变电所自动化系统基本相同。下面以牵引降压混合变电所为例，描述变电所自动化系统的构成。

分布式无人值班牵引降压混合变电所综合自动化系统，由站级管理层、网络通信层、间隔设备层三部分组成。

站级管理层由控制信号屏以及设置在其内的通信控制器、显示设备、音响报警装置等设备组成。

间隔层设备包括分散安装在各交流 10 kV（35 kV）开关柜、直流 750 V（1 500 V）开关柜内的间隔层保护测控设备，以及控制信号盘上集中安装的接触轨/网电动隔离开关测控单元（注：因系统主接线形式及自动化控制理念的不同，有些项目设置了电动隔离开关测控单元，有些项目则没有单独设置，在此先按照该测控单元存在考虑，且将其划规为间隔层设备，只是安装位置在控制信号屏上，利用通信接口与通信控制器连接）。

变电所自动化系统的控制方式采用远动控制、所内集中控制、设备本体控制三级控制方式，正常运行时采用远动控制，当设备检修时采用所内集中控制或设备本体控制。一般在开关柜上设当地/远方选择开关；对于接触轨/网电动隔离开关，在控制信号盘上设置当地/远方转换开关和相应的合分闸开关。三种控制方式相互闭锁，以达到安全控制的目的。

典型牵引降压混合变电所自动化系统的结构如图 10.5 所示。

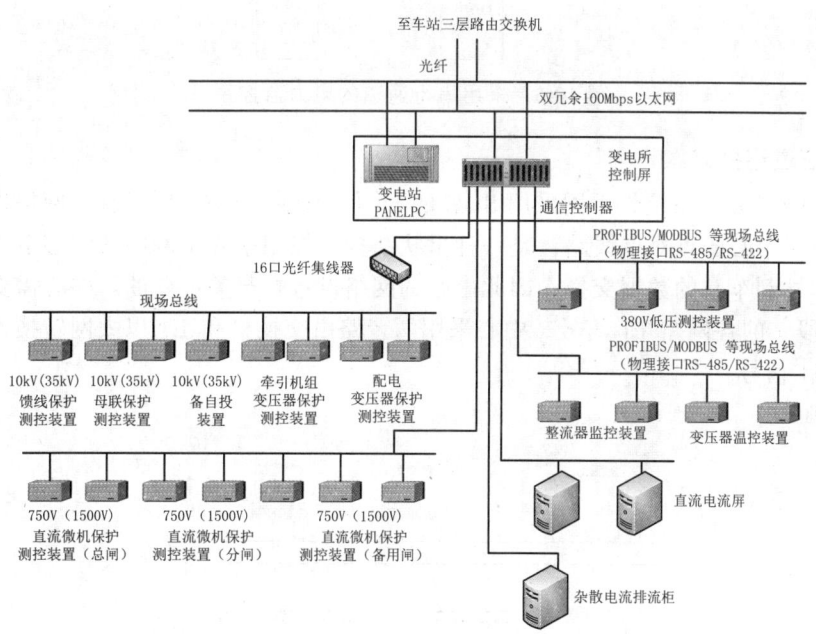

图 10.5 典型牵引降压混合变电所自动化系统结构图

10.4.3 通信通道

目前已经应用的城市轨道交通电力 SCADA 项目的通信通道有如下几种类型。

1. 串行通信通道

如图 10.6 所示，系统通信主干网通道采用星形点对点主、备冗余配置，每个被控站到控制中心配置一个主-备两路通道，该两路通道间可实现自动或手动切换，通信接口方式为双 RS-422，通信传输速率为 300～9 600 b/s。这种通信方式为低速串行通信方式，目前在轨道交通电力监控系统已经不多见了。

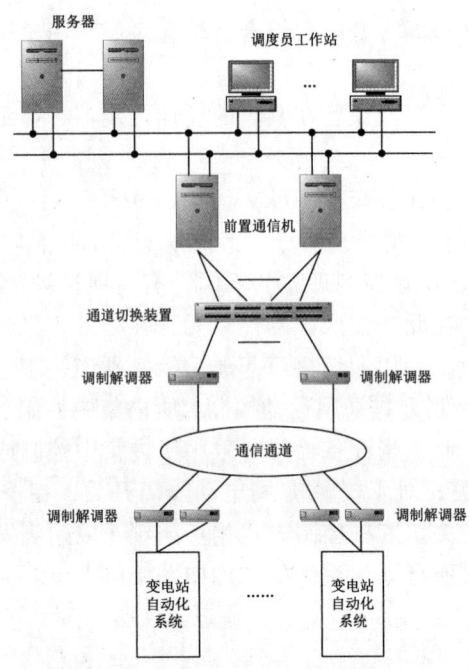

图 10.6 采用串行通道的电力监控系统

2. E1 信道连接方案

如图 10.7 所示,系统骨干网采用 SDH 的 E1 信道连接方案,由于骨干网提供的网络接口是各个车站对中心的点对点线路,是一种星状结构,控制中心是网络的中心节点,负责车站到中心和车站到车站的数据交换,因此中心的网络设备是至关重要的。中心需要接收各车站(包括车辆段)的各两路 E1 信号,中心采用两台路由交换机和 E1/以太网转换器,可以同时接入多路 E1 信号。

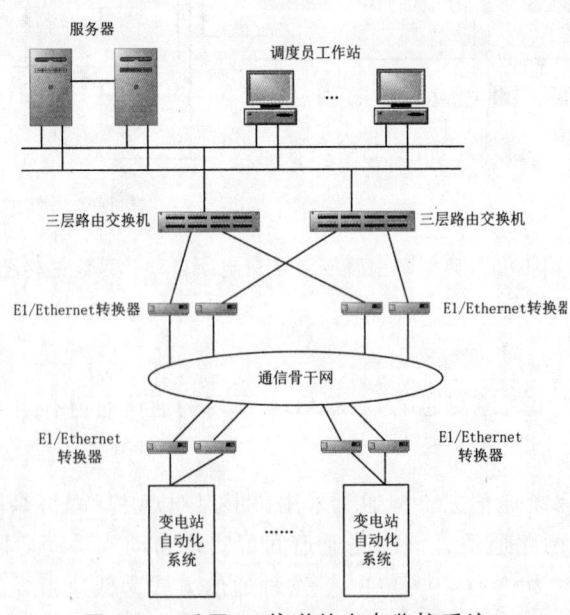

图 10.7 采用 EI 信道的电力监控系统

3. 10 Mb/s 共享以太网连接方案

如图 10.8 所示，系统采用 10 Mb/s 共享以太网连接方案，骨干网提供的指挥中心网络接口是以太网，是一种总线型结构，控制中心不是网络的中心节点，其地位与车站相同。中心的网络设备只需提供两个以太网接口，中心采用两台三层路由交换机。

根据工程经验，采用 RS-422 串行通道作为通信通道的方式在系统无法提供骨干网（如电力系统的变电站）时比较适合，特点是传输速率较低，数据量要求不大，接口设备复杂（MODEM、通道切换装置），因此在建的城市轨道交通项目已经很少采用。目前地铁骨干网采用 SDH 较多，SDH 提供的通信方式多为 E1 信道，E1 是点对点通信方式，可以建立车站与中心的星形连接，这种方式传输速率高（2 Mb/s），每个通道独立，互不影响，支持单站调试，站与站之间基本没有影响。采用 10 Mb/s 共享型以太网是基于骨干网具有以太网的接入手段，为电力监控系统提供透明的以太网通信信道，对于电力监控系统不需要提供骨干网接口设备，可以节约投资。但是由于所有的通信节点均位于一个共享通道之上，所以节点之间的相互影响较大。因此，应首选采用 E1 通道作为电力监控系统的通信通道，系统带宽受限制的 10 Mb/s 共享型以太网也是一种合理的选择。

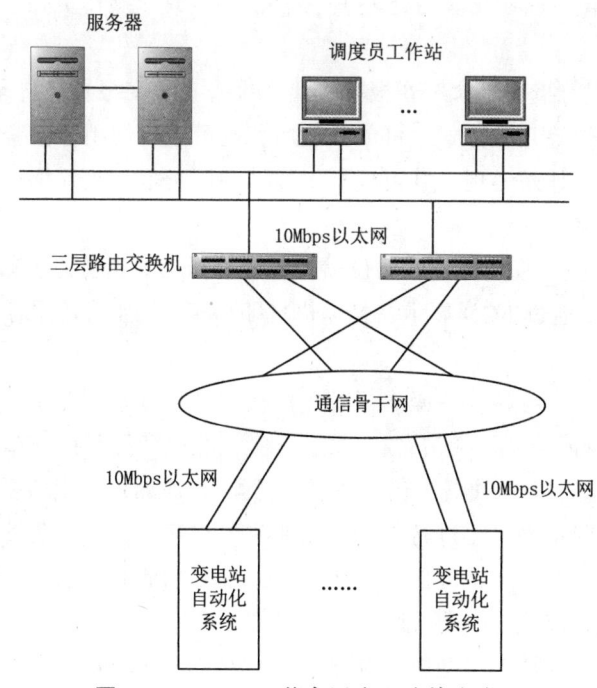

图 10.8　10 Mb/s 共享以太网连接方案

10.5　电力监控系统的功能

10.5.1　控制中心功能

1. **控制功能**

电力监控系统的控制功能应能满足供电系统运行时，改变运行方式、维护检修、故障处理等方面倒闸作业，不误动。为了控制输出的安全性，在同一时间内，只允许一台操作员工作站具有控制权，而其他操作站控制权自动取消。只有具有控制权的计算机才能完成遥控操作。控制可分为单控和程控。系统具有控制闭锁功能。

2. 信息处理与显示

各被控站上位监控单元将各种不同类型的信息实时地传递到OCC，实现对各被控站供电设备运行状态的监视功能；实现遥信、遥测、报警信息处理和数据处理等功能。

1）遥信功能　位置遥信状态包括：各种开关、刀闸、接触器的合、分状态；开关手车的工作、实验位置状态等。保护遥信为单体位置遥信，状态包括：事故遥信的正常、故障状态；预告遥信的正常、预告状态。

2）遥测功能　模拟量遥测：将各变电站内测量对象的交流相/线电压、电流，零序电压，零序电流，直流电压，直流电流，有功功率、无功功率，关口变电站频率，牵引变电所谐波、功率因数，蓄电池电压等电气量，以及变压器温度等非电量送至调度中心。

数字量遥测：交流电度/直流电度的采集、遥测信号的采集和处理、变量的工程单位变换、超量程检查、零点嵌位（近零死区的处理）、硬件故障处理、操作员强制和禁止处理、遥测信号的传送死区处理。

3）报警信息处理　报警包含声音报警、语音报警、文字报警、打印报警、堆画面报警、灯光报警、模拟盘报警等几种方式，可单独使用，也可组合使用；报警的发生可在调度工作站实现，也可在其他工作站实现，并可根据工作站的职责范围（系统自动或登录操作员过滤控制）有选择性地报警。

4）数据处理　系统接收由被控站上位监控单元经通信通道传送上来的数据信息，经过各种算术及逻辑处理后，通过LCD显示及打印机打印出来，并能将数据存储到系统的实时数据库和历史数据库中。

数据处理主要内容：各种开关操作记录（包括站名、对象、性质、发生时间等，打印颜色为黑色）；各种故障记录（包括站名、对象、性质、发生时间等，打印颜色为红色）；统计报表记录、检索；电流、电压曲线（包括站名、时间）；遥测量越限监视；当电流、电压量超过极限位时，发出越限报警，可进行打印（需要时）和存档；过负荷发生时间及持续时间的监视；当日最大负荷，最高、最低电压和电流出现时间的统计；电流、电压、电度量等曲线，可以根据不同的时间要求进行时间分隔显示，以便观察电流、电压、电度量在不同时间的变化情况；开关动作次数统计；主变电站谐波检测，感性无功和容性无功测量；可信度检验、变化率检验，提供对突变数据的过滤功能；工程单位转换；多重越限检验等。

3. 供电系统运行情况的数据归档和统计报表功能

分门别类保存操作信息、报警（事故、预告）信息的历史记录，以便进行查询和故障分析；实现测量数据的日报、月报的统计报表；系统可根据调度人员的要求，建立各种档案报表，采用自动或手动方式录入数据；可进行定时和随时打印，建立文档的软件采用"EXCEL"格式；系统中可保留以下事件和数据记录；日志信息事件；模拟量遥测数据记录；事故追忆记录；SOE事件记录；故障率数据记录，设备报告事件记录。

4. 用户画面

配置动态显示的供电系统图、监控系统图、变电所主接线、记录、报警、接触网供电分段示意图、程控等用户画面。另外还含有变电所盘面动态显示图。

5. 信息打印功能

所有操作、警报、报表信息均可根据需要在打印机上打印出来，当不需要打印、打印机关机或故障时，各种信息自动保存在硬盘的指定目录内。

电力监控中心设画面拷贝机及事件和报表打印机，可进行图形、报表及事项打印。

系统支持各种激光打印机、喷墨、针式打印机。

6. 趋势显示

系统提供全部模拟量由用户自定义趋势显示功能，有曲线趋势和数字趋势两种显示方式。用户可以在线定义趋势组。一幅曲线画面上最多显示 5 条曲线，每条曲线以不同颜色来区分。其坐标可以是等间距，也可以是不等间距。

7. 人机画面调阅显示

操作员可以通过键盘，在显示器上调阅全部系统配置画面及用户组态定义画面。画面可设密码。

显示画面具有无级缩放、画面导航、漫游和热点选择功能。支持一机多屏显示，各屏能同时显示不同的画面内容；可用鼠标或键盘选择厂站名、索引表、热点、热键等调图；支持画面硬拷贝。

画面显示类型中各种类型的中文表格包括：索引目录表、电力系统实时数据表、越限工况显示表、事项顺序记录表、报警一览表、常用数据表、厂站设备参数表、静态信息表、备忘录等。

各种类型的图形画面包括地理图、接线图、曲线图、棒形图、混合图等。可显示地理接线图、电网结构图、厂站主接线图、负荷曲线图、趋势图、系统运行状态提示、系统提示菜单等。不同电压等级的元件用不同颜色区别。接线图、曲线图、棒形图与图形可在一个画面中混合编排。

系统提供在线图表编辑工具，可对全部图表进行离线或在线编辑维护。编辑工具使用方便、界面友好，提供有丰富的电力系统专用符号，并可根据需要添加定义的复杂符号。字符的字体、大小、位置可随意设定。具备块删除、复制、对齐等操作功能。

系统支持网络拓扑和动态着色。

8. 信息查询

用户可设定时间和项目，在系统中查询各种实时、历史信息。查询方式和类型包括：数据查询方式；模拟图方式；变量列表方式；曲线方式；数值方式；记录查询方式；报警信息查询；日志事件信息查询；事故追忆记录；SOE 事件记录；故障录波数据记录；设备报告事件记录。

9. 口令功能

系统设口令字，用以对每一位进入系统的人员进行严格的登录，清楚地分辨、记录进入系统和进行操作的人员，以确定管理人员的管理范围，管理人员在岗位交接班时用口令替换形式完成。口令字分级别，用以限制操作者进入系统的深度和授权操作的范围。

登录用户的身份最少分为三级（具体更多的层次由用户指定）：运行操作员级、运行数据维护级、系统维护员级。

10. 软件在线维护、修改、扩展功能

系统具有在线对应用软件进行维护修改的功能。当数据库或用户画面由于某些原因发生数据变化或显示有误时，维护人员能调出数据库定义程序或画面编辑程序，对有关内容进行在线修改调整。

当系统需增扩一些对象时，维护操作人员可根据数据库及画面编辑原则，对系统进行在线扩容。

11. 系统容错能力、自诊断、自恢复功能

系统具有远方诊断功能，所有工作站均具有故障自诊断功能，自检标志达到模块级。

系统能对整个系统的运行状况实施监视，能以图表来直观反映，并能报警提示维护人员，对运行设备的故障发生时间、恢复时间能自动记录。

系统具有对各通道进行监视的功能，若有通道故障，能发音响报警。系统能对变电站综合自动化系统运行状况进行监视，能直接显示任一备控站传送来的信息原码，并能对通道误码率进行统计。

对所有外设接口的运行状况进行监视，故障时能提示报警并记录和召唤打印。

对系统中所有工作站（包括前置机和主机）提供故障自诊断功能，自检标志达到模块级。维护人员利用备件和仪器，在故障诊断系统指导下能及时修复系统。

系统网络诊断软件定时诊断网络的情况，出现故障时实现向备份网络的切换。

所有冗余的服务器均以热备份方式运行，一台服务器出现故障后，后备服务器自动切换投入运行，完成故障服务器的全部功能。

系统设备组态后，自动生成在线显示的设备状态图，该设备状态图中以不同的颜色显示出实际运行时的设备状态，操作员可以按层调用设备状态图。如由全线的系统概貌图中的热点调用各车站的设备状态图，再由车站设备状态图热点调用变电站设备状态图或环控设备状态图等。

所有的设备故障信息均会进行设备报警并记录在全日志和设备故障日志中。

10.5.2 变电站自动化系统功能

完整的变电站自动化系统应当包括间隔层设备（保护测控装置）、网络层和管理层三大部分，间隔层按照设备性质不同可分为交流系统（10 kV 或 35 kV 保护测控装置）、牵引系统（750 V 或 1500 V 保护测控装置）、低压交流系统（0.4 kV 保护测控装置）和其他系统（如电源屏控制机、变压器保护测控装置等）。无论这些设备供货范围如何，变电站自动化系统都要完成以下主要功能：

① 间隔层装置的信息采集、控制命令下发；
② 各种智能间隔层设备的通信完全接入；

③ 所内联锁、联动关系的实现；

④ 与上层监控系统的通信完全接入以及信息交互；

⑤ 如果需要，应具备所内人机界面功能，实现对所内设备的测控功能。

1. 站级管理层功能

变电站自动化系统的管理层设备一般集中在所内的控制信号盘上，例如，通信控制器、显示设备、音响报警装置、机架式 UPS 等设备。

（1）通信控制器的主要功能如下：① 通过所内通信网络，完成对各间隔单元的数据采集与控制输出。② 适应并实现与控制中心系统的远程通信，完成通信规约的处理。③ 适应并实现与所内间隔单元的网络通信，实现所内对设备的集中监控管理。④ 通过软件对时与控制中心时钟系统保持同步，并且同步各间隔单元。⑤ 当系统发生故障时启动报警音响。⑥ 具有看门狗、自诊断、自恢复功能。

（2）音响报警装置只有事故、预告两种音响，音响采用自动复归方式，音响时间可调，盘上设置音响投入/撤除转换开关。

（3）控制信号屏上设置一台液晶显示器或一体化工作站，用于变电站当地人机界面的显示、当地设备的控制。

2. 间隔层设备功能

间隔层设备功能如下。

（1）10 kV（35 kV）系统：交流系统的间隔层装置通常由进线、母联、变压器间隔的测控保护装置构成，为独立的单元，可完成继电保护、遥信、遥测等功能。具有硬接线的开入、开出点，以便与直流系统等组成联动、联锁关系。

（2）750 V（1 500 V）直流牵引系统：直流牵引系统是变电站的核心系统，因其联锁、联动关系复杂，通常采用保护测控装置 + PLC（或继电器阵）来构成完善的保护测控系统，其电量保护系统通常完成过电流保护、电流速断保护、电流增量保护（ΔI）、di/dt 保护等；非电量保护的处理因厂家不同或设计思路不同而各种各样，在目前已经应用的现场（北京、大连、武汉、深圳、天津等）来看，还没有完全一样的案例。

（3）0.4 kV 系统：0.4 kV 系统为轨道交通系统提供动力照明电源，其保护测控系统一般由开关本位和成套的装置提供。成套装置除了完成继电保护功能外，还能够完成电流、电压信号的采集，并对功率、电度、功率因数、频率进行统计和计算。

（4）变压器系统：变压器温控装置是专为干式变压器安全运行设计的智能控制器，能够提供高温报警及超温跳闸的继电器输出接点。此类装置还能提供通信接口（一般为 RS-485），采用 Modbus 等规约进行通信。通信内容包括 A、B、C 各相温度；超温跳闸及高温报警信息；冷却风机启停信息等。

（5）整流器系统：整流器内部由多个二极管支路组成，通常整流器外部设置测控装置，采集整流二极管工作状态和温度值，并可根据这些数据启动报警或跳闸回路，也可以通过通信接口上传数据。

（6）直流屏系统：变电所内的直流屏以及事故直流屏内部一般设有智能通信模块，通过

RS-485 或 RS-232 通信接口与自动化系统进行数据交换。通过通信，自动化系统可对合闸母线电压（电池组端电压）、控制母线电压、控制母线电流、电池充电电流等模拟量进行遥测；对充电机工作状态、充电机故障报警、交流电源失压报警、直流母线过压报警、直流绝缘监察报警、电池回路空气开关（熔断器）状态、馈线回路空气开关状态进行遥信。

10.6　电力监控系统接口

10.6.1　与通信系统的接口

　　控制中心与通信系统的接口分界点在控制中心通信机房。对于 10 Mb/s 共享型的通道，由电力监控系统控制中心的局域网交换机引出 N-45 接头双绞线（交换机与通信机房距离大于 100 m 时采用光纤连接），对端接入骨干网交换机接口板；变电站端的连接与中心的连接方式一致。对于 2 Mb/s 点对点的通道，控制中心局域网交换机引出的 N-45 接头进入以太网/E1 转换器，经转换后的信号通过同轴电缆接入骨干网交换机接口板。变电站端的连接是经过 E1/以太网转换器进行的。

10.6.2　变电站自动化系统内部的接口

　　变电站内部有比较复杂的接口系统，工程实践证明，接口在变电站自动化系统中是影响工程进度的一个重要因素。变电站内部的接口归纳起来有如下几种。

　　（1）硬线接口：用信号电缆传递开关信号或模拟信号。

　　① DO：开关量输出，即电力监控系统集中式测控单元提供给相关系统的开关量输出信号，一般采用 DC 24 V、DC 48 V、DC 110 V 或 DC 220 V 有源电压信号和无源接点。接点为单独使用，不与其他系统共用。为了运行维护的安全性和简便性，建议开关量输出使用无源接点。

　　② DI：开关量输入，即相关系统或装置提供给电力监控系统集中式测控单元的开关量输入信号。为了运行维护的安全性和简便性，要求开关量输入使用无源接点，接点为单独使用，不与其他系统共用。

　　③ AI：直流模拟量输入，即相关系统或装置提供给电力监控系统集中式测控单元的直流模拟量输入信号。模拟信号一般采用 4～20 mA 或 1～5 V 信号，一般建议采用 4～20 mA 信号。

　　④ AC：交流采样输入，即相关系统或装置提供给电力监控系统集中式测控单元的直流模拟量输入信号，主要是 TV、TA 二次侧交流量，一般采用 5 A 或 1 A 及 100 V 输入。

　　（2）串行数据接口：用数字通信的方式传递数据。

　　① 使用 RS-232、RS-422 或 RS-485 标准接口，通信速率由设备情况确定。

　　② 建议采用开放的、被广泛使用的工业标准通信协议，如 IEC60870-5-101、IEC60870-5-103、MODBUS、电力部颁 CDT 等。

　　（3）现场工业总线接口：采用一对双绞线连接多个设备，大大节约电线，降低成本，如 CANBUS，FROFIBUS/FMS 等。

10.6.3 接口的规范性分析

在轨道交通工程电力监控系统中,由于系统之间、车站监控系统与基础设备层自动化系统之间以及基础设备层各子系统之间的接口问题十分重要,因此要求系统集成商具有较丰富的接口设计和接口管理经验;系统集成商所设计的电力监控系统具有较强的集成功能,具有接入各种通信网络的能力;具有对多种通信规约的转换接入能力;具有对多厂家设备(第三方设备)的接入经验与能力。

1. 接口管理原则

监控系统是一种高层监督控制系统,基础自动化层的设备种类众多,接口各异,厂家的技术实力参差不平,因此监控系统厂家需要协助业主完成接口协调的工作,用规范的接口设计文件编写规范和测试大纲。首先,在工程伊始,就要认真编写接口设计文件和后续的测试大纲,应仔细描述接口的分界、功能和测试的方法,实现接口的标准化和文件化,便于责任的划分和日后的维护。其次,在工程实施中召开设计联络会,共同确定功能需求和接口方案。这种设计联络会是多方的,包括业主、监理、设计、监控系统厂家和相关子系统厂家。考虑到 SCADA 系统几乎要与所有的电力设备进行接口设计联络,因此设计联络会议应采用分组方式进行,监控系统集成商分别与各组供货商进行接口设计联络。

2. 接口设计管理

为保证与其他系统的完全兼容,监控系统应配备不同类型的接口;同时为保证系统的维护简便,应尽量采用标准的接口类型。标准的含义有两种:一种是物理连接的标准化,例如,接口是采用硬接点的方式还是通信的方式;如果采用通信的方式,接口是采用 RS-485 还是 RS-422 或者其他。另一种是指协议方面的标准化,如双方设备使用标准 MODBUS、标准 Profibus-DP 等。

采用标准化的通信接口驱动模块,实现与现场设备的互联。监控系统应具有多种现场总线驱动模块,可以随意增减,并可以按照用户的实际需要编制新的接口驱动,实现其他系统的完全接入。以下是城市轨道交通电力系统常见的接口驱动:MODBUS;MODBUS PLUS;PROFIBUS/FMS;PROFIBUS/DP;IEC60870-5-101;IEC60870-5-103;IEC60870-5-104;CONTROLNET;DEVICENET;FF;LONWORKS;SPA-BUS;CDT 等。

此外,对于具体工程中采用的其他接口形式,电力监控系统集成商应与相关厂商积极配合开发相应的接口驱动程序,保证其顺利接入到监控系统中。

复习思考题

1. 电力监控系统中,"四遥"技术是什么?
2. 在电力监控系统中,遥测技术的采集和处理信息有哪些?
3. 在电力监控系统中,遥控命令有哪几类?简述升降命令的实现过程。
4. 在电力监控系统中,遥调技术是如何实现的?
5. 在电力监控系统中,间隔层的含义是什么?
6. 变电站自动化系统的分类有哪些?

7. 电力监控系统的监控对象有哪些？
8. 电力监控系统的组成是什么？
9. 电力监控系统的接口有哪些？
10. 什么是电力 SCADA 系统？
11. 电力 SCADA 系统的特点是什么？
12. 什么是站级管理层？
13. 电力监控系统的设备配置有哪些？
14. 电力 SCADA 系统的通信通道有哪几种类型？
15. 电力监控系统的功能是什么？
16. 电力监控系统模拟量采用什么传感器？信号如何采集、转换及传输的？
17. 城轨电力 PSCADA 的通信通道有哪几种？画出其通信通道并说明。

第 11 章 环境与设备监控子系统

11.1 概 述

11.1.1 BAS 系统功能总体部署

按照城市轨道交通运营组织需求及 BAS 系统地域分布情况，《地铁设计规范》将 BAS 系统分为中央管理级、车站监控级和现场控制级三级控制和监控管理逻辑架构。三级监控管理模式和企业综合自动化与管理系统模型的对应关系如图 11.1 所示。框图左边按照功能划分 BAS 系统层次。BAS 系统包括工厂监控与管理层、装置自动化层和部分现场层，不包括经营层。BAS 系统与现场和经营层通常通过硬线、总线、网络等连为一体，实现数据交互和资源共享。框图右边则按照监控级别划分系统监控管理层次，从下到上依次为被控对象、现场控制级、车站监控级和中央管理级。很明显，中央管理级和车站监控级构成 BAS 系统的监控与管理层，现场控制级则构成 BAS 的装置自动化层，被控对象由现场各类仪表、执行装置构成。

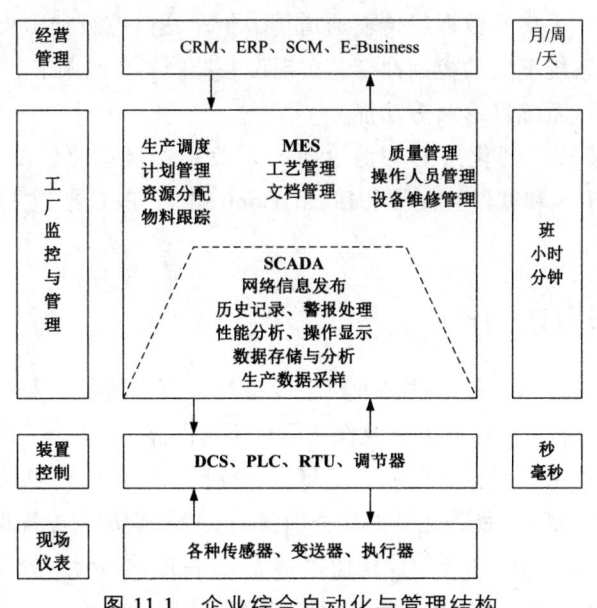

图 11.1 企业综合自动化与管理结构

11.1.2 监控管理层功能概述

BAS 系统的监控与管理层基于大型的分布式监控软件平台，由计算机、服务器、网络设备、打印设备、大屏幕设备、数据接口设备（CIU）等构成，分布在地铁车站的综合控制室、车站机房、OCC 调度大厅和 OCC 机房。BAS 系统的监控与管理层功能包括两部分：通用的 SCADA 功能和 MES 功能，支持两个方面的应用：运营调度和运营管理。SCADA 功能主要行使基于人—机界面的监控职能，而 MES 功能则主要行使基于数据库的各种管理功能。

BAS 系统的监控与管理层部署在车站监控级和中心管理级。监控与管理层主要围绕 BAS 系统的数据展现、人—机交互和数据管理等应用需求展开，并基于此挖掘更多的应用功能。

BAS 中央管理级系统在实际运营中通常行使全线监控及指挥调度功能，监控仍然是其主要内容，同时系统运行模式（参数化运行）管理、决策支持等高级管理功能也在这一级实现；中央管理级系统用于综合维修中心，则是以系统及设备的维护和管理为主要目的，则生成维修计划、建立设备档案库等。车站监控级主要是监控功能，面向车站并用于维护车站环境舒适性与安全性。

11.1.3　装置自动化层功能概述

装置自动化层，对应监控级别中的现场控制级，分布在地铁车站或者监控中心的各个机房内（如环控电控室、环控机房、冷水机房等），主要由 PLC 控制器、控制网络、本地 I/O、控制柜等构成。装置自动化层通过控制网络和硬线将 PLC 控制器、本地或远程 I/O 及监控对象连为一体，并根据监控对象或过程工艺要求，通过 PLC 控制器软件实现过程自控。

装置自动化层的基本功能是采集现场被控对象的状态和接受来自 BAS 监控管理层的各调度和管理指令，同时根据既定的控制算法和工艺要求自动地实现面向运营的过程控制。总结起来，BAS 装置自动化层的功能主要围绕数据采集、调度与管理响应、设备控制、过程控制和自诊断五个方面。采集的数据经传输通道传输给车站监控级和中央管理级系统，接受站监控级或中央管理级系统下发的控制命令，实现设备控制、环境调节、节能运行、参数设置、防灾联动、紧急后备、系统自诊断等功能。

PLC 控制器是装置自动化层的关键设备。一般装置自动化层的控制器分为主控制；（Main Controller，MC）和就地控制器（Local Controller，PLC），主控制器和就地控制器通过现场总线进行通信。

11.1.4　BAS 设备概述

地铁与轻轨的正常运营，是通过多种机电设备与各类控制系统来保证的。其中，车站和隧道通风空调系统是为满足和保证人员及设备运行所需内部空气环境的关键工艺系统，是地铁中不可缺少的一个重要组成部分；照明、给排水、导向、屏蔽门、电扶梯等机电设备又是直接服务乘客的，其运行状态关系到地铁的服务质量。监控及管理上述各类设备运行的地铁环境与设备监控子系统（以下简称环境与设备监控系统），在地铁运营中处于较重要的位置。BAS 系统是一个典型的集成系统，因而 BAS 系统同样具备集成系统的 3 个基本特性：开放系统、应用需求和接口。本节主要介绍 BAS 的控制范围及系统需求、BAS 系统构成及设计、BAS 功能和 BAS 的接口处理。

从 BAS 系统的中文名字即可看出，其被控设备从工艺作用方面可划分为两类：环控系统工艺设备、地铁建筑附属其他机电设备。BAS 系统的控制范围及相互关系如图 11.2 所示。

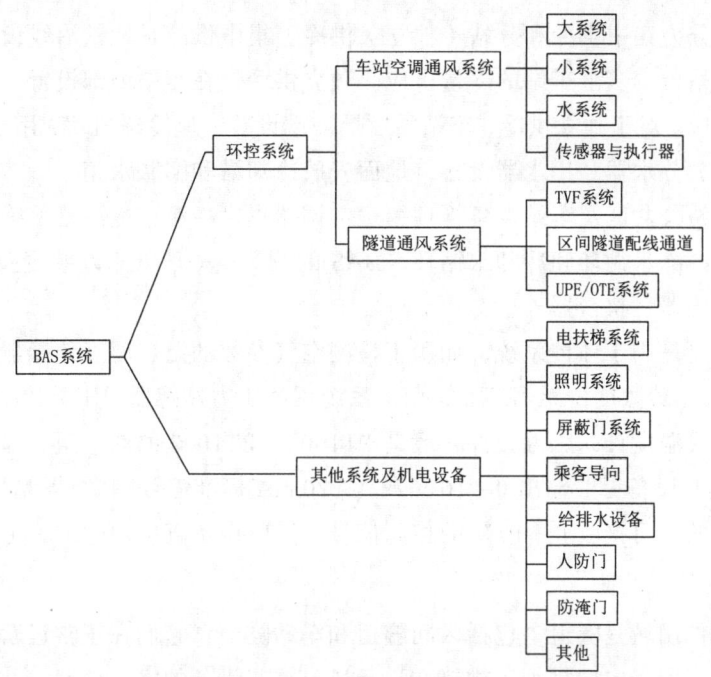

图 11.2 BAS 系统的控制范围及相互关系

11.1.4.1 环控系统（BAS）设备

1. 车站通风空调系统

（1）公共区通风空调系统设备。

此类设备组成的通风系统习惯称之为"大系统"，同时兼作车站公共区排烟系统。一般由组合式空调机组、空调新风机、回排风机、消声器、电动组合风阀、多叶调节阀、防/排烟防火阀、新风井、风道、混合室和风管等部分组成。BAS 系统控制对象是组合式空调机组、空调新风机、回排风机、各类电动风阀。这些设备一般都是两态设备，而回排风机有时也设计成三态设备。风阀一般被设计工作在不可调节的固定开度。

大系统主要设备一般集中、对称地分布于车站站厅层两端的环控通风机房，机房内一般分别设置一台或两台组合式空调机组，每台机组对应一台回/排风机；车站每端设置一台空调小新风机，提供车站公共区小新风工况的新风量。

（2）车站设备与管理用房通风空调系统设备。

小系统指车站设备管理用房通风空调系统（兼排烟系统）。由空气处理机、送风机、回排风机、排风机、消声器、（耐高温）多叶调节阀、防/排烟防火阀、风管等部分组成。BAS 系统控制对象是空气处理机、送风机、回排风机、排风机、各类电动风阀。小系统设备一般位于车站站厅层两端的环控机房和小系统通风机房内。

（3）空调水系统设备。

空调水系统指车站制冷空调循环水系统，由冷水机组、冷冻泵、冷却泵、冷却塔、集水器、分水器、膨胀水箱、二通调节阀、输水管道等设备器件组成。BAS 系统的监控对象是冷水机组、冷冻泵、冷却泵、冷却塔、差压调节阀、二通调节阀等；测点是冷冻水供回水温度、冷却水供回水温度等。

供冷方式又分为集中供冷和分站（独立）供冷。集中供冷是地铁沿线设置1个或多个集中冷站，每个冷站负责多个车站的冷量供应。独立供冷是在车站内部设置一个冷站，并只负责本站的冷量供应。对于独立供冷，车站站厅层一端设置一座冷冻机房，用于安放冷水机组、冷冻泵、冷却泵、分水器和集水器设备，地面安放冷却塔和膨胀水箱。

水系统为车站公共区及车站设备管理用房空调器提供冷源，冷源是冷冻水。水系统由两个循环组成，即冷冻水循环和冷却水循环。BAS的调节点一般是末端装置及调节阀。

（4）各类传感器、执行器。

这些设备主要是用于环控系统，如用于检测空气参数的温、湿度传感器（分室内、室外及风管式）、二氧化碳浓度传感器等。空调水系统用的压力传感器、压差传感器、变送器、电磁流量计、水管式温度计，感温元件一般是PT100或PT1000的热电阻，经变送器转换为标准$0 \sim 6$信号。这些设备一般输出$0 \sim 10$ V或$4 \sim 20$ mA标准信号。执行器是用来调节二通阀、压差调节阀开度的，可接收$0 \sim 10$ V的控制信号。这些设备直接通过I/O同BAS接口。

2. 隧道通风系统设备

这类设备的作用域是隧道，包括区间隧道和车站隧道。它们在正常运营情况下用于排热换气，灾害情况下用于定向排烟、排热和送新风。这些设备的安装位置、数量、功率、运行模式等，是经设计单位根据工艺设计、软件仿真而决定的。

隧道通风系统设备一般包括：

① 区间隧道风机（TVF），安装位置多在车站站层两端头、长区间隧道的中部；
② 配线隧道风机，安装于配线隧道内、隧道交汇处；
③ 车站隧道风机（风机轨道上排风OTE和站台下排风UPE），一般位于车站站厅层两端；
④ 相关组合风阀，多在各种风机、风井附近；
⑤ 隧道洞口的风幕机等。

区间隧道风机、射流风机是三态（正转、反转和停止）设备，并附有多个状态反馈点；车站隧道风机一般也是三态（高速、低速和停止）设备，并附有多个状态反馈点；其他均为两态设备。

（1）TVF系统指区间隧道活塞风与机械通风系统（兼排烟系统），由分布于车站两端的TVF风机、消声器、电动组合风阀等设备构成，构筑物包括分布于车站两端的风道、风井、风亭等。BAS控制对象是TVF风机和与之配合使用的电动组合风阀。

（2）区间隧道配线通风系统指列车出入线、联络线、存车线、折返线、波线和中间风井等。BAS控制对象是分布于上述地方的射流风机和电动组合风阀。

（3）UPE/OTE系统指车站范围内、屏蔽门外站台下排热系统和轨道顶部排热系统，由UPE/OTE风机、风道、风井、风亭等组成，风机一般位于车站站厅层的两侧。BAS系统控制对象是UPE/OTE风机。

3. 给排水设备

给排水设备包括两类设备：电动蝶阀和水泵，具体如图11.3所示。

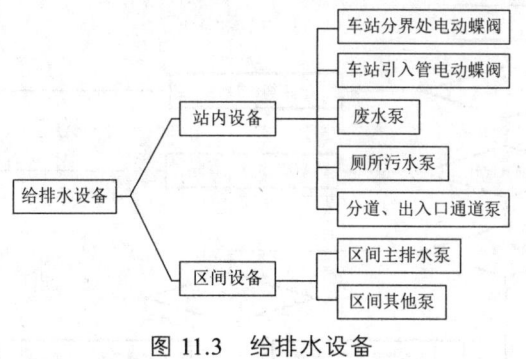

图 11.3 给排水设备

4. 照明与导向指示

照明一般包括工作照明、广告照明、出入口照明、区间照明、事故照明以及与消防无关的电源等。

5. 电梯与自动扶梯

属于车站公共区的配套设备，一般位于车站公共区和出入口处。

6. 屏蔽门

如果环控系统采用屏蔽门制式，屏蔽门控制系统一般纳入 BAS 的监控和管理范围。

屏蔽门安装于站台层、站台和隧道的交界处，用以隔离车站和隧道，当没有列车停靠站台时，屏蔽门处于关闭状态；当有列车停靠时，屏蔽门将随着车厢门同时打开或关闭。屏蔽门自成系统，由专用控制器控制。其控制器通过串口方式接口车站通信控制器，从而接入车站局域网。

7. 人防门

人防门一般位于隧道内，平时常开，BAS 只通过 I/O 接口对其进行监视，不控制。

8. 防淹门

一般在过江或湖泊的隧道内设有防淹门，同样 BAS 系统将通过 I/O 接口监视其状态。

11.1.4.2 BAS 系统设备分布特点

与其他系统相比，BAS 的被控对象不仅数量多且分布极其不规则，几乎遍布整个地铁建筑物的各个地方，这种分布上的客观情况决定了 BAS 系统的实施、调试及维护的难度。解决此难点需分析这些设备的分布特点，找出规律。BAS 所控设备分布特点是：车站两端是环控系统设备的集中安装地，如风机房、冷水机房等，而其他设备除电扶梯、排水设备、站厅站台的空气参数传感器等分布不规律外，基本上都集中在车站两端的不同位置。了解和确定设备分布特点是进行系统设计的前提。

11.2 环控系统控制流程及管理系统体系结构

11.2.1 环控系统控制流程

环控系统控制流程由环控工艺设备控制流程和其他机电设备监控控制流程组成，在此主要介绍环控工艺设备控制流程。

图 11.4 为 BAS 大系统模式选择控制流程，用于环控工艺系统大系统模式选择。

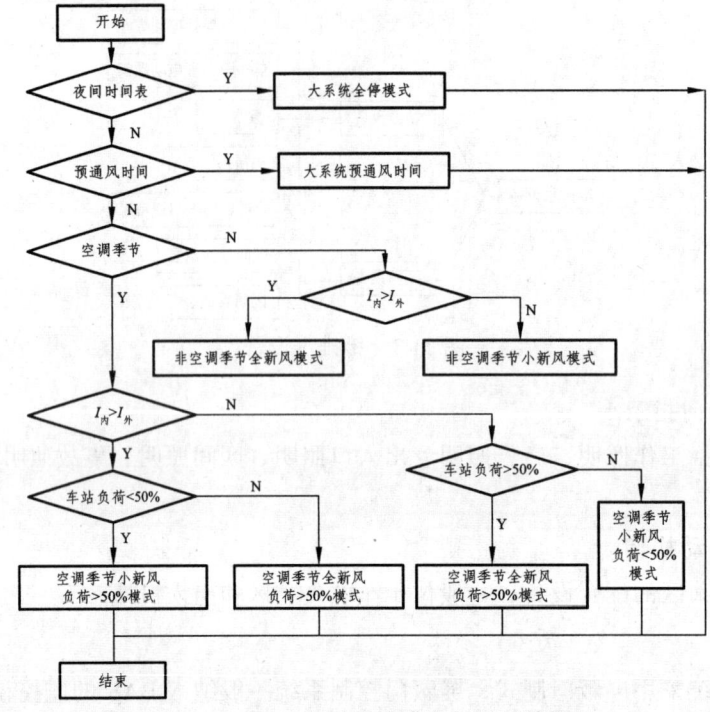

图 11.4 BAS 大系统模式选择控制流程

图 11.5 为水系统工艺模式流程,用于水系统在不同模式下的控制。

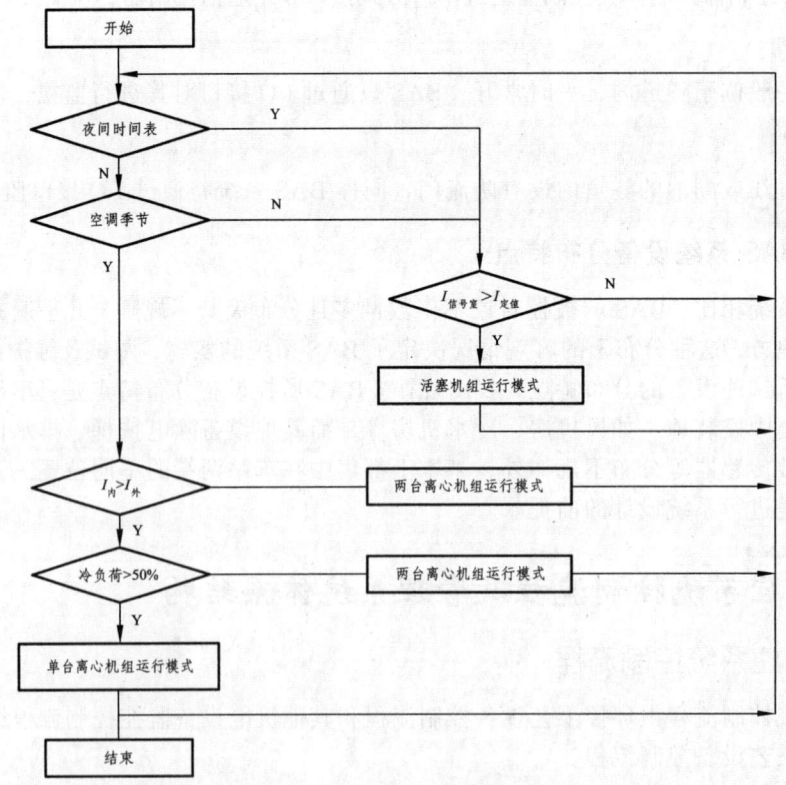

图 11.5 水系统工艺模式流程

图 11.6 为车站区域环控系统控制方案模式选择流程，用于环控系统不同时间的模式选择。

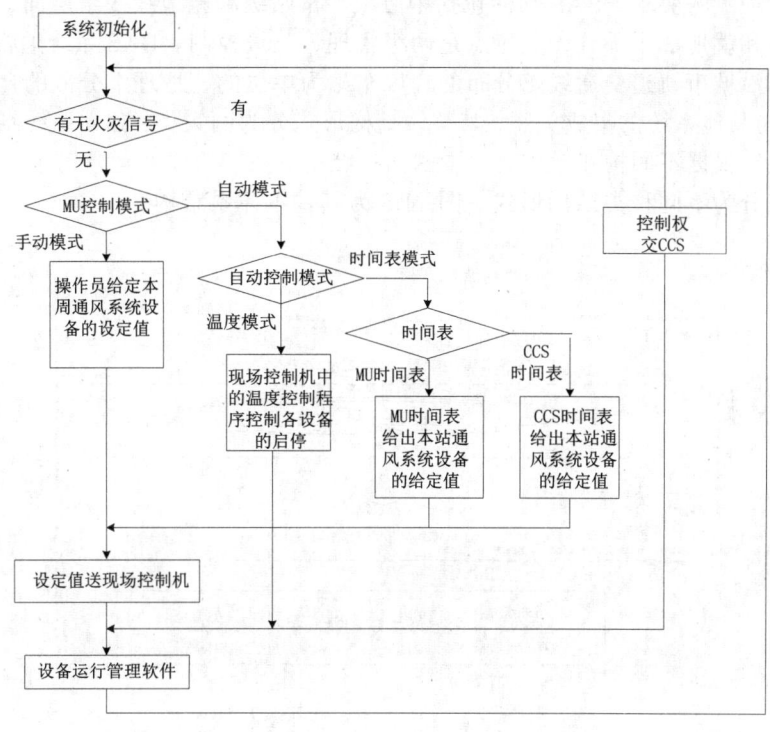

图 11.6 车站区域环控系统控制方案模式选择流程

11.2.2　环控系统管理系统体系结构

1. BAS 系统 MES 的功能

BAS 系统 MES 的功能包括资源分配、过程管理、质量控制、维护管理、数据采集、性能分析及物料管理等，实际上包括了管理和监控两部分内容，由 MESA 给出的 MES 模型如图 11.7 所示。对于综合监控系统，根据项目集成的技术要求，实现对应的管理和监控功能。

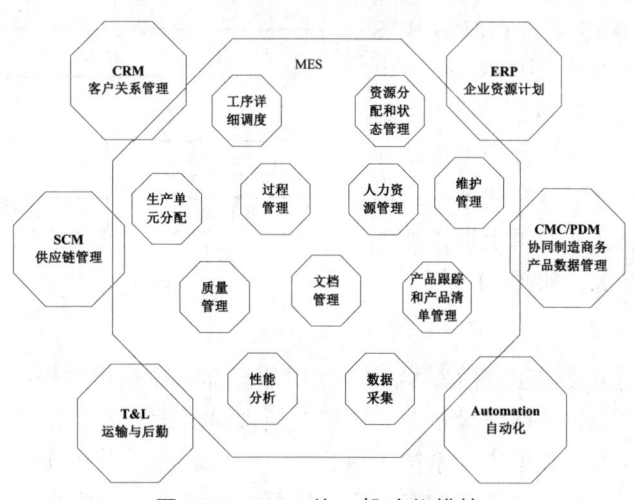

图 11.7　MES 的一般功能模块

2. BAS 基本体系结构

根据设计规范的要求，BAS 功能包括中心级、车站级和就地级 3 个层面，对应结构层次有中心、车站和就地 3 个部分，其特点是两级管理、三级控制。BAS 系统通常按工点部署，从而形成一个沿城市轨道交通线路分布的、以车站为单位的、地理上分散的自动化系统。根据 BAS 系统与其他系统的集成关系，其整体结构形式分为两大类：独立系统结构形式和集成系统结构形式。根据不同构建模式、骨干网拓扑结构、系统规模及运营需求，BAS 系统基于两类结构又细分为不同种类结构形式。图 11.8 为其基本体系结构。

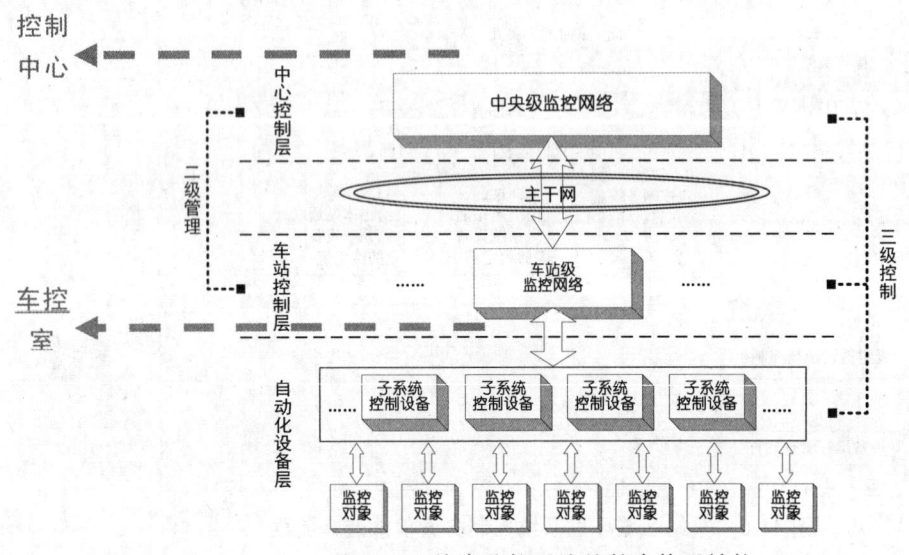

图 11.8　综合监控系统的基本体系结构

11.3　BAS 系统构成

11.3.1　BAS 系统结构与构成

从系统组成角度而言，BAS 包括中心 BAS 系统、车辆段 BAS 系统和车站 BAS 系统，如果设置集中冷站，则还包括集中冷站 BAS 系统。完整的 BAS 系统或完整的 BAS 功能系统，是一个以骨干网为基础的、地理上分散的、分层分布式系统结构的大型 SCADA 系统，从逻辑上讲，硬件系统纵向包括 3 个层次，如图 11.9 所示。

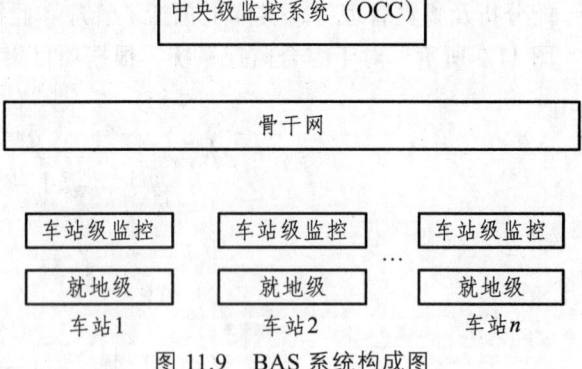

图 11.9　BAS 系统构成图

1. 中央级监控系统

中央级监控系统主要位于 OCC，由中央实时服务器、中央历史服务器、操作员工作站、工程师工作站、打印设备、网络设备、大屏幕或模拟显示设备等计算机及网络硬件构成，软件则包括操作系统、大型数据库、系统应用软件、应用软件开发与维护平台、网管软件、其他辅助软件等。另外，有的地铁线在车辆段设置具有后备功能的中央级监控系统，其组成大体和OCC一致，只是配置上略少于OCC，平时主要用于维护，紧急情况下可接管OCC的功能，目前该种方式在其他专业子系统中有应用，而在BAS系统中目前还较少应用，从目前世界上运营的地铁线路看，其必要性并非很大。

2. 车站级监控系统

车站级监控系统位于车站，以车站监控工作站及PLC控制器为基础，具体包括车站监控局域网、打印机、后备操作盘等设备。

3. 现场控制级设备

现场控制级设备位于车站各就地监控点或数据采集点，具体包括各类传感器、执行器、远程I/O模块、接口模块或装置等。

同时BAS系统在横向又呈分布式的集散型结构，包括两个方面：各个车站的BAS系统因为车站沿地铁线路呈地理上分布式结构，因此整个BAS也是以车站BAS为单位的地理上分散的SCADA系统。另外在车站，根据设计规范的要求，车站BAS由多个控制器和统一的监设备构成一个集散型系统（DCS）。

软件结构则同大多数的SCADA系统相同，包括数据接口层、数据处理层和人机接口层。

数据接口层（或通信层）运行于各PLC控制器中的智能接口模块。数据接口层通过异步串行通信（RS422，RS485，RS232）或以太网连接并管理所有外连系统或设备。

数据处理层以监控软件和其专用实时数据库为基础，通过其UO服务同各控制器进行数据交换，应用其专业历史数据库处理历史数据，并提供ODBC接口，实现同关系型数据库的数据交换。

人机界面层基于Windows，并通过内部软件总线从其实时和历史库获得数据和服务，实现用户友好的信息显示和方便的操作。

4. 车站BAS结构

上面已经提到，根据设计规范的要求，车站BAS是一个集散型系统。对于一个具有完整意义的车站BAS，它由多个控制器和统一的监控设备构成，根据系统的控制范围的性质不同、控制设备的分布特点及工艺需求，典型的车站BAS的结构如图11.10所示。

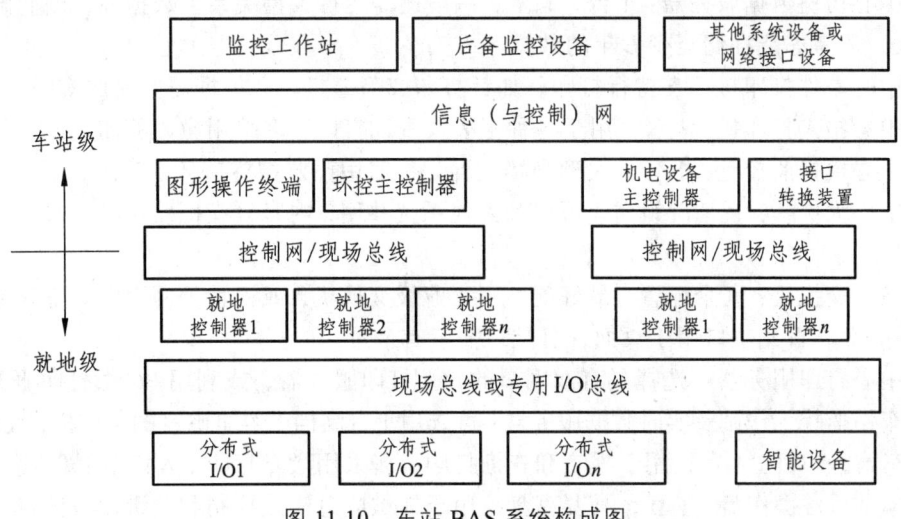

图11.10 车站BAS系统构成图

通过图 11.10 可知，车站 BAS 结构又可以根据各种控制设备所承担的任务及网络细分为三个层次：监控层、控制层、接口层；其中，监控层由车站监控工作站、后备操作盘构成。控制层包括各种控制器、通信控制器；接口层则指分布于现场的各种 I/O 接口及其他智能接口设备。

需要说明的是，有时 I/O 接口和控制器是集成在一起的，因此控制层与接口层的物理界线并非很明显，这里主要从逻辑角度理解。

从 BAS 整体层次而言，由车站系统的监控层及控制层部分控制器构成 BAS 车站级，由其他构成 BAS 就地级。上述结构是通常的结构方式，在实际设计中，可以根据车站的大小、车站的性质、系统控制规模和控制器的具体情况灵活处理，如有时也将信息网与控制网合并组成信息与控制网，在该网上既有监控数据又有实时数据。又如利用现场总线作为一层控制网使用，分布式 I/O 和控制器共享一个网络平台，上面既传送 I/O 数据，难控制器间的通信数据。值得一提的是，利用不同厂家的控制设备，选择不同的现场总线或网络将构建出不同结构，但逻辑层次并没有发生太大的变化。

11.3.2 BAS 系统设备

BAS 系统设备总体而言包括 3 类，即监控设备、接口及控制设备和传感器与执行器，下面分别进行介绍。

1. 监控设备

监控设备主要是指监控层设备，如网络设备、服务器、监控工作站、维修工作站（工程师站）、打印设备、存储设备、模拟屏或大屏幕等，这些设备用来完成人机交互及数据服务，是 BAS 和操作及管理人员的接口设备。典型配置如下。

① 中心监控工作站：冗余配置，至少支持双屏显示，可以考虑支持 3 屏，以方便和扩大操作人员的监控视野。可选择高档工控机或工作站级商用机，内存应不小于 1 GB。

② 中心实时数据服务器：冗余配置，一般选择 PC 服务器即可，支持双 CPU、RAID 盘，内存 2 GB。

③ 中心历史数据服务器：1 台，同上，一般还需运行大型关系型数据库，因此硬盘存储空间要大，需考虑能存储至少 6 年的数据。

④ 中心事件打印机：支持行打印，如针打印或喷墨打印；根据需要完成实时事件打印。

⑤ 中心报表打印机：1 台，用于各种报表及查询打印，多采用激光打印，A3 幅面较好。

⑥ 中心模拟监控盘：1 套，大型马赛克屏，一般用于监控隧道环控系统，经济实用。

⑦ 中心大屏幕：视情况设置，可以和其他系统共用，内容较模拟监控盘丰富且灵活，但造价昂贵。

⑧ 中心交换机：冗余配置，最好配三层工业级交换机，或视骨干网而定。需具有千兆位口用于服务器，百兆位口用于桌面，且端口需留有余量。

⑨ 中心打印服务器：选择具有双网口的专业打印服务器，或利用 PC 做打印服务器。

⑩ 车站监控工作站及实时数据服务器：可选用 1 台高档大容量硬盘的工控机，冗余电源。

⑪ 车站打印机：1 台，用于报表和查询打印，多采用激光打印，A4 幅面即可。

⑫ 车站后备操作盘：1 套，马赛克盘，用于提供应急模式控制和关键设备监控。

⑬ 车站两端图形操作终端：2台，支持彩色图形界面，6英寸即可，柜门安装，支持触摸操作。可以直接挂接在控制网（或现场总线）或控制器上，分别安装在车站两端BAS控制机房，用于就地监控与操作。

2. 接口及控制设备

接口及控制设备构成了BAS的控制层，包括各种通信接口设备、控制器等。

1）控制器

根据BAS系统的任务，一般分别构建环控和机电设备控制层，由于环控工艺系统为BAS的主要控制范围，因此在系统结构设计时需重点考虑。根据环控设备集中在车站两端的特点，在车站两端各设置一套环控就地控制器，即可满足对两端环控设备的控制；另外根据车站的具体情况，适当设置一些其他就地控制器，同时设置或定义一套主控制器，用来完成监控层的信息交换及环控系统各控制器之间的控制协调。对于其他机电设备，由于多以数据采集为主，控制量较少且相对环控工艺系统要求较低，因此只设置一台控制器即可，特殊情况下可适当设置就地控制器，但不宜过多。接口转换装置则专用于和智能设备接口，接口转换可用"工控机+串口卡"、"工控机+串口服务器"的形式，也可用PLC或第三方专用设备，工控机方案较为经济，PLC和第三方专用设备较昂贵。

① 控制器类型选择：20世纪80年代，BAS曾采用地面建筑专用的楼宇控制系统，实践证明此种设计不适应严酷的地铁环境。随着技术的进步，PLC已成为集成系统的主流控制器，"开放系统+HML+PLC"已成为国际标准对集成系统的要求。根据地铁新的规范，也要求BAS采用PLC控制器。因此，设计思路不能停留在DDC产品的概念内，也不能将PLC当作DDC产品运用。

② 控制器的设置及数量：确定系统总体结构后，选择控制器的安装地点及数量是系统设计的重要内容，它和车站的结构、被控对象的数量和性质都有关系。通常，控制器的设置原则是：在设备集中地或工艺上相对独立的设备（组）设置就地控制器，避免具有直接联锁关系的设备由不同的控制器控制，控制器数量同时视车站规模、设备的多少而定。如果是出于节省电缆和利用现场总线优势的考虑，可适当在设备附近设置分布式I/O而不是控制器。

由于通风系统设备之间的联锁、联动关系较为复杂，如果由多个控制器完成控制，势必造成控制器间频繁传递设备联锁信息，占用较多的网络带宽资源。实践证明，过度的分散将导致系统通信效率降低，大大增加工程的复杂性，降低工程的可实施性，使系统整体性能大打折扣。结合被控设备的运行及分布特点适当地分散控制任务，将是合理的设计和明智的选择。

③ 控制器档次：通常一个车站被控对象的I/O点一般不会超过1500点，加上通信点，一个站BAS需要处理的点数不会超过5000点。当系统采用集散结构时，BAS的控制任务分别由多个控制器承担，结合PLC的特点及性能，BAS应选择中、高端PLC产品。

2）接口设备

由于BAS需要监控和管理各种机电设备，而有些设备是智能设备，如电扶梯、屏蔽门等，因此则需要接口设备用来和这些设备接口，针对这种情况系统专门设置一台通信转换装置。该通信装置专用于对各种异步通信接口的处理。

3. 传感器及执行器

传感器和执行器同样是 BAS 系统的重点，由它们构成了地铁环境控制的末端装置，是直接影响环境控制质量的装置。目前，环境控制是 BAS 的主要控制内容。传感器的灵敏度、精度、可靠性和耐用性决定了 BAS 的控制与调节质量。实践证明，传感器和执行器需选择工业级产品。

11.3.3 BAS 系统网络

网络通信是构成 BAS 的主要环节，是支撑 BAS 三层结构、传递 BAS 各种数据的基础平台。构建车站 BAS，网络是关键。

1. 车站监控网

车站监控网一般选择以太网，符合 IEEE8O2.3（U）规约。拓扑结构为星形或环形。目前，一般选择交换式快速（百兆）以太网。随着以太网环网技术的成熟，其产品已经用于工业控制系统中。世界上已经有多个厂家生产工业级的以太网交换机，交换机支持环形、星形及混合型结构，并可提供基于协议和端口的 VLAN 功能。有些厂家已经将工业以太网作为一种控制与信息网一体化的解决方案。

2. 控制网

控制网是指用于控制器之间传递实时数据的网络，在应用中以 PLC 制造厂商提供的专用网络较多。控制网的特点是可靠性高，冗余措施较完备，实时性和确定性一般通过特殊的协议及传输机制加以保证，因此对时间有苛刻要求的数据和控制器之间的联锁信息适合在这类网上传输。

由于 BAS 系统的各控制器分布在车站的两端，因此连接这些控制器的网络线缆将跨越车站，且通信距离相对较长，考虑系统的可靠性和抗干扰性，该网络多采用冗余配置的环网拓扑结构，介质为光纤，冗余配置的网络线缆最好选择不同的敷设路径，以提供系统的可靠性。

11.3.4 BAS 系统接口

对于一个集成系统而言，接口形式无外乎 3 种方式：硬线 I/O 接口，低速率异步串行接口和网络接口。对于 BAS 而言，其接口分布如图 11.11 所示。

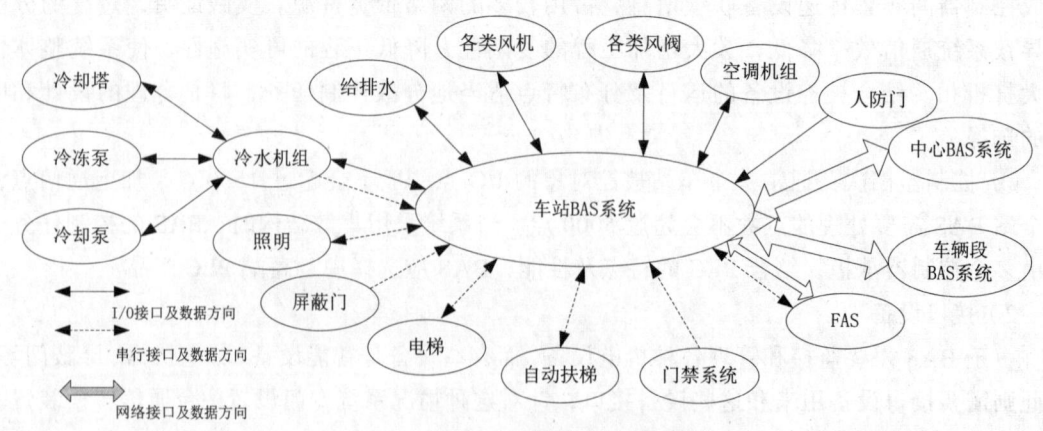

图 11.11 BAS 系统接口分布总图

11.3.5 BAS系统供电与接地

系统供电采用独立、集中、不间断供电方式较好,其性质应属于一类负荷,后备时间不小于30 min。

由于BAS系统控制箱柜不是集中安装的,且线缆长度及覆盖面积较多,因此需要严格考虑系统的接地问题。系统分保护地、工作地和屏蔽地,对于地铁的特殊情况,一般将保护地和屏蔽地接在地铁综合接地网上。由于地铁供电系统的迷流影响,地电位变化较大,应避免多点接地。BAS系统控制设备的内部电路可以逻辑地浮空,但应将与现场信号连接的控制设备24 V电源单点单独接在地铁的综合接地网上。

11.4 BAS系统功能

构成BAS系统的不同层级完成的功能是不一样的,通过各级的有机配合,最终实现BAS的整体功能。

11.4.1 中央级BAS系统功能

中央级监控系统是整个BAS系统的监控核心,其功能设计应面向地铁运营和维护,突出日常调度和防灾指挥功能,支持全局性的监控和管理,并实现用于调度和运营管理的数据设备、关键设备(隧道风机等)的遥控、组控及模式控制等功能,为环调及维调提供用于运营管理的、全局性的并且可实现区域性监控操作的各类高效实用的监控手段。

11.4.1.1 中央级监控功能

1. 设备监控与管理

(1)设备监控及操作。

OCC应提供遥控单一设备或设备组的能力,如对设备的启停、高低速、正反转、开关、(维修)工作许可(PWT,离线)等进行控制操作。

OCC可以通过遥控操作设置某个设备的工作许可,一旦设置成功,该设备将离线不参与工艺过程,现场控制器将停止对其控制,直到操作员复位。

OCC应实现针对BAS的全局性监控和调度管理功能,如隧道风系统的模式控制等。对于车站设备,可以实时监视它们的运行,但不进行控制操作。

对于某台/类设备,在OCC中不光要监控其运行状态,同时还需要监控其受控状态。应在中心监控工作站上清楚地标明目前各设备由哪里操作控制,如控制权在哪里、哪些设备在线、哪些设备离线、哪些设备受控、哪些设备失控等,从而为运营及调度决策提供依据。

由系统管理员负责在其系统中心级和车站级之间分配控制权限,以及对同等权限指定优先策略。

(2)全局性监控及检索查询。

在OCC中,BAS操作员站可以查看各车站的图表概貌和事件概貌,包括平面图、系统图、设备属性列表、事件记录列表。同时在中心可以看到全线隧道系统概貌图、全线各类关键设备的总览图。应提供强大的查询和检索实时库的功能，为运营和调度决策提供便利。

在事件记录列表中可以查看系统的所有操作记录、设备状态变化、报警信息，并可根据多种条件灵活地检索和自定义查询，查询结果可以被打印、保存。

（3）统计管理。

BAS 系统在 OCC 应具有统计分析功能，为企业信息化系统提供原始数据。各车站、冷站的所有设备信息和系统运行信息都可在 OCC 显示、记录。记录这些信息的一个主要目的就是为系统的运营提供更加具体的参考和帮助，为数据分析提供素材。

OCC 可计算全线主要设备的故障率、运行率、平均运行时数、各种峰值以及电能消耗的极大值/极小值平均值。基于这些计算结果可以生成班次、周、月、季度、年报表。

（4）报警管理。

BAS 操作员站的报警管理功能支持并实现所有报警信息的记录、显示、过滤、检索、打印、保存等功能。报警系统具有声光报警、逐条报警帮助、报警确认等功能。

为了防止大量预知的报警信息显示，系统支持报警雪崩管理和基于设备的报警禁止功能。可以在线修改模拟量的报警上限、上上限、下限、下下限、报警死区等属性。

（5）趋势管理。

可以显示各车站数据的实时趋势和历史趋势。系统应支持一个页面同时显示多个记录实时趋势图的信息量。操作员能选择自动、手动或基于触发的自动方式启动趋势记录功能。趋势图应可以用多种方式显示，如以曲线图、棒图或饼图等方式显示。

（6）事件管理。

BAS 系统在 OCC 应具有事件管理功能。事件记录可以记录各车站 BAS 系统中所有预定义的操作、设备状态变化、所有报警事件，所有的信息都是带时标的，与操作有关的信息可以带操作员信息。通过事件过滤器可以对事件列表进行分组。

- 操作员可以查询一段时间内某个特定类型的事件。
- 操作员可以定义查询选项的组合作为查询条件，并可打印和保存查询结果。
- 所有的事件能自动记录到历史数据库中。

（7）报表管理。

BAS 系统在 OCC 应提供完善的、灵活的、所见即所得的基本思想设计的报表系统。

在运行期间，操作员可以查看和编辑报表信息。报表的打印应支持多种方式，如定时打印、手动打印或事件驱动等。报表可组态成日报、周报或月报，可以在屏幕上显示，也可以打印。当设备发生故障时，系统可以自动向报表数据库中添加一条报告信息。操作员应可以选择报表模板、输入数据和文字、存储报表。

2. 运营调度及管理

OCC 的模式控制与操作包括两方面：一是对隧道系统的非正常及灾害模式和早晚换气模式的控制，二是给车站系统提供模式表。

（1）模式监控与操作。

① 早晚换气模式：BAS 中央系统根据系统运营时间和系统参数设置的隧道系统早晚换气时间，自动触发隧道早晚换气模式，由相关车站 BAS 系统控制相应的隧道设备动作。

BAS 中央级的灾害模式控制主要实现隧道发生火灾时的模式控制和操作。

环调操作员可以通过一个全线的示意图,管理阻塞工况。BAS 根据全线工况对每个车站班给出阻塞模式的处理建议,操作员只需要对每个车站确认建议的模式。

模式控制由 OCC 实现,模式的判断、命令的发出及正确的模式编号的获得成为实现模式的关键所在。图 11.12 描述了在 OCC 手动模式如何实现及最终模式编号如何产生。

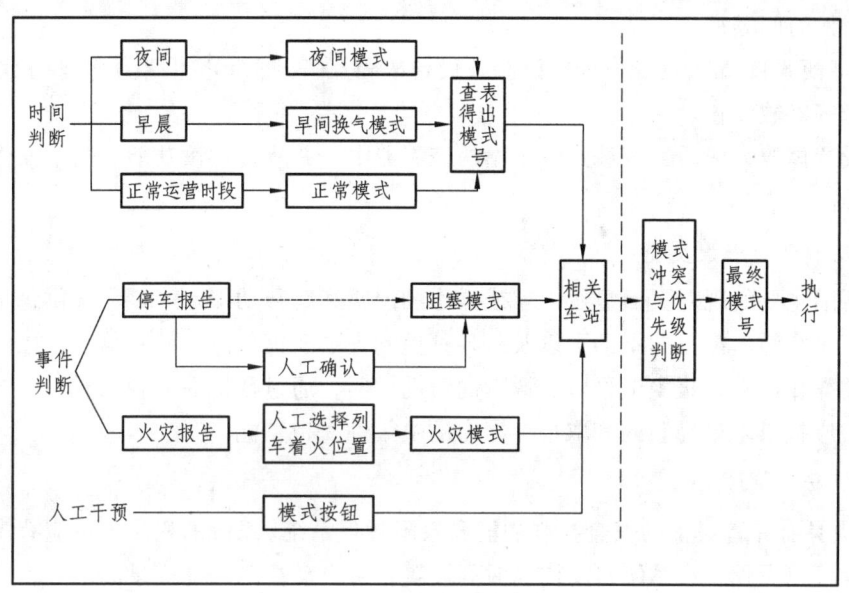

图 11.12　模式控制示意图

② 时间判断:根据时间表设定,随时进行时间判断,当满足时间条件时,此时只要处于正常工况,就立即输出相应的模式编号。时间表控制属于自动控制方式。

③ 事件判断:针对阻塞和火灾两种典型事件。当列车发生火灾停在某区间隧道时,由 ATS 提供位置信息,再根据司机和车站的报告,人工确认火灾工况,系统会输出相应的火灾模式编号。该控制模式属于半自动控制方式。

④ 人工干预:手动控制模式是一种后备控制模式。对系统定义的每一种控制模式编号,都可通过 MCS 监控工作站、BAS 的车站 PgMT 或 IBP 实现手动模式触发。

各车站 BAS 只要接收到控制中心发送的模式编号,就会在车站冗余主控 PLC 中检索相应的模式,并检查控制源优先级顺序、控制类型优先顺序及模式冲突。经检查结果表明该模式可以运行后,PLC 向智能低压控制器发出设备控制指令,执行模式要求的控制任务,并根据现场设备运行情况反馈模式运行成功信息。

在中心应提供一个模式表库,用于模式控制和模式表编辑。模式库至少可以存储 600 个模式表。系统应支持在线基于权限控制的模式表编辑、存储和下载功能。所有的操作过程记入事件日志。修改后的模式表可以立即下载到各车站的 BAS 系统中,并具有回读提示功能。

(2)时间表管理。

OCC 可以制定全线各车站的系统运营时间。OCC 可以查看各车站时间表的运行情况和时间表信息。系统至少要提供 3 种时间表:当前时间表、预定时间表、特殊日时间表。当前和预定时间表要包括工作日、周末、夜间,系统至少能存储 8 个特殊日时间表。OCC 可以修改每个车站的时间表。时间表修改结束后,可以选择立即下载和定时下载方式传到车站 BAS 系统中。

（3）系统运行参数设置。

OCC应实现对地铁环境与设备监控系统的参数化管理功能，通过参数设置来确定系统运行与监控方案。这些参数包括：

- 系统运行时间、大功率设备启动间隔、隧道早晚换气时间、互备设备切换时间、设备运行请求报检时间等；
- 灾害模式自动/手动触发模式选择、设备故障互备开关、空调系统调节方式中自动/手动加权选择等参数设置。

参数设置修改完毕后，下载到各车站的控制器中，并具有回读功能，提示操作员是否下载成功。

3. 在线帮助与决策支持

在线帮助主要实现对页面显示内容或操作的说明和解释功能。OCC应提供每个页面独立的帮助页、每个弹出窗口的帮助页以及对各种控制失败反馈信息的解释信息，以便操作员判断下一步的操作。每条报警记录应有详细的帮助说明，通过鼠标右键弹出查看。在特殊事件或工况下，应提供基于经验的和取自专家库的决策性支持功能。

4. 系统安全管理

OCC应具有完善灵活的安全控制功能和权限管理系统。系统的权限至少应有多级操作权限。另外，可以设置一个系统自动注销时间设置，可自动注销当前登录的用户，并可针对所有用户的操作记录。自动注销时间可设置。

应对重要操作增加密码保护，例如，修改运营参数和系统配置参数使用二级安全控制，针对当前登录的用户，再进行操作密码确认才能进行操作。

OCC可以对全线车站的BAS操作员和维护人员的密码进行统一管理，实现统一的用户数据库。另外，在紧急情况下，OCC应具有解除车站密码的功能。

5. 通用人机界面功能

人机界面是人机交互的重要接口。中央级应提供直观的、生动的人机界面体系。具体提供的功能应与前述的中央级和车站级功能相对应，即人机界面要成为系统功能的完整的、与用户友好的可视化表达。人机界面应可组态。

6. 时钟同步

可以接收信号系统的主时钟信息，并将时钟信息同步到各车站、冷站及车辆段的BAS系统。

11.4.1.2 中央级维护功能

中央级维护功能一般和OCC的监控系统集成在一起实现，但有时需要在车辆段建立独立的维护系统、培训系统等，此时该系统的逻辑级别和OCC的监控系统是一致的，OCC监控系统更注重全局的监控及管理，而车辆段系统则更注重BAS系统的维护，同时根据需要，该系统又可作为OCC监控系统的后备系统，同样可以实现监控与管理功能。这里简要介绍维护功能。

1. **全线 BAS 系统工程管理**

首先 BAS 维护系统设备是全线 BAS 系统工程管理中心，在服务器或维修工作站（或可成为系统工程师站）上应备份有全线 BAS 系统工程的原始文件，包括系统设计文件、每个车站的每台 PLC 的控制源程序、每个车站监控软件的组态工程文件、系统详细配置清单、各种图纸资料、系统运行与维修记录等。维修计算机可随时调用这些资料，用来恢复系统或分析系统故障等。

2. **全线 BAS 系统监控与维护**

维护系统设备的主要监控对象是全线的 BAS 系统设备，通过维修工作站可实现下述功能：

- 在线监控全线各站 PLC 的配置情况、运行情况；
- 在线监控与诊断各 PLC 控制器中各种模块的运行情况，如 CPU 状态、后备电池状态、控制网模块状态、以太网模块状态、I/O 状态等；
- 在线监控与诊断 PLC 网络情况，包括网络工作状态及参数配置、数据流量、带宽占用率、控制网络负荷情况（峰值与平均负荷）、各网络模块数据负荷与流量、网络中各站点分配情况、通信介质工作状况等；
- 在线监控各 PLC 系统中 CPU 模块的内存使用情况、程序周期、数据区数据特别是和其他系统或设备之间交换的数据（如 MCS 系统）、程序运行等内容；
- 在线清除 PLC 内部产生的逻辑故障（主要故障和次要故障，非物理损坏）；
- 在线修改各 PLC 站的配置，强制 PLC 的 I/O 点状态，改变 PLC 的运行方式等；
- 在线仿真 PLC 程序运行，测试 PLC 程序（不实际输出）；
- 在线上载、编辑、安装各 PLC 的程序及网络参数；
- 在线监控各车站维修工作站的状态（在线或离线）；
- 在线监控各车站 EMCS 局域网状态；
- 在线进行全线面向各车站的监控操作权限和用户管理，可动态添加用户、删除用户，更改用户密码、设置不同用户的权限范围等；
- 离线组态并安装各车站监控工程，包括 HMI、数据库、接口驱动等，仿真运行车站监控工程。

通过上述功能和手段，系统维护人员能实时掌握全线系统设备的运行情况，及时制定维修计划，组织人力完成维修工作。同时，应针对维护功能提供一个基于数据库的维修管理工具，使日常的系统维护和管理信息化。

3. **全线后备监控与操作**

当出现中心监控系统不能正常工作时，位于车辆段的 BAS 维护系统完全可以接管对车站的监控与操作功能，实现后备的功能需求。

11.4.2 车站级 BAS 系统功能

车站 BAS 系统可以是一个以车站为单位的相对独立的系统，从而完成车站 BAS 功能。车站 BAS 系统功能的主要目的是：

- 正常工况下，提供灵活多样的、全面的监控方式与手段，实现对车站环控系统及其他机电设备的监控操作、实时控制，并通过先进的、实用的控制算法和策略达到节能与优化控制的目的。

- 非正常情况下，提供方便的协调和调度监控手段，来满足和应对特殊的工况需求，并根据调度及触发命令完成模式控制。

1. **实时监控与联动控制**

实时数据处理和控制主要由各 PLC 控制器完成，PLC 是车站 BAS 系统的控制核心。

BAS 系统接收来自各种监控及接口设备的操作指令来控制各个被控设备运行，并且保障设备运行的安全。同时，BAS 系统采集并判断各个被控设备、模式、系统的运行状态，经过整理传送至各级监控系统。

对于车站空调系统，BAS 系统能够以焓值计算的方式自动控制各被控制设备状态，调节空间的温度和湿度。

BAS 系统能够对控制系统本身进行监视和故障诊断，并在出现故障时对被控设备进行保护。

2. **车站环境参数监控**

正常工况下，车站通风空调系统承担着营造车站良好的候车与乘车环境的任务。根据工艺设计，车站大系统用来维持车站公共区的温湿/度（主要是温度调节，无直接调湿手段），小系统则用来维持车站重要设备与管理用房的温/湿度。车站级 BAS 系统应实时监控设置在车站各处的温湿度传感器值，从而作为控制与调节的依据并在 HMI 上实时显示其数据值。这些传感器值包括：室外温/湿度（一般位于车站新风井）、大系统回风温/湿度、大系统送风温/湿度、大系统出风温/湿度、站厅站台温/湿度（一般每层设置 4 个，实际控制时取其算术平均值或加权平均值作为站厅或站台的实际平均温度)，信号机械室温/湿度、通信机械室温/湿度等。

3. **车站空调系统控制**

通过与冷机控制器通信，采集空调水系统的相关参数值，如供回水压力、温度、流量、制冷量、机组运行状态、联锁设备运行状态等参数。另外还可以通过硬线方式直接读取冷水末端（包括冷站水系统末端）相关传感器参数值，如流量、压力、压差、温度及二通阀开度等参数值；并可以根据工艺要求，通过优化算法实现对大系统水系统的控制，包括风量控制（如果采用变风量系统）、二通阀开度控制、冷机台数控制、集中供冷冷冻水回路压差控制等。

4. **大系统设备的优化与智能控制**

正常工况下，BAS 系统将通过室内外温/湿度值实时计算空气焓值，并自动确定空调工况，控制空调系统的运行工况转换。如盛夏季节，控制空调运行于最小新风工况，最大程度防止冷量的散失，同时维持车站内的最小新风需求，从而达到节能的目的；当计算出当前季节为过渡季时，则控制空调系统进入全新风工况，尽量利用室外低含湿量空气，同样达到节能的目的；当空调系统送风温度不小于室外温度时，BAS 系统则控制空调系统进入通风工况，此时将停止冷机的运行。

为防止一天之内空调工况的频繁转换，减少设备损耗，BAS 系统将对空气参数的运算采用定时处理方式，时间可由用户设定，设定时间应不小于 0.5 h。另外系统将对一段时间内（2~5 h，可调整）计算的空气焓值进行算术平均计算，作为空调工况的控制依据。

5. 设备控制

BAS 系统的被控对象是车站的各种机电设备，BAS 系统支持下述设备控制功能。
- 焓值自动控制；
- 时间表控制；
- 单体设备控制；
- 设备组控制；
- 模式控制。

BAS 系统支持三类时间表（当前时间表、预定时间表、特殊日时间表，当前和预定时间表包括工作日、周末、夜间三套）的运行，同时在车站监控工作站上可以监控任何一个时间表。

模式的定义根据工艺设计要求而形成，其触发可有两种方式：人为触发（HML IBP）和自动触发（车站 FAS 系统）。

BAS 系统在车站的模式控制与操作包括两方面：① 作为 OCC 的辅助，实现对隧道环控系统的非常模式和早晚换气模式的控制及模式编辑；② 执行 OCC 下发的车站系统的模式，并可手动控制车站系统模式。根据需求，可提供模式编辑功能。

6. 防灾联动控制

车站 BAS 系统必须完成部分消防联动控制功能，即在车站发生火灾的情况下，必须完成对车站防排烟系统的火灾模式控制功能。根据设计规范的要求，在车站 FAS 火灾报警信息通过串口接入 BAS 系统。BAS 系统根据报警信息进行解析，得到发生火灾的具体位置，并且得出相应的火灾模式号。BAS 系统将解析的结果以报警的形式在车站监控工作站和 IBP 盘面进行显示，并根据模式号进行模式优先级和冲突判断；如果模式能够执行，则转变为具体设备控制指令，由车站主控分解指令到相关 ECS 控制器中实现设备级的控制。

车站 BAS 可有效应对和处理各种紧急情况，例如，车站火灾、隧道火灾、隧道阻塞、车站突发事件等特殊情况。系统具有和 FAS 系统的接口，可实时接收 FAS 系统发出的车站火灾信息。车站 BAS 可接收来自 OCC 的模式命令，同时通过车站监控工作站和 IBP 均可对车站 BAS 系统发出紧急模式指令。车站 BAS 系统在接收到上述任何一个信息时，应能够在第一时间进入防灾模式，实时控制与调度防灾设备按既定方式运行。

图 11.13 所示是车站 BAS 系统响应模式控制或触发命令的流程图（仅供参考）。由该图可知，BAS 系统主控 PLC 将行使操作优先级和模式冲突判断。主控 PM 分别接收来自 OCC、车站和 IBP 盘（含 FAS 自动触发的）的模式触发命令，主控 PLC 首先判断触发优先级（建议触发优先级由高到低定义为 IBP、PgMT、MCS，分别用不同的数字表示），后判断模式代表的工况（其紧迫程度由高到低为火灾、阻塞、正常，同样用不同的数字表示），通过两者数字的结合，便产生了包含触发点与工况信息的最终模式号，将此模式号和当前运行的模式号比较，如果不冲突，则执行；冲突则执行模式号大（人为定义）的模式，模式号小的模式自然退出；同时反馈判断的结果，从而完成模式优先级及冲突判断的工作。

7. 紧急后备操作

通过 IBP（Intergrated Back Plant）综合后备盘可以实现紧急模式控制功能。IBP 盘的功能定义为：在监控系统失去作用或通信发生故障时，IBP 盘作为紧急工况下的后备模式控制人机接口装备。模式控制由 BAS 系统实现。BAS 系统应完全满足上述需求。

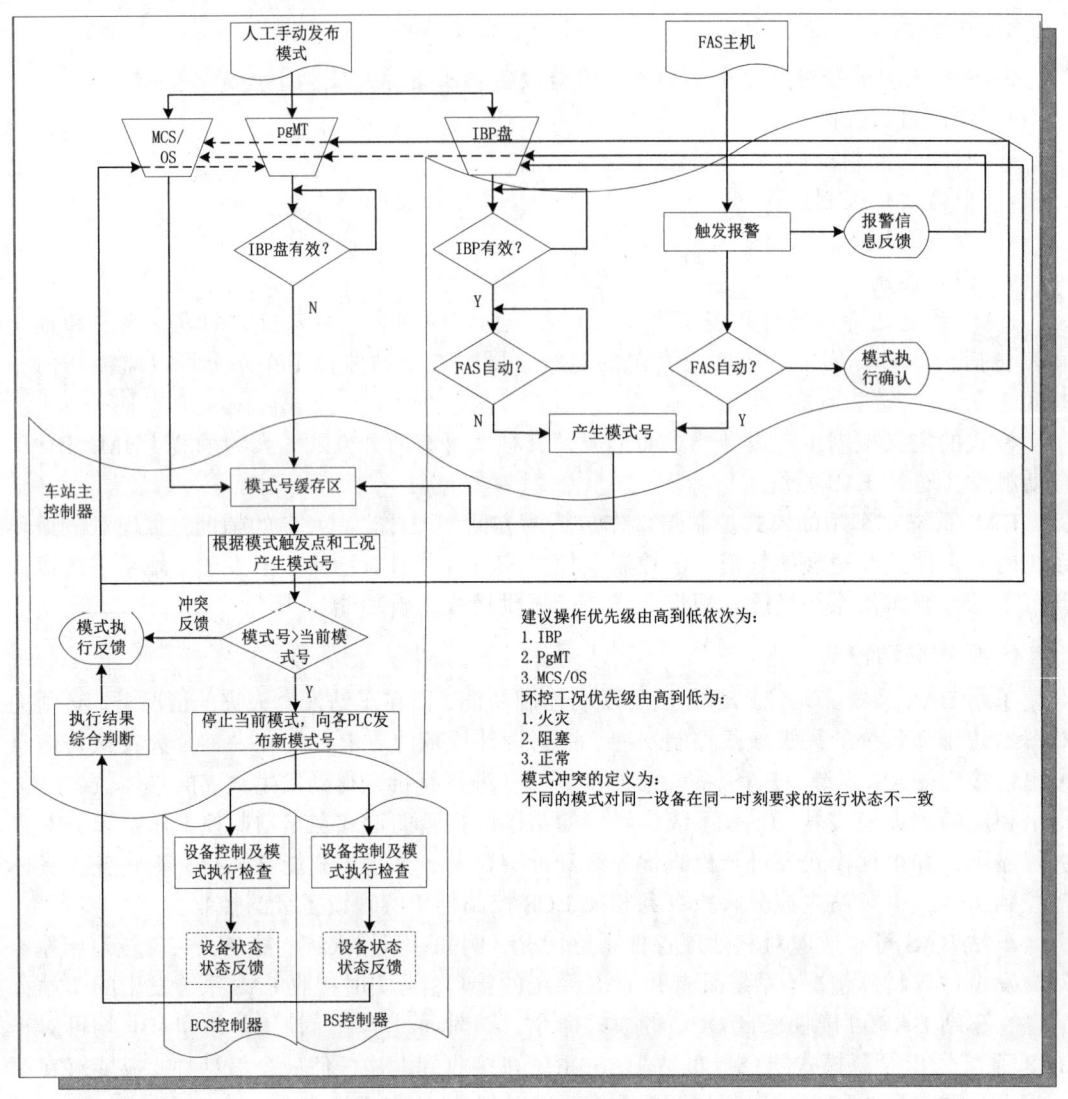

图 11.13 车站 BAS 系统响应模式控制或触发命令的流程图

8. 子系统独立性

提供的 BAS 系统中环控（ECS）和其他机电设备控制系统（BS）可相对独立工作，具体措施是：

- ECS 和 BS 子系统的被控对象之间无工艺联锁关系；
- ECS 和 BS 子系统分别由各自的控制器完成，具有各自独立的现场级设备级网络（I/O 总线及模块），控制任务之间没有直接的协调关系。

正常情况下，两个子系统控制器通过车站监控局域网向监控设备反馈各种状态信息，接收各种操作指令。当监控网络发生故障时，上述两个系统可完全保持独立运行，此时的运行方式将保持在最后通信正常时的状态。

同时，为了提高系统的通信自诊断和报警能力，BAS 系统应采取必要措施，如设置看门狗等监视网络及网络上各控制器的运行状态。

9. 智能、优化与调节控制

提供的 BAS 系统能满足下述智能与优化控制功能。

（1）设备运行均衡控制。

BAS 系统能够对车站的一些大型设备进行运行均衡控制。例如，运行前期大多数时间，可能只需一台冷水机组即可满足要求。BAS 系统能够对各个冷水机的运行时间进行累计，并在达到一定累计值时自动切换至另外一台机组，使各个机组的累计运行时间基本相同。

（2）互为备用的设备自动切换控制。

设备的自动切换控制主要有两种方式：互为备用的设备定时自动切换、设备故障时自动切换至备用设备运行。

互为备用的设备定时自动切换的目的是进行设备运行均衡控制，控制方式已经在上文中说明。

设备故障时自动切换至备用设备运行，目的是保障 BAS 系统运行状态不受故障设备的影响。BAS 系统监测被控设备的状态，当被控设备故障时，BAS 系统将故障信息传送至操作员站，向被控设备发出停止指令，同时自动启动备用设备。

（3）设备顺序控制功能。

这里所谓顺序控制概念，是系统解决众多大功率设备由于同时启动而冲击电网的问题。这种情况常发生在每天运营开始及模式运行时。BAS 系统将随时检测这种情况的发生，并设置顺序控制启动间隔计时器，每当时间一到则启动 1 台预启动的大功率设备，从而实现一种顺序控制的功能。

（4）PID 调节控制。

BAS 系统能够通过 PID 优化算法，进行冷水系统供回水压力控制、末端冷量控制（二通调节阀开度控制）等。

（5）时钟同步。

车站 BAS 系统可以接收来自中心的对时信息，同步于对时系统中的所有控制器，使其时钟与车站时钟信息一致。各个 PLC 控制器均具有内部时钟，可精确至秒。将编制专门的对时程序，用于系统时钟的同步，一般 1 天至少对时一次。

10. 界面友好的监控功能

BAS 系统的软件平台应提供功能强大的、友好的人机界面体系，结合 BAS 系统的实际应用，面向操作与维护人员而设计，如功能键的定义、图标的使用、菜单条的形式等，要符合人们的日常操作习惯。同时在图形显示窗口内，将结合具体工艺情况，提供彩色动态的监控画面，用以表达工艺系统状况、设备运行情况及状态反馈等信息。BAS 系统将具备但不限于下述界面。

① 车站地图，以车站平面结构为地图，综合显示各个房间内设备分布情况、运行情况、工况（火灾）等内容，支持操作员单击查看任何一个系统范围内的设备详细情况，并可以对其实施操作控制。

② BAS 系统结构画面，用来显示每个车站 BAS 系统的实际构成情况、控制箱柜的相对位置，可监控各个控制器的运行状态、网络运行状态等。

③ 工艺系统画面，包括隧道风系统、车站大系统、车站各个小系统、车站空调水系统、

给排水设备、电扶梯设备、照明、导向等，同样，系统支持对界面内任何一个设备的操作控制。

④ 模式监控画面，用来集中进行模式触发操作和运行反馈信息监视，并且可以监控模式的具体运行情况，对模式内各设备的实际运行状态和模式要求状态做动态比较，对模式运行的细节情况可一目了然。

⑤ 事件监控画面，用来进行事件列表、事件分析。事件记录将详细展示事件发生的时间、具体事件描述、当时的用户等情况，并提供模糊查询功能，用于检索。

⑥ 报警监控画面，用来集中监控各类、各个级别和各种报警处理情况，通过不同底色表示不同的报警级别，无底色用来表示确认的报警等，提供模糊查询手段用于用户检索，并提供在线存储和打印功能，用来记录和打印查询结果。

⑦ 设备列表，用来集中监控各个被控对象的情况，包括设备标记、所在位置、当前运行状态、统计信息（累计运行时间、故障次数及检修次数等）等，同样提供查询手段，用来快速检索某个设备或某类设备，用户不必翻阅图纸，通过监控工作站即可检索和BAS相关的任何设备信息，为维护提供大大的便利。

11. 系统安全措施

BAS系统设置全线统一的用户与权限管理功能，并在车辆段实现集中管理。权限与用户数据存放于服务器中，可查询，可更改。并设置身份识别系统，运用双因子加密技术实现系统登录及操作的保护。

通过系统权限及身份识别，可有效区分不同级别人员对系统的监控操作范围，为运营管理提供基本的管理工具；通过用户管理可有效地屏蔽非授权人员的操作，以避免系统的意外人为事故的发生。

授权用户需利用电子身份证（利用USB口和监控工作站连接，内部存有个人身份信息，相当于电子钥匙）和密码才能登录系统，另外系统设置操作定时器，即在规定时间内如检测无操作，则自动注销用户。授权用户可以在线修改自己的密码。

12. 报警监控与管理功能

车站BAS的报警监控和管理功能与中心BAS系统的相关功能相同。

13. 消防联动

车站BAS系统除了要具备火灾工况下的防灾联动控制功能外，同时要具备对控制范围内的其他设备的联动控制，如电源控制、导向控制和屏蔽门控制等。

其中对于电源的控制应符合消防规范的要求，此项功能由BS系统来实现。当IBP盘接收到火灾命令或人为车站火灾模式触发命令时，BAS的BS子系统应根据工艺设计要求，联动切除非消防电源及车站三类负荷，待事件处理完毕后手动解除。

14. 系统恢复与保持功能

车站属于供电一类负荷，通过车站附UPS受电，车站BAS系统提供智能接口实现同UPS连接，通过该接口，BAS可实时监控供电情况，当发现供电中断时，BAS应在短时间（秒级）内根据情况及事先的工艺设计要求，屏蔽所有设备的控制输出（PLC的DO输出，AO保持当前值），同时触发报警和记录事件，并在HMI屏蔽相关设备的监控操作。当检测供电恢复后，系统按照顺序控制规则，依次恢复断电前的设备运行状态，使系统快速地恢复正常。

15. 系统自诊断功能

BAS 系统具备较完善的自诊断和故障处理功能。

（1）PLC 系统的自检测与诊断：系统应利用产品的自身功能或通过编程等必要手段，来甄别系统自身的各种故障（如各种模板/块故障），并且这些信息均应实时反馈给 HMI，并可以根据情况触发报警。

（2）UPS 的监控：系统应选用质量好的 UPS 产品，该产品应提供智能接口用于接入控制系统。BAS 系统通过该接口可实时监控 UPS 的工作状态、各种电量参数及电池状态等。采集到的数据可实时反馈到 HMI 供维护人员监控及管理，并可根据需求触发报警，如电池的应用情况等。另外，通过监视 UPS 的供电情况，BAS 可以适时采取措施，保护系统的运行环境。

（3）网络状态的监控：BAS 系统可以通过多种措施监控系统的网络运行状态，包括局域网和控制网。

（4）BAS 能够对控制系统中的上述各种状态进行监视，并对故障点进行诊断。当出现故障时，BAS 系统向监控工作站触发报警，使相关控制程序立即转入紧急处理程序，从而保障被控设备的安全。

16. 系统状态监控

对于车站设备的监控，由 MCS 系统（包括 OS 和 IBP）、车站 BAS 系统及就地控制设备在逻辑上构成了一个多级控制系统，即 MCS、BAS 及就地控制设备均可以对控制范围内的某个工艺设备进行控制，因此存在多处操作监控的情况。这些监控操作点包括 CMCS 监控工作站，SMCS 监控工作站，BAS 系统 PgMT、IBP、SMCC 等。

17. 参数化系统

BAS 系统是一个面向运营维护的、可参数化的系统，或称之为用户可组态的系统。

BAS 系统集成商应将 BAS 系统进行封装，并通过人机界面向用户提供系统运行参数整定界面，用户可对系统运行或控制方式进行在线动态调整，以适应可能变化的需求和不确定因素，从而减少调试时间和程序更改时间，提高调试效率。此时用户不必关心底层控制的实现方式，只关心系统的工艺运行问题即可。

在操作权限允许的情况下，BAS 的各级监控工作站可以在线对车站进行参数设置，如设置 BAS 系统运行、设备控制、空气调节等方面的运营参数。作为辅助，也可设置隧道系统相关的参数。在参数设置时，系统能自动进行工艺合理性判断和输入值合理性判断，并有恢复默认值功能，实现快速恢复到存储的默认值。

参数设置修改完毕后，下载到 BAS 控制器中，并具有回读功能，提示操作员是否下载成功。

这些参数应包括如下：

- 调节参数设置：在线 PID 调节参数整定；
- 阈值设置：修改模拟量报警的极大值、最大值、最小值和极小值等带有死区调整的报警限界点；
- 现场设备操作参数调整：主要设备报检周期、模拟量限定值、互为备用的设备切换时间、大功率设备启动间隔、故障设备的互为备用等；
- 系统控制方式选择：手动、自动（时间表控制）、给值自动控制；

- 空调系统回路调节方式选择：温度设定、自动加权、手动加权；
- 自动控制参数：系统运行时间，隧道系统早晚换气时间，车站系统吹早、吹晚的时间，冷水机组启动时间等；
- 温度传感器选择：操作员可以选择温度传感器以监视和计算车站的平均温度；
- 冷水机组操作顺序：操作员通过人机界面显示可以对每个车站端冷水机组的操作顺序进行定义，可以在任何时间手工重新调整冷水机组操作顺序；
- 泵操作顺序：操作员通过人机界面显示，可以对每个冷水机组相关的冷却水泵操作顺序进行定义。

11.4.3 就地级 BAS 系统功能

1. 信号采集、转换及传输功能

通过硬线连接的现场信号有两类：开关量和模拟量。开关量输入信号是由中间继电器产生的一个无源触点信号，由被控对象的就地控制箱给出，用来表示该设备的某种工作或运行状态。BAS 就地远程 I/O 模块接收该信号，并通过模块内部的光电隔离将该信号转变为计算机可识别的二进制信号，用于 PLC 进行逻辑运算。模拟量一般来自现场的传感器或变送器，如空气参数传感器、水回路传感器等，均是标准信号，即 4~20 mA 或 0~10 V；BAS 就地远程 I/O 模块接收该类型的信号，并经过 A/D 转换、滤波、线性化等处理过程，将其转变为 PLC 内部可处理的浮点数值用于运算。其他数据是通过通信方式传递的，信号包括电信号和光信号，BAS 系统通过通信接口装置或转换器接收这些信号，根据事先规定的协议规则接收、解码并整理这些网络或总线传输的数据，形成 BAS 系统可识别和可处理的数据。

2. 显示与诊断功能

BAS 对现场设备具有工作状态指示功能，便于运营维护人员的直观观察。对于 PLC 的远程模块，其表面设有电源状态指示、通道通断状态指示和通信状态指示，通过指示灯不同颜色的变化或闪烁情况，可以基本判断出该模块的状态，同时模块具有自诊断功能。

3. 数据传输和协议转换功能

数据传输是现场设备的又一重要功能，因为在前端经过数据采集和转换后，就需要经过总线将数据送至 CPU 内进行处理，采用远程 I/O 总线技术和控制网技术来实现现场数据的传输。

协议转换是 BAS 接口设备的另一个主要功能，通过系统的接口开发予以实现。

4. 单台设备控制功能

对设备的控制命令主要由就地设备完成，如模式控制：PLC 处理器接收到来自操作设备的命令或 FAS 系统的触发模式命令后，经过控制优先级及模式冲突判断后产生具体的设备控制命令和联动控制命令，这些命令以布尔量的形式经过 PLC 总线或接口模块传送至就地设备，就地设备将通过 DO 模块驱动中间继电器，通过继电器的触点来实现对设备的控制。

对于调节设备，PLC 控制器输出的是模拟量信号（4~20 mA）用来代表开度值，如二通调节阀，接收到开度信号后其执行机构将控制阀体动作至规定的开度，从而完成控制命令。

5. 联锁控制

设备间的联锁控制及保护是就地 PLC 的主要任务，特别是风回路风机和风阀之间的直接或间接联锁关系。

11.5 BAS 系统接口处理

BAS 是一个集成系统，集成系统的一个特点是要处理各种形式的接口。BAS 需要通过各种接口方式实现对被控对象的监控；同时，BAS 不是一个孤立的系统，它必然要和地铁其他专业子系统（如火灾报警系统（FAS）、低压专业、通信专业、主控系统等）发生关系。

11.5.1 BAS 与 FAS 接口

当 BAS 承担防灾任务时，BAS 在火灾工况下其实是 FAS 的联动控制系统，根据国标《消防联动控制设备通用技术条件》（GB 16806—1987）中有关联动功能的描述，BAS 系统已经承担了多项消防联动控制功能，并具备了标准中规定的有关控制方式、响应性、反馈显示等技术要求。因此 BAS 和 FAS 之间有着紧密的联系，特别是在火灾工况下，两个系统需要共同完成消防联动控制，如 BAS 需要启动排烟风机、控制电梯运行至首层、切断非消防电源、启动事故照明、打开屏蔽门、启动应急导向指示等，而 FAS 系统则联动控制专用于火灾的设备，如启动消防泵、启动水喷淋灭火系统或气体灭火系统、关闭或打开防火（卷帘）门等。这一系列过程均是通过两个系统间的接口进行信息传递，从而实现两个系统协调运行的。

根据《地铁设计规范》的要求，BAS 需要通过通信方式和 BAS 主机进行接口，通过该接口接收 FAS 确认的火灾报警信息，用来触发模式控制。为确保 BAS 接收火警信息的可靠性，BAS 和 FAS 之间的协议应是有应答的协议。另外需开辟新的通信路径，如图 11.14 所示，BAS 是基于以太网通过 OPC 协议获得火警信息的，BAS 应冗余处理火警信号，以保证火警接收的正确，以免丢失火警信息。

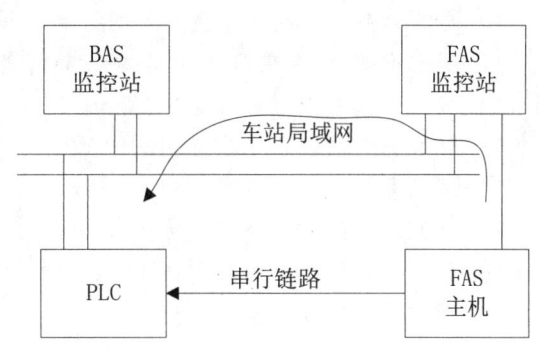

图 11.14 BAS 系统与 FAS 系统的接口

BAS 与 FAS 的接口点一般位于车站综合控制室，BAS 侧接口设备为 IBP 盘控制器。

11.5.2 BAS 与低压配电系统接口

一般而言，BAS 通过和低压配电系统接口来控制各种机电设备，通常环控系统采用马达控制中心（MCC）来集中对风机、风阀进行电气控制，而 BAS 则通过接口马达控制中心实现对环控设备的控制。采用马达控制中心的优点是可以实现集中管理和控制，便于和 BAS 接口，并方便操作、调试及维护。

目前在国内的地铁中，采用马达控制中心才刚刚开始，但人们已经认识到了它的好处。BAS 和 MCC 的接口一般采用硬线 I/O 形式，但采用智能马达控制中心（SMCC）时，BAS 一般是通过现场总线和 SMCC 接口。

11.5.3 综合监控系统接口

如果 BAS 集成于综合监控系统，则 BAS 的中心及车站监控功能由综合监控系统完成，BAS 则作为综合监控系统下面的一个子系统存在，此时 BAS 已经不是一个独立意义的系统。通常，BAS 和综合监控系统接口是网络接口，综合监控系统与 BAS 控制器直接交换数据。

复习思考题

1. BAS 系统由什么组成？
2. BAS 系统的结构是什么？
3. BAS 系统的功能是什么？
4. BAS 系统车站级的主要功能是什么？
5. BAS 系统的车站级消防功能是什么？
6. BAS 系统的车站级防灾联动控制功能是什么？
7. 画出车站 BAS 系统的控制结构图。
8. 分析环控工艺控制中，隧道通风系统的监控对象是什么？
9. 分析环控工艺控制中，空调通风大系统的监控对象是什么？
10. 分析地铁车站通风空调系统的控制过程，并加以分析。
11. 画出 BAS 功能在 OCC 手动模式如何实现及模式编号如何产生？
12. 环控系统的控制范围是什么？
13. 环控系统的设备分布特点是什么？
14. 环控系统的设备有哪些？
15. 环控系统的接口分布是什么？
16. 环控系统的接口功能是什么？
17. 环控系统的接口有哪些？

第12章 火灾报警子系统

为了尽早探测到火灾的发生并发出火灾警报，启动有关防火、灭火装置，通常在建筑物中设置了一种自动消防设施，这种设施称为火灾自动报警系统。通过设置在建筑物中的自动火灾探测装置和手动报警装置，火灾自动报警系统可以在火灾发生的初期自动探测到火灾，并通过警报装置发出火灾警报，同时启动防烟、排烟及防火、灭火设施，以便于人员撤离，防止火灾发展和蔓延，控制和扑灭火灾。

地铁火灾自动报警系统在所有子系统中处于特殊地位。一方面，它是地铁运营防灾、救灾体系最关键的一环。另一方面，此系统的构建必须遵从国家和地方的消防规范，对FAS子系统的系统集成必须受到这些规范的强力制约。

12.1 概 述

火灾自动报警系统一般由火灾触发器件、火灾报警控制装置、火灾警报装置以及火灾联动控制装置组成。在火灾发生初期，系统通过设置在现场的感烟、感温和感光火灾探测器等火灾触发器件，自动接收火灾燃烧所产生的烟雾、温度变化和热辐射等物理量信号，并将其变换成电信号输入火灾报警控制器；也可以通过手动报警按钮以手动的方式向火灾报警控制器通报火警。火灾报警控制器对输入的报警信号进行处理、分析，经判断为火灾时，立即以声、光信号等火灾警报装置向人发出火灾警报，并记录、显示火灾发生的时间和位置，同时向防烟排烟系统、自动喷水灭火系统、室内消火栓系统、管网气体灭火系统、泡沫灭火系统、干粉灭火系统以及防火门、防火卷帘、挡烟垂壁等防烟防火设施发出控制命令，启动各种消防装置，指挥人员疏散，控制火灾蔓延、发展。

12.1.1 火灾触发器件

消防规范规定，火灾自动报警系统应设置自动和手动两种触发装置。因此触发器件常划分为自动报警装置和手动报警装置两大类。

1. 自动报警装置

自动报警装置通常是指火灾探测器，它是火灾自动报警系统的感觉器官，其作用是监视环境中有没有火灾发生。一旦有火情发生，它自动将火灾燃烧所产生的特征物理量如烟雾浓度、温度、气体、核辐射光强等转换成电信号，并向火灾报警控制器发送及报警。根据被监测环境的火灾特性不同，可选择不同种类的火灾探测器。常用的火灾探测器有：

（1）感烟探测器，如离子感烟探测器、光电感烟探测器、对射式感烟探测器、激光光束感烟探测器等。

（2）感温探测器，如定温探测器、差温探测器、差定温探测器、感温电线、线型光纤感温探测器。

（3）火焰探测器，如红外火焰探测器、紫外火焰探测器等。

（4）复合型探测器。

（5）可燃性气体探测器。

2. 手动报警装置

手动报警装置主要是指手动报警按钮，它是火灾自动报警系统的重要组件。如果被监视现场人为发现火情，可以通过手动报警按钮快捷准确地向火灾报警控制器通报火警。

每个防火分区至少设置一个手动火灾报警按钮。从一个防火分区内的任何位置到最邻近的一个手动火灾报警按钮的距离不大于 30 m。手动火灾报警按钮设置在公共活动场所的出入口处，而且是设置在明显的和便于操作的部位。当安装在墙上时，其底边距地高度为 1.3～1.5 m，且有明显的标志。

12.1.2 火灾报警控制装置

火灾报警控制装置是火灾自动报警系统的心脏，是系统运行的指挥中心，主要担负着整个系统监视、报警、控制、显示、信息记录和档案存储等功能。正常运行时，自动监视系统的运行状态和故障诊断报告；有火灾时，接收探测器、手动报警按钮的报警信号，并将其转换成声光报警信号，指示报警部位、记录报警信息，通过自动灭火控制装置启动自动灭火设备和消防联动控制设备。同时火灾报警控制装置还是系统供电转换中心，负责现场设备（探测器、手报、模块）供电。

12.1.3 火灾警报装置

火灾警报装置是火灾发生时以声、光、语音等形式给人以警示的一种消防设备，常用的有警铃、警笛、声报警器、光报警器、声光报警器、语音报警器等。随着数字通信技术的发展，声光报警器、语音报警器的录音质量和保存时间都有极大的改善，音响效果更为人性化，更容易被人接受。

12.1.4 消防控制设备

消防控制设备是用以对气体灭火设备、水消防设备、防排烟设备、防火卷帘门等消防设施进行联动控制的设备，实现由火灾报警系统（FAS）直接或间接监控管理消防设备和相关非消防设备的控制和切换。主要设备有：功能模块、消防联动控制柜、在火灾警报系统中手动启动重要消防设备的设施（手动联动控制柜）。

12.2 FAS 控制流程及管理系统体系结构

12.2.1 FAS 控制流程

按照地铁火灾报警技术要求，火灾报警控制流程图如图 12.1 所示。

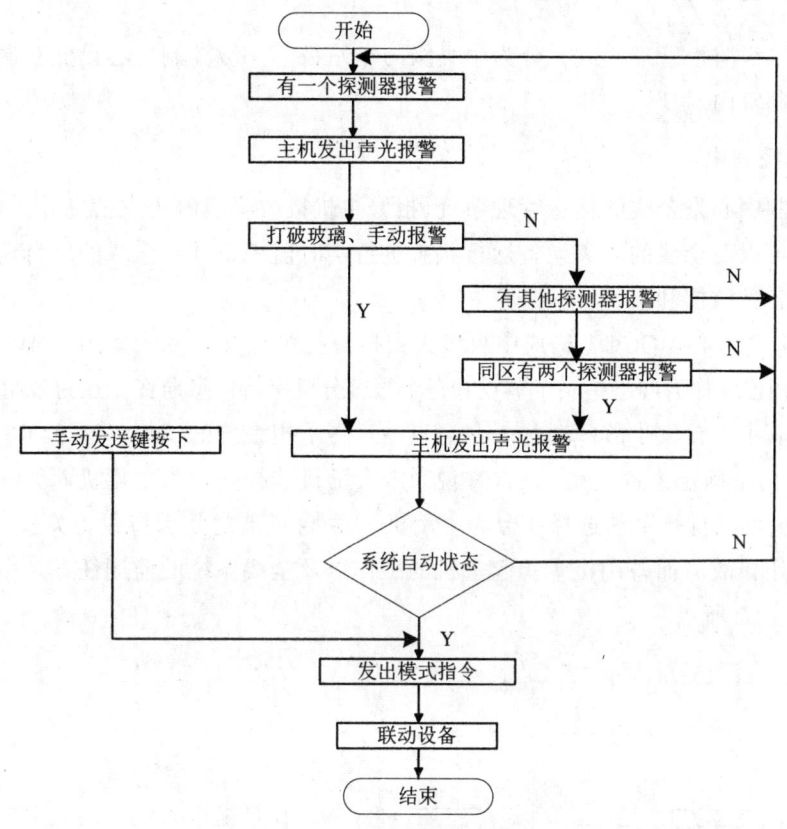

图 12.1　火灾报警控制流程图

12.2.2　火灾报警子系统工作模式

当地下车站发生火灾时，FAS 通过 BAS 及时联动低压专业切断非消防电源；对于不设 BAS 系统的建筑，FAS 直接向低压专业发布切断非消防电源的指令。

对于换乘车站的两条线路的 FAS 之间必须考虑信息互通的问题。

FAS 电源的供电采用一级负荷加 UPS 供电方式。系统外部线缆均采用阻燃型线缆，且线缆必须符合《地铁设计规范》中的相关要求。

为避免设备重复，在满足使用功能的前提下，车站防灾广播、闭路电视监视等设施，可与相关系统结合，由通信、综合安防专业统一配置。

地铁 FAS 系统监视现场相关消防设备运行状态，接收车站火灾报警信号，并显示报警部位。发生火灾时，FAS 确认火灾，直接联动 BAS，控制相关机电设备转入灾害运行模式。在时与 BAS 间的通信出现问题时，可通过综合监控系统向环境与设备监控系统（BAS）发出模式指令，由 BAS 启动消防联动设备。紧急情况下也可通过设在车控室的综合后备盘（CIBP 盘）直接控制现场与消防相关的设备。

对于消防专用设备，FAS 除了自动控制外，还应在消防控制室考虑紧急手动控制方式。

12.2.3 FAS管理系统体系结构

FAS采用二级监控管理模式,分为中央级与车站级。一级控制中心设立在调度中心指挥大楼的中央控制室内。

1. 中央级控制中心

中央级控制中心是全线的信息管理系统,报警主机接收全线的火灾信息并进行调度管理。通过控制中心可以对全线的防灾设备运行状态进行实时监视,并对全线的所有信息进行档案式管理,输出各种数据和报告。

2台图形命令中心(GCC)构成中央级火灾报警主机且2台互为备用,FAS网络通过网络接口与主机相连,作为网络中一个节点和每个报警分机保持信息通畅。互为备用的2台GCC的工作模式:其中一台发生故障时另一台会自动运行承担系统的工作。通过RS-232总线,GCC间进行通信来确定主备关系,通常来说系统会随机选择一台为主用机而另外一台则为备用机(操作者也可以自行手动选择一台为主用机)。两台机器之间保持主备关系,发生故障时才会判断为主用机故障而备用机承担起主机的工作以及全线系统的监测任务。中央级控制中心的构成如图12.2所示。

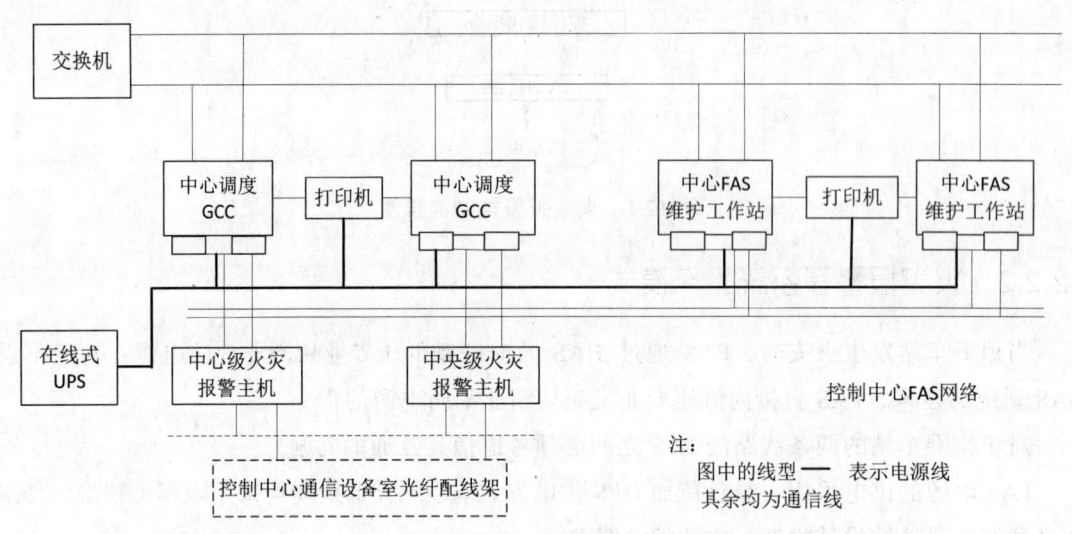

图12.2 FAS中央级控制中心的构成

2. 车站火灾报警系统

车站系统的组成为:由火灾报警控制器(设置在车站综合控制室内)通过总线方式和现场的探测器、手动报警设备、电话插孔、电话挂机以及模块等设备共同构成报警网络。车站的功能是非常多的,如监测车站内防灾设备的运行状况、接受车站火灾报警信息并确认报警的部位、分析灾害种类和灾情、与防灾控制中心以及相关部门进行通报防灾信息、接收防灾控制中心所发出的有关抢险救灾的命令要求。此外,车站还可以联动控制车内的所有防灾设备。系统车站级构成如图12.3所示。

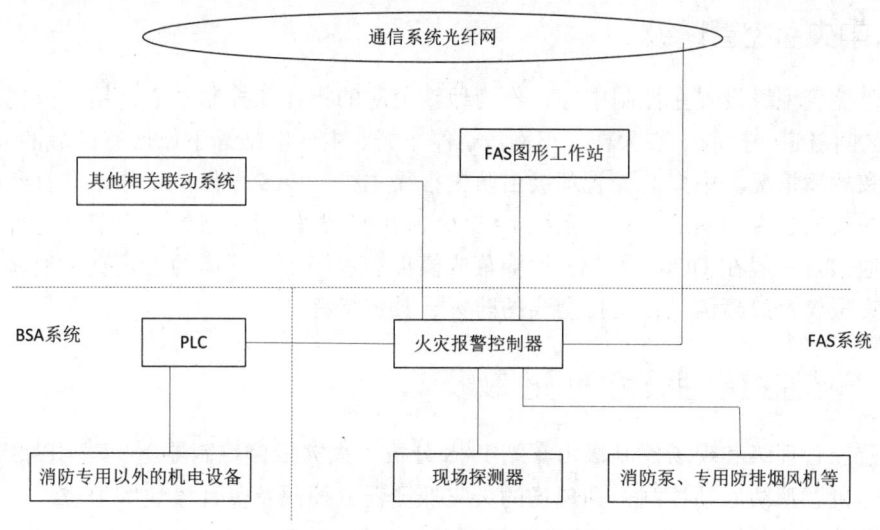

图 12.3　FAS 系统车站级构成

12.3　地铁 FAS 的组成

地铁火灾报警系统主要由设置在与地铁运营有关的建筑与设施（如各地铁车站、区间隧道、控制中心大楼、车辆段、停车场、主变电站等）的火灾报警系统设备以及相关的网络设备和通信接口组成。系统分为三个级别：设置在 OCC 的中央监控管理级、车站（车站与车辆段）监控管理级、现场控制级。其结构如图 12.4 所示。

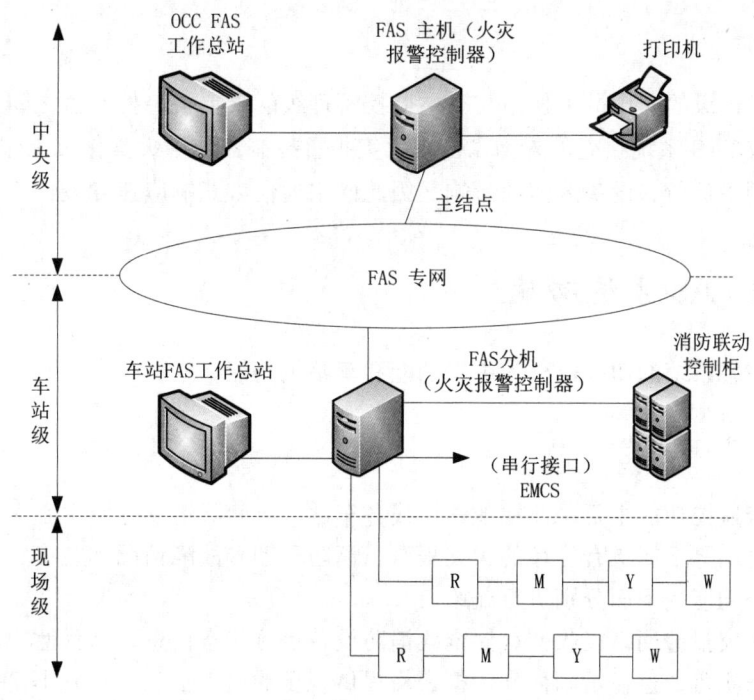

图 12.4　地铁 FAS 结构图

12.3.1 中央监控管理级

中央监控管理级设置在控制中心，作为地铁消防的指挥和控制中心，用于监视地铁全线各车站、区间隧道、控制中心大楼、车辆段、停车场、主变电站等下属所有区域的火灾报警、消防联动和故障情况。中央监控管理级由防灾报警主机、FAS 操作员工作站和打印机组成。FAS 主机一般通过专用网卡与整个系统 FAS 专网相连，并作为网络的一个节点与各防灾报警分机保持通信。一般在 OCC 设 FAS 大屏幕或模拟显示屏，以图形的方式直观地显示全线各区域的火灾报警及故障信息，支持全线的防灾、救灾指挥。

12.3.2 车站监控管理级和现场控制级

车站监控管理级和现场控制级由车站 FAS 分机（火灾报警控制器）、车站 FAS 操作员工作站、打印机、消防联动控制柜和现场的火灾探测器、控制及监视模块等组成。

车站控制室设 FAS 分机（火灾报警控制器），通过总线与现场设备相连组成所辖站点的火灾报警系统，负责车站的火灾报警处理及联动控制，并通过 FAS 网络与其他车站的火灾报警控制器及控制中心操作员工作站进行通信，报告火灾报警、系统故障、联动控制及各消防设备的运行状态等信息。

在车站控制室设置消防联动控制柜，用于消防泵(引入管电动蝶阀)、TVF 风机、UPE/OTE 风机、组合式空调箱、变风量空调器、回/排风机（兼排烟风机）、小系统回/排风机、送风机等火灾工况下运行的设备的直接手动控制。消防联动控制柜采用硬连线的方式直接连接所控制的消防设备的控制回路。

12.3.3 FAS 专网

中央监控管理级的操作员工作站与车站监控管理级的火灾报警控制器之间，通过 FAS 专用网络接口组成 FAS 系统独立的外网。由于火灾报警控制器与中央操作员工作站直接通信，不受其他系统网络负荷和设备故障的影响，因此网络通信方式响应速度较快，安全可靠。

12.4 地铁 FAS 系统功能

地铁防灾报警系统的功能也分为中央功能和车站级功能。

12.4.1 FAS 中央功能

FAS 中央级监控功能主要是监视地铁全线各车站、区间隧道、控制中心大楼、车辆段、停车场、主变电站等下属所有区域的火灾报警、消防联动和故障情况，在火灾发生时承担全线防灾指挥中心功能。下面分别进行介绍。

（1）通过火灾报警网络接收并存储全线消防设备运行状态信息，远程监视就地级消防设备的运行状态。主机通过显示画面和数据表格提供现场的监视信息，具有丰富的 HMI 画面，展现 FAS 的中央功能。

（2）接收全线车站、车辆段、主变电站、指挥中心的火灾报警信息并显示报警部位。

（3）控制中心声光报警系统发出声、光火灾警报信号。

（4）打印机实时打印出火灾报警系统发生的时间、地点、火灾类型等。

（5）通过控制中心的网络向 EMCS 发出火灾紧急信息，并指令 EMCS 进入火灾报警处理模式。

（6）通过闭路电视系统切换装置和显示终端确认火灾情况。当确认火灾发生后，在一定时间内如果现场火灾报警控制器还未做出反应，可在控制中心发出指令给站点火灾报警器，指挥现场的火灾抢救工作。

（7）存储记录的功能：存储事件记录和操作人员的各项操作记录，包括火警监视、故障状态、设备维修、清洗等信息记录。

（8）系统编辑功能。在线编辑功能：具有相当权限的维护人员通过工作站能添加系统设备或直接在现场编辑，自定义设备；通过系统提供的程序监控软件，在防灾报警主机上进行在线编辑并输出至打印机或磁盘等。离线编辑功能：现场设备的定义和参数修改可在办公室的 PC 上完成，经编译转换后，到现场通过电话线（下载）将程序发送到火灾报警控制机上。

（9）历史档案管理：将报警、事件等信息记录归档处理，操作人员可根据要求随时进行信息的查看和打印输出。

（10）网络自诊断功能：FAS 主机具有网络自诊断功能，可及时判断网络故障的位置及原因，并按事件方式进行报警。

（11）主时钟：火灾报警系统每一瞬间间隔接收一次防灾指挥中心的主时钟信息，接收时间间隔随主时钟系统而定，并与该主时钟同步，其误差小于 10 ms。系统实时对各站点分控级的火灾报警控制器进行校对，以保证整个系统的时钟同步。当发生主时钟通信中断时，该主机内时钟发生器将继续保证火灾报警的正常计时工作。

（12）主机具有安全管理机制，设置多级口令，一般包括以下部分：

- 操作员级，可进行系统的正常操作功能。
- 工程师级，可进行系统现场参数的定义。
- 管理员级，可对系统进行运行状态检测和功能试验。
- 维护保养级，程序检测和系统参数定义。
- 编程员级，对系统进行程序开发、调试和修改。此级需得到授权才可实施。

除以上功能外，FAS 中央总站必须与其他子系统协调配合。

（1）与有线、无线电话系统协调。

① 防灾指挥中心设置了与市消防、防汛、地震预报中心等部门联系的专用外部电话，通过专用外部电话，接收市地震预报中心的预报信息，报告消防、防汛、地震情况。

② 防灾指挥中心设置与车站设备监控系统共用的调度电话总机，各车站（车辆段、场、主变电所等）设置调度分机。

③ 防灾指挥中心、各车站设置与列车司机联系的无线电话。

（2）与广播系统配合。FAS 系统不单独设置消防广播，与公共广播系统合用。有火灾时，在防灾指挥中心将广播系统强制转入消防广播状态。

（3）与闭路电视监视系统配合。FAS系统与行车管理等共用一套闭路电视监视系统，在防灾指挥中心设置切换装置和显示终端，当地铁发生灾害时，切换为防灾监视。

12.4.2 FAS车站级功能

FAS的车站级功能主要有监视、报警、控制以及与其他系统的联动等。

1. 监视模式

在正常情况下，设在各车站的防灾报警分机通过探测器和信号输入模块，对火灾状态和消防设备的运行状态进行实时监测。同时，FAS系统对其系统内部的部件状态也进行实时监测。通过火灾报警网络连接的各控制器和信道网络也在进行自动监测。所有的监测信息都将传送到控制中心的消防监控工作站，并通过控制中心的综合监控网络形成实时信息，供整个综合监控系统共享。

消防监控工作站上的显示器以平面图的形式，显示整个系统各站点内各防火分区、防烟分区的火灾探测器和消防设备的运行状态和火灾信息。设在各站点的火灾报警控制器接收探测器和监视模块的实时报警信号。

2. 报警模式

车站FAS报警有两种方式：自动确认模式和人工确认模式。① 自动确认模式：这一模式是通过智能探测器（感烟、感温等）或智能模块连接的探测器（感温电缆、红外对射式感烟探测器等）及感温光纤探测系统实现的。在自动确认模式下，通过软件功能对火灾自动确认，强化了报警功能，提高了火灾报警的准确性。② 人工确认模式：当探测器发出火灾报警信号时，消防值班人员借助其他手段，如闭路电视、现场手动报警按钮、对讲电话等的报警信号进行火灾确认，通过控制器上的人工确认按钮，实施人工报警确认，启动控制器进入火灾处理程序。

3. 消防联动模式

系统在火灾确认后，除发出火灾声光报警、火灾信息显示、火灾打印记录等外，还将进入消防联动模式。① 通过监控模块，实现对消防栓、自动喷洒灭火、气体灭火、防火卷帘门、声光报警器和警铃等消防设施的直接联动控制。② 通过车站级局域网，由相关系统实现对防排烟设施、空调系统、电梯扶梯、非消防电源、门禁、自动售检票、疏散诱导标志灯等消防设施和相关非消防设施间接控制。③ 接收监视、报警模式的监控信号，并通过地铁骨干网依次传送到防灾指挥中心。

4. 防灾通信模式

当灾害发生时，由FAS发出指令，全线转换为灾害模式。① 车站级通过自动或手动的方式，将广播、闭路监视系统强制转入防灾状态，车站级防灾控制室通过麦克风或预定语音对所管辖车站进行防灾广播，通过显示终端可以非常直观地了解灾害区域状况，各级防灾广播、防灾监视都具有最高级优先权。② 消防电话系统：各分控制级防灾控制室分别设置一套独立的消防电话网络，电话主机设在各防灾控制室内，重要设备间的电话挂机、火灾报警按钮旁的电话插孔均纳入分控制级的消防电话网络中，可用于实现对火灾的现场人工确认以及必要的通信。

5. 防灾报警分机集成化功能

一般车站防灾报警分机选用联动型控制器，它可以根据用户的需要，将监视、报警、联动控制以及紧急对讲通信集成为一体。同时在软、硬件方面都支持与相关系统的集成；而且防火报警分机上设有手动确认开关，当有火灾发生时，操作员远程手动控制防灾报警分机执行所有的联动程序（包括气体喷放远程启动开关）。

6. 防灾报警分机之间网络通信功能

各站点火灾报警分机通过专用接口与系统骨干网相连，形成独立的全线火灾报警网络系统。各站点的分机均为该网络上的节点，各分机具有与控制中心信息交换的功能；同时，各分机之间也具有信息交换的功能，特别是相邻站之间可相互进行火灾报警的信息传送，使得当某一车站发生火灾报警时，相邻车站也可同时接收到此火灾报警信息，并根据此信息及时进行行车组织和采取必要的救灾措施。

防灾报警分机通过总线将现场设备联系起来，组成所辖站点的火灾报警子系统。各站点（OCC 大楼、车站、变电站、车辆段）内的火灾报警子系统负责所管辖区内火灾报警信息的实时监测和消防设备的实时监控。

12.5 FAS 的接口

12.5.1 与气体灭火系统的接口

如果地铁工程的气体灭火控制系统采用探、控、灭为一体的方案，则 FAS 与灭火系统只需通过系统内部网卡接口即可，非常简单便捷。这种同一系统的内部连接，最大限度地保证了地铁工程消防系统的完整性、安全性，并可节约投资，同时，也利于系统将来的维护管理。

如果灭火系统与 FAS 是不同的两个系统，则需要系统间就接口问题进行协商，此时宜以 FAS 系统供货商为主。

12.5.2 与主时钟的接口

FAS 与主时钟的接口采用 RS-422 异步接口，接口界面以通信专业的主时钟机架为界。

12.5.3 与 BAS 系统的接口

FAS 系统和 BAS 系统在主控级和分控级均设有数据传输接口，接口界面在防灾报警主机和防灾报警分机上。

防灾报警系统发出的指令应具有最高优先权，当发生火灾时，通过车站的数据接口发出救灾指令给 BAS 系统，BAS 按指令将其所监测的设备运行状态转换为预定的火灾运行模式。

主控级采用网络联网方式提供数据接口。

FAS 系统主控制计算机作为整个地铁调度管理网络的一个节点，通过骨干网连接车站监控网，实现与 BAS 的控制主机交换数据。

当 FAS 系统发出火灾报警信号时，FAS 主机直接向网络发出火灾指令，并使 BAS 强制进入火灾运行模式，同时通过网络向整个调度管理系统发布紧急火灾通知，使各专业协调配合救援工作。

分控制级采用直接 RS-232 串口提供数据接口。在各车站内，FAS 通过控制器本身提供的 RS-232 串行接口，与 BAS 系统的站内通信接口（PLC）提供的串行接口直接对接，实现数据的传输。通信协议由 FAS 系统提供。

复习思考题

1. 什么是 FAS？简述火灾自动报警系统的组成。
2. 设计一个地铁火灾自动报警系统，并叙述其反应过程。
3. 地铁 FAS 的功能是什么？简述 FAS 的组成。
4. 地铁 FAS 的车站级功能是什么？其工作模式有哪些？
5. FAS 的接口有哪些？
6. 画出 BAS 的接口分布图并简述之。
7. 画出 FAS 的结构图并简述。

第13章 自动售检票系统

13.1 概述

20世纪60年代,自动收/付费卡系统(即自动售检票系统,AFC)就已被广泛采用,目前投入使用的一卡多用系统有上海地铁和广州地铁等。根据各系统的特殊情况,AFC系统的系统结构和运营方式也都不尽相同。本章主要讨论应用于地铁/轻轨等轨道交通行业的AFC系统。

13.2 AFC系统的结构

AFC系统通常采用三级结构:中央计算机系统、车站计算机系统、就地设备及车票。就地设备连接到车站计算机,车站计算机通过骨干网与中央计算机相连,如图13.1所示。

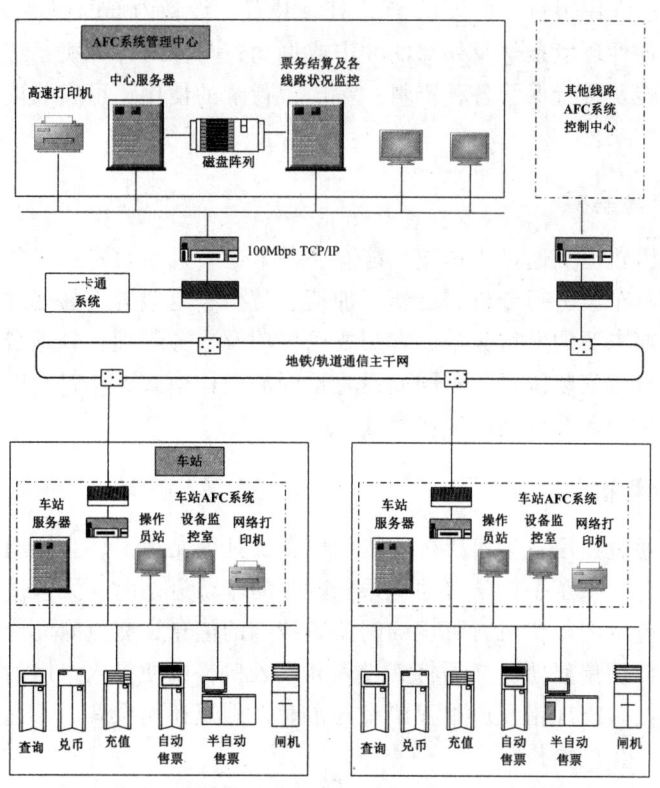

图13.1 AFC系统结构

13.2.1 中央计算机系统

AFC系统中心控制室的计算机系统主要由中心数据库服务器和中心操作工作站及其他网络设备构成,称为中央计算机系统。

中心数据库服务器一般采用双冗余服务器,共享磁盘阵列、磁带机、操作系统和数据库,控制各设备的运行情况,打印相应的报表。中心操作工作站和中心数据库服务器可使用同一台计算机。就地系统平台建议采用主流的操作产品,这样易于维护。

13.2.2 车站计算机系统

车站计算机系统由车站数据库服务器、通信设备和车站操作工作站及其他网络设备构成,称为车站计算机(SC)。车站计算机接收来自MC设备的数据,进行统计处理后存储起来并传输到中央计算机,保管来自中央计算机的参数数据并传送到AFC设备,对AFC设备进行控制。车站操作工作站是车站操作人员监控MC设备的人机对话界面,可通过它监视本站各设备的状态、客流情况、本站的收益及车票管理情况。

13.2.2.1 自动售票机

在自动售票机(Automatic Ticket Vending Machine,ATVM)上可以利用硬币、纸币(通过扩充也可使用储值卡、银行卡)购买乘车票,乘客购买车票可以利用触摸屏或按键进行选择。自动售票机应具有如下功能:高清晰度的LED与触摸屏(或按键组成的操作屏);通过金融系统认证(中国人民银行)的硬币/纸币处理装置;设备内部的模块安装方式便于维护;结构坚固,可承受各种环境条件及外部的冲击或振动;与车站计算机系统和上层系统的通信中断时,可独自运转及自行保管各种资料;考虑银行卡的使用,可安装读卡机;必要时可增加票据打印功能。

13.2.2.2 半自动售票机

半自动售票机由轨道交通员工操作,能对"一卡通"及快轨专用车票进行处理。操作者通过半自动售票机对车票进行分析、更新、加值、替换、退票等交易处理。

另外,可对全部车票的发售数量、客户要求事项及票务管理、管理费用进行记录。

半自动售票机可按安装位置的不同而设置不同的操作模式:非付费区操作模式、付费区操作模式、兼顾非付费区及付费区操作模式。

13.2.2.3 自动检票机

检票机是乘客通过使用自动售票机发购的票卡及其他交通卡,直接通过被控制的扇门进出付费区所用的设备。乘客手持从自动售票机购买的车票进站时,无须接触检票机前板上部的天线,在10 cm范围内检票机就可正确阅读所持卡的信息,有效时允许通过。乘客到达目的地出站时,如果使用单程票,必须将其投入到投入口,以便投入口内的无线校验,有效时回收,同时允许出站。出现错误或单程票有异常时,则返还给乘客,并通过乘客显示器显示信息,引导乘客下一步的操作。

若有非法乘客时,自动检票机内部的红外线感应器可以发现,并启动可听、可视的报警装置通知乘务员及乘客,并且传输到车站计算机,显示在车站计算机的监视器上。

若是儿童时,则利用安装在检票机上的高度感应器来鉴别乘客是否为儿童,并与普通人拿行李移动的情况要加以区别。

车站计算机有紧急按钮,只需操作此按钮,即可将现有车站的所有检票机转换成非常模式,使付费区内的乘客能通过设在所有检票机出口处的方向指示来获得到自由区的引导信息。

非常模式下无须提供储值卡或单程票也可通行。

停电时,检票机把已打开的扇门折叠起来,以便乘客可自由通过付费区。

检票机与车站计算机一般通过以太网相连接,乘客或站务员操作引起的状态(可听、可视的警报信息)都被传输至车站计算机,由管理员监视和控制,所有检票机都可被车站计算机控制并进行操作。

检票机可以分为5类,被动型进出检票机、进检票机、进检票机末端检票机、出检票机和出检票机末端检票机,另外还有特殊通道的双向检票机。

天线和读卡模块是检票机的重要部件,一般设置在检票机投入口的前上端,保证美观,并充分利用人体工程学的原理,用便利的角度设计在通道右侧。双向检票机的读卡器,一般设置在两端上面板的右侧。

覆盖读卡器的材料一般具有抗磁性,使读卡器在工作时不会受到其他电子设备的干扰。

13.2.2.4 自动充值机

在自动充值机上可以使用纸币进行储值卡充值操作,内部设置多种纸币识别模块及充值模块,并可通过增加纸币识别模块增加新的识别币种。工作参数可由车站管理系统设定或下载。机器正面集中设置充值所需要的必要提示信息、功能选择、纸币等投入口及储值卡插入口。

自动充值机的主要部件有:通过金融系统认证的纸币处理装置、IC卡充值模块。

设备内部的模块采用了倾斜型导轨安装方式,便于维护,结构坚固,可承受快轨内各种环境条件及外部的冲击或振动。

13.2.2.5 手提式验票机

手提式验票机可检查乘客的乘车票的有效性,可阅读兼容的其他种类车票,并通过手提式验票机的显示器显示各种资料。显示器可显示英文和汉字,并利用手提式验票机的功能键来选择。

手提式验票机在非付费区和付费区里都可以使用,为了在付费区使用,应设定基本的车站名、日期、时间、票价表等,并设有通信串口,可从车站计算机里下载信息。

手提式验票机应具有票卡记录查询功能,包括:密钥安全性检查、黑名单检查、票种合法性检查、票卡的使用站名、余额及交易记录检查、有效期检查、非法票检查、过期票检查、未初始化的票卡检查、因其他许多原因不能使用的票卡检查。通过以上判断事项判断出的有问题的票卡,其内容应显示在画面上。假如判断正确时,其应在画面中显示以下内容:票卡种类;余额或乘车次数;现在闸机通过状态、进/出发行日期、场所、乘车票种类、乘/下车日期及时间等;截止日期;优惠分数(根据业主制定的优惠制度确定)。

13.2.2.6 车票查询机

在车票查询机上可以对储值卡进行查询。工作参数可在车站管理系统设定或下载。机器正面集中化设计出查询所需要的必要提示信息、功能选择键、储值卡插入口。为使乘客能顺利进行操作,自动查询机按人体工程学原理设计,可以最大限度地方便乘客。

13.2.2.7 车票初始化编码机

车票初始化编码机用来对所有的票卡进行初始化和赋值。根据情况,可对专用票卡进行金额初始化,或把全部信息消除转换成与空白票卡相同的状态,并可对回收票卡和注销卡再次进行发卡登记。

编码分拣机在初始化过程中,把票卡物理 ID、逻辑 ID、安全数据、初始化数据及应用系统数据都记录在票卡里。被记录的数据传送到中央计算机的数据库中并进行记录更新。

初始化编码机可把混在票箱里的不同种类型号的票卡按类别进行分拣。

13.3 AFC 系统的功能

13.3.1 中央功能

中央计算机系统是 AFC 系统的核心,主要负责处理来自车站的交易信息,生成必要的管理参数表,并发送到各车站计算机,其中包括车票价目表、黑名单信息、维修报表等。在每天运营结束后,中央计算机分析处理各个车站全天收集的数据,并生成各管理部门要求的所有管理和财务报表。中心操作工作站是中心操作人员的人机对话界面,可以执行以下操作:监控整个系统的运作、各个设备的状态、客流情况;设置并下载各种参数;查询收益和车票管理情况;打印各类报表等。

中心操作工作站应可以满足多个部门的要求:① 提供给高层进行远距离监控;② 提供数据给财务部门做票务报表;③ 提供数据给现金部门做现金数额登记;④ 对操作员的密码(ID)和黑名单进行登记注册;⑤ 为审计部门提供检查票务收入状况的资料;⑥ 为客运部门提供客流量监控资料;⑦ 通过系统设备运行状况资料,给维修部门提供停机维修的依据。

下面具体介绍中央计算机系统应具有的功能。

(1) 数据采集功能,包括:① 收集车站计算机、车站设备上传的数据,经过处理生成报告和报表存储在数据库中;② 接收一卡通传送的数据,并把当日与一卡通相关的交易数据传送到一卡通管理中心。

(2) 系统运行管理功能,包括:① 监视子系统运行情况、设备状态、网络信息;② 控制子系统的运行方式、设备运行方式;③ 监视客流情况。

(3) 财务管理功能功能,包括:① 查询年、月、日、时段任意区间的全线及各站财务收入情况;② 统计当日各站、各类设备的收益情况;③ 记录自动售票机钱箱变更和票房售票机换班的收益记录;④ 记录返票、补票等情况下发生的交易信息;⑤ 单独统计一卡通票卡的交易情况,生成相应的报告报表;⑥ 以运营线为中心统计财务情况,为将来增加运营线路预留清算对账功能。

（4）票务管理功能，包括：新增车票的初始化；实现车票库存管理；详细的车票数据档案（发行、近3个月的使用情况、回收记录）；完成黑名单管理；支持票房售票机、站计算机的车票档案查询。

（5）参数管理功能，包括：设置系统参数、设备参数、车票参数、收益参数、安全参数；可对网络上所有 AFC 设备进行参数下传（即时、定时、手工操作）；参数下传失败自动再传，并有记录下传失败的设备。

（6）权限管理功能，包括：定义多级管理，操作员密码，不同级别，ID 可选不同操作功能；管理、操作人员的添加由最高级系统管理员完成。

（7）报表管理功能，即定时或手工制作生成并打印各种报表。

（8）设备维护维修功能，包括：保存所有设备及部件的故障、维护、维修记录；对子系统和设备下达新的软件版本和软件版本更新命令。

（9）系统时钟控制功能，包括：接收地铁主时钟系统或 GPS 系统的校时信息；定时向子系统和设备下传系统时钟。

（10）系统安全管理功能，包括：① 按建设部密钥管理系统设计完善的密钥管理；② 系统数据库建立备份、恢复、再生机制，灾难发生后以最快的速度恢复运行；③ 数据存放和传输过程经过加密解密、完整性检查、连续性检查。

13.3.2 车站级功能

车站计算机是车站级 AFC 设备的核心，既要存储部分数据，又是操作员人机界面接口，其主要功能是支持车站自动售检票系统的业务运营、设备监控和管理、财务管理、票务管理、设备维修维护管理。下面具体介绍其主要功能。

（1）数据采集功能，主要包括：① 接收来自 AFC 设备的数据并进行统计处理，存储生成的各类报告、报表并传送到中央计算机；② 接收来自中央计算机的参数和命令数据，并传送到 AFC 设备。

（2）系统运作管理功能，主要包括：① 监控车站设备的运行状态、网络状态、接收报警信息；② 设定和下传参数和命令，控制车站设备；③ 设定本站和各设备运行模式；④ 监视统计客流量，给出可选时段内客流情况；⑤ 通过紧急按钮设定紧急放行模式。

（3）财务管理功能，包括：收集各设备、各班次的收益情况，生成相应的财务报告；分别记录一卡通收益情况。

（4）票务管理功能，包括：① 收集本站发行、售出、回收车票数据，并生成相应的数据报告和报表；② 接收中央计算机下达的黑名单数据并下传到车站设备；③ 接收中央计算机下达的票价及其他票务参数并下传到车站设备；④ 向中央计算机查询票卡的详细档案。

（5）报表管理功能，包括定时或手工制作生成并打印各种报表。

（6）设备维护维修管理功能，包括：① 收集相应的维护维修记录，生成报告和报表上传给中央计算机；② 通过网络接收中央计算机的软件版本更新命令，进行软件更新；③ 通过网络对设备支持软件进行版本更新。

（7）系统时钟控制功能，包括：接收中央计算机下达的校时信息；启动时自动向中央计算机对时。

（8）系统模式设置功能，当地铁/轻轨在运营过程中出现列车故障、火灾、电力供应中断等意外故障时，可由各级 AFC 系统控制中心下达命令，将某个车站或者全部车站设置到非正常运营模式。运营模式包括以下几种。

① 正常模式：除票房售票机外，所有车站设备通过中央计算机、车站计算机及设备本地控制将设备设置为正常服务模式。在操作员登录后，票房售票机进入正常服务模式。

在正常模式下，车站设备能处理乘客车票、发售车票或处理现金，检票机方向指示器显示"通行"标志，各设备的乘客显示器显示允许使用等信息。

② 关闭模式：通过车站计算机、中央计算机及检票机本地控制，可将检票机、自动售票机设置为关闭模式，票房售票机在未登录前为关闭模式。

在关闭模式下，所有设备不能处理车票或现金，检票机方向指示器显示"禁止通行"标志，检票机扇门关闭，各设备的乘客显示器显示设备关闭及暂停服务等信息。

③ 维修模式：通过本地控制，车站维护人员可将检票机和售票机设置为维修模式，对检票机进行设备测试及维护。

在维修模式下，所有设备不能处理车票及现金，但在特定命令下可以使用测试车票。检票机的方向指示器显示"禁止通行"标志，检票机扇门处于关闭状态，各设备乘客显示器显示设备暂停服务及相关的维修信息。

④ 故障模式：在车站设备发生故障时，设备自动进入故障模式，根据故障等级将设备关闭或继续服务。

在故障模式时，设备无论处于暂停服务或服务状态，乘客显示屏将显示有关故障代码。设备若因故障而暂停服务，乘客显示器显示故障信息及暂停服务等信息，检票机的方向指示器显示"禁止通行"标志，检票机扇门处于关闭状态。设备能自动对发生的故障进行检测，在故障恢复后，自动退出故障模式。

⑤ 列车故障模式：当轨道交通列车出现运营故障，使部分车站暂时中止运营服务时，暂停服务的车站需要将 AFC 系统设备设置到列车"故障模式"。在列车故障模式情况下，已经购买单程票的乘客，可以在一段时间（时间段通过中央计算机设置）内继续使用该车票，乘坐符合票值的车程。

⑥ 降级模式：a. 进出站次序免检模式——在乘客拥挤的情况下，可以允许乘客不通过进站检票机进入付费区。AFC 设置"进出站次序免检模式"。b. 乘车时间免检模式——如果由于轨道交通的原因，引起列车延误或者乘客进站后在系统停留的时间超过系统设置的乘车时间，那么，为了使这部分乘客能正常离开车站而不受影响，系统将设置"乘车时间免检模式"。c. 车票日期免检模式——若由于轨道交通的原因，导致车票过期，系统能设置日期免检模式，在此模式下允许过期的车票继续使用。d. 车费免检模式——如果由于某个轨道交通车站因事故或者故障而关闭，导致列车越过该站后才停车，在这种情况下，系统将设置"车费免检模式"。

⑦ 紧急放行模式：在紧急放行模式的状态下，车站内所有检票机将不对车票进行处理，同时检票机扇门全部打开，方便乘客紧急疏散。在紧急放行模式时，乘客不需要使用车票就可以自由离开车站。

⑧ 系统预留设置：为了方便运营，每个车站应具有多种车站系统运作模式，用于车站系统的运作及客流控制。允许用户通过中央计算机预定义多种车站系统的运作模式，预留几种可由车站自定义。

⑨ 紧急放行模式：紧急放行控制键设在便于操作的位置上，并用红色来表示。

另外，紧急放行模式可以由车站计算机的操作来启动。任何一种操作都可以使检票机打开扇门，以便让乘客无阻碍地通过检票机。此时检票机状态是无条件打开扇门。在乘客显示器上显示紧急模式，在付费区的标志上显示进入标记及在非付费区上显示停止标记。此情况下不进行验票，同样在断电的情况下也会打开扇门不影响过往的乘客。

13.4 软件系统

13.4.1 通信网络及协议

1. 系统网络结构

AFC 系统要求主干网提供以太网接口。各个车站计算机系统之间以及和中央计算机系统之间通过主干网实现网络连接。控制中心的中央计算机及各车站的车站计算机系统内部网络采用冗余 10/100 Mb/s 以太网。各 AFC 设备以串行接口或以太网接口和车站计算机通信。AFC 系统内部是一个高度自治的系统，各级之间的联系是一种弱联系，所有 AFC 设备（包括站计算机系统）在通信中断的情况下都可独立工作并保存 7 天以上的数据，通信恢复后数据自动上传。

2. 控制中心中央计算机系统子网络结构

控制中心中央计算机系统子网络结构较简单，两台冗余服务器分别连接到控制中心的交换机上，确保中央计算机的网络出现故障时不影响数据交换，网络的切换和负载平衡由网卡本身和网卡驱动程序来完成。中央计算机系统如果有和其他局域网通信的必要，需使用路由器，以隔离 AFC 系统和外部网络，保证其安全性，例如，和城市一卡通的通信接口。控制中心中央计算机系统子网络结构如图 13.2 所示。

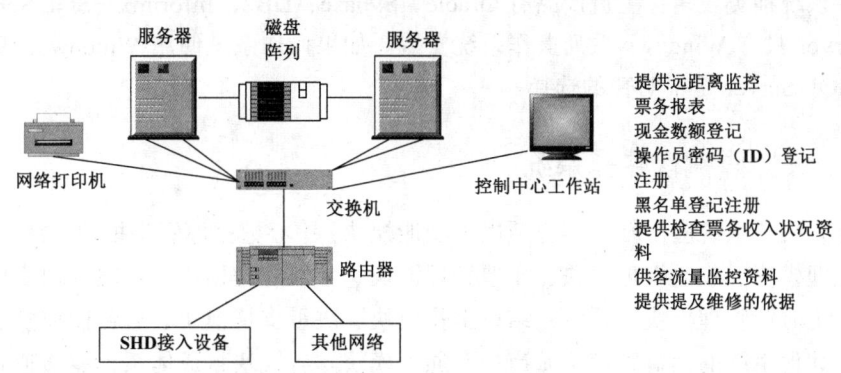

图 13.2 控制中心中央计算机系统子网络结构

3. 车站计算机系统子网络结构

车站现代 AFC 设备大多可直接接入以太网交换机。站一级的以太网接口设备多达几十台，整条线几百台，网络环境较复杂。为保证车站计算机系统的独立性和安全性，应在站一级使用路由器。如果 AFC 设备一级无法实现网络冗余（没有双以太网接口），站级计算机系统子网络就没有冗余的必要，可只使用一台路由器和一台交换机。车站计算机系统子网络结构如图 13.3 所示。

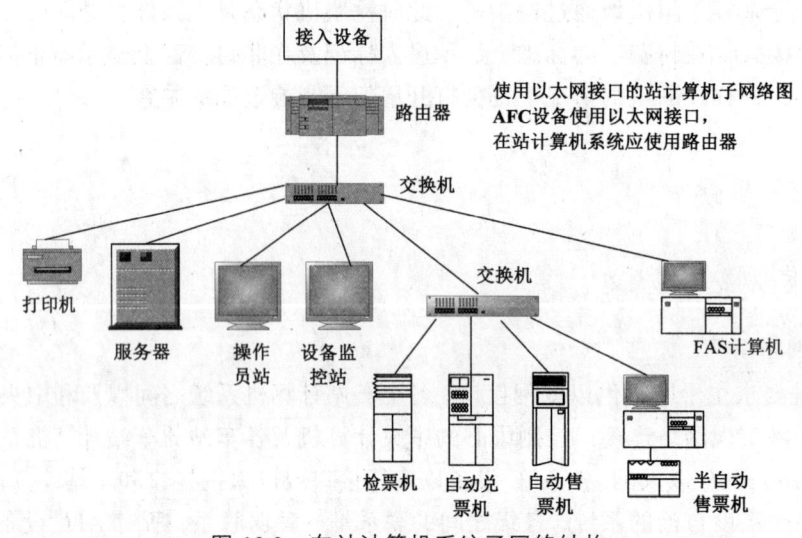

图 13.3 车站计算机系统子网络结构

13.4.2 操作系统和数据库系统

1. 操作系统平台

中央计算机一级的主要功能是海量数据存储和支持多用户（中心工作站和站计算机）的访问，UNIX 是首选操作系统。中心工作站和站计算机的主要功能是数据监视、业务管理和存储少量的数据，使用 Windows 操作系统可使界面功能较易实现，维护成本也比较低。

2. 数据库系统平台

数据库系统种类较多：主流产品有 Oracle，Sybase，DB2，Informix，SQL Server 等。其中 SQL Server 只有 Windows 系列操作系统支持。如果操作系统使用 Windows，那么数据库系统使用 SQL Server 是很明智的选择。

13.4.3 中央计算机软件子系统

中央计算机子系统应用软件应包括以下功能模块：中心数据库管理模块、数据采集模块、系统运作管理模块、收益管理模块、车票管理模块、参数管理模块、权限管理模块、报表管理模块、系统时钟管理模块、日运营结束工作模块、决策支持模块、后台监控模块、密钥管理模块、与其他系统的接口管理（城市一卡通）模块。各模块自成体系，能够独立或相互配合运行。

13.4.4 车站计算机软件子系统

车站计算机功能较集中，且大部分功能为中央计算机的子集。车站计算机子系统包括以下功能模块：数据库管理模块、数据采集模块、系统运作管理模块、站收益管理模块、参数管理模块、权限管理模块、报表管理模块、操作日志管理模块、系统时钟管理模块、运营结束程序模块、与其他系统的接口模块。

13.5 AFC系统接口

13.5.1 与城市一卡通的接口

应该指出，在与城市公交一卡通接口问题上技术因素并不是主要难点。首先双方业主应在相关管理条例、票卡发行、财务清算、利益分配、数据管理上达成共识。不管轻轨、地铁或公交一卡通，任何一套先期实施的项目应该积极地为将来互联预留接口。

1. 票卡与读写机接口

首先是卡的发行问题，这里的卡特指储值卡。如果公交和地铁不使用统一的储值卡，就会使系统的接口较为复杂。对卡和读写机接口来说关心三个问题：一是读写模块，二是SAM模块（密钥认证），三是读写命令及应答。这三条能保证，则可以做到对卡的读写。

要读写一卡通储值卡的信息，肯定要获得卡的读写命令以及消费相关部分数据结构（或文件结构）。如果在地铁/轻轨项目的实施过程中不能获得一卡通的相关信息，则在需要连通的时候AFC系统集成商必然要做一些后续工作，也需要对软件进行一些修改和升级。

假设地铁公司要发行自己的储值卡，且不能获得一卡通的相关信息，那么AFC系统按照节省经费又便于将来接口的原则，会综合考虑如下：

（1）密钥系统按建设部部颁标准来设计，本套系统的消费密钥和一卡通系统的消费密钥最好使用由建设部给出的密钥进行分散的统一密钥。

（2）读写机留出两种票制（A，B）的读写模块集成位置，留出两种以上的SAM卡（密钥认证模块）集成位置。系统集成商从开发的角度，以文档方式给出本系统车票的消费操作说明，以便将来提供给一卡通集成商可能对该车票进行的消费操作（不是必需的，如果一卡通肯定不会使用地铁内部卡，则本文档不用提供给一卡通集成商）。

（3）系统集成商在系统软件中留出至少两套车票的单独核算体系，并由系统集成商提供验证方法。

（4）在和一卡通连通时，卡的相关信息是必需的，包括卡的类型、读写接口说明、消费相关部分的数据格式、用户卡密钥或直接提供消费SAM卡。在不能得到一卡通的卡信息时，按照本接口方案完全可以先独立进行，待一卡通系统完成后再进行系统升级。

2. 通信硬件接口

当地铁运营管理中心和城市交通一卡通结算中心距离很近、可以使用局域网技术时，硬件接口很简单，只要留出一个以太网接口即可。如果地铁运营管理中心和城市交通一卡通结算中心相距较远，不能使用同一局域网，则性价比最高的通信方式是采用广域网技术做远程通信。根据国内项目的使用情况和通信技术的发展水平和发展方向，目前很成熟而且在类似项目中广泛采用的是DDN（数字数据网）、FrameRelay（帧中继）、BISDN（窄带综合业务数字网）和PSTN（公用电话网）。

对于通信所需要的硬件设备,在地铁 AFC 系统中央计算机和一卡通结算中心都需要一台路由器和相应的接入设备。

13.5.2 与地铁综合监控系统接口

AFC 系统本身运作比较复杂,涉及财务等方面问题,不宜直接集成进入轨道交通综合监控系统,宜采用在中央互联的方式,只把一些必要的数据传输到综合监控系统上。

1. 通信硬件接口

现阶段,100/1 000 Mb/s 以太网接口是比较好的选择。AFC 系统在中央与综合监控系统互联,只需要一根或两根(冗余情况下)以太网线与综合监控系统的数据采集前端或网关连接。

如果后备操作盘由综合监控系统负责,需要在每车站用一根硬线电缆连接后备操作盘和 AFC 系统,使后备操作盘可在特殊情况下对进、出站闸机进行控制。

2. 软件接口

考虑到集成系统需要与多专业子系统进行集成或互联,为了便于管理,建议由系统集成商提出通信协议。尽量采用国际标准协议。

提供协议的一方应以书面文档方式,提供其所发数据包的具体格式以及在通信的数据包上进行完整性和唯一性校验的方法。

AFC 厂商应提供需要进入综合监控系统的详细测点表。

13.6 售检票系统支付数字化

售检票系统是集智能卡技术、信息安全技术、软件技术、网络技术及机械技术的智能化票务管理系统,验票以及综合监控管理都能由计算机通过网络来实现,由专用软件处理和分析,为地铁公司和乘客提供服务。

车站售检票系统采用 TCP/IP 网络结构,系统具备制票、售票、验票(检票)、数据统计、财务报表等各环节的功能,并能根据客户需求,提供互联网售检票方式,即:微信等移动终端售票、移动支付、人脸验售票、现场自动售票等智能化的售检票系统,并能为车站对现场人流的监控管理提供有效技术手段。

智慧客服中心终端设备(智慧客服终端),以替代人工服务为目标,打造基于 AI 知识图谱的智能交互系统和自助服务系统,以用户实名注册为基础,融合人脸识别、自然语音交互、远程视频交互、智能知识库等技术,提供智能人机语音、视频交互、地铁乘务信息查询、附近场景信息查询等业务。旨在解决乘客排队和运营值守难题,提升智慧车站运营水平,实现车站服务的自助化、智能化、人性化。

从目前来看,在推进城市公共交通方式"一码通乘"过程中,地铁公司可将互联网技术与传统自动售检票技术进一步相结合,面向经常坐地铁的乘客,可推出使用手机二维码乘车、充值和区段计次票服务;面向短期乘客可推出"手机购票、车站取票乘车"以及刷码购票、电子定期票服务;推动航空公司推出"空轨联运"票务服务,实现地铁与民航的票务融合,提供商务票服务，以全面实现面向乘客为中心的发展理念。

简言之，数字人民币的一个很大的亮点就是可实现双离线支付，这也是实物现金的特点之一。数字人民币对地铁 App 的优点有：

（1）实现形式简单；

（2）数字人民币硬件钱包或可直接过闸；

（3）可实现双离线支付；

（4）可实现全国互联互通。

复习思考题

1. 什么是自动售检票系统（AFC）？
2. 简述自动售检票系统（AFC）的组成。
3. 画出城市轨道交通综合监控系统的自动售检票系统（AFC）结构图。
4. 从清分系统业务上看，如何划分整个清分系统？
5. 由 AFC 设备原因引起的突发事件有哪些？
6. 出现车站大客流突发事件时，AFC 巡检员应如何应对？
7. 如何预防人为突发事件的发生？

第 14 章 信息通信系统及其他系统

14.1 信息通信系统

城市轨道交通信息通信系统是直接为轨道交通运营和管理服务的，是指挥列车运行、进行运营管理、公务联络和传递各种信息的重要手段，是保证列车安全、快速、高效运行不可缺少的综合系统。它主要由以下分系统组成：传输系统、公务电话系统、专用电话系统、广播系统、电视监控系统、电源系统、时钟系统和无线通信系统。这是一个复杂的大系统，各个部分互相结合、协调，以完成具体的功能。现代城市轨道交通之所以具有快捷、高效、可靠、安全等众多的优点，是与完善而先进的通信系统分不开的。城市轨道交通信息通信系统将向两个方向发展：一是宽带化趋势。为了提高各种业务的质量，势必要增加带宽。二是各种新系统的开发应用。为了不断完善城市轨道交通的服务，相应功能的分系统将不断融入现有城市轨道交通信息通信系统中。本节将依次对城市轨道交通信息通信系统的各个分系统进行介绍，并分析其技术构成。

14.1.1 传输系统

传输系统是城市轨道交通信息通信系统的核心，它负责为各种应用业务提供通道。轨道交通系统的主要业务包括：语言、数据和图像。不同业务对系统的带宽、时延、可靠性等要求各不相同，这就要求传输系统有足够的灵活性和可靠性以保证各种业务的顺利完成。业务按不同的类型可分为：车站-中心业务和邻站业务两种。

在轨道交通系统中，需要通信业务的一般是控制中心、车场和各个车站。由于车场和车站业务比较相似，可将其归为同一类业务。具体业务流程如图 14.1 所示。

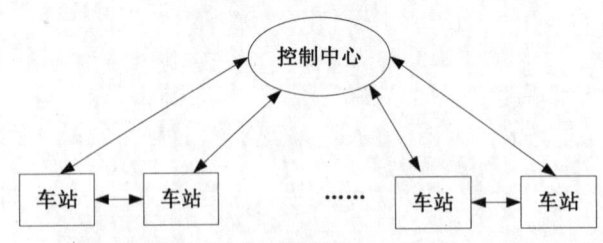

图 14.1 通信系统业务流程示意图

图 14.1 是逻辑上的业务流程示意图。在物理上为了保证传输系统的安全可靠，必须采取环形组网的方案，以利于自动保护的需要。这样，控制中心连同所有的车站和车场组成一个自愈环，即使某段光纤坏掉，也可保证业务在备用通道上正常进行。其实现机制如图 14.2 所

示。图中，传输环一般由两个光纤环组成，当一个环中断时，系统自动跳到另一个环上，即图 14.2（a）情形；而当两个环在同一个地方断开时，则两侧的节点自动打环，形成如图 14.2（b）的通路。

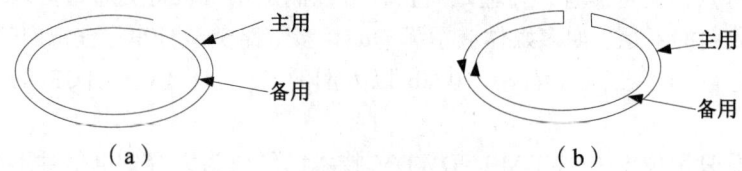

图 14.2　通信系统环形组网方案

城市轨道交通信息通信系统可分为两部分：传输部分和接入部分。其模型如图 14.3 所示。其中，传输层只负责提供各种通道，保证各种业务能安全可靠地从一个节点传到另一个节点；接入层需完成业务的接入和业务的汇聚两个基本功能，然后把汇聚好的业务交由传输节点完成传输。

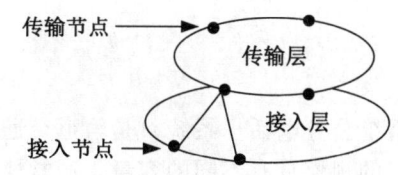

图 14.3　城市轨道交通信息系统模型

传输系统作为整个通信系统的核心部分，它的技术选择十分重要。随着通信技术的不断发展，用于城市轨道交通的传输技术也不断地更新换代，尤其近几年通信技术的迅猛发展，为传输技术的选择提供了更广阔的范围。我国现在使用的各种传输技术及其优缺点见表 14.1。

表 14.1　各种传输方式的比较

制式	优点	缺点
模拟方式		一种过时的技术，应用于早期的地铁，随着业务需求的增加，它将不能满足系统的要求而被淘汰
OTN（开放式传输网络）技术	一种专门为城市轨道交通而开发的技术，接口类型和接口数据多，性能稳定	没有国际标准，比较封闭，不利于系统的升级，另外，随着业务量的增加，由于它的最大容量为 600 Mbit，它将不能胜任宽带的需求
SHD（同步数字传输）技术	在电信骨干网上得到了广泛的应用，是一种优秀而技术，具有世界一流的标准，强大的网管，优秀的自愈功能等	SHD 是主要为语音业务服务的，它对数据和图像业务的支持不够好
ATM（异步转移模式）技术	面向连接，保证 QOS；统计复用，提高了宽带利用率；业务多样性，支持各种业务，是最佳的视频业务解决方案	系统复杂，可靠性不高，而且价格昂贵，正逐渐淡出电信市场

但是，随着通信新技术的涌现和成熟以及轨道交通新业务的出现和带宽需求的上升，有以下几种技术在城市轨道交通信息通信系统中将被采用。

（1）千兆以太网技术（GE）。GE与以太网、快速以太网兼容。GE的实施具有直接、快速和千兆位的特点，设备便宜，传输距离长，可以满足城市轨道交通通信系统组网的要求。同时，原来以太网的不足，如多媒体应用无QoS、多链路负载分享、虚拟网等，随着新技术、新标准的出现已经和正在得到解决。10 Gb以太网的出现和成熟也为GE的升级扩容提供了强有力的支持。

（2）粗波分复用技术（CWDM）。DWDM技术已经成为大容量电信骨干网的首选，其优点是技术简单、大容量、易扩容等。而且随着DWDM技术的成熟和广泛使用，它的价格也将逐步降低，其性价比将更具优势。所以，当未来城市轨道交通通信带宽需求进一步提高的时候，DWDM技术将是很好的方案。同时，由于考虑到城市轨道交通通信的实际需要，可以选择成本更低、使用更可靠的CWDM技术。CWDM的特点是波长数量较少（一般在4~12波），波长间隔较大，价格便宜。最后，随着各种新兴的电信技术的涌现和采用，城市轨道交通信息通信也完全可以借鉴和运用。

14.1.2 公务电话系统

城市轨道交通信息通信系统公务电话子系统，是轨道交通运营控制的重要通信工具。一般公务电话系统根据轨道交通的规模具有不同的容量。通常情况而言，一个车站基本上为一个2 Mb通路（30个电话）。公务电话系统可设1~2个交换局，通常交换机置于控制中心，各个车站通过远端模块实现电话的接入。此时，需应用传输系统提供的2 Mb通道。

公务电话系统通过2 Mb中继线接入市局，并从中获取时钟。呼出可采用全自动DOD1方式，呼入采用全自动直拨DID、半自动接续BID（人工/自动话务员）的混合网中继方式或其他方式。考虑到与其他城市轨道交通系统的互联，可采取2 Mb中继线连接的方式，为解决信令不一致可增加网关设备。近几年，交换机已趋于成熟，公务电话系统的选择余地十分宽广，但要注意选择稳定可靠、扩容方便的交换机，以适应轨道交通的高速增长和话务量及其他业务上升需求。同时，也可考虑选择合适的电信运营商，由公共通信网以虚拟网方式解决，以节省建设投资与运营成本。

公务电话子系统还兼有其自身的特点——区间电话设置。区间电话用于列车司机或维修人员与有关单位进行联系及一般通话用。每隔300 m左右设置一台户外电话机，1~3台话机使用一个用户号码。轨道两边各敷设一条电缆，每3个电话使用同一对线、同一个号，电话采用热线方式。

14.1.3 专用电话系统

专用电话子系统是调度员和车站（车场）值班员指挥列车运行和指导设备操作的重要通信工具。行车调度直接关系到行车安全，需要设备高度安全可靠，操作方便快捷。专用电话系统由调度电话系统、站间电话系统、站内集中电话系统、紧急电话系统、市内直线电话等组成。调度电话系统中又分为：列车调度电话系统，用于控制中心列车调度员与各车站值班员、车场值班员及行车业务直接有关的工作人员进行业务联络，并可兼管防灾调度系统；电力调度电话系统,用于控制中心电力调度员与各主变电站、牵引变电所、降压变电所等处工作人员进行值班员与各车站(场)警务值班室警官之间的直接通信联络,调度台一般设在控制中心内。站间电话是直接为行车服务的,要求能及时、迅速沟通相邻两车站的通话。相邻两车站值班员之间通话利用交换系统的热线功能提供,用户摘机即能及时、迅速沟通两车站值班室,站间电话由车站电话总机完成。站内集中电话系统类似调度电话系统,总机设在车站控制室,采用多功能数字电话机;分机设在车站值班员所控制的部门,采用模拟电话机;系统功能由调度交换机及站内集中机来完成。紧急电话是在紧急状态下供乘客或车站工作人员使用,每台电话都设置成热线电话,用户摘机即连接至车控室值班员数字话机上。在主变电所、控制中心至供电局调度之间可设置专线直通录音电话。在每个车站站长室和警务室各设置市内直线电话,控制中心和派出所设置市内直线电话。

专用电话系统由枢纽主系统和车站分系统两级结构组成。枢纽主系统和车站分系统通过数字传输设备提供 2 Mb 数字通道,将调度电话、站间电话、站内集中电话和紧急电话等业务综合起来,便于安装、调试、使用、维护和管理。2 Mb 数字通道同样由传输系统提供,考虑到专用系统的小容量特点,为了节约带宽,可采用多个车站组成一个 2 Mb 环合用一个 2 Mb 通道的方案。

14.1.4 无线通信系统

无线通信系统为行车调度员与司机、车站值班员与司机、司机与司机以及公安、环控、维修等用户提供移动通信手段。无线通信将主要采用数字集群式调度系统、信道集中控制方式。集群式调度系统由移动交换控制器、基站、中继器、漏泄同轴电缆、车载台、便携台和有线传输通道组成,可采用单基站大区制或多基站小区制。无线调度系统分为行车调度、环控调度、公安调度和维修调度等通话组。组间不能交叉呼叫,各组享有不同的优先权,不同的无线用户也拥有不同的优先权。

14.2 屏蔽门系统

1. 作　用

① 地铁屏蔽门是安装于地铁车站站台边缘,用于提高运营安全系数,改善乘客环境、节约运营成本的一套机电一体化的机电设备系统。

② 避免了人员跌落轨道的安全隐患。

③ 屏蔽门作为站台公共区域与轨道列车之间的可控通道,其作用是当列车进站时配合列车车门动作打开或关闭活动门,为乘客提供上下列车的通道。

④ 隔离了列车运行时所产生的噪声。

⑤ 避免了活塞风所造成的扎内空调冷量的损失,节约了运营成本。

2. 功　能

① 控制功能:地铁列车进站时,达到了规定的停车范围(±300 mm)之后,由司机发出屏蔽门与列车门开门指令,屏蔽门开门指令通过 SIG(信号系统)转发给屏蔽门系统的 PSC(中央接口盘),并由 PSC 转发给相应门单元的 DCU,利用 DCU 完成屏蔽门开关操作的控制。

② 监视功能：在站台屏蔽门的各个侧面均装有单元控制设备，利用总线将采集到的设备信息，传递给 PSC。由 PSC 把设备运行信息上传给 PC 终端，从而达到监视设备运行情况的目的。

③ 节能环保：地铁列车高速穿行在两个站点之间的 隧道并频繁进出站，屏蔽门能避免列车进出站形成的活塞风对站台空气造成强烈扰动，阻隔站台区空调风与区间空气热交换，减小运营环控系统能耗。

④ 安全舒适：屏蔽门系统可避免列车营运高峰期因乘客拥挤掉落轨行区造成的人身伤亡及列车噪音、轨行区粉尘对乘客的影响，营造安全舒适环境。

⑤ 节省人力的成本：有时地铁人流量较大，为了保证乘客的安全，就必须增加大量的工作人员进行疏导与管理，地铁站台屏蔽门可以极大地节省人力的成本。

3. 组　成

① 城市轨道交通屏蔽门系统主要包括机械和电气 2 个部分。
② 机械部分主要由门体和驱动系统组成。
③ 电气部分主要由电源系统和控制系统组成。

4. 控制系统

① 由中央控制盘（PSC）。
② 紧急控制盘（IBP）。
③ 控制滑动门开/关的门机控制单元（DCU）。
④ 列车驾驶员或站务人员在站台上操纵一侧滑动门开/关的就地控制盘（PSL）。
⑤ 以及用于车站或维护人员改变某滑动门操作模式（自动和手动）的就地控制盒（LCB）。
⑥ 连接各设备接口及传输各种控制和系统状态信息的通信总线等组成。

另外，PSC 通过网络总线与综合监控系统（ISCS）连接、通过硬线与信号系统（SIG）连接。PSC 与 DCU 通过通信总线和硬线连接，其中通信总线负责数据传输、参数设置和软件下载，硬线负责传输开/关门指令。

图 14.4 为屏蔽门开门控制流程。

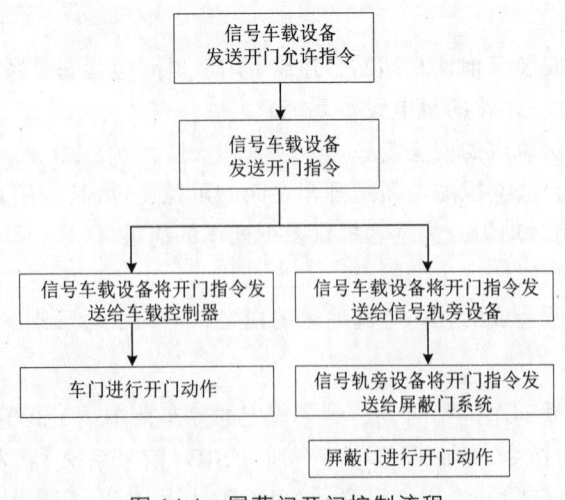

图 14.4　屏蔽门开门控制流程

图 14.5 为屏蔽门控制系统运行模式优先级示意图。

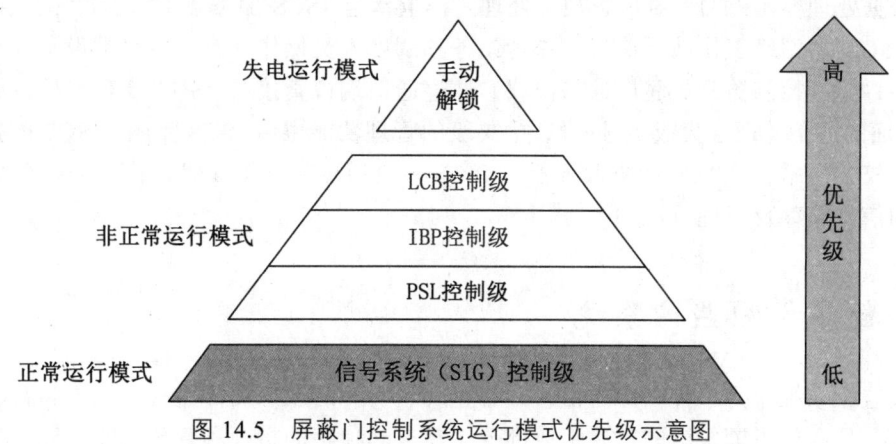

图 14.5　屏蔽门控制系统运行模式优先级示意图

14.3　门禁系统

门禁系统实现门禁设备的状态监视、故障报警及其报警与事件记录的查询；对车站的开门控制。城市轨道交通传统线路的门禁系统一般采用运营控制中心（OCC）及车站两级管理，OCC、车站、就地三级控制的方式。多数线路的门禁系统在车站级即集成（或接入）于 ISCS（综合监控系统）中，OCC 与各车站间的数据传输通道由 ISCS 提供，车站级的人机界面功能也由 ISCS 实现。门禁系统在 OCC 独立设置中央级授权工作站，完成对系统设备的授权管理。

车站级门禁（包括车站和车辆基地）的监控对象应包括：① 消防控制室/车控室、信号设备室、通信设备室、供电系统设备室、综合监控设备室、AFC（自动售检票）设备室、站台门设备室等重要设备用房；② 重要的管理用房（如票务管理室、站长室等）；③ 部分通道门，包括设备区直通地面的紧急疏散通道门、设备区直通公共区的通道门、设备管理区直通隧道区间的通道门等。

1. ACS 功能

地铁 ACS 的功能主要可分为两大类：监控功能和授权管理功能。监控功能包括对门的开关状态、报警信息、刷卡信息的实时监视，以及对门锁的远程控制，还应包括出现火警或其他紧急情况时的灾害响应。授权管理功能应具有对员工卡授权、档案数据库管理、历史报表查询及筛选等功能，根据运营的实际需求还可加入考勤及巡更系统。以往的门禁管理系统采用独立开发的专业软件。

2. 车站 ACS 构成

ACS 以车站为单位，站级设备由现场级设备以及车站总控单元组成。其中，现场级设备包括就地控制器、读卡器、开门按钮、门磁等现场设备，车站总控单元与就地控制器通过总线连接，以主从关系通信，负责集中采集就地控制器的信息，或向就地控制器下发指令，并负责与 ISCS 进行通信。若 ACS 不在 ISCS 上集成，则会设置独立的全线传输网络，其系统结构一般为两级管理（车站级、中央级）和三级控制（现场级、车站级、中央级）。若 ACS 集成在 ISCS 上，则其车站级和中央级的功能完全交由 ISCS 实现。车站集成网络系统结构如

图 2 所示集成后的 ACS 不再单独组网，站级 ACS 总控单元连接至 ISCS 骨干网，ISCS 先通过前端数据处理器（RTU）对信息初步处理，再上传至 ISCS 服务器的数据库中，ACS 的工作站由 ISCS 的站级工作站所取代，作为站务和调度人员操作和管理的终端设备。在此种网络结构中，门禁控制器开放底层通信协议，通过通信端口直接与 ISCS 实现连接，而不是基于 PC 层面的通信（顶层集成）。同样，中央级的管理功能也由 ISCS 完成，ISCS 单独设置中央门禁授权工作站，原 ACS 中央服务器由 ISCS 中央历史服务器取代，用于对全线 ACS 的授权操作和信息储存及管理。

14.4 数字视频监控系统

视频监控系统作为一种图像通信，具有直观、实时的动态图像监视、记录和跟踪控制等独特功能，是通信指挥系统的重要组成部分，具有其独特的指挥和管理效能，已成为城市轨道交通实现自动化调度和管理的必备设施。

轨道交通视频监控系统为两级结构，分为车站一级监视和中心一级监视。车站摄像机输出的图像信号分成两路：一路送车站控制器，车站值班员可选择本站不同位置摄像机的图像；另一路送车站前端处理机进行图像编码、压缩，然后经传输系统送至控制中心，在控制中心解码后送至图像监视器。

控制中心行车调度员可选择任一车站的任何一个摄像机的图像信号，也可将车站几路图像信号送至控制中心。彩色图像信号的传送一般采用 MPIG-2 图像编码技术。

视频监控系统的传输为不对称传输，车站到中心传输图像信息，需要大带宽（2~6 Mb）；而中心到车站，只发送控制命令（图像选取和摄像机控制命令），为低速数据业务，只需采用 RS422/RS485 通道即可。充分考虑到图像业务的实时宽带性质，ATM 技术是目前最佳的传输机制，采用 ATM 作为传输媒介传输数字视频，可以利用 ATM 按需分配带宽、按需连接的特点，在保证图像质量（QoS）的情况下，大大节省所占带宽。

城市轨道交通数字视频监控系统一般分为专用视频监控系统和公安视频监控系统。其中，专用视频监控系统在正常情况下为城市轨道交通系统提供运营指挥服务，在突发情况下作为防灾抢险的重要手段；而公安视频监控系统是一个维护日常治安并且处理突发犯罪的监控系统。数字视频监控系统是城市轨道交通系统中的重要网络，应以数字化、综合化和智能化为基础，具有可靠性高、功能齐全、扩展方便、组网灵活、集中维护管理的特点。城市轨道交通数字视频监控系统常见的有以下两种解决方案或实现方式。

（1）车站摄像机视频信号经过视频分配器输出两路视频信号，一路视频信号送入本站视频切换矩阵，供车站行车值班员、防灾值班员、公安值班员通过监视器观看和切换控制器控制；另一路视频信号经视频编/解码，通过传输系统（MSTP、OTN、ATM 等）传送到控制中心，供行车调度值班员、防灾调度值班员、公安调度值班员等进行监控。其优点是控制中心和车站分别调用各自的视频信号，互不影响；控制中心调度值班员可以选取任意车站，同时监控所有前端摄像机信号，监控范围广。缺点是每路上传的摄像机视频信号对应一路视频编码器，成本比较高。

（2）车站摄像机视频信号送入本站视频切换矩阵，其中部分矩阵输出视频信号供车站行车值班员、防灾值班员、公安值班员通过监视器观看和切换控制器控制；其他部分矩阵输出视频信号经视频编解码通过传输系统（MSTP、OTN、ATM等），传送到控制中心，供行车调度值班员、防灾调度值班员、公安调度值班员等进行监控。其优点是摄像机视频信号数量少于视频编码器数量，成本比较低；上传的摄像机视频信号通过车站视频切换矩阵调用输出，可以灵活选取。缺点是控制中心同时能监控的车站摄像机视频信号数量，受车站视频切换矩阵输出端口数量限制。

14.5 乘客信息系统

14.5.1 概 述

现代城市轨道交通系统的运营管理越来越注重对乘客的服务，越来越以对人的服务为中心。一些著名的地铁十分注重为乘客服务的乘客信息系统（Passenger Information System, PIS）的建设。特别是2003年，韩国大邱市地铁发生的火灾震惊了全世界，使与地铁乘客息息相关的乘客信息系统摆在了重要的位置。地铁运营以车辆为中心的运营模式正发展为以为乘客服务为中心的运营模式。

乘客信息系统的基本概念是指地铁运营商采用成熟可靠的网络技术和多媒体传输、显示技术，在指定的时间，将指定的信息显示给指定的人群。

乘客信息系统在正常情况下，可提供列车时间信息、政府公告、出行参考、股票信息、广告等实时多媒体信息；在火灾及阻塞、恐怖袭击等情况下，提供动态紧急疏散指示。PIS为乘客提供了上述各类信息，使乘客安全、高效地在地铁站行走，使地铁车辆高效、安全运营。

14.5.2 PIS系统的构成

从结构上PIS系统可分为：中心子系统、车站导乘子系统、车载子系统、网络子系统、广告制作子系统。

从控制功能上分，PIS系统可分为4个层次：信息源、中心播出控制层、车站播出控制层和车站播出设备。

典型的PIS系统结构如图14.6所示。

14.5.2.1 中心子系统

中心子系统主要负责外部信息流的采集、播出版式的编辑、视频流的转换、播出控制和对整个PIS系统设备工作状态的监控以及网络的管理。

中心子系统主要设备有：中心服务器、视频流服务器、中心操作员工作站、中心网管工作站、播出控制工作站、数字电视（DVB-IP）设备、外部信号源和集成化软件系统等。整个控制中心设备构成了一个完整的播出和集中控制系统。同时，中心子系统还将提供多种与其他系统的接口。

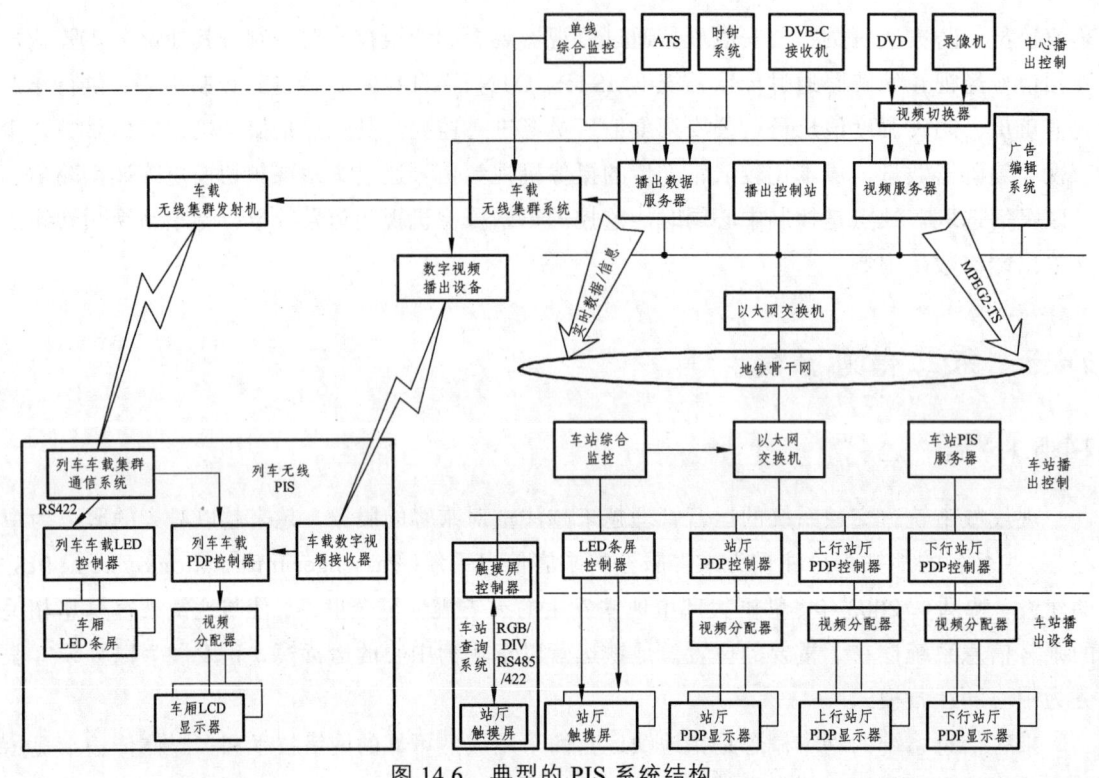

图 14.6 典型的 PIS 系统结构

1. 中心服务器

中心服务器主要负责创建数据并从车站子系统、广告中心子系统导入各种日志数据，包括告警日志、事件日志、用户操作日志、分类信息的播放日志、外部系统导入/导出信息日志等。中心服务器将集中保存各种系统数据，其中包括：系统的工作模式参数、结构配置信息（中心、车站、广告和网络子系统）、各种自动维护程序的运行参数、用户配置信息、用户账号名称、用户密码、用户权限、用户组等。

中心服务器同时将承担本 PIS 系统与外部各系统的连接。如：综合监控系统（含信号 ATS 系统信息）、地面交通信息系统和时钟系统等。

2. 视频流服务器

视频流服务器是向整个 PIS 系统发放网络视频流数据的设备。能够同时提供标清、高清和 DVB ASI 功能。可存储超过 1 000 h 的 MPEG-2 视频。用户可以从独立的存储服务器开始，简单地升级成共享网络化存储，支持多路视频通道和更大的视频存储量。

3. 中心操作员工作站

通过中心操作员工作站，具备超级管理员权限的操作员可以配置整个 PIS 系统：包括各车站子系统的总体配置、各车站子系统工作站的配置、各车站子系统终端显示设备的配置、终端显示设备分组管理。操作员可以创建预定义的中心公共信息，包括紧急灾难信息、紧急疏散信息、地铁公司公共公布信息等，并可以控制 PIS 系统中的某一/某组/全部终端显示设备的实时信息窗口显示指定的信息内容。对于整个 PIS 系统中的某一/某组/全部终端显示设备的工作状态或工况（紧急告警状态或中心信息直播状态）的切换，也可在中心操作员工作站上完成。

通过中心操作员站，具备超级管理权限的操作员可以配置管理系统的用户账号，包括用户账号的添加/编辑/删除、用户账号权限的配置、用户组的管理、用户账号冻结/失效/激活/重置。

4. 播出控制工作站

播出控制工作站对本乘客信息系统内的播出设备进行集中地播出控制管理。

播出设备包括中心的视频服务器、视频切换器、上载录像机。车站终端显示设备的开机/关机、播出列表的编制和播出的启动，都由控制中心的播出控制工作站通过网络进行统一的管理。

通过播出控制工作站对各个车站的播出设备进行集中控制，各个车站乘客信息系统实现无人职守地运行，降低了人为操作带来的失误和故障。夜间停播时，播出控制工作站可以自动将第二天各站点需要的播出列表发送到各站点播出控制工作站，进行播出准备。

5. 数字电视设备

数字电视可以采用 DS3 信道直接播出，也可以采用 MPEG-2 over IP 的方式通过 TCP/IP 网络播出。需要注意的是，一定要保证 MPEG-2 数据流的 QoS，不可以出现顺序错误。采用 MPEG-2 over IP，在地铁系统中可以节约传输信道，同时便于实现复杂的功能。

数字电视（DVB-E）设备是将视频服务器以 MPEG-2 DVB-ASI 标准的 MPEG-2 进行 IP 封包，转换到可在标准 IP 网络上传输的数字信号设备，它支持多路复用，同时提供多个媒体流通道进行传输，可完全满足对单个车站和所有车站 IP 广播的需求，是 PIS 系统中 IP 多播方式的核心技术和设备。

6. 网络设备

中心子系统实际上是基于以太网构架组成的，其网络的核心是一台具有三级交换功能的网络交换设备。

14.5.2.2 车站导乘子系统

车站导乘子系统的主要构成为：车站数据服务器、车站播出控制服务器、车站操作员工作站、屏幕显示控制器、网络系统和集成化软件系统等。车站导乘子系统通过传输通道转播来自控制中心的实时信息，并在其基础上叠加本站的信息，如列车运行信息和各类个性化信息等。

所有这些设备分为控制和现场显示两部分。

控制部分包括车站服务器/车站播控站、车站操作员工作站、TS 流解码器、PDP/LED 控制器、外部系统接口、网络部分等。

14.5.2.3 网络子系统

网络子系统是指地铁主干通信网提供给 PIS 系统的通道，该通道用来传输从 OCC 到各车站的各种数据信号和控制信号。

中心局域网、广告中心局域网、车站局域网都是通过网络交换机连接本局域网内的各种设备，再由交换机经硬件防火墙设备连接至传输网上。

14.5.2.4 广告制作子系统

PIS 的广告制作子系统设置在地铁大厦中。广告制作子系统主要提供直观方便的用户界面，供业务人员/广告制作人员制作广告节目（如广告片、风光片和宣传片，并可承接地铁以外的一些广告制作），编辑广告时间表，控制指定的显示屏或显示屏组播放显示指定的时间表，并将制作好的素材经审核通过后通过网络传输到控制中心和各车站进行播出。

广告制作子系统主要包括：图像存储服务器（可无限扩容）、非线性编辑设备（用于节目的串编）、视频合成工作站（用于高端广告片、形象片的制作）、数字编辑录像机、数字编辑放像机、数字/模拟摄像机、网络系统、合同管理软件系统和屏幕编辑预览系统等。

14.5.2.5 车载子系统

PIS 的车载子系统是指车辆段、地铁沿线、列车上的 PIS 设备。主要包括：车辆段 PIS 监控站、车辆段和车站 PIS 数字视频发送设备、无线集群通信系统（通信专业提供）、车载 PIS 数字视频接收设备、车载 LCD/LED 显示控制器。

目前已经应用的 PIS 车载系统的信息有三种：一是在列车上播放预先录制节目的 DVD 光盘，主要是广告信息；二是在固定的地点（如车辆段）通过有线或无线的方式向列车传输信息，行驶过程中列车 PIS 系统可播放这些信息；三是通过车载无线集群系统向列车传送信息，该方式可保证信息的实时性，例如，天气预报、文字新闻、其他信息等。

随着数字电视技术（DVB）的发展，采用移动数字电视技术进行数字化的视频图像接收已成为可能。2004 年 5 月 28 日，采用欧洲 DVB-T 数字地面电视广播系统标准的北京移动电视传输系统投入试运行，在北京公交系统的 1 000 多辆公交车上实现了实时数字电视节目的接收和播放。该系统采用编码正交频分复用（COFDM）调制方式，在 8 MHz 带宽内能传送多套电视节目，传输质量相当高。在不久的将来，这套系统也可用于轨道交通的车载 PIS 系统。

14.6 广播系统

广播系统采用两级广播控制方式，由控制中心一级和车站一级组成。一般分为三个部分：控制中心广播系统、车站广播系统（可根据实际需要连接多个车站子系统）、停车场广播系统。控制中心系统通过综合接入系统提供的 RS-422 或 RS-485 通道与车站广播系统互联。一般情况下，广播业务为中心到车站的点到多点业务，而中心对车站系统的监控维护通道则为点对点业务。

控制中心行车调度员和环控调度员可对全线各站进行监听及选站和选区广播。当轨道交通发生故障或灾害时，广播系统自动转为抢险通信设备。

停车场广播系统由值班员、运转值班员和检修库值班员向工作人员播放车辆调度、列车编组等有关作业音讯。

车站广播系统由控制中心的总调、列调、防灾调（列调兼）和各车站的正副值班员使用，为旅客播放列车到发信息、导向信息及紧急状态信息等服务音讯，为工作人员播放作业命令及管理音讯。车站广播区分为上行站台、下行站台、售票区、站厅、出入口和办公区等。车站行车值班员和环控值班员可通过广播控制台对本站区进行选区广播或全站广播。

14.7 时钟系统

为了统一整条城市轨道交通系统的时间，通信系统设有专门的时钟系统。时钟系统由 GPS 全球卫星标准时间接收单元、主控母钟、各站辅助母钟、子钟及传输设备组成。主、备 GPS 信号接收机向中心母钟提供同步时钟源。当 GPS 系统出现故障时，还可以使用高精度的晶振提供时钟源。主控母钟输出的标准时间信号，通过接入网提供的低速数据信道（RS-422/RS-485）传给各站辅助母钟，以供车站各系统和子钟使用。中心母钟产生精确的标准同步时间码，通过传输网提供给通信传输系统、无线系统、调度电话系统、公务电话系统、有线广播系统、电视监视系统、信号系统、售检票系统、防灾报警系统、设备监控系统、电力监控系统等。

14.8 电源系统

电源系统是保证通信系统正常工作的必要条件，因此通信电源必须安全可靠。电源系统由配电设备、整流设备和蓄电池组成。系统配置不间断电源（UPS）交流供电设备，为各自动控制系统的计算机提供不间断 220 V 交流电压。UPS 的工作原理为：同时有两路市电输入，取其一路，当该路出现故障时，自动切换至另一路；当两路都出现故障时，启动蓄电池继续供电。

整个电源系统设有电源集中监控。在控制中心，所有 UPS 将通过传输系统的低速数据通道进行信号传输，监控中心的计算机也将通过传输系统的低速数据通道进行信号采集，在监控中心计算机上装有软件，可实时监控到当前各个站点 UPS 的状态及使用情况。各站点使用现场的 UPS 和开关电源一旦发生故障，警铃将提醒现场有关人员进行及时的处理，同时在监控中心的计算机上同样可看到输出的故障警告显示。

复习思考题

1. 屏蔽门的组成是什么？
2. 屏蔽门控制的优先级是什么？
3. 画出自动开门指令传输流程图。
4. 画出自动关门指令传输流程图。
5. 什么是门禁系统？
6. 什么是乘客信息导向系统（PIS）？
7. 什么是视频监控系统（CCTV）？
8. 画出城市轨道交通综合监控系统的乘客信息导向系统（PIS）结构图？
9. 画出城市轨道交通综合监控系统的视频监控系统（CCTV）结构图？
10. 画出城市轨道交通综合监控系统的广播系统（PA）结构图？

第15章 信号系统

城市轨道交通信号系统是指挥列车安全运行的关键设备，只有在列车运行前方的轨道区段没有列车占用、道岔位置正确、敌对或相抵触的信号没有建立等条件满足，才允许向列车发出允许前行的信号，所以列车只要严格遵循信号的指示运行，就能够确保列车的安全运行；反之，如果列车不遵循信号的指示运行，将导致事故。所以信号系统担负着确保运输安全的重要使命，有了信号系统的保障，可以杜绝和减少列车运行事故。

在城市轨道交通中，信号系统担负着保证行车安全、指挥列车运行的重要任务。

20世纪末，大多数城市轨道交通信号采用基于固定闭塞方式和准移动闭塞方式的列车自动控制系统。目前，城市轨道交通信号主要以基于通信的列车运行控制系统为主，并向自主化全自动运行控制系统发展。

15.1 概 述

15.1.1 信号系统组成

从设备分布来看，城市轨道交通的信号系统可由列车运行自动控制系统和车辆段信号控制系统两大部分组成，用于列车进路控制、列车间隔控制、调度指挥、信息管理、设备状况监测及维护管理，由此构成了一个高效的综合自动化系统。

城轨信号系统设备分布于控制中心、轨旁及车上，其系统框图如图15.1所示。

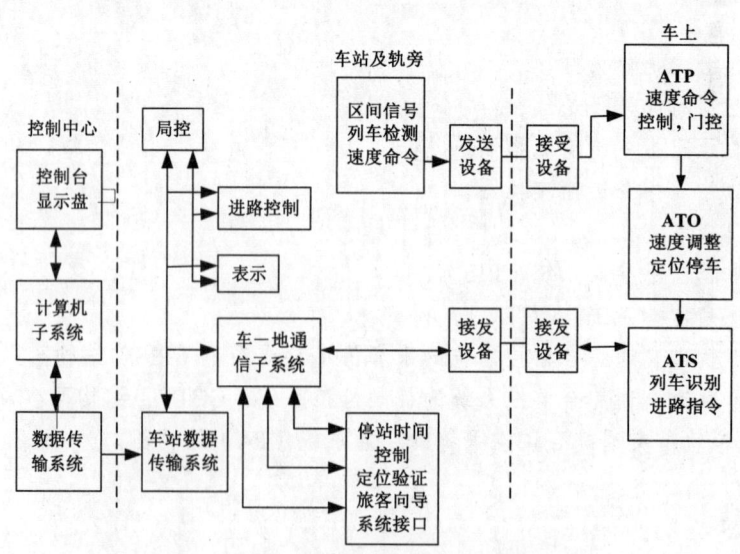

图15.1 城市轨道交通的信号系统组成框图

城市轨道交通信号系统中，行车指挥和列车控制融合为一体，采用管理和控制一体化系统，完成行车组织和列车运行控制功能。

15.1.2 列车运行自动控制系统

在城市轨道交通领域中，列车运行自动控制 ATC（Automatic Train Control）系统包括三个子系统：列车超速防护系统 ATP（Automatic Train Protection）、列车自动驾驶系统 ATO（Automatic Train Operation）、列车自动监控系统 ATS（Automatic Train Supervision）。

其中，ATP 为整个 ATC 系统的安全核心，是列车运行必不可少的安全保障。ATS 为 ATC 系统的上层管理部分，是 ATC 的指挥中枢。ATO 是采用 ATC 的最优体现。一个完整的 ATC 系统依靠各子系统协调工作共同完成，三者之间互有联系、密不可分。

系统需设置行车控制中心，沿线各车站设计为区域性联锁，其设备放在控制站（一般为有岔站），列车上安装有车载控制设备。控制中心与控制站通过有线数据通信网连接，控制中心与列车之间可采用无线通信进行信息交换。ATC 系统直接与列车运行有关，因此 ATC 系统中的数据传输比一般通信系统在安全性、可靠性、实时性方面要求更高。

1. ATP 子系统

ATP 子系到的功能是对列车运行进行超速防护，对与安全有关的设备实行监控，实现列车位置检测，保证列车间的安全间隔，保证列车在安全速度下运行，完成信号显示、故障报警、降级提示、列车参数和线路参数的输入，并与 ATS、ATO 及车辆系统接口进行信息交换。

ATP 子系统不断将从地面获得的前行列车位置信息、线路信息、前方目标点的距离和允许速度信息等通过轨道电路等传至车上，由车载设备计算得到当前所允许的速度，或由行车指挥中心计算出目标速度传至车上，由车载设备测得实际运行速度，依此来对列车速度实行监督，使之始终在安全速度下运行，以缩短列车运行间隔，保证行车安全。

采用轨道电路传送 ATP 信息时，ATP 子系统由设于控制站的轨旁单元、设于线路上各轨道电路分界点的调谐单元和车载 ATP 设备组成，并包括与 ATS、ATO、联锁设备的接口设备。

2. 车站联锁

通常，车站信号控制分集中联锁站和非集中联锁站。集中联锁站一般为有道岔车站，也可能是无道岔的车站。非集中联锁站一般为无道岔的车站。有道岔车站根据需要和可能也可以由邻近车站控制，而成为非集中联锁站。

① 集中联锁站及轨旁设备。

集中联锁站设有 ATS 车站分机、车站联锁设备、ATP/ATO 系统地面设备、电源设备、维修终端、乘客向导显示牌、紧急关闭按钮、信号机、发车指示器及转辙机。

② 非集中联锁站及轨旁设备。

非集中联锁站的设备只有发车指示器、紧急关闭按钮和乘客向导显示牌。无道岔的非集中联锁站轨旁设备仅有轨道电路的耦合单元等。有道岔的非集中联锁站除了轨旁的耦合单元外，还有防护信号机和转辙机。

3. ATO 子系统

ATO 子系统主要用实现"地对车控制"，即用地面信息实现对列车驱动、制动的控制，包括列车自动折返，根据控制中心的指令使列车按最佳工况正点、安全、平稳地运行，自动完成对列车的启动、牵引、惰行和制动，传送车门和屏蔽门同步开关信号。

使用 ATO 后，可使列车经常处于最佳运行状态，避免了不必要的、过于剧烈的加速和减速，因此明显提高了乘客的舒适度，提高了列车正点率并减少了能量消耗和轮轨磨损。

ATO 子系统包括车载 ATO 单元和地面设备两部分。地面设备有站台电缆环路、车地通信设备以及与 ATP、联锁系统的接口设备。

4. ATS 子系统

ATS 子系统主要实现对列车运行的监督和控制，辅助调度人员对全线列车进行管理，其功能包括：调度区段内列车运行情况的集中监视与控制，监测进路控制、列车间隔控制设备的工作，按行车计划自动控制轨旁信号设备以接发列车，列车运行实迹的自动记录，时刻表自动生成、显示、修改和优化，运行数据统计及报表自动生成，设备运行状态监测，设备状态及调度员操作记录，运输计划管理等；另外还具有列车车次号自动传递等功能。

ATS 子系统包括控制中心设备和 ATS 车站、车辆段分机。控制中心 ATS 设备有中心计算机系统、工作站、显示屏、绘图仪、打印机、UPS 等。每个控制站设一台 ATS 分机，用于采集车站设备的信息和传送控制命令，并实现车站进路自动控制功能。车辆段 ATS 分机用于采集车辆段内库线的列车占用情况及进/出车辆段的列车信号机的状态。

此外，在 ATC 范围内的各正线控制站各设一套联锁设备，用以实现车站进路控制。联锁设备接收车站值班员和 ATS 控制。考虑到运用的灵活性，正线有岔站原则上独立设置联锁设备，当然也可以采用区域控制方法。

15.1.3 车辆段信号

车辆段可以单独设一套联锁设备，用以实现车辆段的进路控制，并通过 ATS 车辆段分机与行车指挥中心交换信息。

车辆段联锁设备均采用计算机联锁。

先进的车辆段信号的特点是信号一体化，包括联锁系统、进路控制设备、接近通知、终端过走防护和车次号传输设备等。这些设备由局域网连接并经过光缆与调度中心相通。列车的整备、维修与运行相互衔接成一个整体，保证了城市轨道交通的高效率和低成本。

车辆段内试车线设若干段与正线相同的 ATP 轨道电路和 ATO 地面设备，用于对车载 ATC 设备进行静、动态试验。

在车辆段停车库，一般还设有日检/月检设备，用来对列车进行上线前的常规检测。

15.2 城轨列控系统分类

构成列控系统的制式，技术要素有两个：一是车-地信息传输方式；二是速度控制模式。体现在闭塞方式上有三种类型，它实际上是由上述两大技术要素所决定的。

从闭塞制式角度看，有三种类型的列控系统：固定闭塞方式的列控系统、准移动闭塞式的列控系统、移动闭塞式的列控系统。

15.2.1 固定闭塞方式的列控系统

固定闭塞方式的列控系统，通常以轨道电路检测列车位置和列车间距。线路条件和列车参数等均在闭塞设计过程中予以考虑，并体现在地面闭塞分区的划分中。列控系统根据每个闭塞分区的限速指令，监控列车的速度。固定闭塞方式的列控系统一般都采用分级速度控制方式。分级速度控制方式又有阶梯式和小曲线式两种。

采用阶梯式的分级速度控制方式时，车载信号设备不要求闭塞分区的线路参数；采用小曲线式的分级速度控制方式时，车载信号设备只要求提供最近一个闭塞分区的线路参数，这是其基本技术特征。

图 15.2 中阶梯式速度控制线为限制速度，分段的小曲线为允许速度，阶梯式中小曲线大都是由车载信号设备虚构的，实际上是每一闭塞分区始端入口限制速度的小曲线连接，并非真正是由地面提供线路参数计算后得到的。

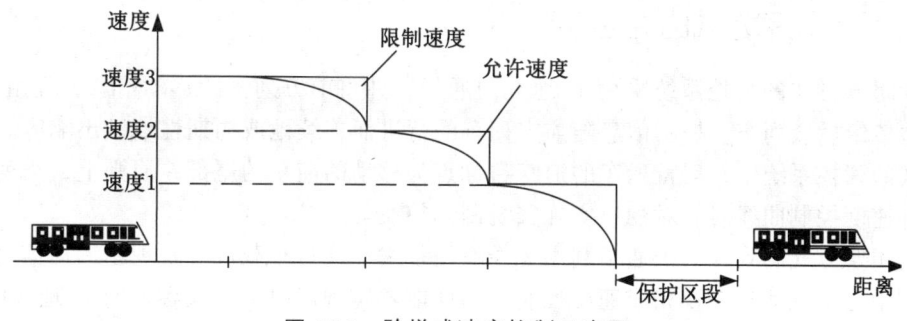

图 15.2 阶梯式速度控制示意图

15.2.2 准移动闭塞方式的列控系统

准移动闭塞方式的列控系统，根据列车前方目标距离、线路状态、列车性能等因素确定的速度控制曲线对列车的速度进行监控。原则上当列车速度超过速度控制曲线限定的速度值时，对列车实施安全制动控制，其速度控制模式具有一次连续的特点。准移动闭塞方式也进行闭塞分区的划分，后行列车的追踪目标点为前行列车所占用闭塞分区的始端，当前行列车在闭塞分区范围内运行时，后续列车其最大允许速度表现为稳定的连续速度控制曲线。而当前行列车其尾部驶过固定闭塞分区的分界点时，后续列车的速度控制曲线将产生跳变、向前延伸。为使后续列车能够生成其速度控制曲线，需向其提供前方大于全程制动距离长度内的线路参数及前行列车所处闭塞分区等信息。准移动闭塞系统采用目标距离-速度控制模式（一次连续速度控制），主要通过地对车的单向安全数据通信，要求提供大于全程制动距离长度内的线路参数，这是其基本技术特征。

准移动闭塞方式的列控系统以数字信号技术为基础，可以利用多种方式（轨道电路、轨道电缆、无线通信等）作为车-地信息的传送载体。信号传输、处理过程的数字化，使系统具有信息量大、抗干扰能力强的特点。

利用轨道电路作为车-地信息的传送载体的，称为基于轨道电路的列控系统。地面轨道电路可以向列车传递足够用于列车连续曲线速度控制的信息（包括目标速度、目标距离、线路状态、线路允许速度、轨道电路识别号及长度等），车载设备可以实现列车的连续曲线速度控制。该系统提高了列车控制的精度和行车效率，使得司机在驾驶中比较轻松，不需要进行频繁的制动、牵引，可以达到较好的节能效果，提高乘客的乘坐舒适度。

准移动闭塞的列控系统连续曲线速度控制示意图如图 15.3 所示。

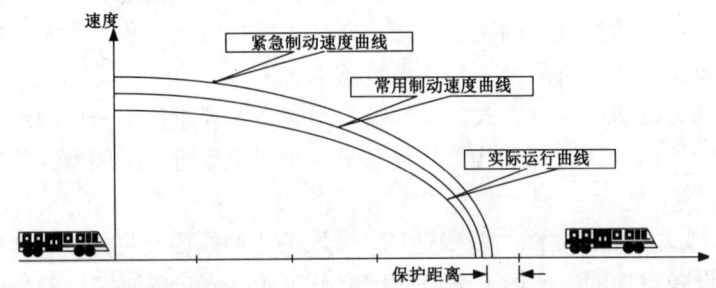

图 15.3　准移动闭塞的列控系统连续曲线速度控制示意图

15.2.3　移动闭塞方式的列控系统

移动闭塞方式的列控系统采用车-地双向通信，并将前方列车的移动信息，经由车-地通信安全地传给后续列车，控制信息随前方列车的行进而连续地或周期性地做出响应。在移动闭塞方式的列控系统中，后行列车的追踪目标点为移动的前车的尾部，原则上，当列车速度超过允许速度控制曲线时，对列车实施安全制动控制。

移动闭塞方式的列控系统通常利用无线通信技术，通过车载设备及现场的通信设备与车站或控制中心实现信息交换完成速度控制，因此能够实现高速度、大容量的车-地双向通信。由于没有预先设置的闭塞分区，不以固定闭塞分区为列车追踪的最小单元，所以此种方式后续列车所知道的目标距离是到前车尾部的实际距离。因此，根据目标速度和目标距离随时调整的列车可行车距离是始终连续的，后续列车的速度控制曲线不会像准移动闭塞那样产生跳跃。因此，列车的追踪间隔和列车控制精度只取决于线路特性、停站时分、车辆参数，使得系统较准移动闭塞系统具有较大的运用灵活性和较小的行车间隔。该系统硬件设备数量少，有更高的可靠性和可用性，并且有更好的列车运行的调整能力或系统对于运行紊乱的适应性。线路没有固定划分的闭塞分区，列车间隔是动态的，并随前一列车的移动而移动。

移动闭塞方式的列控系统中，列车间隔是按后续列车在当前速度下所需的制动距离，加上安全余量计算和控制的，确保不追尾。制动的起点和终点是动态的。列车最小运行间隔一般可做到约 80 s。

移动闭塞的列控系统连续曲线速度控制示意图如图 15.4 所示。

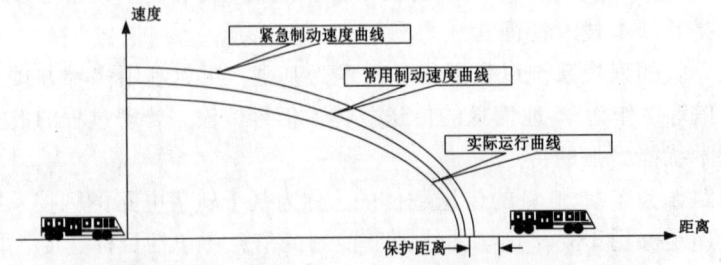

图 15.4　移动闭塞的列控系统连续曲线速度控制示意图

移动闭塞式列控系统，代表信号系统的技术发展方向，随着广泛的工程应用，系统软件的编制及应用性日趋完善，系统的工程实用性越来越强。

15.3 CBTC 系统

在城市轨道交通中，CBTC 系统是一种采用先进的通信、计算机、控制技术相结合的列车控制系统。所以又习惯称为基于通信的列车控制系统（Communication Based Train Control, CBTC）。

15.3.1 CBTC 系统系统的特点

CBTC 系统系统摆脱了用轨道电路判别列车对闭塞分区占用与否，突破了固定闭塞或准移动闭塞的局限性，具有更大的优越性和特点，主要表现在如下几方面：

（1）实现列车与轨旁设备实时双向通信且信息量大。

（2）可减少轨旁设备，便于安装维修，有利于紧急状态下利用线路作为人员疏散的通道，有利于降低系统全寿命周期内的运营成本。

（3）便于缩短列车编组和实现高密度运行，可以缩短站台长度和端站尾轨长度，提高服务质量，降低土建工程投资；实现线路列车双向运行而不增加地面设备，有利于线路故障或特殊需要时的反向运行控制。

（4）可适应各种类型、各种车速的列车，由于移动闭塞系统基本克服了准移动闭塞和固定闭塞系统地对车信息跳变的缺点，从而提高了列车运行的平稳性，增加了乘客的舒适度。

（5）可以实现节能控制、优化列车运行统计处理、缩短运行时分等多目标控制。

（6）移动闭塞系统，尤其是采用高速数据传输方式的系统，将带来信息利用的增值和功能的扩展，有利于现代化水平的提高。

（7）由于移动闭塞系统具有很高的实时性和响应性的要求，因此，其对系统的完整性要求高于其他制式的闭塞方式，系统的可靠性也应具有更高要求。系统传输的可靠性和安全性是系统关注的核心，尤其是利用自由空间波传输信息的基于无线的移动闭塞系统，其可靠性和安全性的要求更高。

15.3.2 CBTC 系统的结构

IEEE CBTC 标准列举了典型的基于通信的列车控制系统（CBTC）的结构框图，如图 15.5 所示。

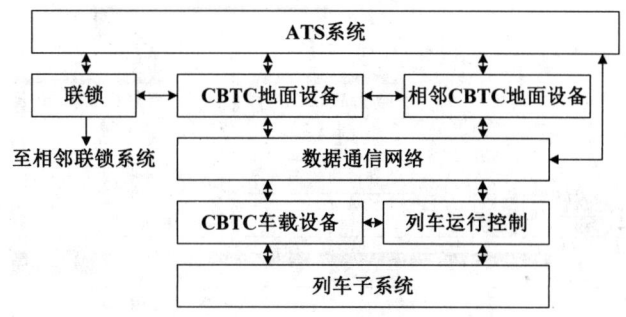

图 15.5 典型的 CBTC 系统结构框图

由图可见，整个 CBTC 系统包括 CBTC 地面设备（含联锁）和 CBTC 车载设备，地面和车载设备通过"数据通信网络"连接起来，构成系统的核心。CBTC 设备和 ATS 设备共同构成基于通信的移动闭塞 ATC 系统。

15.3.3 CBTC 系统的车–地信息传输方式

CBTC 系统的车-地双向信息传输方式，可分为：基于电缆环线的传输方式（IL CBTCK）、基于无线通信的传输方式（RF CBTC）、基于漏泄波导管的传输方式、基于漏缆的传输方式、基于其他数据传输媒介的传输方式。基于漏缆的传输方式在新建线路信号系统中大量使用。

不同信息传输方式的 CBTC 系统框图如图 15.6 ~ 15.8 所示。

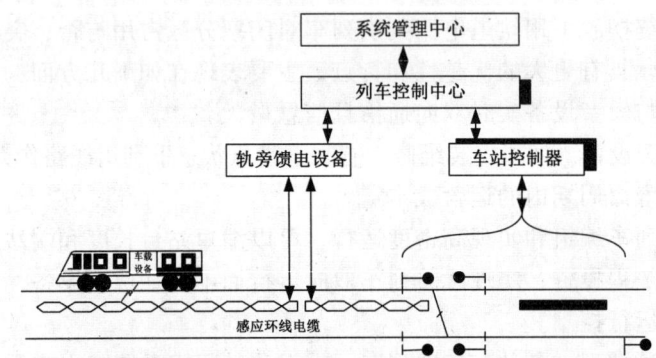

图 15.6　基于电缆环线传输方式的 CBTC 系统框图

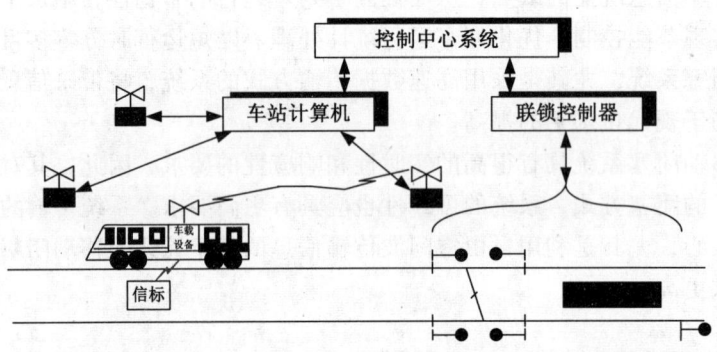

图 15.7　基于无线通信传输方式的 CBTC 系统框图

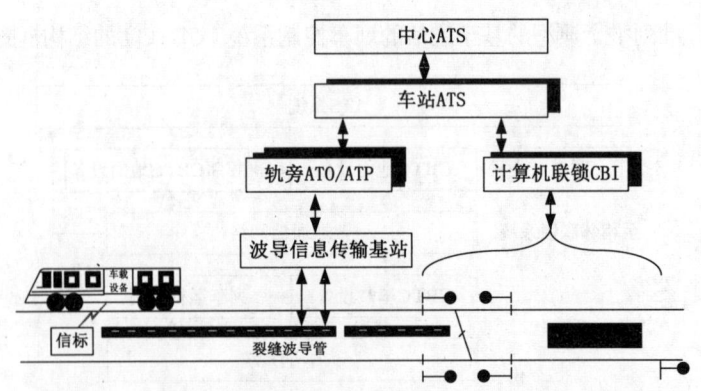

图 15.8　基于裂缝波导管传输方式的 CBTC 系统框图

15.3.4 CBTC 系统的功能

CBTC 系统的 ATC 系统仍然由控制中心设备、地面区域控制器、联锁设备、车载设备、通信设备组成。

就 CBTC 系统的实现功能而言，控制中心设备、地面区域控制器、联锁设备、车载设备所完成的基本功能与固定闭塞 ATC 系统、准移动闭塞 ATC 系统相同，都是为了保证列车运行安全，提高运输效率。

15.3.5 CBTC 系统的组成

CBTC 系统由 ATS、ATP/ATO、CI、MSS、DCS 五部分组成，CBTC 系统的组成如图 15.9 所示。

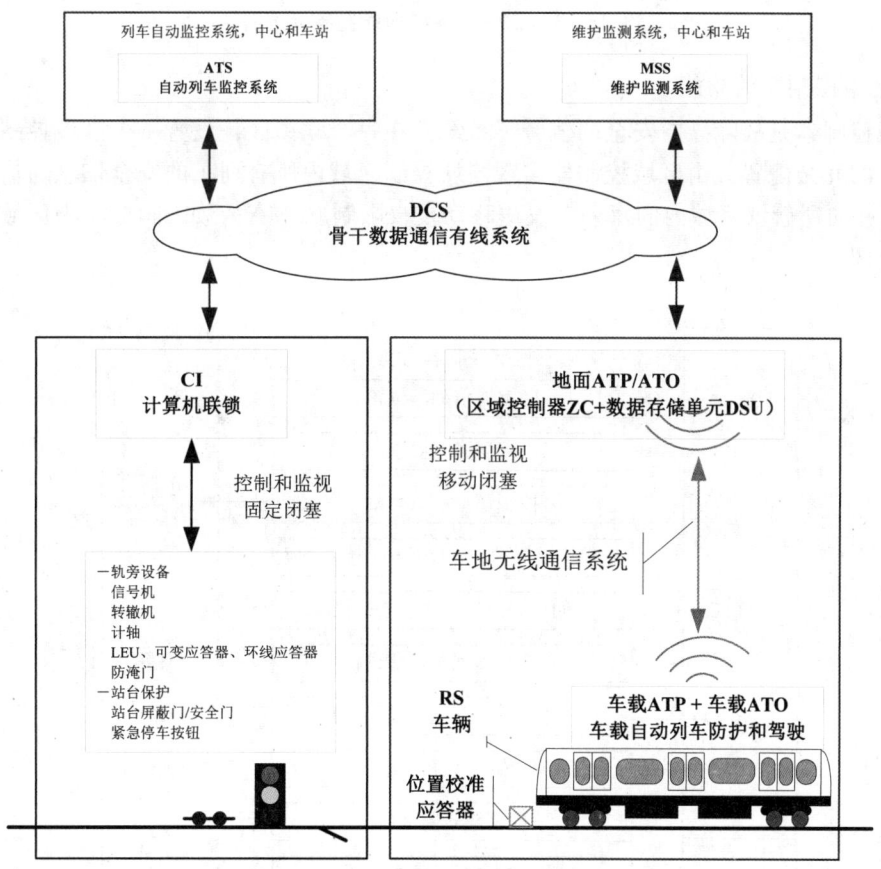

图 15.9 CBTC 系统的组成

从物理位置而言，基于无线通信的 CBTC 系统，包括三个功能层次：控制中心、轨旁以及车载，如图 15.10 所示。控制中心的功能主要是 ATS 功能，这里需要注意的是，在控制中心设有线路数据库，该数据库是目标距离控制 ATC 系统的关键，也是区域控制器向列车传送移动授权限制的基础。

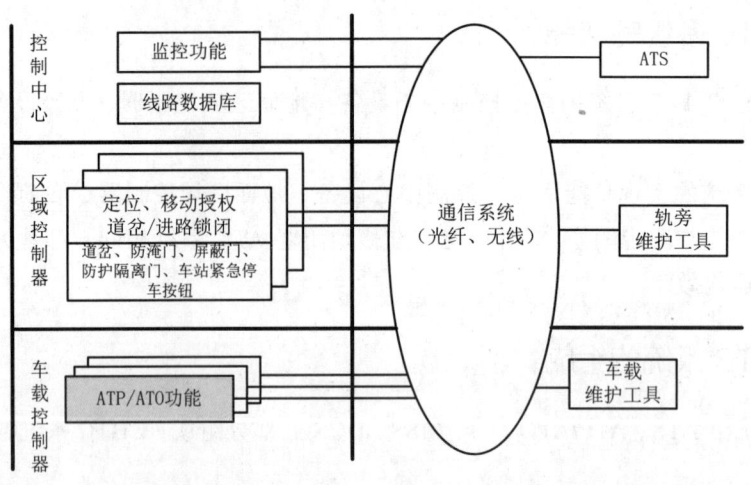

图 15.10 CBTC 系统功能结构示意图

1. 区域控制器的功能

区域控制器是故障导向安全的轨旁子系统。在每个联锁区，设置一个区域控制器，而且以三取二的冗余配置。由区域控制器实现与所控制区域内所有列车的安全信息通信；实现联锁控制；并向所管辖区域内的每列车发送移动授权限制（LMA）。如图 15.11 为区域控制器的功能示意图。

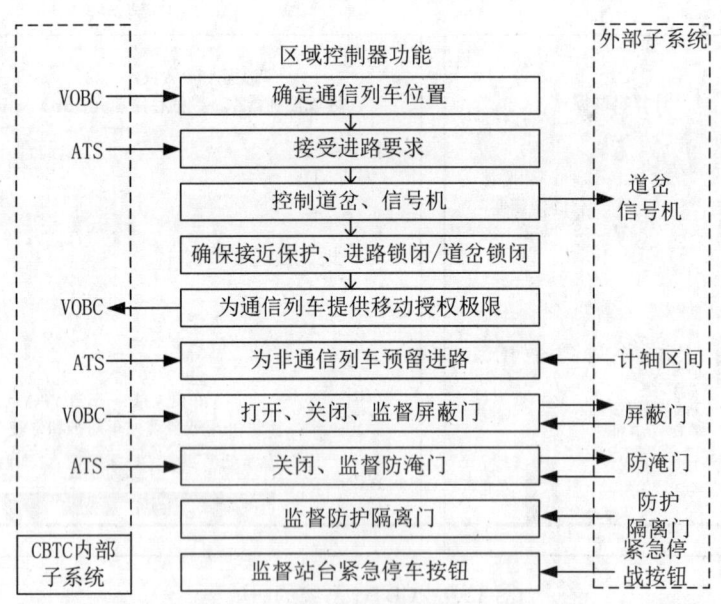

图 15.11 CBTC 区域控制器功能框图

2. 车载控制器功能

由车载控制器实现列车自动防护（ATP）和列车自动运行（ATO）的功能。车载控制器的功能示意图，如图 15.12 所示。

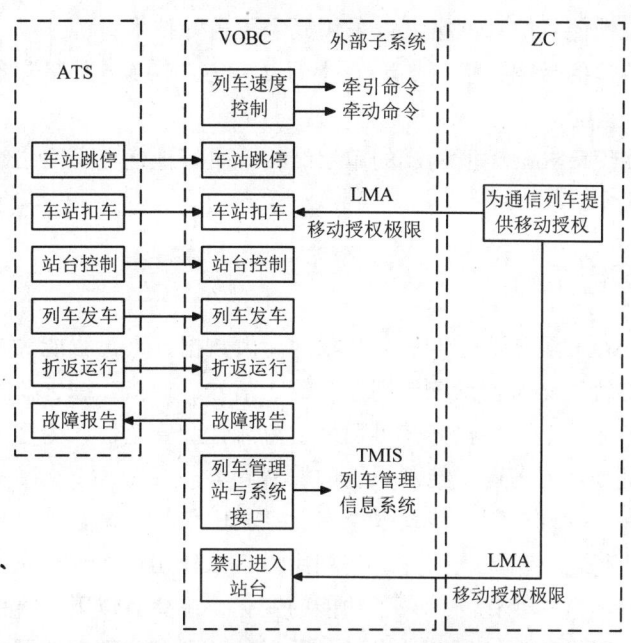

图 15.12　CBTC 车载控制器功能框图

15.4　新一代列控系统的相关技术

15.4.1　漏泄电缆

漏泄电缆（Leaky Coaxial），全称漏泄同轴电缆（Leaky Coaxial Cable），简称漏缆。所谓漏泄电缆，就是在同轴电缆的外导体上，沿纵向开有用作辐射的周期性槽孔，由于这种电缆具有同轴电缆和线型天线的双重功能，因此有时又称为辐射电缆（Radiating Cable）或同轴天线（Coaxial Antenna），它主要由内导体、绝缘介质、带槽孔外导体和电缆护套等构成。现阶段，对于漏缆频带，由于专网频段较少，基本采用 1-5/8″ 800 MHz 频带漏缆，收发共用；而公网因频段较多，通常采用 1-5/8″ 特宽频带漏缆且收发分开。

漏泄电缆是一种连续型天线，具有同轴电缆和线型天线的双重功能。目前，泄漏电缆作为解决无线电波在隧道中的传播最佳途径，已在地铁的建设中得到了广泛应用。

15.4.2　LTE-M 技术

LTE（Long Term Evolution）是 3G 技术的演进，应用于城市轨道交通的 TD-LTE 技术简称为 LTE-M（LTE-Metro），是根据地铁车-地无线通信业务需求定制的 LTE 技术。

LTE 具备较高的频谱利用率、完善的多业务优先调度机制，可实现单系统对多业务的综合承载，对比 WLAN 而言，LTE-M 更能满足城市轨道交通日益发展的业务要求。

LTE 系统采用了多输入多输出（Multi-Input&Multi-Output，MIMO）和正交频分复用（Orthogonal Frequency Division Multiplex-ing，OFDM）等关键技术，使得 LTE 具有以下优秀的性能：

（1）更高的可靠性能：LTE 网络可以采用冗余覆盖等技术；

（2）能够保证传输的带宽：下行 5 b/s，上行 2.5 b/s。10 Mb 的带宽条件下，能够提供最高达 50 Mb/s 的传输速度；

（3）低延时：使用 eNodeB 所构成的单层结构，更好地优化了网络结构，降低了传输时的延迟，也降低了成本。

15.4.3 全自动运行系统

全自动运行（FAO）系统是近年来在互联网、大数据、人工智能等技术获得大规模应用的时代背景下，城市轨道交通各系统特别是车辆、信号、通信、综合监控等机电系统设备在目前基本配置的基础上，进一步提升其可用性、可靠性和安全性，为客户提供优质服务的列车运行控制系统，是今后列车运行控制系统的发展趋势。

全自动运行是一个系统工程，涉及多个专业，其中信号系统在全自动运行中起着至关重要的作用。全自动运行指列车无人值守，需利用设备取代司机控制列车自动运行，并解决突发事件。这种特点和配置的变化，带来了功能的变化，主要有以下 3 方面：

（1）正线运行过程中的自动发车、自动跳跃对位、列车内部空调照明调整；

（2）自动化场段中的自动唤醒/休眠、自动洗车、断电位置记忆；

（3）侧重故障应急处置，包括蠕动模式、门对位隔离、障碍物及脱轨检测、远程紧急制动等功能。全自动运行系统各运行等级共分 5 个等级：GoA0 ~ GoA4。地铁大兴机场线成功实现具有完全自主知识产权的全自动运行系统（FAO）的全功能运营，成为国内首条设计速度达到 160 km/h，并以 GoA4 等级运营的全自动轨道交通线路。列车可以准时从休眠中自动唤醒，完成自检后自动出库，按照时刻表自动投入正线运营，完成站间行驶、到站精准停车、自动开闭车门、自动发车离站等一系列运营工作。

15.4.4 基于车-车通信的列车运行控制系统

基于车-车通信的列车运行控制系统（TACS）系统是基于列车运行计划实现自主资源管理并进行主动间隔防护的列车运行控制系统。TAC 系统将传统信号系统中以进路方式实现的联锁功能升级为以列车为中心基于资源点的自主资源管理功能，将传统信号系统以轨旁为主进行列车间隔防护的闭塞功能升级为车车协同的主动间隔防护功能，在基于车-车通信的新一代全自动运行信号系统中，对 CBTC 系统架构进行优化，系统以车载控制为中心，大幅减少地面设备，对系统功能进行重新分配，把原系统中地面设备的功能集成到车载控制系统中，地面仅设置轨旁资源管理控制器（OC）进行资源管理。与传统 CBTC 系统相比，基于车-车通信的 CBTC 系统的核心概念如下：

（1）传统联锁的功能被重新分配到车载和轨旁的对象控制单元，列车可以直接占用、释放轨旁资源，自主排列进路；

（2）使用车车直接通信的方式获取列车状态信息，以及计算列车移动授权。列车能够自主定位并通过与区域内的其他列车直接通信，结合车载电子地图，自主计算本车的移动授权。

基于车车通信的 CBTC 系统结构改变了传统由地面计算列车移动授权的方式，减少了轨旁设备，节约了成本，同时减少了相关子系统和子系统间的接口，优化了整个信号系统构架。优化后的以列车为中心的 CBTC 系统能够最大化地提高线路容量、实现运输灵活性并提高效率。

15.4.5 列车自主虚拟编组

虚拟编组（VCFAO）是借助先进无线通信、传感和控制等技术，协同控制相邻列车间的运行速度和间隔距离，形成一个协调逻辑整体以共同完成的列车控制与调度组织。从机车车辆的角度，虚拟编组替代了原有的机械物理连接和车身有线控制网络，实现虚拟柔性重联；

从列车控制的角度，虚拟编组中的非本务列车突破传统固定闭塞和移动闭塞的防护理念，列车间的间隔距离不再基于前车静止而是基于两车相对速度和位置，实现了效率更高的相对闭塞。

15.4.6 城轨列控系统等级划分

城轨列控系统（CMTCS）划分原则：
（1）以实现双向、大容量、连续通信的 CBTC 技术为基础；
（2）以不断提升列车运行的自动化、智能化程度为级间标志。
城轨列控系统等级包括：CMTCS-0、CMTCS-1、CMTCS-2、CMTCS-3、CMTCS-4。

复习思考题

1. 简述城市轨道交通信号系统的作用。
2. 简述城市轨道交通信号系统的组成。
3. 简述城市轨道交通信号系统的特点。
4. 简述移动闭塞的含义。
5. CBTC 系统的 MA 是什么？
6. 简述 CBTC 系统的基本组成。
7. 简述 CBTC 系统车载 CC 的工作原理。

第3篇 应用案例篇

第16章 基于大型SCADA平台的综合监控系统

16.1 案例1

16.1.1 系统概况

系统工程西起西直门,途经上地、黄土店、回龙观、北苑、望京西、和平里至东直门,正线线路全长40.85 km,全线共设16座车站、一个指挥中心及一处车辆段。车辆段位于回龙观东,总占地面积3 954 hm^2。对于供电系统而言,系统工程沿线设开闭所7座、牵引降压混合变电站23座,压变电站4座。其中7座开闭所与牵引降压混合变电站合建。在23座牵引降压变电站中,15座位于车站,1座位于车辆段,7座位于区间站。

全线除东直门站为地下站外,其他车站均为地面站。综合监控自动化系统设有电力监控中心、环境监控中心、防灾监控中心、设备检修基地、车站监控主站、区间变电所监控主站,对供电系统设备、机电系统设备和防灾系统设备进行保护、测量和监控。

综合监控系统(MACS-SCADA)由北京和利时系统工程股份有限公司开发并实施。该系统集成了电力监控系统(PSCADA)、机电设备监控系统(EMCS)和防灾报警自动化系统(FAS)。

综合监控系统监控对象为:10 kV开关、直流750 V开关、380 V/220 V开关、牵引变压器、牵引整流器、配电变压器、杂散电流排流器、直流220 V操作电源屏、事故照明电源屏、变电所视频监视设备;各类消防、给排水、采暖水系统泵;各类电梯、扶梯;各类风机、风阀;各类空调、制冷机组、采暖锅炉,隔断门,防灾报警系统设备,以及构成监控系统本身的设备等。

16.1.2 系统结构及配置

全系统采用分层分布式结构。监控系统分为三层:
(1)西直门全线监控中心与监控中心以太网组成的全线中央监控层。
(2)由全线16个车站和车辆段的车站综合控制室与车站级以太网组成的车站监控层。
(3)供电、环控等子系统组成的基础自动化层。
网络分为三层体系结构:

（1）三层网络的顶层网为通信骨干网（通过路由器）支持的冗余高速交换式以太网，作为全线监控中心的网络。

（2）车站层采用 100 Mb/s 交换式以太网。

（3）底层是车站里的各子系统的实时控制网络和现场总线。

顶层的中央监控局域网和各车站监控局域网由通信骨干网连接起来，构成一个广域网，构成了一个地理上分散的大型 SCADA 系统。骨干网沿西直门到东直门 40 多千米环线分布，将 16 座车站和 1 个车辆段里的局域网连接起来，同时连入西直门中央监控中心的局域网，建起整个计算机系统的四通八达的基础网络，车站局域网和中心局域网皆为冗余高速以太网。

系统的监控功能主要在全线中央监控中心和各个车站综控室里实现。

车站以太网将底层各子系统的实时数据存入车站服务器的数据库里，通过骨干网又汇接到中央监控中心服务器（又称全局服务器）里。骨干网连接的全局服务器和车站服务器组成了一个分布式服务器系统，采用 C/S 结构，TCP/IP 协议，构建起集成系统的数据处理中心。

车站以太网将供电 10 kV 交流、750 V 直流、380/220 V 低压设备的分散控制系统，将环控 PLC 系统连接起来，在一些站接入 FAS 系统的相关信息。中央监控中心通过骨干网将局域网连起来进行全系统的集成。集成系统在各层都留有对第三方设备、第三方子系统、第三方系统的接口。集成系统的总构架如图 16.1 所示。

16.1.2.1 中央监控系统

系统工程综合监控系统在西直门 OCC 设立中央监控网络，中央监控网的核心是 SDH 骨干网在 OCC 的节点连出的冗余 100 Mb/s 交换机。监控网上建立多服务器、多操作员工作站以及外围设备。OCC 监控局域网：综合监控系统在 OCC（中央控制中心）设立中央监控网络，中央监控网为冗余的 100 Mb/s 交换式以太网，符合 IEEE802.3 标准、TCP/IP 协议、C/S 结构。中央监控网以 Cisco 2950C-24 交换机为核心。

16.1.2.2 车站监控系统

车站监控层是以冗余 100 Mb/s 以太网为中心组织起来的局域控制网，从本质上讲，车站监控系统构成典型的相对独立的监控系统。

车站监控系统相对于中央监控系统，体现侧重不同的原则，即对于电力设备的监控，监控重心在监控中心，车站按无人值班设计，保留监视功能，监视本车站电力设备的工作状态；对于环控子系统而言，监控重心在车站综控室，监控中心保留控制的功能，但重心是监视全线各车站机电设备的工作状态。

（1）车站监控局域网和车站交换机：车站监控局域网为冗余的 100 Mb/s 交换式以太网，符合 IEEE802.3 标准、TCP/IP 协议、C/S 结构。车站监控网采用 Cisco2924XL 交换机为核心。

冗余配置的 2924XL 交换机的各相应端口连接车站各个设备，包括两台冗余配置的车站实时服务器、车站电力监控工作站、车站环控（机电设备）监控工作站、车站电力 I/O 站（通信控制器）、车站环控 I/O 站（通信控制器）。

（2）车站服务器：具有双机热备功能，任何一台服务器可以完成全部服务。

16.1.2.3 现场设备层

（1）HSPM 系列 10 kV 微机保护测控装置。

（2）DPU96 750 V 直流保护装置。

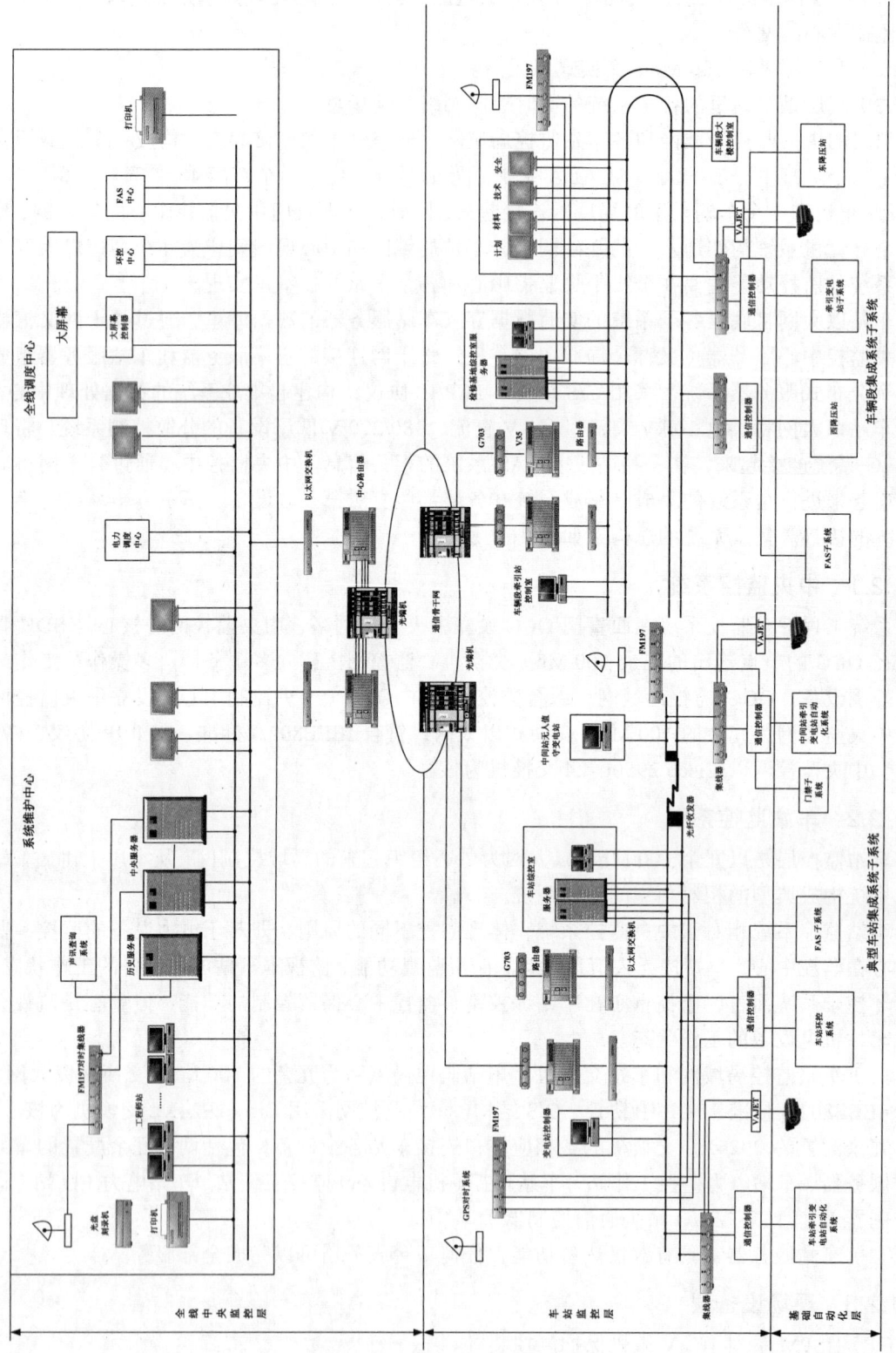

图 16.1 系统工程供电、环控和防灾报警综合自动化系统总体结构图

（3）S7300 Siemens PLC。

S7300 保护装置是随其直流开关柜一起提供的，安装在直流负母线柜内，主要用于直流系统的框架保护。将直流系统总闸回路中的母线电压、进线电流通过 Profibus DP 总线传送给车站 SCADA 系统。

（4）Modcom PLC Moment 系列。

（5）Rock well PLC。

16.1.2.4 自动化系统接入骨干网

综合监控系统在车站和监控中心 OCC 之间的数据交换以及车站与车站之间的数据交换，没有采用独立的通信网络，而是借用地铁骨干网的信道。通信专业提供的 SDH 骨干网信道在每个车站提供两个冗余 E1 端口，在监控中心提供了 34 个 E1 端口，与全线 16 个车站和一个车辆段实现点对点的通信。

由于 SDH 网在整个网络里仅起传输作用，为了实现车站局域网和中心局域网接入骨干网，在车站局域网侧增加了冗余配置的 Cisco1720 低端路由器和 V35/E1 转换器，完成以太网对通信光端机上 EI 口的接入，在中心局域网侧增加了支持高速执行服务质量（QoS）、安全、压缩和加密等网络服务的 Cisco7206 高端路由器。两个中心路由器汇接骨干网的 34 个 E1 口，并分别引出两个以太网口，与中心局域网的交换机连接。

中心路由器：为了更好地与 SDH 骨干网连接，系统在 OCC 配置了两台 Cisco7206 高端路由器。每台路由器提供以下接口以实现与系统的连接：① 2 个 10（Mb/s）/100（Mb/s）的以太网接口，用来与监控中心的交换机连接。② 17 个 E1 接口，每个接口为 2 Mb/s，用来连接 16 个站和一个车辆段。每台路由器最多可配置 6 块 EI 接口板，每块 8 个接口，共 48 个 E1 接口。③ 1 个终端口，通过维护计算机的串行接口对路由器进行配置，也可以通过以太网络进行远程配置。

16.1.3 系统软件体系结构

集成系统的软件平台采用和利时公司自主开发的 MACS-SCADA 系统软件平台。该软件平台有机地将开放式的 Windows Professional 2000 平台和分布嵌入式实时多任务操作系统平台 QNX 结合在一起，组成了一个高性能、高可用性的实时分布式综合监控系统。电力通信控制器采用 QNX 系统，是基于系统面向过程的处理，具有更好的实时性和较高的可靠性；操作员界面采用 Windows Professional 2000 平台，是基于人机界面友好的操作性；服务器采用的 Windows Professional 2000 平台，是基于系统更好的扩展性、数据的开放性和系统对第三方软件的集成能力。

系统除包含了完善的监控和数据采集（SCADA）功能外，还集成了视频系统、电话语音查询系统、仿真和培训系统、大屏幕投影系统等通用软件。

系统提供了 ODBC、DDE、OPC 等多种标准接口协议，不仅支持和利时公司的硬件产品，还可接入具有标准接口的第三方设备，如 750 V 直流保护装置、400 V 测控 PLC、直流屏、智能仪表、变压器测温装置等。此外系统提供纳入新协议的编程接口，可以方便地编写新的通信协议，接入新的第三方设备。

系统软件由以下四层组成，在各层软件之间，通过软总线和中间件技术实现所有软件进程之间的交互和通信。

（1）设备级软件：用于现场信号的数据采集和测控保护。设备级软件一般固化在测控装置、PLC 或智能仪表之中，由设备厂家提供。SCADA 系统提供与这些设备通信的接口协议。

（2）I/O 通信级软件：用于子系统级的集中数据采集和外部通信。通信级软件运行在各个子系统的 I/O 通信控制器中。

（3）管理级软件：采用实时数据库和关系数据库，对子系统或全局的数据执行处理、记录、事件分析和其他高级应用功能。管理级软件运行在各车站服务器、监控中心中央服务器和通用服务器上。

（4）操作级软件：操作级软件用于变电所本地监控、车站监控中心和全线监控中心监控，运行在各级操作员工作站和打印站中。

系统软件体系结构如图 16.2 所示。

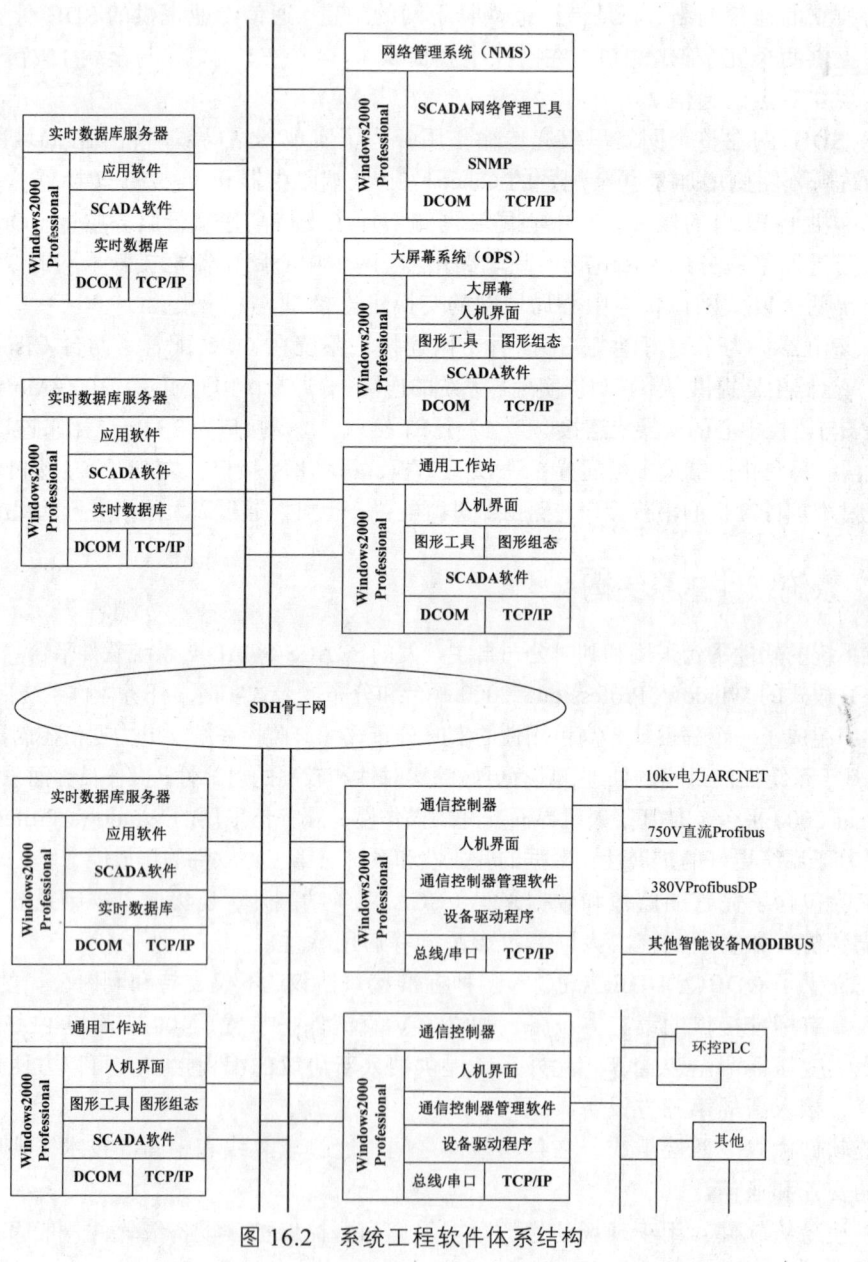

图 16.2 系统工程软件体系结构

1. 系统域的划分

系统以"域"的概念进行分布和部署。其系统架构示意如图16.3所示。

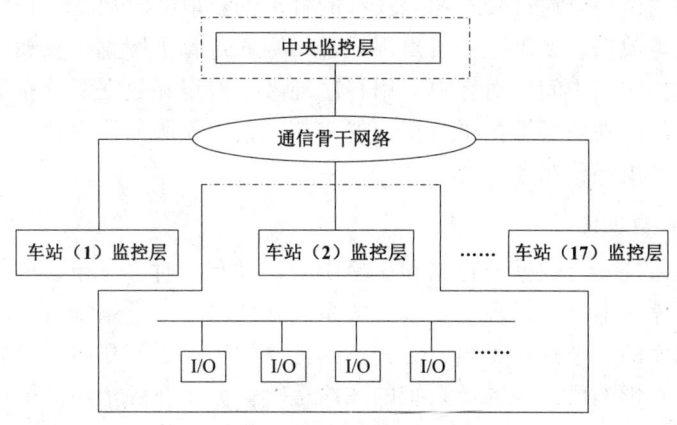

图16.3 监控系统"域"的划分

从系统软件结构的角度看，图16.3中的每个虚线框是一个局域网系统，称为"域"。系统各个域之间地位是不对等的，由一个"主域"和若干个"从域"组成。系统工程综合监控系统将监控中心所在域定义为"主域"，其他域作为"从域"。每个从域内部构成一个相对独立的车站级监控系统，主域监控中心与各从域之间则构成一个全局的监控系统，域与域之间通过城域骨干网连接，形成一个地理分散的实时分布式大型控制系统。

以城域骨干网为中心组起来的分层分布式控制系统，相对于各从域，主域具有"虚拟"的数据集中功能。"虚拟"的含义是从主域操作站可以访问任何从域的实时数据，看上去就像主域服务器集中了全系统所有实时数据一样。

通过主域、从域的灵活定义和系统组态，所有的现场数据可以在主域和从域之间共享。

系统可以实现分区管理，即可以将某个车站定义为主域，临近的几个车站定义为它的从域，定义为主域的这个车站作为一个虚拟的中心，对临近几个定义为它的从域的车站进行分区管理，便于更加灵活地运行维护。

全局数据库分布在各个域的服务器和I/O站上，主域服务器上保存有各个从域数据库的映像，并通过"订阅-发布"机制从各从域动态获得实时数据，完成监控中心的集中监控和数据采集。

2. 扁平化的网络结构

系统网络拓扑为扁平化结构，即系统中任何两个节点不仅在物理上是连通的，在逻辑上也都是连通的。除了网络交换设备外，不需要通过其他系统功能节点就可以完成数据交换。这是与传统SCADA系统显著的不同之处，其好处是避免了对中心主域服务器或前置机的显著依赖，同时一定程度上减少了数据传输过程的中间环节，提高了系统的实时响应性和可用性。网络通信是构筑在TCP/IP基础上的，具有很好的开放性。

3. 客户-中间件-服务器模式

系统软件对于数据访问采用了"客户-中间件-服务器"这一扩展C/S模式，因而支持数据流冗余和"服务器群"的概念。中间件是介于应用层和网络层之间的一个功能层次，使应用任务能独立于异构的操作系统和分布式服务器群，透明地访问实时数据。

每个 I/O 站除实现与外部设备或子系统的通信外，本身就是一个完备的实时数据服务器，具有本地数据库、联锁计算和数据服务功能。而真正的硬件服务器则起到网络上数据汇集点的作用，以高效的通信协议通过带宽相对较窄的骨干网获取实时数据。正常情况下，操作站通过访问服务器取得数据，如果服务器出现异常，则通过骨干网直接从相应 I/O 通信站取得实时数据。实时数据访问中间件对客户应用程序屏蔽了网络和数据源分布细节，以既定策略实现数据的选择，从而在高层维护了数据流的完整性，即使服务器失效，也不影响操作员对实时数据的访问和发出操作命令。

4. 集中-分布式数据库

实时数据库是系统实时数据的存储和交换中心，具有实时、分布、事件驱动和远程在线下装的特点。数据库从上至下物理上是包含关系，即任何一个子系统或 I/O 通信站的数据库都是监控中心数据库的一个独立子集，这种空间独立性确保了当整体系统处于半运行半调试状态时，调试工作不影响已调好的子系统的在线运行。分布在各个功能节点上的实时数据库通过状态变化、"订阅-发布"和周期刷新等方式实现彼此间的数据一致性。

历史数据库包括两种记录方式。趋势历史库用来记录全系统所有数据库点的历史值和状态变化，以自定义的文件格式存储，趋势历史库保存了一段时间内全系统完整的运行记录，并定期通过筛选和统计性加工后向中心历史数据服务器存档。趋势历史库分散保存在各子系统和中心的服务器或其他功能节点上。系统历史库以商用数据库实现，保存全系统长期状态变化的统计信息。

除了实时库和历史数据库外，还使用表格和日志保存和记录系统所发生的各类事件。表格保存的是事件的实时状态，日志保存的是事件的历史状态。

5. 服务器组件

MACS-SCADA 是一个跨网络、跨机器的实时多任务系统软件，由多个软件服务器组件组成，每种组件可以单独或冗余部署在一个或多个不同的机器上。当配置了冗余服务器组件时，依靠软件信号完成主、从服务器的状态诊断和在线切换。

6. HMI

操作员站人机界面软件采用纯 Windows 风格设计，用 DOC/VIEW 的形式协调数据和显示，消息触发机制完全遵从 Windows 规范。

人机界面系统作为纯客户端，通过数据访问中间件获得系统数据，或向系统发出控制命令。人机界面系统包括一般操作站、打印服务和大屏幕系统。

7. 外部接口系统

与外部系统的接口在 I/O 通信站实现。I/O 通信站提供一个标准的驱动程序层，用于实现各种标准/非标准的通信规定和数据转换，同时也对外部设备的状态进行诊断。除此之外，通信站本身也安装了数据库的一部分以及计算服务，这使得每个通信站都成为系统整个数据库服务器群中的一员。

8. 开发/组态系统

开发系统运行于工程师站，用于系统数据库、功能、显示界面、环境等的开发、配置和部署，分别面向工程应用和二次开发提供两级配置功能，所有配置工具由一个统一的集成开发环境组织。

开发系统集成配置工具主要包括以下内容：设备和通信接口参数配置；实时数据库配置；联锁逻辑和统计计算配置；图形画面配置；报表配置；报警配置；历史数据库配置；操作权限配置；遥控、顺控命令配置；应用环境配置。

16.1.4 系统功能

综合监控系统在强大软件平台的支持下，可以向系统工程提供较丰富、实用的功能。

16.1.4.1 电力监控系统功能

电力监控系统的控制对象包括供电系统中可以远方控制的开关、刀闸、自动装置、主变压器分接头以及微机保护的定值修改、保护复归等。

操作员通过MMI监视和控制供电设备，按照用户操作权限允许进入供电系统的控制与监视。

系统遥控功能采用"选择-返校"方式。控制命令按选点、校验、执行三个步骤执行，操作中有安全检查、提示、口令检查、返校确认、撤销及防同时操作（互斥）功能，带有操作员身份验证、屏蔽和设备标签检查、与其他设备对象的关联闭锁检查等，操作记录内容包括操作人员姓名、操作对象、操作时间等，所有的操作记录保存在操作日志中，可供翻阅、查询、打印。

此外，系统的中心工作站实现开关模拟对位操作，闭锁、解锁等操作功能。所有控制操作均在操作员工作站上完成，并在操作员工作站的显示器、打印机上打印记录的操作结果。

系统功能有：① 控制功能；② 控制闭锁功能；③ 遥信及信息处理功能；④ 报警处理功能；⑤ 事故追忆；⑥ 供电系统运行情况的数据归档和统计报表功能；⑦ 用户画面显示功能；⑧ 口令字功能；⑨ 联锁功能；⑩ 列表功能；⑪ 数据点的抑制/禁止；⑫ 系统日志和日志查询；⑬ 趋势功能；⑭ 报表和报表在线打印；⑮ 历史数据存档和查询。

16.1.4.2 机电设备监控系统功能

系统工程东直门站为地下站，其他车站为地面站。因此整个环控系统由两部分构成：
- 东直门车站和隧道的通风空调系统和排烟系统，总称EMCS
- 车站照明、自动扶梯、给排水等机电设备系统，总称BAS。

通过中心环调监控工作站可以对全线的环控系统设备进行监视。车辆段的EMCS系统单独设置。根据环控系统的特点及其城铁对环控系统运营的要求，EMCS子系统的监控重心在车站综控室；指挥中心保留控制的功能，但重心是监视全线各车站机电设备的工作状态，监视全线各车站的通风、空调、配电、泵等系统运行。

系统功能有：① 控制功能；② 监视、统计打印功能；③ 画面显示功能；④ 报警管理功能；⑤ 车站监控对象；⑥ 车站操作员站的显示；⑦ 运营统计；⑧ FAS监视功能；⑨ 大屏幕系统功能；⑩ 网络管理功能；⑪ 视频系统功能；⑫ 防病毒功能。

16.2 案例2

16.2.1 系统概况

系统工程设计范围是规划的地铁1号线东段和4号线南段。1号线由罗湖站至世界之窗站，4号线由皇岗站至少年宫站。线路总长度正线约21.468 km，共设车站20座。其中1号线由罗湖站至世界之窗站，线路长约16.989 km，双正线，设车站15座；4号线4.479 km，双正线，设车站5座；系统工程与4号线的西北联络线0.477 km；出入车辆段线1.292 km单线。另外建设竹子林车辆段及其他基地和行车调度指挥中心各一处，以及相应的运营生产、维护维修设备和设施。其中行车调度指挥中心、车辆段为地面建筑。

系统工程车站机电设备监控系统（EMCS）的设计范围主要包括1号线罗湖站到城东段15座车站及其地下区间，4号线皇岗站至少年宫南段5座车站（含会展中心站）及其地下区间、行车调度指挥中心、车辆段出入线区间。车辆段等不设EMCS。

16.2.2 系统工程EMCS、FAS和SCADA系统应用需求

对于系统工程，环控和机电监控系统要求是：EMCS将对全线20座车站的通风空调系统设备、给排水设备、自动扶梯、电梯、车站公共区照明、广告照明、车站事故照明电源、屏蔽门、人防密闭隔断门等以及行车调度指挥中心大楼通风空调系统设备、给排水设备、照明、门禁等机电设备进行全面、有效的自动化监控及管理，确保设备处于高效、节能、可靠的最佳的状态，创造一个舒适的地下环境，并能在火灾等灾害或阻塞事故状态下，更好地协调车站设备的运行，充分发挥各种设备应有的作用，保证乘客的安全和设备的正常运行。

EMCS分中央级、车站级和就地级三级，对机电设备进行监控。在中央级、车站级进行系统管理，同时在竹子林车辆段设置综合维修中心的自动化维修车间，行车调度指挥中心设置维护室，对EMCS设备进行维护。

系统工程防灾报警系统（FAS）主要包括各车站、区间隧道、行车调度指挥中心、车辆段、主变电站等，以及与地铁运营有关的建筑与设施防灾报警硬件设备、相关软件及全线网络设备。与地铁车站出入口或通道相连的物业报警不纳入本系统，但车站防灾报警系统将预留与该物业防灾报警系统的通信数据接口。

系统工程的供电系统（SCADA）采用集中供电方式，为110 kV/35 kV两级供电，列车牵引用电采用直流1 500 V。整个地铁的供电系统由福中一站主变电所、城市广场主变电所及牵引供电系统组成。全线共设2座110 kV/35 kV主变电所、8座牵引降压混合变电所、13座降压变电所。牵引降压混合变电所和降压变电所进线电源均采用35 kV。地铁内部由35 kV电压组成一个独立开环供电网络，该网络以双回路馈电电缆向各牵引降压混合变电所和降压变电所供电。

电力监控系统由设在行车调度指挥中心的主站、设在变电所的综合自动化子站及通信通道三部分构成。系统对全线上述各类变电所的供电设备进行监视控制、数据采集以及对接触网电动开关设备的运行状态进行监视控制，负责全线牵引及电力供电系统的运行管理、正常检修及事故抢修的调度指挥，以确保整个供电系统及设备安全、可靠地运行。

16.2.3 综合监控系统构成

将地铁EMCS、FAS和SCADA三系统集成在一个自动化平台上的地铁综合监控系统。按照系统工程的要求，综合监控系统对供电系统集成的界面在供电通信控制器上（包括通信控制器及相关I/O模块），对机电设备集成的界面在PLC的输入/输出端子上，对FAS集成的界面直至报警传感器探头。

实施的系统工程综合监控系统完全满足系统工程公司在 EMCS、FAS、SCADA 三系统独立操作的基础上进行集成的要求，是一个开放的、信息共享的计算机集成系统。在系统中包括了 EMCS、FAS、SCADA 三个子系统，各个子系统能够互不影响地独立运作，同时能够实现信息共享和子系统间的信息无障碍传递，从而实现系统工程全范围的综合监视与协调控制。

在 OCC 设置了 EMCS、FAS、SCADA 三个独立的总监控站。在各总站里，操作员完全按系统独立进行操作管理，集成系统对操作员是透明的。在各车站，三个子系统也是独立操作管理。对三系统而言，系统是独立操作的，未因集成而改变操作方式。但综合监控系统又对三个子系统的信息进行了集成。综合监控系统的实时数据库是三系统共享，三种实时数据存储于不同的数据表中，三个系统的数据既相关又有差别。软件体系保证数据的可靠传输和一致性，从而保证数据库的准确，保证系统的独立操作和信息集成。每个子系统可对各自的数据表进行存取，保证了独立的操作。

系统工程综合监控系统是一个地理上分散的 SCADA 系统。综合监控系统采用分层分布式结构，分为中央级监控系统层、车站级监控系统层、就地设备自动化系统层，如图 16.4 所示。

16.2.3.1 中央级监控系统

中央级监控系统设在中央监控中心（OCC），由中央局域网及其接入骨干网的路由器、EMCS 中央监控主站、FAS 中央监控主站、SCADA 中央监控主站、中央服务器、网管工作站、档案管理工作站、维护工作站、大屏幕、其他系统（如 ATS、AFC）的接口单元以及打印机等外围设备组成。

中央级局域网采用双冗余交换式以太网，遵从 TCP/IP 协议，数据传输率为 10 Mb/s 或 100 Mb/s，C/S 结构。

16.2.3.2 车站级监控系统

车站级监控系统由车站级监控网络和车站监控室（SCR）。

1. **车站级监控网络**

每个车站以及车辆段都设计了双冗余交换式高速以太网，支持车站级 EMCS、FAS、SCADA 的集成。

2. **车站监控室**

车站监控室（SCR）的设计以 EMCS 车站级监控站为主，SCR 中配置了 EMCS 车站级监控主站。

FAS 在车站级的终端计算机设在 SCR 中，其配置为研华工控机 PⅡH/866。一台网络打印机作为事件打印机和报表打印机。

车站监控室配置了一套重要的设备——车站模拟监控盘 MCP。当在中央一级发生通信故障或在车站一级发生人机界面故障时，仍可以由车站模拟监控盘 MCP 对集成系统进行操作控制，以免影响安全。模拟监控盘是一种人机接口装置，作为车站集成系统的后备设备，是在紧急情况下使用的按键式模拟监控盘，以支持关键的监控功能。模拟监控盘上面集成了多个系统的后备操作按钮和运行状态指示，通过独立的信号通道对各类系统进行操作控制。模拟监控盘配有 PLC 控制器，完成手动操作控制信号的逻辑判断及输出指示等功能。

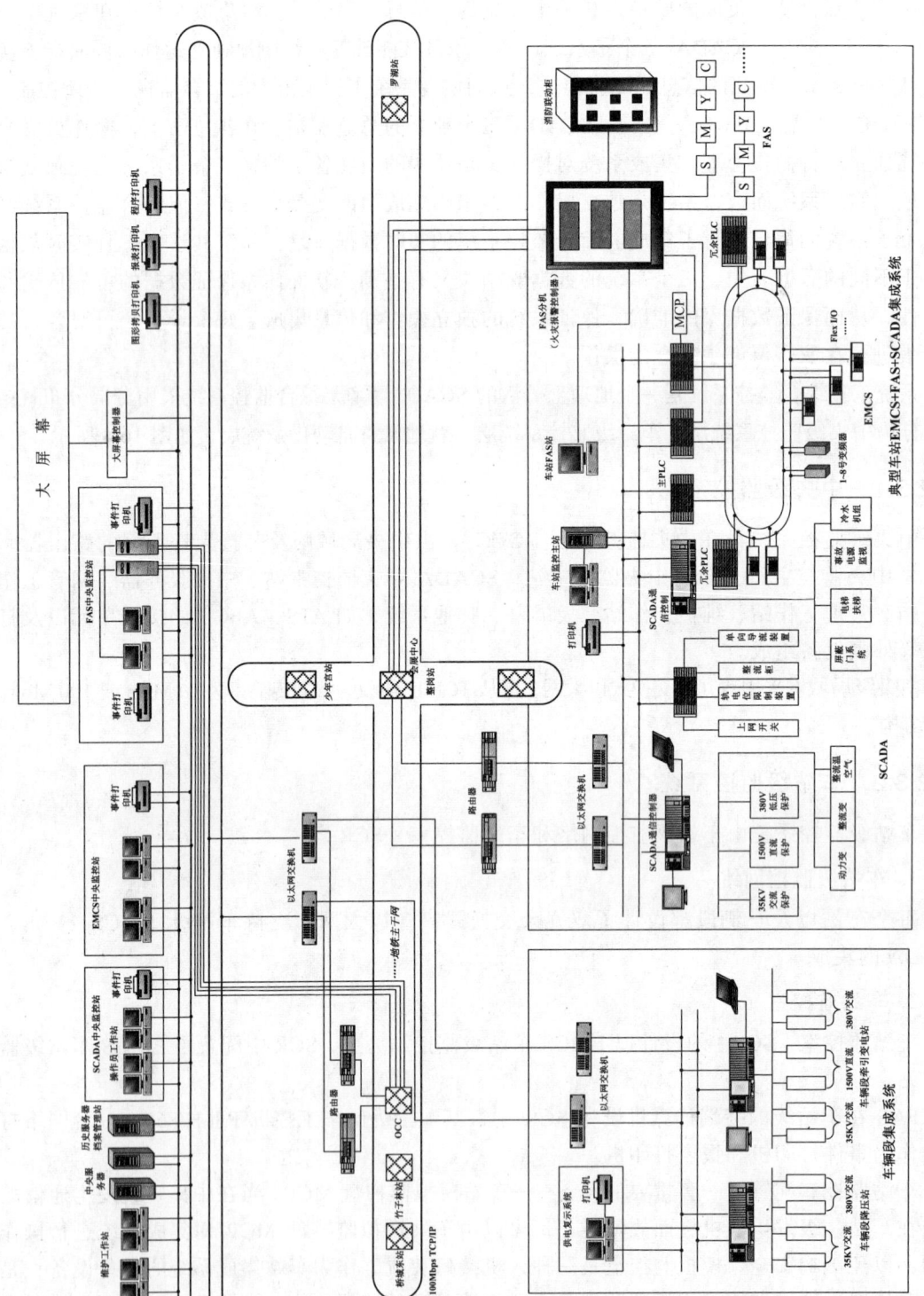

图 16.4 系统工程 MCS-FAS-SCADA 集成系统的总体结构框图

16.2.3.3 就地设备自动化子系统

本集成系统具有对各种就地设备自动化子系统的集成能力，它通过车站级监控系统来完成。自动化子系统包括了 EMCS、FAS、SCADA 三个子系统。

1. EMCS 子系统

车站 EMCS 子系统是系统工程集成系统的主要子系统，其构成如图 16.5 所示。EMCS 子系统的设备由 PLC 组网构成。EMCS 配备了一个通信控制器，专门处理串行网络的接入，从而将这些网络上的设备接入 EMCS。工控机接入的设备系统主要有：电梯（点对点接入）、电扶梯（总线）、事故电源（总线）、屏蔽门（总线）。两台冷水机组控制也通过 EMCS 通信控制器接入 EMCS 系统。

2. FAS 子系统

FAS 子系统包括车站分控制级和现场控制级，其组成图如图 16.6 所示。

（1）车站分控制级由车站防灾报警分机、FAS 车站工作站（在 SCR）、打印机、消防联动柜、紧急电话主机等构成。

车站控制室设防灾报警分机，通过总线与 FAS 现场设备相连，组成所辖站的火灾报警子系统。同时各防灾报警分机均为 FAS 专网的一个节点，与其他站点及防灾指挥中心进行通信和信息交换。

火灾报警子系统通过 RS-242/RS-485 通信接口与本站内 EMCS 的 PLC 相连，当火灾信息被确认后，FAS 向 EMCS 发出火灾报警信息。

车站综合控制室配备 FAS 车站工作站，防灾报警分机采用 RS-232 接口。这样，FAS 分机通过两个通道与集成系统相连。

每个车站设置一套独立的消防电话网络，电话主机设在车站综合控制室内。与车站相邻的主变电所将纳入其相邻的车站消防电话网络中，隧道内的电话插孔也纳入相邻车站的消防电话网络中。

OCC 大楼分控制级设置了防灾报警分机、FAS 工作站、打印机、消防联动控制柜和电话主机，同时设置了专用消防广播系统。综合控制室设置有专用消防广播控制盘，与现场设备（扬声器）构成专用消防广播系统。

主变电站分控制级在主变电站综合控制室各设置一台防灾报警分机和消防联动控制柜，与相邻车站共用一套电话主机。

车辆段内主要建筑各设置一台防灾报警分机和消防联动控制柜，各建筑与 OCC 大楼共用。

（2）现场控制级主要由 FAS 现场装置组成。

- 智能型光电式感烟探测器，在车辆段用房、主变电站、车站的公共区（盥洗室、洗手间、风道除外）、设备区等处设置。
- 智能型感温探测器，在不适合安装感烟探测器的部位和场所设置。
- 智能型光电式感烟探测器、智能型感温探测器两种探测器（同上），在防火卷帘门两侧、重要的设备房（如通信设备室、信号设备室、环控电控室、低压配电室、变电所的重要房间等为气体保护房间）等处设置。
- 红外光束型感烟探测器，在车辆段检修库和折返线等处设置。
- 带地址码监控模块和监视模块，用于接收气体自动灭火系统、防火卷帘门等的状态信号；接收气体自动灭火系统控制盘上的预报警信号、火灾确认信号、系统故障信号、气体释放信号及手动/自动状态；接收防火卷帘门的位置信号。

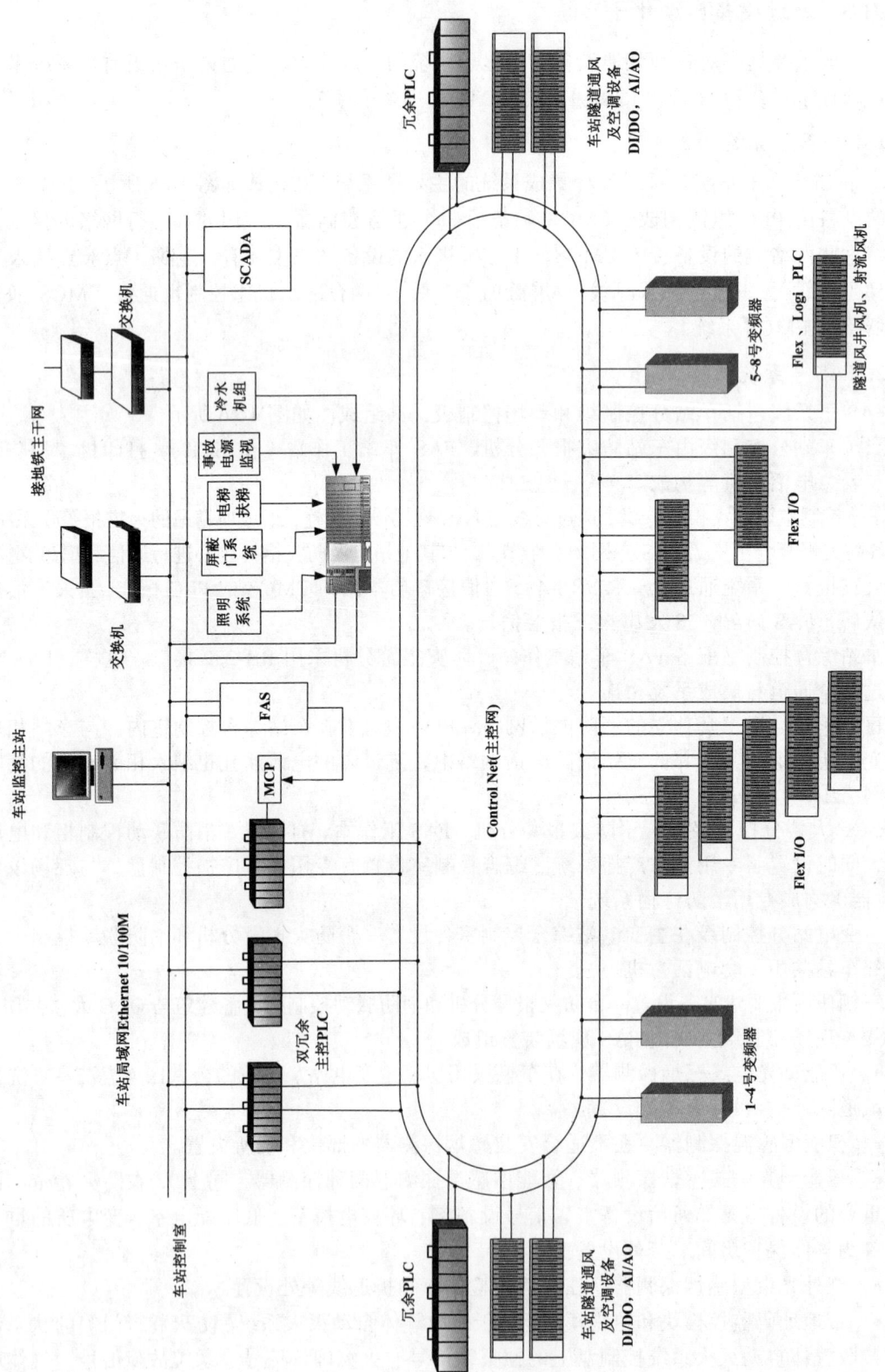

图 16.5 典型车站 EMCS 子系统结构图

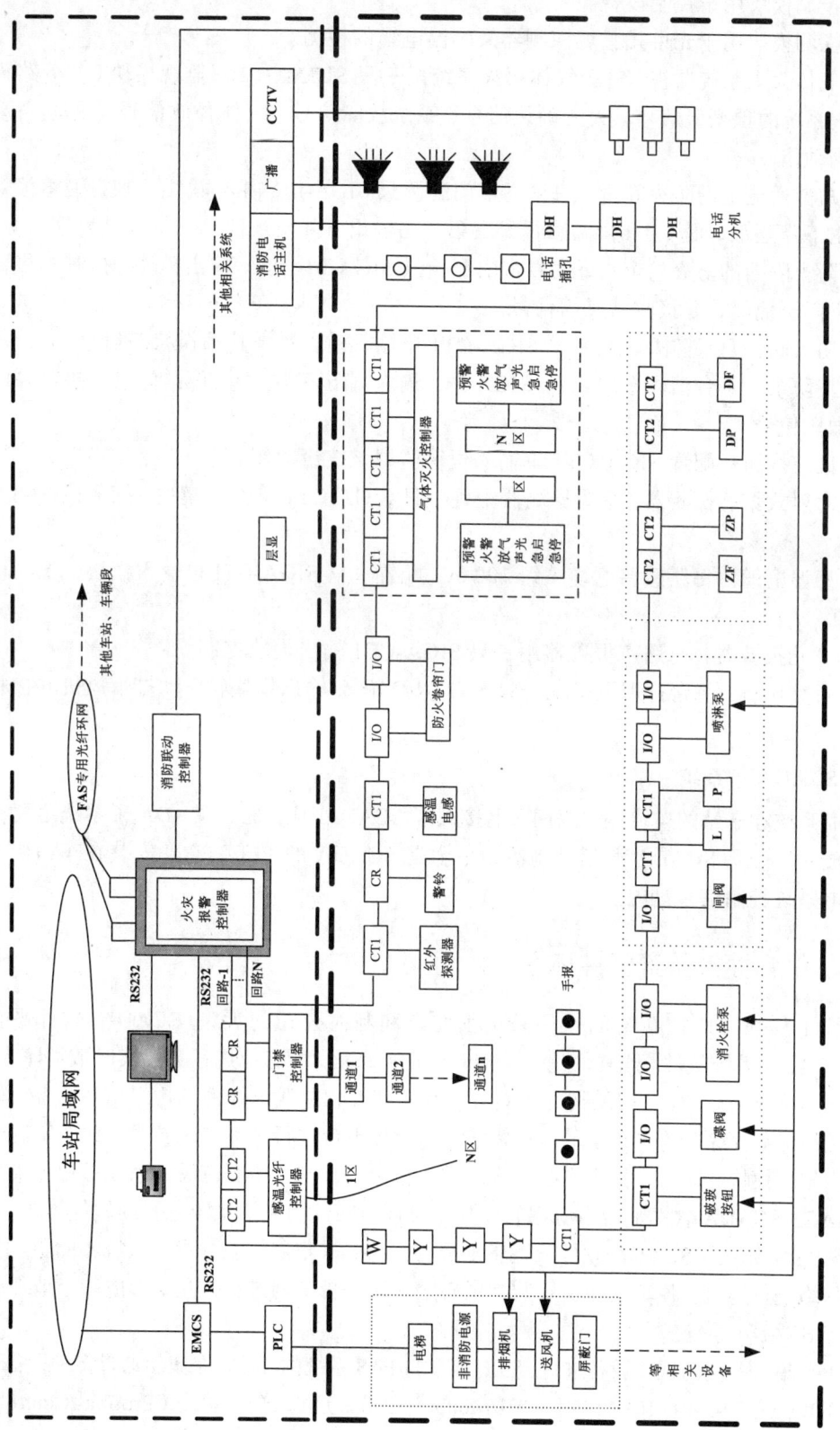

图 16.6 系统工程 FAS 子系统组成图

- 控制模块用于控制设备。
- 探测模块用于光束式感烟探测器及感温电缆的检测。
- 气体灭火系统监视。每套气体灭火系统配三只 SIGA-CT2 双监视模块（共 6 路输入），监视灭火系统的预报警信号、火灾确认信号、系统故障信号、气体释放信号、手动/自动状态和防火阀动作。
- 疏散通道上的防火卷帘：每扇卷帘门配两只 SIGA-I/O 输入/输出模块，烟感报警后第一路输出下降至距地面 1.8 m，温感报警后第二路输出下降至地面，并接收其反馈信号。
- 防火隔断的防火卷帘：每扇卷帘门配一只 SIGA-I/O 输入/输出模块，探测器报警后防火卷帘下降至地面，并接收其反馈信号。
- 防火阀：每只防火阀配一只 SIGA-CT1 单输入模块监视其动作状态信息。
- 消防泵：每台消防泵用二只 SIGA-I/O 输入/输出模块，启/停消防泵和接收泵的运行信号和故障信号。
- 破玻按钮：配置 SIGA-CT1 单输入模块监视该按钮动作。
- 对射式烟感探测器：每对探测器配置一只 SIGA-CT1 单输入模块，探测该探测器报警和故障。
- 感温电缆：每路感温电缆（约 100 m）配置一只 SIGA-CT1 单输入模块，探测该感温电缆报警。
- 声光报警器：每路声报警器用一只 SIGA-CC1 输出模块控制。
- 排烟风机：每台排烟风机配一只 SIGA-I/O 输入/输出模块，启动排烟风机并接收其运行信号。

3. SCADA 子系统

集成系统在车站的监控网（双网）上接入了 SCADA 子系统。SCADA 子系统主要由两个装置组成，一个是 SCADA 通信控制器，一个是 SCADA 的 PLC。它们安装在车站变电所控制的供电系统控制信号盘内。

16.2.4 综合监控系统软件体系

系统工程综合监控系统的软件采用了北京和利时公司的大型 SCADA 软件平台——MACS-SCADA 系统软件。此软件是一个实时多任务系统，所有应用任务以实时数据库为核心，采用客户-中间件-服务器三层结构的扩展 C/S 模式和双软总线的体系结构组织系统各个软件模块。针对系统工程综合监控系统的应用需求，对软件平台进行了整合和技术升级，定制开发了各种应用软件模块。同时，作为系统集成的重要任务，开发了所有有关的系统接口（第三方驱动）。MACS-SCADA 软件平台、应用软件与系统接口软件构成了系统工程的软件体系。

系统工程 MACS-SCADA 软件从逻辑上分为三层：采集层、服务层、人机界面层。各层之间通过网络进行连接。各车站和上层监控中心之间通过骨干网进行连接，形成一个地理分散的综合监控 SCADA 系统。

（1）采集层负责与现场设备进行交互，实现与 FAS 系统的互联。采集层通过多种设备通信规约（CDT/IEC61870-5-103/IEC61870-5-101/Modbus/SPabus）接入现场总线（Profibus/Control Net）

设备或子系统。采集层处理现场通信、执行数据处理、从事实时数据库管理和必要的管理维护事务。现场控制器上的实时数据库是全系统的数据源,任何数据访问的请求最终都要从这里进行应答。

(2)服务层包含多种服务功能,有报警和事件服务、历史数据服务、时间服务、报表服务、打印服务等。这些服务功能可有选择地进行配置,并可以分别配置在不同的计算机上。

(3)人机界面层提供全部的监控功能。展现实时数据、使用控制功能、监视报警和事件等。

由于实时数据分布在车站采集层,因此网络上的各服务任务和人机界面系统对数据进行的访问,都必须通过数据访问管理中间件进行。通过该中间件可以透明地访问各车站的实时数据库。

考虑到系统工程骨干网带宽方面的限制,对实时数据库的访问采用了订阅机制,对开关量采取变位上传机制,对模拟量采取变化上传机制,通过这些机制保证通信的有效性和对窄带的适应性。传输周期和模拟量死区根据需要灵活地设置,如在页面中设置模拟量的显示格式,事实上也就确定了该模拟量在显示应用订阅传输时的死区;设置页面的刷新周期,事实上确定了适应页面显示需要的传输周期;在监控中心配置的服务和界面中只涉及车站的部分数据,事实上车站的其余数据就不会传输到中心。

在系统工程监控系统中,车站软件涵盖了采集、服务、人机界面三层内容。电力 SCADA 在其 I/O 站上额外配置了服务器功能和人机界面功能,使工作站的运行、维护管理变得非常方便。EMCS 为采集功能单独设置了采集工作站,并另外设置了监视工作站承担服务任务和站级监控。

由于全系统实时数据库统一分布在 I/O 采集工作站上,监控中心的软件就只包含服务层和人机界面层,对实时数据的访问通过中间件来完成。系统工程监控中心三个专业分别设置自己的人机界面,提供专业监控功能,同时各专业共享一对冗余配置的硬件服务器,来处理所有的报警、事件、趋势、打印、商用数据库等任务。

MACS-SCADA 软件不仅实现了开放平台,还提供了强大应用开发支持,包括模板、向导、脚本、动态库等。模板和向导有助于快速构建简捷、规范的车站或监控中心软件工程,脚本和动态链接库(DLL)则用来实现更为复杂的专业应用。

在系统工程软件实施中,通过脚本实现了多数应用功能和复杂的人机操作,例如,报警的分类和确认、使用第三方 ActiveX 控件(如电量饼图)、设备强制、分专业管理支持、操作权限管理、格式化文件的存储和显示(如日志)、事件和消息通知(如模式启动)、页面显示管理、数学运算、趋势显示等。通过动态链接库(DLL)实现的应用功能的特点是瞬间处理信息量大,用脚本方式实现可能会导致效率低下。例如,全日志需要同时处理全线用户的操作和报警;事件顺序记录(SOE)需要快速记录设备事件,以正确反映事件时序;高级统计功能则需要处理大量实时数据库中模拟量和开关量。

总之,实施在系统工程的 MACS-SCADA 综合监控系统,是以网络为核心的、分层的、开放的、面向应用的软件,其总体结构如图 16.7 所示。

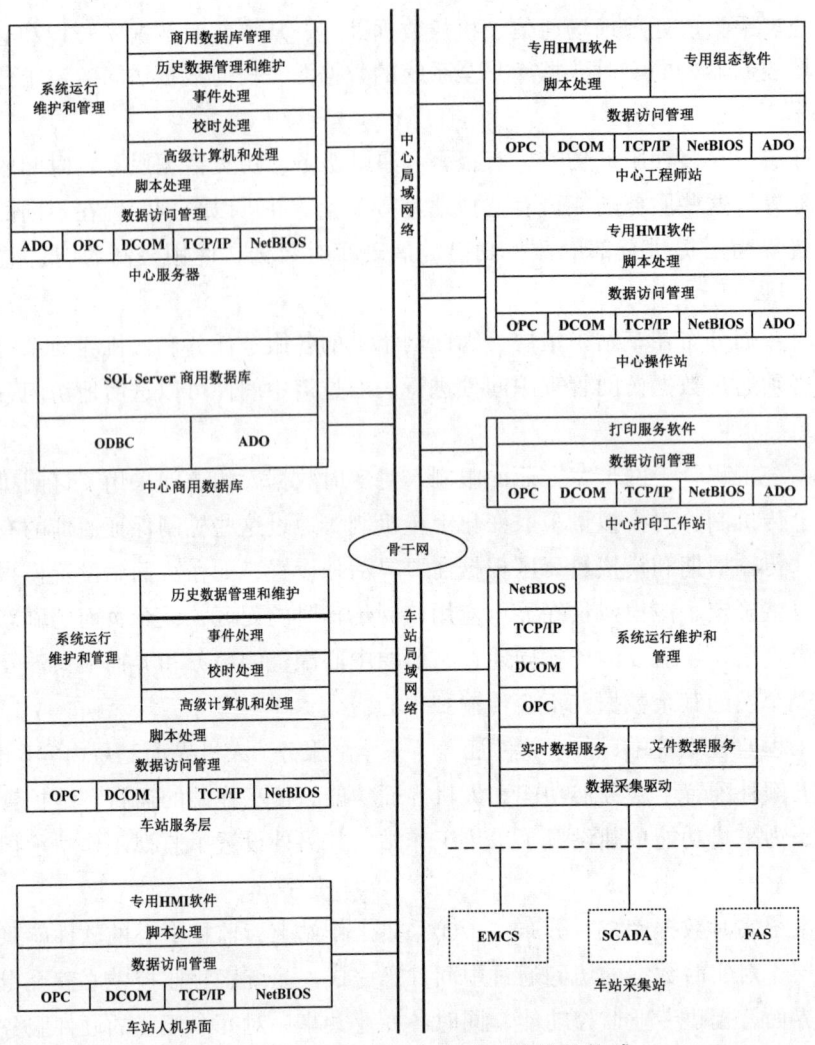

图 16.7 系统工程综合监控系统软件构成

16.2.5 系统功能

系统工程集成系统是地铁三个子系统 EMCS、FAS、SCADA 的信息共享平台。它实现了三个子系统的独立工作和信息互通,实现了综合监控功能。

16.2.5.1 中央监控功能

三个专业中央监控工作站运行同一个集成系统 HMI 软件,取得授权的工作人员可以进入每个子系统并调用所有的功能画面。

三个专业的功能之中都含有联动功能,特别是在灾害模式和阻塞模式下,是三个系统的联动。

每个专业操作员输入密码后,可进入本专业的功能体系。但是中央级的监控功能,表现为 SCADA 系统的中央控制功能为重点,FAS 中央功能较独立,EMCS 中央功能以对车站间的隧道监控功能为主,以全线的全局信息汇总和统计为主。

系统工程实现的 SCADA 系统的中央控制功能概括为以下几个方面。

（1）实时数据采集功能。

实时数据采集功能分为遥信数据采集功能和遥测数据采集功能。

① 遥信功能，分为位置遥信及保护遥信。位置遥信包括供电系统中的各种断路器、刀闸、接触器的合/分状态，开关手车的工作、实验位置状态等。位置遥信有单位置遥信和双位置遥信两种情况，单位置遥信只有 0 和 1 两种状态，分别代表设备的分/合状态；双位置遥信有 00、10、00、11 四种状态，分别对应正常位置状态（分）、正常位置状态（合）、故障状态（分）、故障状态（合）四种状态。保护遥信按照非正常状态的严重程度，分为事故遥信和预告遥信。

② 遥测功能：遥测数据包括各变电站内测量对象的交流相/线电压、交流电流、零序电压、零序电流、直流电压、直流电流、有功功率、无功功率、功率因数、蓄电池电压等电气量以及主变温度等非电量。

（2）实时数据处理功能。

遥信数据的采集处理方式分为两种：通信控制器采集智能装置上送数据、各变电所通信控制器向调度指挥中心上送数据。通信控制器采集智能装置上送数据，根据各智能装置通信协议的差异，数据上送方式可分为变化上送或全数据传输两种。各变电所通信控制器向调度指挥中心上送数据，采用变化上传方式上传数据，通过应用层网络通信协议来保证上传数据的完整性。

（3）SOE 功能。

当遥信点状态发生变化时，该信号被立即传送到调度指挥中心，信号的时标（SOE）由装置本身带入，对于无 SOE 功能的装置，时标由通信控制器带入（准确到秒）。所有在数据库组态中定义为 SOE 点的开关量均可触发 SOE 事件记录。

（4）其他功能，如画面监视、报警功能等。

16.2.5.2 车站监控功能

系统工程集成系统车站级功能以 EMCS 为主，这是因为 SCADA 在车站为无人值守站，它的本地监控功能得到 OCC 总站授权后，可在电力所操作员站上进行。车站级的功能是中央监控功能在本站的部分。在车站综控室（SCR）的监控站上，经授权可调出 SCADA 的 HMI 画面体系，在车站综控室进行操作。FAS 车站级功能独立地在车站 FAS 工作站上实现。

1. EMCS 车站级功能

车站级监控系统主要实现对车站系统或设备的监控和管理，主要实现下列功能：① 通过友好的用户界面及显示体系，对车站和相邻区间隧道为单位的所有监控对象状态点进行系统的组织和综合管理，并利用丰富、生动的界面体系展示出来，供操作人员监视。② 实时监控操作：实时刷新所有监控对象的状态点，并提供灵活多样的操作手段，实现对具体系统或设备的监控操作，如点动遥控功能、模式控制等。③ 报警、报警处理及日志：系统提供完备的报警体系，将设备报警、越权操作报警、特殊工况等报警附以人性化声音信息，实时提供给操作人员，并提供必要的确认及查询手段。同时可以将各类操作等以日志形式记录下来并形成文件。④ 趋势显示：系统允许用户在线定义任意模拟量点的趋势，并可以成组显示。

⑤用户可以根据需求整理数据用于报表。⑥在线参数整定：系统允许用户在线整定系统运行参数，如时间表、空调系统运行参数、调节参数、设备报检时限等。

EMCS车站级监控功能最主要的功能是时间表控制和模式控制。

（1）时间表控制。

时间表作为EMCS控制设备在正常情况下运行的控制输出，它以设备、设备组或系统为单位，确定设备在某段时间内的运行状态。时间表的控制优先级低于模式控制和手动控制。

隧道系统时间表分为单周换气、双周换气。车站大系统和每个小系统可有5套时间表，分别是当前工作日时间表、当前周末时间表、预置工作日时间表、预置周末时间表及特殊日时间表。

在车站EMCS系统HMI上，可以随时从PLC控制器回读本车站任一时间表，监视其运行状态，也可以编辑修改本站大系统的当前时间表和小系统的所有时间表，立即下载。

（2）模式控制。

① 模式分类。

将模式按工况、模式控制类型、触发方式及地点总结如表16.1所示。

表16.1 模式控制分类表

系统	工况	模式名称	控制类型	触发器	触发方式		
					自动	半自动	手动
隧道通风系统	正常	正常运营	时间表	OCC	√		
		夜间运营	时间表	OCC	√		
		早夜换气	时间表	OCC	√		√
	阻塞	区间左线阻塞	模式表	OCC（ATS）		√	√
		区间右线阻塞			√	√	√
	火灾	区间左线车头火灾	模式表	OCC（ATS、FAS+人工确认		√	√
		区间左线车尾火灾				√	√
		区间右线车头火灾				√	√
		区间右线车尾火灾				√	√
		车站左线隧道火灾	模式表	OCC、SCR（ATS、FAS+人工确认）		√	√
		车站右线隧道火灾				√	√

② 控制优先级判断。

车站EMCS系统可以接收从车站MCP盘、车站监控工作站、中央监控工作站等监控操作点下达的模式运行指令。控制优先级的判断在PLC中完成，判断的原则为：首先按照监控操作点的优先级进行判断，若级别相同，再按照运营工况（紧急、非正常和正常模式）的优先级进行判断。优先级高的模式可以中止优先级低的模式的执行,优先级相同或优先级低的模式不能中止同级别或高级别的模式的执行。

③ 模式冲突判断。

模式经过控制优先级判断,若优先级相同则进入模式冲突判断。模式的执行必须经过控制优先级判断和模式冲突判断,判断结果执行如下:a.控制优先级高的模式不需要模式冲突判断,直接执行;b.控制优先级相同的模式经过模式冲突判断,结果为不冲突,可执行;c.控制优先级相同的模式经过模式冲突判断,结果为冲突,不能执行;d.控制优先级低的模式不需要模式冲突判断,不能执行。

④ 模式执行功能。

在车站,模式控制属于一种特定的设备组控制。模式的定义是根据工艺设计要求形成的,其触发可有两种方式:自动触发(车站FAS系统)和手动触发(HMI,MCP)。

EMCS系统在车站的模式控制与操作包括两方面:① 作为OCC的辅助,实现对隧道环控系统的非正常模式和早晚换气模式的控制及模式编辑;② 执行OCC下发的车站系统的模式表,并可手动控制车站系统模式。根据需求,可增加模式编辑功能。

EMCS系统可以实现对本站所有模式及模式控制相关设备的监控与操作功能。有早晚换气模式控制和非正常模式控制。

(3)阻塞模式控制。

阻塞模式控制主要由中央系统完成,EMCS车站操作员可以在授权的情况下手动控制本站相关的隧道阻塞模式。

(4)模式状态监视。

HMI中提供模式设备对照界面,用于对比当前启动的模式下所有设备的预期运行状态和实际运行状态,从而监视模式启动到运行的全过程,同时也能清楚地看出模式运行失败或不完全的原因。

(5)系统图。

显示EMCS系统、环控各个子系统、车站其他系统的系统原理图及各个被控设备的运行状态;显示工艺设备属性、状态;显示系统当前工况、控制方式;可进行界面切换。

(6)报警及日志功能。

系统提供了完备的报警体系,将设备报警、越权操作报警、特殊工况等报警附以人性化声音信息实时提供给操作人员,并提供必要的确认及查询手段。同时,可以将各类操作等以日志形式记录下来并形成文件。

(7)趋势显示。

系统允许用户在线定义任意模拟量点的趋势,并可以成组显示。

(8)数据整理及报表。

根据需求,用户可以整理数据用于报表。

以上是EMCS车站系统一般性功能。EMCS具体监控的环控和机电设备的系统如下。

① 车站大系统:监控空调机组、小新风机、回排风机和风阀。
② 车站小系统:监控空气处理机、风机盘管、送风机、排风机和风阀。
③ 冷水系统:监控冷水机组。
④ 电梯和电扶梯系统:监控电梯;监控站内的电扶梯。

⑤ 照明系统：监控照明回路。
⑥ 给排水系统：监控进水蝶阀、排水泵。
⑦ 屏蔽门：监控屏蔽门的状态。此外，还有事故电源、人防门等都有相应的人机界面，实现监控功能。

2. SCADA 车站级功能

SCADA 车站级功能与 OCC 车站级功能部分相同，一般情况下，SCADA 车站级的监控在电力所进行。电力所控制室是无人值守的电力监控室。需要本地操作监控时，电力值班人员进入变电所控制室，在电力信号盘的键盘上操作，信号盘设有 LCD 显示屏，支持操作员监控。LCD 显示屏可显示 SCADA 整套的 HMI 功能画面。

3. FAS 车站级功能

各站（OCC 大楼、车站、变电所、车辆段）内的防灾报警分机与现场设备通过探测总线连接构成火灾报警子系统，负责所管辖范围内的火灾报警信息的实时监测和消防设备的实时监控。下面介绍 FAS 功能的执行过程。

（1）在正常的情况下，面板会显示"系统正常"字样信息、当前日期和时间。

（2）当探测到异常情况（报警、监视或故障）时，相应的 LCD、报警灯会闪亮。报警状态时控制盘发出脉冲声响信号，在故障状态时长鸣。在 1 s 内车站 FAS 操作站自动弹出相应区域的平面图。

（3）确认功能采用密码保护，避免不具有操作权限的人员使用此功能。如果这种情况发生，应能显示"权限不足"的信息，确认功能不能使用，但仍允许其继续监视出事地点。当有操作权限的人员行使确认权限后，应显示故障被确认的信息。当所有报警点被确认后，LED 变为长亮，蜂鸣停止，报警点数目及故障点连同提示会按时间顺序进行显示。

（4）报警消声：若"报警消声"按钮被按下，所有报警信号会停止。被消声的信号应由控制盘正面的一个 LED 显示。采取先消声，后确认的操作方式。可集中确认也可单独确认。

（5）系统复位：设有系统复位按钮，在报警状态被纠正后应能使系统恢复正常状态。在复位过程中，简单提示信息（如"过程中止""复位完成"和"系统正常"等）可以保证操作者继续操作。复位前所有的报警状态必须先排除。

（6）若报警信号还存在，系统应仍保持异常状态，系统控制继电器不能复位，控制盘发出音响信号和报警 LED 信号，显示器显示系统报警和故障点的总数并带有提示信息，以便再检查这些点。若这些点已被确认过，则不需要再确认。

（7）防灾报警分机在报警记录或故障记录中至少可保存 500 个事件。

（8）系统故障提醒器：当系统中仍有故障，而事故音响信号又已消声，这时故障信号定义成按照一定的时间间隔鸣叫，以提醒操作人员 FAS 系统不能百分之百地工作。

（9）访问级别：系统具有 5 级口令。输入正确的密码后，会显示"允许进入"信息。

（10）消防联动柜的执行功能：消防联动柜是车站级的手动后备装置。出现火灾报警时，采用消防联动柜启动车站 FAS 的防灾设备，进行防灾。

车站 FAS 的监控功能还包括：对气体灭火系统的监视，对防火卷帘门的监控，监视防火阀、消防泵的运行状态，监视破玻按钮和消防栓泵（入管电动蝶阀）的状态。

16.2.5.3 集成系统综合监控功能

系统工程 EMCS + FAS + SCADA 集成系统主要实现以下综合监控功能：

（1）三个系统共享一个信息平台，按照系统集成理论，本集成系统的软件平台是一个开放系统，系统接口开发较为规范。因此，具有良好的开放性能，可继续扩展成为系统工程的很多专业的信息共享平台，可为运营管理服务。

（2）无论在 OCC 或是在车站，所有工作站都安装了集成系统的人机界面软件（HMI），只要获得授权，可进入每个子系统功能画面，这些工作站可互为备用。任一工作站在获得授权的条件下都可进行本专业监控。

（3）本质上讲，集成系统对 EMCS 和 SCADA 进行了集成，对 FAS 系统进行了互联，三个子系统资源共享，可实现运营需要的联动功能，例如火灾模式下的三系统联动功能。

（4）三个系统在车站已经集成在一起，共用 OCC 设备与网络。三个系统采用统一的 HMI 软件，三个系统的监控模式趋于统一。

复习思考题

1. 简述基于 SCADA 系统的 ISCS 的硬件构成/软件构成/网络构成。
2. 试从集成模式、系统构成和软件结构三方面说明案例 1 综合监控系统。
3. 试从集成模式、系统构成和软件结构三方面说明案例 3 综合监控系统。
4. 基于 SCADA 的综合监控系统集成有什么特点？有什么优缺点？

第 17 章　地铁主控系统

17.1　案例 1

系统工程呈南北"Y"字形走向，分主线和支线，主线北起广州火车东站，南至番禺广场，主线长 28.78 km，设 13 座车站。支线北起天河客运站，南至体育西路，在体育西路站与主线汇合，支线长 7.55 km，设 5 座车站。系统工程在汉溪站附近设车辆段，在大石设立控制中心（OCC）。

广州东站、体育西路及客村站为三个换乘站，并在珠江新城站、大石站和市桥站预留与其他轨道交通线的换乘条件。

工程范围是全线 36.16 km 区段、18 座车站、车辆段及综合基地、OCC、主变电所和冷站范围内的 MCS 工程。

17.1.1　主控系统概况

系统工程主控系统集成了变电所自动化系统（PSCADA）、火灾报警系统（FAS）、机电设备监控系统（EMCS）、屏蔽门系统（PSD）、防淹门（FG）。同时互联了广播系统（PA）、闭路电视系统（CCTV）、车载信息系统（TIS）、车站信息系统（SIS）、自动售检票系统（AFC）、信号系统（SIG）、时钟系统（CLK）等。

MCS 总计集成、互联了 12 个子系统。中央互联的系统有：广播系统（PA）、闭路电视系统（CCTV）、车载信息系统（TIS）、车站信息系统（SIS）、自动售检票系统（AFC）、信号系统（SIG）、时钟系统（CLK）。

车站集成的系统有：变电所自动化系统（PSCADA）、火灾报警系统（FAS）、机电设备监控系统（EMCS）、屏蔽门系统（PSD）、防淹门（FG）。

车站互联的系统有：广播系统（PA）、闭路电视系统（CCTV）。

车辆段集成的系统有：变电所自动化系统（PSCADA）、火灾报警系统（FAS）。

OCC 大楼集成的系统有：变电所自动化系统（PSCADA）、火灾报警系统（FAS）、机电设备监控系统（EMCS）。

主变电站集成的系统有：变电所自动化系统（PSCADA）、火灾报警系统（FAS）。上述集成的系统，将通过相邻的车站集成到 MCS。

集中冷站集成的系统有：火灾报警系统（FAS）、机电设备监控系统（EMCS）。上述集成的系统，将通过相邻的车站集成到 MCS。

17.1.2 主控系统的体系结构

整个地铁的数据采集系统分为三级控制层次：中心、车站、子系统。此结构的显著特点为：

（1）子系统的通信必须通过前端处理器，按照一定的通信协议完成协议转换后才能进入主控系统。主控系统与子系统的接口界面在前端处理器配线架的外侧。

（2）主控系统通过通信骨干网将中心（中心服务器、中心工作站、前端处理器等）、车站（车站服务器、车站工作站、前端处理器等）、车辆段（车辆段服务器、车辆段监控站、前端处理器等）局域网全部联系起来。主控系统在中心、车站（包含综合后备盘）均可对整个地铁完成正常的监控功能。子系统可以完成子系统自身的监视、维修等工作。图 17.1 是系统工程主控系统模式。

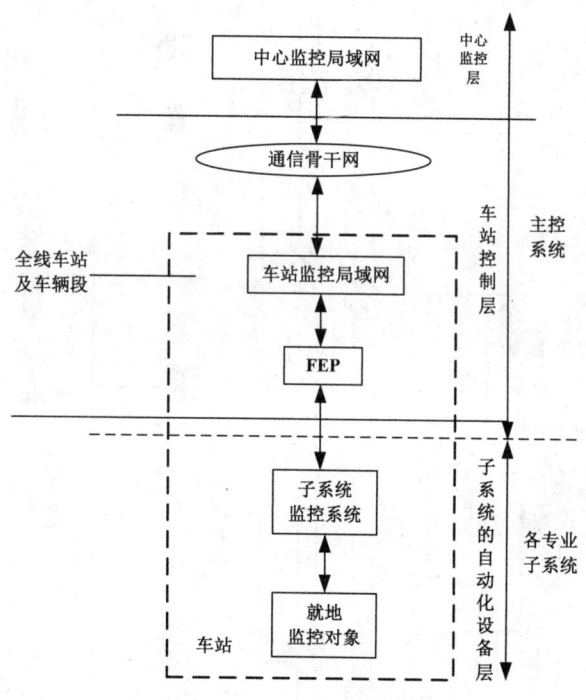

图 17.1　系统工程主控系统模式

17.1.3　系统工程主控系统的总体构架及系统构成

系统工程主控系统总图（OCC/典型车站/车辆段）如图 17.2 所示。主控系统硬件由中央主控系统（CMCS）和车站主控系统（SMCS）两层组成。

中央主控系统（CMCS）位于 OCC，以 64 位 UNIX 冗余实时服务器为基础，通过 100（Mb/s）/1 000（Mb/s）、TCP/IP 以太网主控骨干网 MBN，将所有的车站级主控系统 SMCS 连接起来。此层包括冗余实时数据服务器、历史服务器、操作员工作站和外围设备以及中央监控网。

车站主控系统（SMCS）位于车站、车辆段和 OCC 大楼，以 64 位 UNIX 冗余实时服务器为基础，包括了 VME 技术支持的前端处理器 FEP、车站操作员站及外围设备、车站 TCP/IP 局域网和综合后备盘（IBP）。

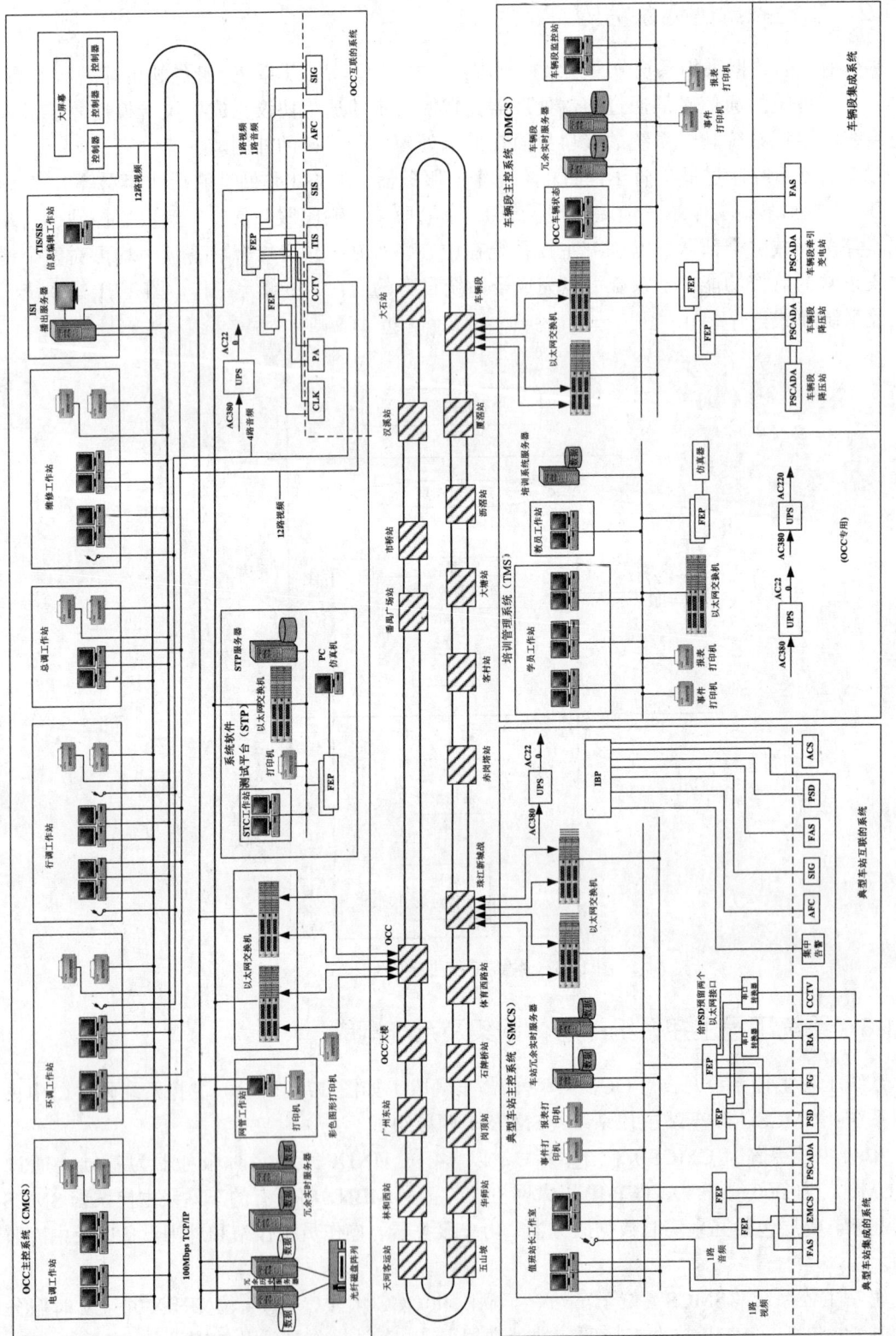

图17.2 主控系统总图

1. 中央主控系统（CMCS）

系统工程主控系统在中央控制中心（OCC）设立中央监控网络。中央监控网的核心是主控骨干网在 OCC 的节点连出的 HIRSCHMANN 千兆位交换机（冗余配置）。监控网上建立多服务器、多操作员工作站、接口设备以及外围设备，中央监控网将这些 OCC 设备连接起来构成中央主控系统（CMCS）。

CMCS 由以下设备组成：

① 电调工作站，是系统工程中央电力调度中心。电调工作站由双电力调度员工作站、事件打印机、报表打印机等组成。对全线各主变电站、牵引降压变电所（含跟随所）、降压变电所（含跟随所）等进行监控，实现遥测、遥控、遥调和遥信功能，实现全线电力线路管理监控功能，实现对电力牵引、动力供电管理监控功能。② 环调工作站，是系统工程中央环控调度中心。③ 行调工作站，是系统工程行车调度中心。④ 维调工作站，是全线设备维护调度中心，设立两台维调工作站。⑤ 总调度员工作站，是主控系统总调度中心，OCC 的总调度长在此值班，总调度员工作站由总调度员操作站、事件打印机、报表打印机、广播系统的麦克风等组成。总调工作站负责整个系统工程的总体协调与调度。⑥TIS/SIS 信息编辑工作站，主要用于编辑 TIS/SIS 信息，下发到各个车站。⑦SIS 播出服务器，主要用于 SIS 信息的播出。⑧ 中央监控网，是冗余的 100（Mb/s）/1 000（Mb/s）交换式以太网。⑨ OCC 实时数据服务器，由两套服务器（即 HP rx5670 服务器）冗余配置。⑩ 历史和事件服务器，由两套冗余服务器组成，共同完成历史数据、报警记录、操作记录、报表等与历史相关的数据和文件服务，具有双机热备功能。⑪ 磁盘阵列。⑫ 磁带记录装置。⑬ OCC 彩色图形打印机，EP 彩色激光打印机。⑭ 网管中心。OCC 设主控系统的网管中心，监管 MCS 的全部网络及网络设备。网管中心由一台网管服务器和一台网管工作站组成。⑮ 大屏幕系统，是主控系统在 OCC 的显示系统，主要由 MCS 系统大屏幕、SIG 系统大屏幕及 CCTV 大屏幕三部分组成。

2. 车站主控系统（SMCS）

MCS 车站级分为车站主控系统（SMCS）和车辆段主控系统（DMCS）。全线 18 个车站及 OCC 大楼与 SMCS 的设备基本相同。按照各个车站的具体情况，接入的子系统不同。典型 SMCS 由以下设备组成：① 车站级监控网，是双冗余高速交换式以太网，网络设备为冗余配置。② 车站服务器，两套 HPrx2600 服务器冗余配置。③ 车站操作员工作站为两套双屏研华双电源工控机，其中一套为值班站长使用，另一套为车站操作员使用。④ 车站前端处理器（FEP），是两对冗余配置的前端处理器（FEP）。⑤ 车站打印机，为 TALLY 车站事件打印机、HP 车站报表打印机。

在系统工程 18 个车站中，根据接入系统的不同，车站主控系统分为以下类型：

- 典型车站主控系统：接入防淹门（FG）系统。
- 一般车站主控系统：不接入防淹门（FG）系统。
- 接入主变的车站主控系统。
- 接入冷站的车站主控系统。
- OCC 大楼。

3. 车辆段主控系统（DMCS）

系统工程车辆段设在汉溪站附近，骨干网在车辆段设置节点，连接车辆段主控系统（DMCS）。

车辆段还包括综合管理信息系统（TMS），在网络上不与主控骨干网（MBN）相连。

4. 主控骨干网（MBN）

主控系统（MCS）通过主控骨干网（MBN）将中央主控系统（CMCS）、车站主控系统（SMCS）和车辆段主控系统（DMCS）连为一体。主控骨干网是一个地理上分散于OOC、各车站和车辆段的广域网，它是连接车站级监控网和中央监控网的主干，在MCS中处于极为重要的位置。采用德国HRSCHMANN公司的双环千兆位以太网作为MCS骨干网。HIRSCHMANN双环千兆位以太网遵从IEEE802.3协议，遵从HIRSCHMANN以太网双纤自愈环协议，主干网的数据传输率为1 000 Mb/s。

5. 前端处理器（FEP）

为了减轻服务器的负担，实现分布式数据处理，所有集成和互联的系统均统一接入主控系统（MCS）系统的前端处理器（FEP）。FEP负责与相连系统的周期数据巡检和协议转换，定期查询各子系统的数据。

在典型车站中，为了分散危险，同时为了保证ETP的处理器低负荷率，采用两组冗余FEP共同完成接口通信任务。其中，第一组冗余FEP负责FAS和EMCS系统的通信，第二组冗余FEP负责与PSCADA、PSD、FG、PA、CCTV的通信。其中FAS、EMCS、PSCADA和PSD采用以太网TCP/IP协议，FG、PA、CCTV采用异步串行通信方式，物理接口采用RS-422/485，链路层可以采用开放的、可用软件解码的通信规定。

FEP是一个完全的实时环境，运行在嵌入式实时操作系统VXWORKS，作为SCADASoft软件体系中的采集系统，完成与外部系统的接口协议转换和一些传统通信前置机所执行的应用功能。例如，将生数据转换为熟数据，传输到车站或OCC服务器，或从车站或OCC服务器接收控制命令，经过可能的转换后发送给外部系统。

6. 综合后备盘（IBP）

综合后备盘（IBP）是一种人机接口装置，设置在每个车站的车站控制室，当在中央一级发生通信故障或在车站一级发生人机界面故障时，作为车站主控系统的后备设备，在紧急情况下使用按键式模拟监控盘，以支持车站的关键监视和控制功能。

IBP为SIG、EMCS、ACS、MC、PSD、ES、FG提供一个统一的硬件安装平台，作为主控系统的手动后备设备，具有极其重要的意义。

7. 大屏幕系统（OPS）

系统工程控制中心要求构建一个大屏幕系统，此大屏幕由主控系统（MCS）和SIG系统两个系统的大屏幕显示系统及闭路电视监控系统（CCTV）的显示系统三部分组成。投影单元单屏对角线尺寸为80英寸，控制子系统应采用多台智能图形拼接控制器。

8. 网络管理系统（NMS）

网络管理系统（NMS）专门用来配置、监视和控制整个主控系统（MCS）网络。NMS硬件系统由以下部分组成：网管工作站一台、便携式NMS计算机三台、网管打印机一台。

9. 培训管理系统（TMS）

培训管理系统是一个以软件为主的系统。培训管理系统服务器软件启动后，可以支持车站或中心的培训操作（最多三个操作员）。对于每一个操作位置可以具有以下权限：在模拟车站培训时，可以使用车站的操作权限；在模拟中心培训时，可以使用 OCC 的操作权限。

在正确登录后，培训人员可以有权使用主控系统的大部分功能，可以调用所有的画面，培训管理系统可以提供所有的人机对话。

10. 系统软件测试平台（STP）

系统软件测试平台系统用于在现场实际运行前，配置、测试、检验数据库和软件组件。系统软件测试平台包括如下软件和硬件：① 一台与车站服务器配置相同的服务器，用于运行 Configerator 和 Animator 软件；② 一台操作员工作站；③ 一套前端处理器；④ 一台计算机，连接到前端处理器上，用于运行外接系统的接口模拟软件，该软件由各个接口系统提供。

17.1.4 系统工程主控系统软件

17.1.4.1 主控系统软件 SCADASoft

系统工程主控系统选用法国泰雷兹信息系统有限公司（1BALES-IS）的大型数据采集与监控软件 SCADASoft 作为主控系统的核心软件。

SCADASoft 处于整个地铁自动化的顶层，是一个功能丰富、结构复杂的大型 SCADA 软件。

17.1.4.2 主控系统的软件功能

主控系统在本质上是建立了 12 个子系统信息共享平台，软件的主要功能之一就是支持这些系统之间信息互通，并在资源共享基础上实现分立系统所实现不了的功能。

主控系统软件具有丰富的功能，除了一般的监控系统的功能之外，它具有联动功能。

1. 基本功能

这里不具体介绍，只罗列一些重要功能：① 基本遥控功能，包括单点控制、模式控制、限制点功能、远程组控；② 计算事件；③ 控制抑制模式；④ 雪崩滤波器；⑤ 事件检索功能；⑥ 实时、历史趋势；⑦ 响应程序功能；⑧ 时间表功能；⑨ 权限表功能。

2. 主控系统的联动功能

由于地铁运营所涉及的子系统众多，子系统内部的逻辑功能丰富且日益成熟，不同子系统之间也存在紧密耦合。随着地铁运营要求的不断完善与提高，要求不同子系统之间密切配合，共同完成特定的功能。这些需求最终以联动功能的方式体现到主控系统中。

主控系统具有与各子系统的通信接口，集成了相关子系统的所有数据，对子系统完全拥有的完整数据采集及命令下达通道，主控系统具备了与运营需求相关的、可实现系统间协调工作的全部资源。主控系统软件的逻辑判断功能模块从各子系统获取必要的相关数据，经过自身的逻辑判断，再将逻辑判断结果输出到各相关的子系统的控制系统，最终通过子系统完成既定的控制功能，或为运营操作人员提供相关的、必要的操作序列，或为运营操作人员提供更为有用的视频/音频运营信息。上述功能称之为联动功能。

3. 联动分类

从联动实现的复杂性角度，可将联动功能划分为两类：低级联动和高级联动。

（1）低级联动实现复杂性较低的联动功能，一般只牵涉两个子系统。联动的逻辑判断条件简单，执行步骤少，执行结果明确。

（2）高级联动实现复杂性较高的联动功能，一般牵涉多于两个子系统。联动的逻辑判断条件相对复杂，执行步骤较多，执行结果的选择较多。

从主控系统软件执行联动的位置不同，可将联动功能划分为两类：车站级联动和中心级联动。

（1）车站级联动是在车站实现的联动。例如，一列列车在站台起火（须手动启动）和轨道进水（在监测到隧道污水井报警后自动启动）。

（2）中心级联动仅在中心实现的联动。由于中心具有多个车站的数据，因此中心联动可以实现只有在中心才能实现而车站不能实现的联动功能。例如，一列/多列列车在隧道中阻塞，列车在隧道火灾（须手动启动）等。

从联动所需运营不同工况的角度出发，可将联动功能划分为：正常联动和紧急联动。

（1）正常联动：在地铁运营正常的情况下，主控系统完成的联动功能。例如，全线车站的开站或关站的相关操作。

（2）紧急联动：在地铁运营遇到火灾、阻塞等异常的情况下，主控系统完成的联动功能。

17.1.5 主控系统与子系统的接口

17.1.5.1 子系统接口综述

系统工程分别在中心或车站与12个子系统存在接口，接口协议如表17.1所示。

表17.1 系统工程接口协议

子系统	软件通信协议	物理介质	接口位置			
			中心		车站IBP	其他硬件接口
PSCADA	IEC-104TCP/IP	10 Mb/s 以太网	.	√		
FAS	MODBUSTCP/IP	10 Mb/s 以太网		√	√	
EMCS	MODBUSTCP/IP	10 Mb/s 以太网		√	√	
PSD	MODBUSTCP/IP	10 Mb/s 以太网		√	√	
FG	MODBUS RTUSerial	RS-485		√		
PA	MODBUS RTUSerial	RS-422	√	√		后备操作盘
CCTV	MODBUS RTUSerial	RS-422	√	√		后备操作盘
TIS	MODBUS RTUSerial	RS-422		√		
SIS	无软件协议	视音频接口的A/V信号		√		
AFC	MODBUSTCP/IP	10 Mb/s 以太网		√	√	
SIG	MODBUSTCP/IP FIP（仅传送客流信息、时间表）	100 Mb/s 以太网		√	√	
CLK	简单串口时钟协议	RS-422		√		

17.1.5.2 子系统接口功能

子系统接口开发必须按照接口规范进行，而接口规范的基础，第一是接口设备及其通信协议，第二就是应用需求所要求的接口功能。

接口功能必须详尽地表达出来，它决定着对接口通信通道的要求，也决定着主控系统可实现的功能。

1. PSCADA

（1）报警和状态监视；（2）遥测监视；（3）断路器控制；（4）顺序控制；（5）变压器抽头转换控制；（6）控制命令的禁止；（7）闭锁控制；（8）时间表调度成组控制；（9）可定义的顺序控制；（10）事件触发控制；（11）紧急停电控制；（12）与接地刀闸的互锁；（13）操作员可以给 MCS 没有接地刀闸报警的供电开关设备设置接地标志，设置后，MCS 也将自动直锁来抑制相关断路器的合闸；（14）电压调整；（15）定值整定。

2. FAS

（1）火灾报警监视。通过接口，MCS MMI 显示实时（每 500 ms）火灾状态。显示内容包括：气体灭火预报警；气体灭火报警；感烟探测器报警；破玻报警；气体灭火释放报警；火灾模式；防火阀报警；感温电缆报警；气体灭火的手动状态；气体灭火故障报警；防火卷帘状态；电梯、消防泵、喷淋泵状态；AFC 闸机紧急命令状态；车辆段风机、风阀、废水泵、消防泵、电梯状态；换乘站火灾报警。

（2）故障报警监视。通过接口，MCS MMI 实时（每 500 ms）显示 MCS 系统和 FAS 系统间通信状态、FAS 主要设备报警以及下列类型报警（车站级）：探头；FAS 设备输入/输出模块故障；手动报警故障；控制盘失电；控制盘故障；气体灭火的故障报警。

3. EMCS

（1）EMCS 设备状态报警；（2）EMCS 系统设备的报警；（3）温度/湿度/流量/压力/压差/液位监视；（4）时钟同步；（5）IBP 模式监视；（6）IBP 模式控制；（7）IBP 手动/自动方式；（8）模式状态监视；（9）正常模式控制；（10）正常模式的参数设置；（11）运行时间表；（12）火灾模式；（13）阻塞模式；（14）EMCS 控制优先级。

4. PSD

（1）状态监视信息。在车站，MCS 通过接口接收 PSD 状态量，并在 HMI 上实时显示（循检周期 500 ms）。这些状态量包括：开门状态；关门状态；控制模式方式状态；开门命令触发；关门命令触发等。

（2）PSD 报警信息。MCS HMI 应该实时显示（每隔 500 ms）PSD 设备的报警信息。包括：PSD 门开/关报警、监视系统报警、控制系统报警、PSD 设备主要故障、MCS 和 PSD 系统之间通信故障的报警。

（3）时钟同步。MCS 采用 NTP 协议，向 PSD 系统提供网络同步对时信息。

5. FG

（1）FG 设备报警。MCS 和 FG 系统通过串口通信。MCS HMI 实时显示（每隔 500 ms）FG 系统的报警信息。这些信息包括：MCS 和 FG 系统之间通信故障报警、FG 设备主要故障报警、电源故障、水位报警和 FG 系统设备故障等。

（2）FG 设备状态。MCS 通过串口和 FG 系统通信，实时监视（500 ms 循检周期）FG 系统状态信息。

（3）FG 系统控制/监视（IBP）。MCS 可以直接通过 IBP 盘完成对 FG 设备的控制和防淹门操作状态的显示。

6. PA

（1）启用/停用 PA 后备操作台。（2）人机界面。操作人员通过 HMI，完成 PA 系统所有必需的功能。（3）编组广播模式。（4）单选广播模式。选区包括车站（一个车站内任一广播区域或一个车站内任意广播区域的组合）和控制中心（对所有车站或对一组车站等）。（5）实况广播。（6）监听广播信息。（7）一次性广播预先录制的信息。（8）周期广播预先录制的信息。（9）PA 设备报警。（10）自动广播重要信息。

7. CCTV

（1）CCTV 系统设备状态；（2）初始化数据链路；（3）摄像机选择；（4）控制可调节摄像机（P/T/Z）；（5）HMI 多画面图像显示；（6）大屏 CCTV 显示；（7）事件联动功能。

8. AFC

（1）AFC 客流信息统计；（2）AFC 操作设备状态；（3）AFC 车站紧急/降级状态；（4）AFC 出入口闸机控制（IBP）。

9. SIG

（1）列车信息。列车标识信息包括：① 列车识别号（列车 ID），包含列车服务号、车组号、序列号、乘务组号、线号。② 列车方向编号。③ 列车目的地编号。④ 列车在车站停留时间。

（2）AFC 统计信息。

（3）时刻表。MCS 将通过 FTP 协议从 SIG 得到 CSV 格式的时刻表信息。

（4）牵引供电。MCS 在接收到 SIG 的请求、PSCADA 上传的故障状态信息、阻塞等情况下，向 SIG 发送全部区域牵引供电信息。

（5）报警。显示 SIG 设备的状态和报警信息，例如，SIG 主机（VCC）故障，信号系统信号机故障等。

（6）紧急停车按钮（ESB）/紧急停车取消按钮。

（7）扣车和放行。

10. CLK

时钟信息。为同步 MCS 系统时钟，MCS 每隔 1 min 将从 CLK 接收字符串时间信息。

17.2　案例 2

系统工程主控系统集成的系统包括：PSCADA、FAS、EMCS、屏蔽门（PSD）、防淹门（FG）。互联的系统包括：广播系统（PA）、闭路电视监视系统（CCTV）、车载信息系统（TIS）、车站信息系统（SIS）、自动售检票系统（AFC）、信号系统（SIG）、时钟系统（CLK）。

17.2.1 系统工程主控系统构成

1. 主控系统构成原则

主控系统围绕行车和行车指挥、防灾和安全、乘客服务等展开设计,以进一步提高运营行车管理的水平。

主控系统面向的对象为控制中心的行调、电调、环调、维调和总调(值班主任)及车站的值班站长、值班员,系统满足这些岗位的功能要求。

当出现异常情况由正常运行模式转为灾害运行模式时,主控系统能迅速转变为应急模式,为防灾、救援和事故处理的指挥提供方便。

主控系统采用模块化设计,易于扩展。

2. 程系统构成

系统工程主控系统是由设置于大石和新造控制中心的中央级主控系统(CMCS),设置于新造控制中心的软件测试平台(STP)、网络管理系统(NMS),设置于车站的主控系统(SMCS)、车辆段的主控系统(DMCS)和设置于车辆段的培训管理系统(TMS)等组成。主控系统采用两级管理三级控制的分层分布式结构。两级管理分别是中央级和车站级,三级控制分别是中央级、车站级和现场级。中央级主控系统包括大石控制中心和新造4号线控制中心。

中央级主控系统通过全线的主干网络,将各车站监控网的监控信息汇集到控制中心,从而实现多系统的综合监控,这些信息包括 PSCADA、FAS、EMCS、PSD、FG。为了实现更大范围的信息互通,中央级主控系统还与 PA、CCTV、TIS、SIS、AFC、SIG、CLK 等系统在中心实现互联。系统结构如图 17.3 所示。

车站级主控系统包括各车站、车辆段及独立的变电所、冷站。通过车站局域网络,将车站的各有关机电系统集成在一起,包括 PSCADA、FAS、EMCS、PSD、FG 等系统现场层的接入,与 PA 和 CCTV 等系统互联,使它们相互协调地工作。

现场级是由 PSCADA、FAS、EMCS、PSD、FG、PA、CCTV、TIS、SIS、AFC、SIG 等系统的现场层设备组成。这些系统与主控系统的车站级或中央级互联,起接口转换、信息采集、传送、汇聚、命令接受、执行和反馈作用,不属于主控系统。

17.2.2 主控系统体系结构

1. 中央级主控系统

大石控制中心与新造 4 号线控制中心在构成层次上均属于中央级,整体构成上采用 C/S 的结构形式,即 4 号线控制中心设置服务器、磁盘阵列、路由器等设备,大石控制中心不设服务器,只设置远程调度员工作站,各种调度工作站以局域网的方式直接纳入新造 4 号线控制中心,共用 4 号线控制中心的服务器。从网络结构上,大石控制中心的主控系统只是作为新造 4 号线控制中心网络的延展。

新造 4 号线控制中心配置 2 台带路由功能的中央交换机,通过交换机上冗余的 1 000 Mb/s 网络端口,连接中央实时服务器和中央历史服务器,形成中央服务器的局域网络。通过冗余的 100 Mb/s 网络端口连接工作站、前端处理器(FEP)、软件测试平台(STP)、网络管理系统(NMS)和打印机等其他设备,构成中央的应用计算机局域网络。再通过交换机上 1 000 Mb/s 的以太网光纤接口与主干网、大石控制中心局域网相连,从而构成一个完整的中央主控系统网络结构。

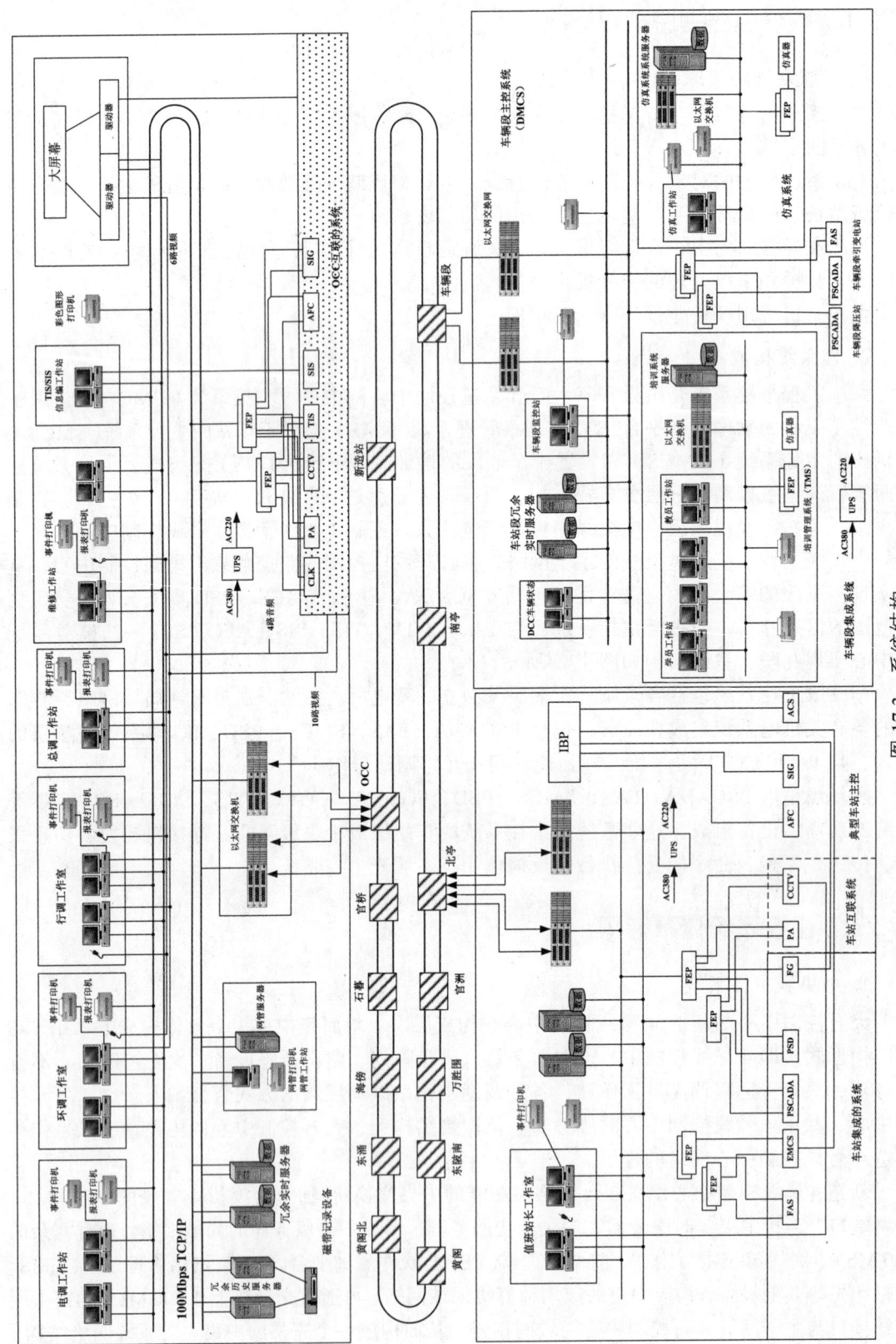

图 17.3 系统结构

CMCS 在新造 4 号线控制中心配置冗余的实时服务器和历史服务器,用于完成对实时数据的采集和处理及对历史数据的存储、记录和管理。CMCS 分别在新造 4 号线控制中心和大石控制中心配置 2 套电力调度员工作站、2 套环境调度员工作站、2 套行车调度员工作站、2 套维修调度员工作站和 1 套总调度员工作站。

大石控制中心还配置了 2 台信息编辑工作站。

新造中心配置一对冗余的 FEP,负责接入子系统的通信,在中心实现互联的 AFC 和 SIG 采用以太网 TCP/IP 通信接入控制中心的 FEP,其他 CCTV、PA、TIS、CLK 采用异步串行通信方式通信。

在新造和大石控制中心的主控设备房各配置 1 台 30 kV·A 在线式 UPS,供控制中心的 MCS 设备使用。

2. SMCS 和 DMCS

SMCS 的主要服务对象是车站值班站长和值班员。

SMCS 在主控设备室内配置 2 台冗余的实时服务器,用于完成各被控点的数据采集和处理工作。

SMCS 在主控设备室内配置 2 台以太网交换机,通过交换机上冗余的 100 Mb/s 网络端口,连接车站服务器、车站值班站长工作站、FEP 和打印机等设备;再通过交换机上 1 000 Mb/s 以太网接口与 MBN(主控系统骨干网)连接,构成一个完整的车站局域网络。

SMCS 配置 4 台 FEP,用于管理所有车站被集成和互联系统的接口,以实现各集成或互联系统的信息向 SMCS 的传输。同时 MCS 也通过 FEP 完成发往被集成和互联系统的数据和命令。

车站的主控设备房配置 1 台 15 kV·A 在线式 UPS,供本站 MCS 设备使用。

为保证中央级监控系统或车站级监控系统在灾害及阻塞等特殊情况下出现瘫痪时,重要监控对象仍能被控制,并为乘客提供必要的逃生条件,在各车站控制室内设置综合性的紧急状态后备盘(IBP)。在出现特殊故障时,实现后备的手动操作与表示功能,保证车站控制室具有紧急后备装置,以免影响安全。

IBP 为以下控制功能提供后备控制操作,它们包括:SIG 的紧急停车、扣车和放行;环控通风排烟系统和消防联动控制以及阻塞模式下的控制;PSD 紧急开门控制;AFC 闸机释放控制;ACS 的释放;FG 控制;扶梯停止控制;同时还设置时钟显示、重要系统的报警音响指示以及指示灯测试等。

车辆段主控系统的功能与配置与车站主控系统类似,但没有 IBP。DMCS 的主要的服务对象是车辆段的值班人员。

3. MBN

主控系统骨干网用于车站、车辆段等局域网与控制中心局域网之间的互联,它是由设在车站、车辆段、控制中心等地点的交换设备及交换设备之间的区间光缆构成。

各车站、车辆段和控制中心等均作为 MBN 的网络节点,每个节点均采用主备冗余的两套以太网交换机,所有车站、车辆段、控制中心的 MCS 设备都连接到交换机上进行数据通信,再通过千兆位端口与 MBN 相连,从而将 CMCS、SMCS、DMCS 等联结成为一个完整的监控系统。

4. TMS

在车辆段的主控系统培训室内设置 TMS。设置 TMS 的目的是使学员处于模拟仿真的 MCS 操作环境，对学员进行各种 MCS 的培训操作，包括仿真单点的设置、遥控、组控、模式控制等功能。TMS 系统是独立的系统，配置有独立的培训系统软件。

5. STP

在新造 4 号线控制中心内设置 STP，STP 可对系统软件的功能进行仿真测试。

STP 系统主要用于在现场实际运行前，配置、测试和检验数据库和软件组件。

6. NMS

NMS 可对 MCS 的全部网络设备进行配置、监视和控制。这些管理的设备包括：MCS 网络上的所有交换机、所有的服务器、工作站、FEP、磁盘阵列、磁带机、UPS、大屏幕系统等。

网络管理就是通过对上述的各种网络设备、网络设备的节点、服务器资源进行规划、配置、监视、分析、扩充和控制来保证计算机网络服务的有效实现。

17.2.3 系统功能与实现

1. 通用功能

主控系统通用功能包括以下功能：设备状态和报警显示；控制功能；计算事件；处理优先级；报警管理；指导/帮助；趋势；设备标签；脱离扫描；手动超驰；响应程序；时间表调度；屏幕拷贝；数据记录；报告生成；存档功能；系统联动；控制地点显示；操作员工作站的角色分配；系统安全；通用 HMI 功能；I/O 处理；打印管理；系统备份/恢复；决策支持（DSS）。

2. 系统联动功能

联动功能既可以在系统之间自动激活执行，也可以作为一个控制序列由操作员手动执行。对操作和时间有苛刻要求的联动直接在相关子系统之间完成，比如电力子系统内跳闸连锁。如果联动功能由 MCS 完成更经济（如可以减少接口）或更易于以后维护，则由 MCS 完成主控系统的联动模式从系统构成上可以分为三大类：中央级联动模式、车站级联动模式以及车辆段联动模式；从工作方式上可以分为但并不局限于以下几类：正常模式、灾害模式、故障模式等。

复习思考题

1. 什么是主控系统？
2. 简述基于主控系统的综合监控系统组成。
3. 主控系统集成有什么特点？有什么优缺点？

参考文献

[1] 魏晓东. 城市轨道交通自动化系统与技术. 北京：电子工业出版社，2004.

[2] 中铁电气化集团有限公司. 城市轨道交通设备系统综述. 北京：中国铁道出版社，2012.

[3] 魏晓东. 现代工业系统集成技术. 北京：电子工业出版社，2016.

[4] 广州地下铁道总公司. 城市轨道交通综合监控系统研究与应用. 北京：机械工业出版社，2013.

[5] 中铁电气化集团第三工程有限公司. 城市轨道交通工程通信及综合监控系统施工技术指南. 北京：中国铁道出版社，2017.

[6] 于松伟. 城市轨道交通供电系统设计原理与应用. 成都：西南交通大学出版社，2008.

[7] 孟祥萍. 电力系统远动与调度自动化. 北京：中国电力出版社，2016.

[8] 许锦标. 楼宇智能化技术. 北京：机械工业出版社，2008.

[9] 上海申通地铁集团有限公司轨道交通培训中心. 城市轨道交通车站消防设备. 北京：中国铁道出版社，2012.

[10] 陈韶章. 屏蔽门系统. 北京：科学出版社，2016.

[11] 赵时旻. 轨道交通自动售检票系统. 上海：同济大学出版社，2007.

[12] 彭辉. 城市轨道交通系统. 北京：人民交通出版社，2008.

[13] 中华人民共和国住房和城乡建设部，等. 城市轨道交通综合监控系统工程设计规范（GB 50636—2011）. 北京：中国计划出版社，2012.

[14] 中华人民共和国住房和城乡建设部，等. 城市轨道交通综合监控系统工程技术标准（GB/T 50636—2018）. 北京：中国建筑工业出版社，2018.

[15] 中华人民共和国工业和信息化部. 城市轨道交通综合监控系统工程施工与质量验收规范（GB/T 50732—2011）. 北京：中国计划出版社，2012.

[16] 中华人民共和国住房和城乡建设部，等. 火灾自动报警系统施工及验收标准（GB/T 50381—2018）. 北京：中国计划出版社，2021.

[17] 李国宁，刘伯鸿. 城市轨道交通综合监控系统及集成. 成都：西南交通大学出版社，2011.